WOLFGANG MARTYNKEWICZ

Das Café der trunkenen Philosophen

aufbau

WOLFGANG MARTYNKEWICZ

Das Café der trunkenen Philosophen

Wie Hannah Arendt, Adorno & Co. das Denken revolutionierten

aufbau

Mit 22 Abbildungen
(zu den Rechten vgl. S. 457)

MIX
Papier | Fördert gute Waldnutzung
FSC® C083411

ISBN 978-3-351-03887-8

Aufbau ist eine Marke der Aufbau Verlage GmbH & Co. KG

2. Auflage 2024

www.aufbau-verlage.de
10969 Berlin, Prinzenstraße 85

Bei Fragen zur Sicherheit unserer Produkte wenden Sie sich bitte an produktsicherheit@aufbau-verlage.de.
Einbandgestaltung U1berlin, Patrizia Di Stefano
Satz LVD GmbH, Berlin
Druck und Binden CPI books GmbH, Leck, Germany

Printed in Germany

Inhalt

PROLOG

Und alle, alle kamen – ein Gruppenbild

Schon Wochen vor dem großen Fest wurden die Einladungen verschickt. Für den 27. Februar 1932 baten der protestantische Theologieprofessor Paul Tillich und seine Frau Hannah zum Maskenball in ihrer Wohnung in Frankfurt-Niederrad, Vogelstraße 11. Wie sich Letztere später erinnert, spendeten Freunde und Bekannte in der Vorbereitungsphase die »besten Weine (›keine harten Getränke‹ war meine Bedingung gewesen)«, steuerten Essen, Gläser und Geschirr bei. Die Tillichs hatten zu diesem Anlass sogar einen »Butler« engagiert – Butler war wahrscheinlich eine etwas hochtrabende Bezeichnung, hinter der sich eine studentische Hilfskraft verbarg. Von solchen dienstbaren Geistern, die der Professor an der Hand hatte, war in den Tagen vor dem Fest die Wohnung voll, denn das ganze Erdgeschoss, das die Tillichs bewohnten, musste ausgeräumt werden. Man erwartete fünfzig bis sechzig Gäste und brauchte Platz, um ausgelassen feiern zu können. Außerdem sollten die teuren Mies-van-der-Rohe-Stühle sowie die Chintzvorhänge, die Hannah Tillich für ihr Frankfurter Domizil gekauft hatte, in Sicherheit gebracht werden.[1]

Nachdem die Zimmer leer geräumt waren, wurde die Wohnung entsprechend präpariert, mit Bar und einem verdunkelten Zimmer ausgestattet, um das sich bis heute die Phantasien der Tillich-Forscher ranken.[2] Die amerikanische Soziologin Gladys Meyer, die damals am Frankfurter Institut für Sozialforschung studierte, hat mit ihrer Erinnerung an das »Aphroditorium« genannte Zimmer den Stein ins Rollen gebracht.[3] Die Wortschöpfung stammt wahrscheinlich von Paul Tillich, der für solche erotischen Anspielungen ein besonderes Faible hatte. Man sieht es förmlich vor sich, wie er mit augenzwinkernder Ironie seinen Gästen den Raum offeriert. Aphroditorium – das klingt, wie es sich für einen Maskenball gehört, nach Ausschweifung, Sünde und Enthemmung. Die Tillichs hatten ihren Spaß an der Inszenierung – und die Gäste vermutlich auch. Man wollte sich belustigen, und dazu gehörte Illumination, zumal bei einem Kostümfest. Hannah Tillich erinnert noch andere Details: »Wir baten eine Freundin, die sich nebenbei mit Malerei beschäftigte, die Wände mit Papierbahnen auszukleiden, die sie mit Faschingsthemen und Gedichten über die einzelnen Gäste bemalt hatte.«[4] Auch die Musiktruhe, die man herbeigeschafft hatte, und dass Tochter Erdmuthe bei Freunden untergebracht worden war und der Vermieter, der im ersten Stock wohnte, die »Erlaubnis zu dem Ball gegeben« hatte – »und alle, alle kamen«.[5]

Es soll hoch hergegangen sein, ein »lustiger Maskenball«, an den sich manche Gäste noch Jahrzehnte später wehmütig erinnerten.[6]

Der Ablauf der Festivität war von den Einladenden generalstabsmäßig geplant worden. Die Tillichs waren – das muss man vorausschicken – hoch professionelle Gastgeber: Sie waren in ihrem Element, sie hatten sich bei einem Maskenball kennengelernt, und wenn sie etwas an Frankfurt liebten – so haben es Wilhelm und Marion Pauck, die Biographen Paul Tillichs, festgehalten –, dann »die vielen Maskenbälle, die um sie herum gefeiert wurden«. Aber sie waren nicht nur fleißige Besucher: »Die Tillichs waren häufig die Gastgeber.«[7] Nichts wurde dem Zufall überlassen, denn am Ende sollte, unter Mitwirkung entsprechender alkoholischer Rauschmittel, ein gemeinsames Erlebnis stehen. Die Gäste, die allein oder paarweise erschienen, sollten aus der Vereinzelung herausgerissen und miteinander in Kontakt gebracht werden.

Nichts schlimmer als ein Fest, bei dem die Gäste isolierte Grüppchen bilden – wer kennt das nicht. Als Gastgeber überlegt man sich Strategien, um ›vereinzelte Einzelne‹ zusammenzubringen und Hemmungen und Vorbehalte abzubauen. Die Tillichs haben ihre Strategie mit Begriffen aus der Instrumentenkiste der Hegel'schen Philosophie kundgetan – und für die ist bekanntlich der Dreischritt charakteristisch: von Spruch über Widerspruch zur Einheit. In diesem Sinne haben sie, zu »realer Dialektik«[8] auffordernd, die Einladung unterzeichnet:

Spruch *Widerspruch* und *Einheit*
Paul und Hannah Tillich

Dass sie es so kompliziert machten, lag daran, dass Paul Tillich seit Wochen und Monaten mit Hegel beschäftigt war und alles Mögliche in dessen System übersetzte. Im Wintersemester 1931/32 hielt er eine vierstündige Vorlesung über Hegel sowie ein Lektüreseminar. Tatkräftig unterstützt wurde er dabei von seinem Assistenten Theodor W. Adorno, der sich damals noch Theodor Wiesengrund nannte.

Genau ein Jahr zuvor hatte Adorno mit Tillichs Unterstützung seine Habilitation über Kierkegaard im zweiten Anlauf abgeschlossen. Als er die Geschichte endlich hinter sich gebracht hatte, fühlte er sich von einem Albdruck befreit, der Weg zum Privatdozenten war kein Selbstläufer. Adorno und Tillich waren fortan ein Gespann mit klarer Aufgabenteilung: Adorno bereitete die Veranstaltungen vor und übernahm die Arbeit mit den Studenten, was er offenbar mit viel Engagement tat. Der Schriftsteller Ernst Erich Noth, der damals bei ihm studierte, erinnert sich an die »aktive Rolle«, die der Philosoph spielte, »insbesondere in den zwanglosen ›Nachseminaren‹, die meistens im Café Laumer stattfanden«. Diese haben »wahrscheinlich zu unserem Bildungsgang mehr beigetragen [...] als der offizielle Vorlesungsbetrieb«.[9]

Das gepflegte Café im Frankfurter Westend, Bockenheimer Landstraße, das heute noch existiert, gehörte damals zu den favorisierten Treffpunkten der Soziologen und Philosophen des Instituts für Sozialforschung. Hier, in dem Café im Wiener Stil, verkehrten literarisch und politisch Interessierte, vor allem aber Dozenten und Studenten der nahen Universität, die bei Kaffee, Kuchen und geistigen Getränken die in den Hörsälen begonnenen Diskussionen fortsetzten. Man saß in entspannter Runde zusammen und diskutierte zuweilen bis weit nach Mitternacht. Paul Tillich ist einmal nachts um 1 Uhr erschöpft aufgestanden und hat sich mit den Worten verabschiedet: »Ihr könnt ja zu eurer Struktur gehen, aber ich gehe jetzt ins Bett.« Im Café Laumer tagte auch das »Kränzchen«, ein wahrscheinlich von Tillich ins Leben gerufener Kreis, der sich in unregelmäßigem Turnus traf. Max Horkheimer, Adorno, Friedrich Pollock, Karl Mannheim und andere Kollegen gehörten dazu – Intellektuelle, die aus gegensätzlichen Denktraditionen kamen, sich unterschiedlichen Weltanschauungen zugehörig fühlten und nach neuen Wegen in der Wissenschaft und im gesellschaftlichen Leben suchten. Nichts sollte so bleiben, wie es war, alles sollte anders werden, an den gesellschaftlichen Tatsachen ausgerichtet sein – zumindest darin war man sich einig. Eine Versammlung von Nonkonformisten, von solitären Existenzen, die den Drang hatten, sich durch neue Ideen und Begriffe als Denker zu abstrahieren: »War etwas an den berühmten zwanziger Jahren daran«, so Adorno, »so ließ es in diesem Kreis sich erfahren.«[10]

Während sich Wiesengrund-Adorno um die Studierenden kümmerte, die ihn bestaunten, weil er so »unerhört gescheit, geballt, intensiv«[11] reden konnte, agierte sein Mentor etwas abgehobener. Er stand mit Freude auf dem Podium und dozierte. Tillich war ein ausgezeichneter Redner – »Vorlesungen halten«, so die Biographen, »war eine Leidenschaft, an die Tillich sein ganzes Leben lang gekettet blieb. [...] Er mochte nichts lieber, als eine Menge Menschen vor sich zu haben, zu denen er sprach.«[12] Und dazu hatte er in seiner

Frankfurter Zeit reichlich Gelegenheit, die Einladungen zu Tagungen und Festveranstaltungen waren kaum zu bewältigen. Der gefragte Redner plante seine Auftritte minutiös und begeisterte seine Hörerschaft. Gerade einmal zehn Tage vor dem großen Maskenball hatte er als Dekan der Philosophischen Fakultät den Festvortrag bei der Reichsgründungsfeier der Universität Frankfurt gehalten; der Titel lautete – wir schreiben das Jahr 1932 –: *Der junge Hegel und das Schicksal Deutschlands*. Bei dieser Gelegenheit wirbt Tillich für das Ziel einer neuen, vermittelten Einheit, die aus der Einzelheit herausführt; das Ziel allen Strebens sei »das Leben als Vereinigung, als versöhnter Widerspruch«.[13] Den Menschen als eine Einheit zu fassen, dafür plädiert er auch in seinem kontrovers diskutierten Buch *Die sozialistische Entscheidung*, an dem er damals schrieb und das Anfang 1933 erschien und trotz veränderter Machtverhältnisse eine gewisse Verbreitung im ›Neuen Deutschen Reich‹ fand – was dem Autor gar nicht recht war.[14]

Alles drehte sich bei Tillich um die Einheit, die Synthese. Und so war es kein Wunder, dass auch der Maskenball unter dieser Formel stand. Das Motto lautete also: »Die Realdialektik oder durch Spruch und Widerspruch zur Einheit«. Natürlich war da ein kräftiger Schuss Selbstironie mit im Spiel. Und wir können vermuten, dass diese Geste verstanden wurde, schließlich waren die Geladenen Philosophen oder zumindest philosophisch vorgebildet – und selbst der Laie hatte ein gewisses Verständnis von der Hegel'schen Dialektik: These – Antithese – Synthese, damit wusste jeder etwas anzufangen.

Den Ablauf des Maskenballs haben die Gastgeber, den akademischen Gepflogenheiten entsprechend, mittels Fußnoten akribisch beschrieben. Dem kurzen Haupttext sind fünf lange Anmerkungen beigefügt. Alles, was der Gast wissen musste, konnte er den ausführlichen Anmerkungen entnehmen. In der Anmerkung 1 heißt es: Um »neun Uhr abends« sollten sich die Gäste einfinden. Damit beginne »die

Selbstentfaltung der ersten Stufe [...]. Jede folgende Stunde zeitigt eine höhere Stufe.« Das »Ziel des realdialektischen Prozesses« sei erreicht, wenn »jeder Spruch mit seinem Widerspruch versöhnt« sei und aus dem Widerstreit der Einzelnen sich neue Synthesen bilden. Wann das erreicht sei, könne »a priori« nicht gesagt werden. Das sei eben – immer noch Anmerkung 1 – »das Unberechenbare in der Geschichte«. Anders gesagt, es hängt, wie immer bei solchen Vorhaben, von der Dynamik der Gäste, von der Stimmung ab. Und um in Stimmung zu kommen, so wird in Anmerkung 3 erklärt, »sind reale Substanzen unentbehrlich«. Je nach ökonomischen Möglichkeiten wird der Einzelne dazu aufgefordert »Beiträge in festen, flüssigen und rauchförmigen Elementen« zu spenden.[15]

Ein weiterer, ganz entscheidender Punkt: die Maskierung bzw. Demaskierung. Die Gäste sind angehalten, »als ihr anderes Selbst zu erscheinen«.[16] In Anmerkung 4 heißt es: »Unbedingt [...] muss die Kleidung im Widerspruch stehen zu den vorhandenen Gegenständen des schneiderischen Alltags. Sie muss die Strukturen von Leben an sich oder existenzieller Leiblichkeit ausdrücken. Das ›Wie‹ ist frei. Eine abstrakte, für alle gleichmässige Idee widerspricht der Realdialektik.« Auch die »Ver- und Enthüllung des unmittelbaren Daseins [...] muss dialektisch sein. [...] Erforderlich ist ein Spiel von Ja und Nein, Anwendung von List der Vernunft, die durch Ja ›Nein‹ sagt und durch Nein ›Ja‹ sagt.«[17]

Ein großer Maskenball sollte es werden – und die Tillichs hatten einen großen Freundeskreis. *Tout Frankfurt* war eingeladen. Ganz genau weiß man das allerdings nicht, denn eine Einladungsliste ist nicht überliefert. Gut bekannt ist jedoch der Freundeskreis der Tillichs, und von ihm wissen wir, dass sie »alle, alle kamen«. Darüber hinaus haben sich einzelne Erinnerungen und Briefe erhalten, aus denen sich Details entnehmen lassen.

Zu der illustren Gesellschaft der »freischwebenden Intelligenz«, die wir in diesem Buch noch genauer kennenlernen werden, gehörte, wie bereits erwähnt, Adorno, der sicher mit seiner Verlobten Gretel Karplus kam. Johanna (Hansi) Schoen, die Frau des Komponisten und Schriftstellers Ernst Schoen, schrieb ihm am 21. Oktober 1963: »Gestern sah ich Paul Tillich im Fernsehen, erinnern Sie sich noch an den lustigen Maskenball, zu dem Sie als Napoleon erschienen?«[18]

Auch Max Horkheimer, Ordinarius für Sozialphilosophie und Direktor des Instituts für Sozialforschung, wird dort gewesen sein. Er war Ende dreißig und hatte eine bemerkenswerte akademische Karriere gemacht. Ein Philosoph, der als eigenwilliger Denker und anerkannte Autorität galt, obwohl er bis auf ein paar Artikel nicht viel veröffentlicht hatte. »Man kann auch mit dem Begreifen zu rasch sein«,[19] schreibt er lakonisch in den Notizen, die 1934 unter dem Titel *Dämmerung* erschienen sind. Dem akademischen Betrieb stand er distanziert, ja ablehnend gegenüber. Er war überzeugt, dass nur eine enge Gemeinschaft von Forschenden, eine interdisziplinäre *scientific community,* die aus Philosophen, Soziologen, Ökonomen, Historikern und Psychologen besteht, auf die Fragen der Gegenwart Antworten geben könne. Der einzelne Forscher sei zu einer anachronistischen Figur geworden. Eine Gemeinschaft von Forschenden müsse neue empirische Methoden ersinnen und aus dem Elfenbeinturm herauskommen – Amerika sei hier ein Vorbild.

Horkheimer plädierte für einen neuen Weg und entwickelte in seinen Vorträgen aufregende Ideen. Was ihm Anfang der dreißiger Jahre noch fehlte, waren die richtigen Mitstreiter. Einige, etwa sein Freund Friedrich Pollock und der Analytiker Erich Fromm, hatten sich schon eingefunden, aber er war noch auf der Suche nach weiteren. Geld war nicht das Problem – Hermann Weil, ein reicher Getreidehändler aus Argentinien, hatte 1920 eine Stiftung ins Leben gerufen und Kapital bereitgestellt, mit dem sein Sohn, Felix Weil, drei Jahre später das Institut für Sozialforschung gründete.

Als Horkheimer 1930 dessen Direktor wurde, signalisierte seine Antrittsrede einen Aufbruch zu neuen Ufern.

Zur Zeit des Maskenballs war selbiger in vollem Gange. Im Februar 1932 war Horkheimer mehr denn je davon überzeugt, mit seinem Projekt eine Mission zu erfüllen und auf dem richtigen Weg zu sein. Für gewöhnlich erschien er bei gesellschaftlichen Anlässen in Begleitung seiner Frau Maidon. Sie waren ein unzertrennliches Paar, das schon viele Jahre zusammenlebte. Bedauerlich ist, dass wir nichts über Horkheimers Verkleidung wissen, denn er liebte Verwandlung und Schabernack. In einem offenen Brief zu seinem siebzigsten Geburtstag schreibt Adorno: »Du vermagst es, Dich real in ein Anderes, Lebendiges zu verwandeln, so wie Du zuweilen wie ein Hund, mit langsamen Decrescendo, heulst. Die Zartheit, die zu solchen Künsten Dich befähigt, ist metapsychologisch [...]. Einmal hast Du mir gesagt, ich empfände die Tiere wie Menschen, Du die Menschen wie Tiere.«[20] Beide sahen in den Tieren ihr anderes Selbst und redeten sich in Briefen mit entsprechenden Spitznamen an (Mammut, Nilpferd). Was aber Verkleidungen anging, so wählte man Kostümierungen, die der eigenen Gestalt näher standen. Als in den fünfziger Jahren die Frankfurter Studenten ein Kostümfest veranstalteten, erschien Horkheimer in einem »roten Fez, und Adorno kam schwarz gewandet als Sarastro [aus Mozarts Oper »Die Zauberflöte«], Gretel Adorno als ›Königin der Nacht‹ an seiner Seite«.[21]

Der in Budapest geborene Soziologe Karl Mannheim und seine Frau, die Analytikerin Júlia Mannheim-Láng, waren wahrscheinlich nicht auf dem Maskenball. Das Paar zählte zwar zu den engeren Freunden, doch er hatte anderntags einen wichtigen Termin. Am 28. Februar, einem Sonntag, fand die Frankfurter Dozententagung der Deutschen Gesellschaft für Soziologie statt. Mannheim war der Leiter der Tagung und hielt das Hauptreferat zum Thema *Die Gegenwartsaufgaben der Soziologie*, das wenig später im Druck erschien. Der trockene Titel täuscht darüber hinweg, dass es sich um eine Art Manifest handelt, eine Schrift, die den Aufbruch in eine neue Gesellschaft proklamiert. Mannheim erklärt die Soziologie zur Zentral- und Leitwissenschaft dieser neuen Gesellschaft. Wer mitreden will, so die kurze Formel, muss soziologisch denken können. Die Soziologie solle künftig, so der Verfasser, zur »Lebensorientierung des Menschen« werden – einer Lebenslehre *und* einer Universalwissenschaft. Solche hochtrabenden Vorstellungen von der Zukunft der Soziologie machten Mannheim bei einigen seiner Frankfurter Kollegen nicht gerade beliebt, reklamierte er doch für das eigene Fach den Status, der bisher der Philosophie zugesprochen wurde.

Anders als es die heutige Perspektive nahelegt, war Mannheim damals der große Star unter den Professoren, ein brillanter Denker und Rhetoriker, der eine Vorliebe für spektakuläre Auftritte hatte und, wie berichtet wird, sehr bestimmend, aber auch sehr charmant sein konnte – einer, der auf dem Maskenball wohl schmerzlich vermisst wurde. Dass auch sein Assistent, Norbert Elias, allem Anschein nach nicht auf dem Fest war, passt ins Bild, denn der sollte zusammen mit dem Ordinarius auftreten und war vielleicht nicht einmal eingeladen.

Elias sollte Mannheim in Frankfurt den Rücken frei halten, im Gegenzug durfte er seine Habilitation schreiben. Mannheim und Elias kannten sich schon seit vielen Jahren. Altersmäßig lagen sie nicht weit auseinander, Elias war gerade einmal vier Jahre jünger, trotzdem war es keine Beziehung von Gleich zu Gleich. Elias bewunderte Mannheim, er verehrte ihn, es scheint, liest man seine Erinnerungen, eine fast schon schwärmerische Beziehung gewesen zu sein. Elias aber musste um sein Habilitationsprojekt handeln und feilschen. Er setzte sich schließlich durch, schrieb schon in Frankfurt die erste Fassung der *Höfischen Gesellschaft*. Doch kam es ihm so vor, als gehöre er nicht richtig dazu, und dieses Gefühl brannte sich ihm ein. Wenn er später auf diese Jahre zurückblickt, dann sieht er sich als Underdog, der sich alles mühsam erkämpfen musste, den man weder beachtete noch förderte und der immer allein dastand. Sein bereits im Exil geschriebenes und 1939 veröffentlichtes Buch *Über den Prozeß der Zivilisation* gilt heute als Klassiker, doch der Erfolg kam spät, im Grunde erst 1976 mit der Suhrkamp-Taschenbuchausgabe. Da war Elias fast achtzig Jahre alt. Trotz aller Berührungspunkte, die er mit Mannheim, Tillich, Horkheimer und Adorno hatte, blieb er ihnen gegenüber reserviert und stilisierte sich als »völliger Außenseiter«.[22] Gleichwohl sagt er rückblickend, dass die Frankfurter Jahre »zu den reichsten und anregendsten«[23] seines Lebens gehörten.

Auf dem Maskenball nicht gefehlt haben wird eine gute Freundin Tillichs, die Salonnière Gabrielle Oppenheim, geborene Errera, eine äußerst charmante und gebildete Frau, die sich für neue Musik und Philosophie interessierte. Ihr Salon war der Anlaufpunkt für die Frankfurter Intelligenz. Jeden Samstag empfing sie »zwei Dutzend Intellektuelle«, »die zusammenpaßten, aber nicht zu sehr zusammenpaßten«,[24] zum Déjeuner. Bei gutem Essen und Trinken gab es thematisch ungebundene Gespräche, aber auch Vorträge und Buchvorstellungen. Gabrielle Oppenheim achtete in ihrem Salon auf die Mischung, zu den wechselnden Gästen kamen einige Habitués, zu denen Tillich, Adorno-Wiesengrund und viele andere gehörten. Ihr Mann war der Chemiker und Philosoph Paul Oppenheim, Sohn des Juwelengroßhändlers und Mäzens Moritz Oppenheim, und dessen Frau Katharina.

Wer mag sich wohl sonst noch unter den Gästen getummelt haben? Der Wirtschaftswissenschaftler Adolf Lowe war ein enger Freund Tillichs, ebenso wie Dolf Sternberger, der bei ihm promoviert hatte und seinen Doktorvater geradezu verehrte. Der Neurologe Kurt Goldstein und seine Frau Eva? Der ehemalige Frankfurter Professor war 1930 nach Berlin gegangen, wo er die neurologische Abteilung am Krankenhaus Moabit übernahm. Vielleicht war ihnen der Maskenball aber eine Reise nach Frankfurt wert. Dagegen weiß man sicher, dass der Universitätskurator Kurt Riezler kam, kostümiert mit einem Braunhemd als SA-Mann, worüber er wenig später, als er von den Nazis zwangsweise in den Ruhestand versetzt wurde, todunglücklich war. 1932 amüsierte man sich jedoch über die Kostümierung, der Kontrast zu den als ungebildet und brutal verschrienen Braunhemden hätte nicht größer sein können: Riezler war ein hochgebildeter ehemaliger Karrierediplomat, verheiratet mit der Jüdin Käthe Liebermann, der Tochter des Malers Max Liebermann. Riezler als Nazi – über diese abstruse Vorstellung konnte die versammelte Schar der Gäste noch lachen.[25]

Anfang 1932 lebte man in dem Glauben, dass der Aufschwung der NSDAP gebrochen sei und sich alles wieder normalisieren würde. Die Wahl zum Reichspräsidenten im März und April zeigte dann aber ein anderes Bild: Mit Unterstützung der SPD ging Hindenburg zwar als Sieger hervor, aber der Zuwachs an Stimmen für Hitler war beträchtlich, und bei den Reichstagswahlen im Juli wurde die NSDAP mit 230 Abgeordneten zur stärksten Partei.

War also der Maskenball im Februar 1932, auf dem sich die Frankfurter Gelehrten und Geistesgrößen trafen, eine letzte Party, bevor sich der Abgrund öffnete? Rückblickend mag das so erscheinen, stimmt aber mit der Wahrnehmung der Teilnehmer nicht überein. In apokalyptischen Dimensionen und Untergangsszenerien dachte im Frühjahr 1932 niemand. Norbert Elias hat später in einem Interview gesagt, er hätte in diesen Jahren die politischen Auseinandersetzungen am »Horizont« wahrgenommen, aber niemals »das Gefühl einer heraufziehenden Katastrophe«[26] gehabt. So ähnlich haben wohl die meisten Gäste die Lage eingeschätzt, sie glaubten an die Zukunft. Niemand ahnte, dass nur ein Jahr später keiner der hier genannten Akteure noch in Frankfurt lehren und forschen würde und die meisten fluchtartig das Land verlassen mussten. Stattdessen wurde der nächste Maskenball geplant und die Einladungen Mitte Januar 1933 verschickt. Nach der Machtübergabe an Hitler am 30. Januar bekam man dann aber doch kalte Füße und sagte das Fest lieber ab.

Dieses Buch erzählt von einer Gruppe Intellektueller, die sich 1930 in Frankfurt zusammenfanden. Sie galten schon damals als die fortschrittlichen Geister der Weimarer Republik, die sich anschickten, die geistige Welt mit ihren Ideen zu revolutionieren. Sie hatten unterschiedliche Interessen, stritten und bekämpften sich, fanden jedoch, zumindest zeitweise, eine Verständnisebene und entwickelten Ideen, die aufeinander einwirkten, entdeckten Gemeinsamkeiten, machten Zukunftspläne. In dieser heterogenen ›Gruppe‹ von Solitären spielten nicht nur Ideen und Theorien eine Rolle, es ging immer auch um Eitelkeiten, um Stilisierungen und Selbstinszenierungen, um Anerkennung und Aufmerksamkeit. Theorien sind eben nicht nur Theorien, sie leben durch ihre Akteure, durch deren ureigene Lust am Unterschied, an der Differenz, am Anderssein.

Als sich die Akteure dieser Geschichte über ihre Ideen stritten, sahen sie sich einer Welt gegenüber, in der vieles fragwürdig geworden war, insbesondere der Mensch und seine Stellung in der Welt schien höchst problematisch. Und die Wissenschaft, da waren sich alle einig, befand sich in einer fundamentalen Krise, die sich immer mehr zuspitzte. Auf die drängenden Fragen, was wir sind und wo es mit uns hingehen soll, gab sie keine Antwort. Die einstige Königsdisziplin, die Philosophie, war zur »Tatsachenwissenschaft« (Husserl) erstarrt, die sich vom Leben und der Lebenswirklichkeit abgekehrt hatte und nicht mehr das lebendige Subjekt, sondern nur noch den »Tatsachenmenschen« kannte. Und so suchte man nach neuen Wegen, nach einem neuen Verhältnis zur Wissenschaft, stellte tradierte Denkgewohnheiten und Weltbilder infrage. Mannheim formuliert es so: Er wolle heran an die Wirklichkeit und untersuchen, »wie Menschen wirklich denken […], nicht wie Denken in den Lehrbüchern der Logik erscheint«.[27]

Anfang der dreißiger Jahre entstanden lockere Zusammenschlüsse, Diskussionszirkel. Das gehobene Frankfurter Bildungs- und Kulturbürgertum, die *Crêpe de chine,* wie man die Angehörigen ironisch nannte, öffnete der Intelligenz ihre Häuser. Das kulturelle Leben erfuhr in dieser Zeit eine ungeheure Stimulanz.

Wie hat man sich in dieser Zeit zu den politischen und sozialen Konflikten verhalten, womit hat man sich beschäftigt? Was hat man diskutiert? Welche Ideen spielten eine Rolle? Doch nicht nur die Theorien, sondern vor allem auch die Menschen, die sie entwickelt haben, sollen hier in den Blick genommen werden. Mein Interesse gilt dieser »freischwebenden Intelligenz« (Mannheim), ihren Lebenswegen und -entwürfen. Mit einem Wort, es geht um das Ineinander von Leben und Denken.

Erzählt wird die Geschichte dieser Intellektuellen, beginnend in den aufregenden Jahren vor der Machtübertragung an Hitler, den Jahren, die, von heute aus gesehen, »jenseits einer abgründigen Zäsur« liegen – einer Zäsur, die die Akteure selbst aber so zunächst nicht empfunden haben, für sie setzten sich die »zwanziger Jahre in der Emigration«[28] fort und endeten erst nach dem Krieg.

Um 1930 hat man das Leben wie zu jeder anderen Zeit nach vorn gelebt – sicher, die politische und die soziale Krise waren da, nach dem Börsencrash 1929 kam die Weltwirtschaftskrise, aber Krisen hatte es immer schon gegeben. Die große Krise, die Katastrophe, war für die freischwebenden Intellektuellen lange nicht sichtbar, und als sie es war, ging es den Akteuren so, wie dem vom Mahlstrom Erfassten in Poes phantastischer Geschichte: Als er sich mitten im Rachen des Trichters befand, fühlte er sich gefasster als zuvor, verstummte die Angst und ein Großteil des Schreckens.

Erzählt wird in diesem Buch also auch von der Zeit der Emigration, in der der Großteil der Frankfurter Denker miteinander in Kontakt blieb und die Diskussionszirkel neu belebt wurden. Adorno etwa berichtet, wie sie sich zwischen 1938 und 1941 in New York trafen – »alle vierzehn Tage immer wechselnd in den Wohnungen der verschiedenen daran Beteiligten«.[29] Es dauerte allerdings lange, fast zehn Jahre, bis man die Dimension der nationalsozialistischen Gewaltherrschaft zum Thema machte und über Judenhass und Antisemitismus, autoritäre Charakterstrukturen und totalitäre Ideologien diskutierte.

Erzählt wird schließlich vom Leben der Intellektuellengruppe nach der Katastrophe, als sich die Verbindungen ab 1945 sukzessiv auflösten und die Wege trennten. Ob sie nun nach Deutschland zurückkehrten oder im Land ihres Exils blieben, sie hatten sich nicht nur in der Emigration behauptet, sie hatten in der Emigration zu ihrer eigentlichen Statur gefunden: Horkheimer und Adorno komponierten in den Jahren 1939 bis 1944 in Los Angeles das grundlegende Buch der Kritischen Theorie, die *Dialektik der Aufklärung*; Norbert Elias hatte 1939 sein Opus magnum *Über den Prozeß der Zivilisation* beendet, ein Werk, das Epoche machte; Karl Mannheim entwickelte die Vision einer »geplanten Demokratie«, in der es um die Beherrschung »irrationaler Kräfte« und um eine Umformung des Menschen geht; Paul Tillich entwickelte sich in den USA zum großen religiösen Prediger, zum »Seelsorger und Therapeut[en] der Gesellschaft«;[30] Hannah Arendt schloss in New York endlich ihre Rahel-Varnhagen-Studie über die *Lebensgeschichte einer deutschen Jüdin* ab und konnte 1945 die Arbeit an ihrem Hauptwerk beginnen: *Elemente und Ursprünge totaler Herrschaft*.

Die Strahlkraft dieser Gruppe von Intellektuellen hat sich verändert, aber sie hat nicht nachgelassen; ihre Ideen und Theorien bestimmen noch heute unser Denken. Sie haben Schulen begründet, die nicht nur das Erbe verwalten und pflegen, sondern das Projekt anpassen und weiterentwickeln. Die Literatur zu dieser Gruppe von Soziologen und Philosophen ist kaum zu überschauen. Es gab und gibt immer neue Versuche, sich den einzelnen kulturkritischen Diagnostikern zu nähern. Vor allem um die Kritische Theorie und Adorno hat sich ein regelrechter Kult entwickelt. Dieses Buch indes hat sich etwas ganz Eigenes vorgenommen, es soll nicht um Einzelpersonen, um die Biographie oder Geschichte einer einzelnen Schule oder Denkrichtung gehen, sondern um den Zusammenhang, der in der Literatur bisher nur am Rande behandelt wurde. Zum Teil wird dort sogar explizit behauptet, dass es zwischen diesen Denkern wenig Verbindungen gegeben hätte, zu unterschiedlich wären die Ansätze, zu unterschiedlich die Temperamente und Charaktereigenschaften gewesen. Dieses Buch will zeigen, dass sie mehr miteinander zu tun hatten und haben, als man gemeinhin annimmt und sie selbst zuzugeben bereit waren.

TEIL 1

Freischwebende Intellektuelle

Ein wandelndes System von Antennen

Der kommende Mann

Das Gedränge war groß, der Hörsaal voll besetzt. Mit einiger Spannung wartete man auf den neuen Professor: Paul Tillich. Den meisten Studenten war der Name völlig unbekannt. Angekündigt war im Sommersemester 1929 eine Vorlesung über griechische Philosophie – kein besonders aufregendes Thema für eine Auftaktvorlesung.

Etwas abseits des allgemeinen Trubels stand ein junger Mann, schlank, mit kurz geschnittenem schütterem Haar und großen braunen, leicht vorstehenden Augen, er trug einen Überzieher von gedeckter Farbe, ein dunkles Sakko, weißes Hemd und Krawatte. Er stach aus der Menge heraus und schien nicht so ganz hierher zu passen. Wie ein Student, der eine Einführungsvorlesung über griechische Philosophie belegen wollte, sah er jedenfalls nicht aus. Vom Habitus her würde man eher vermuten: ein Doktorand oder Assistent. Noch bevor der Professor ans Pult trat, setzte der andere sich in die »allerletzte Reihe«. Nicht, wie man meinen könnte und wie er selbst, der die Geschichte später immer wieder erzählte, beteuerte, um nicht aufzufallen, sondern – im Gegenteil – um sich zu exponieren. Die aus der ›letzten Reihe‹, das weiß man auch aus Schulzeiten, fallen immer auf, sie wollen auffallen. Und im Hörsaal sind sie auf besondere Weise sichtbar: Der Blick des Professors gleitet über die ersten und mittleren Reihen hinweg nach oben, denn die letzte Sitzreihe ist die höchste – und da saß er, der junge Mann. Er zog seinen

Überzieher aus, faltete ihn sorgfältig zusammen, legte ihn auf den freien Platz neben sich und lehnte sich lässig zurück.

Über griechische Philosophie hatte schon Tillichs Vorgänger, der Neukantianer Hans Cornelius, doziert, der ein Jahr zuvor emeritiert worden war. Cornelius war 1914 der erste Ordinarius für Philosophie an der neu gegründeten Goethe-Universität in Frankfurt am Main gewesen – ein Gelehrter mit universeller Bildung, der seinen Doktorgrad als Chemiker erworben hatte. Er kam aus einer Münchner Künstler- und Komponistenfamilie, betätigte sich selbst als Maler und Bildhauer. Sein Schüler Max Horkheimer nannte ihn einen Gelehrten »seltensten Ranges«.[1]

Die Philosophische Fakultät der Goethe-Universität war über die Ernennung Tillichs alles andere als glücklich. Monatelang war man uneins über die verschiedenen Berufungsvorschläge. Das Kandidatenkarussell drehte sich zuletzt in großer Geschwindigkeit, immer neue Vorschläge wurden dem preußischen Kultusminister Carl Heinrich Becker vorgelegt. Gewichtige, klangvolle Namen standen auf den Berufungslisten: Martin Heidegger, Karl Jaspers, Ernst Cassirer – alles Kapazitäten ihres Faches. Nur der Name Tillich stand auf keiner Liste. Als man ihn beim Gezerre um den zu besetzenden Lehrstuhl vonseiten des Ministeriums ins Gespräch brachte, gab es einen allgemeinen Aufschrei: Tillich? – Ganz unmöglich! Über den sei »ernsthaft überhaupt nicht zu reden«,[2] so Heidegger, der nie nach Frankfurt kommen wollte, inzwischen einen Ruf in Freiburg angenommen hatte und nun ungebeten seinen Rat in der Causa gab.

Tillich war der Kandidat des Ministeriums, insbesondere aber des Kurators Kurt Riezler, der in Berufungsangelegenheiten eine entscheidende Rolle spielte. In der Philosophischen Fakultät jedoch favorisierte man einen Bewerber vom Fach, und da Tillich von Hause aus kein Philosoph, sondern Theologe war, lagen die Gründe für eine Ablehnung auf der Hand. Ministerium und Kurator erkannten das Problem und reagierten mit einer Umwidmung. Tillich erhielt einen

Lehrstuhl für Philosophie und Soziologie einschließlich Sozialpädagogik. Im Grunde war er damit für die Gesellschaftskunde zuständig – und das entsprach auch seinen Talenten, war er doch ein Generalist, kein Spezialist.

Ein Mann, ganz nach dem Geschmack des preußischen Kultusministers Carl Heinrich Becker. Dieser, ein großer Bewunderer Stefan Georges, gehörte in den zwanziger Jahren zu den zentralen Figuren der Bildungspolitik, die sich unter seiner Regie »modern, jugendlich, weltoffen« präsentierte. Vor allem die Soziologie lag ihm am Herzen, von ihr erwartete er Großes. Er betrachtete die Soziologie als »Weltanschauung«.[3] Soziologie, so ist es in seiner Schrift zur Hochschulreform nachzulesen, entspreche »nicht dem deutschen Denken, weil sie überhaupt nur aus Synthese besteht«.[4] Doch gerade darin läge ihr Wert als »Erziehungsmittel«: »Soziologische Lehrstühle sind eine dringende Notwendigkeit für alle Hochschulen.«[5]

Beckers Kritik richtete sich gegen das Spezialistentum und ein einseitiges rationalistisches Denken. Er suchte originelle Persönlichkeiten, die über »die Scheidewände des eigenen engeren Faches« hinausblicken und »durch Erfassung größerer Zusammenhänge wirklich schöpferisch«[6] wirken. An Ferdinand Tönnies schreibt er 1920: »Mag einer von der Historie, von der Philosophie, von der Naturwissenschaft, der Nationalökonomie, der Jurisprudenz oder gar der Theologie ausgehen, das ist mir ganz gleichgültig, wenn er nur der Kerl dazu ist, unsere Jugend zu einem neuen Gemeinschaftsbewußtsein zu erziehen.«[7] Als einen solchen »Kerl« erkannte Becker seinen Freund Paul Tillich. Dass dieser nicht Philosoph, sondern protestantischer Theologe war, störte ihn nicht weiter. In Frankfurt sollte er expressis verbis keine Fachwissenschaft betreiben, sondern als Erzieher und Propagandist einer universellen Bildungsidee auftreten mit dem Ziel einer allgemeinen Menschenbildung.

Tillich hatte sich für diese Rolle im Frühjahr 1928 empfohlen, als er bei den ersten Davoser Hochschulkursen auftrat. Es war ein magnetisierender Auftritt gewesen, der sowohl seine rhetorischen Fähigkeiten zeigte als auch sein Gespür für die Fragen der Zeit; er griff das auf, was die Menschen bewegte, die Probleme der Existenz, die Suche nach Sinn und Orientierung in einer anonymisierten Massengesellschaft, die beherrscht war vom materialistischen Denken, vom Mammon, um den sich in der kapitalistischen Gesellschaft alles drehte. Die Menschen waren dem falschen Schein erlegen, standen in Gefahr, ihr wahres Sein zu verfehlen. Religion, so forderte Tillich, müsse auf die Existenz des Menschen eingehen, müsse gegen die Verkleidungen und Verhüllungen kämpfen und sich mit den Unsicherheiten und Bedrohtheiten auseinandersetzen.

Die Davoser Hochschultage sollten nach dem Ersten Weltkrieg einen Beitrag zur internationalen Verständigung, insbesondere zwischen Deutschland und Frankreich, liefern. Auf neutralem Boden, so die Idee der Initiatoren, sollte sich jedes Jahr in Davos die Elite der europäischen Intellektuellen zu »Wochen der Begegnung und des Austausches« treffen. Eingeladen waren Hochschullehrer, aber auch hervorragende Assistenten und Studenten. Berühmt geworden ist der zweite Hochschulkurs 1929, die Disputation zwischen Martin Heidegger und dem deutsch-jüdischen Philosophen Ernst Cassirer, bei der es um die kantische Frage »Was ist der Mensch?« ging. Das Starduo zog schon im Vorfeld die Blicke der Öffentlichkeit auf sich. Cassirer hatte gerade sein Opus magnum, die *Philosophie der symbolischen Formen,* mit dem dritten Band abgeschlossen; es ging bei diesem Projekt um nichts weniger als die Neubegründung der Geisteswissenschaften. Heideggers großer Wurf lag zwei Jahre zurück, sein 1927 erschienenes Werk *Sein und Zeit* forderte zum Bruch mit der Tradition auf, zum Bruch mit der Neuzeit. Auf der einen Seite stand Cassirer, der Neuerer und Bewahrer, ein Mann der Wissenschaft, auf der anderen Heidegger, der Revoluzzer, der die Wissenschaft verachtete, eine andere Sprache prägte und die bürgerliche Welt stürzen wollte.

1928 machte Tillich natürlich längst nicht so viel Furore wie die Meisterdenker, aber sein Auftritt war, so sahen es damals viele, so etwas wie die Blaupause für das ein Jahr später stattfindende Duell auf dem Davoser Zauberberg. Tillich hielt zwei Vorträge, am 20. März über *Religion und Kultur* und am Tag darauf über *Die religiöse Erkenntnis*. Das eigentliche Highlight war jedoch eine Diskussion im Rathaus, ein Streitgespräch über den »Gnadenbegriff« mit dem Jesuitenpater Erich Przywara. In dieser Debatte beeindruckte Tillich durch seine Gewandtheit, seine Schlagfertigkeit und seine charismatische Ausstrahlung. Die Resonanz in der Presse war außerordentlich. Geradezu überschwänglich äußerte sich der deutsch-schweizerische Philosoph Fritz Medicus in der *Neuen Zürcher Zeitung:* »Was da von Tillich vorgetragen und verteidigt wurde, das waren nicht bloße Theorien, über die man so oder so denken und die man schließlich auch auf sich beruhen lassen kann, sondern das alles rührte an den Quellpunkt des verantwortlichen Lebens. […] Auch seine Sprache ist die heutige […]. Seine Darlegungen sind unmittelbarer Ausdruck eines im Gedanken gefaßten Gegenwartslebens. […] Ich schied von Davos mit der Gewißheit, daß Tillich der ›kommende Mann‹ in der Philosophie sei.«[8]

Fortan galt Tillich als der Hoffnungsträger eines neuen theologisch-philosophischen Diskurses. Die Präferenz des Ministeriums bezog sich auf seine Wirkung und Ausstrahlung. Man wollte keinen Fachphilosophen, man wollte jemanden, der sich den Problemen der Gegenwart zuwandte und der es verstand, die Zuhörer zu begeistern und mitzureißen – und das war Tillich.

Eine noble Erscheinung

Als Tillich seine Stelle antrat, war er Anfang vierzig, eine elegante Erscheinung, groß, zurückgekämmtes gewelltes Haar, runde Brille. Auf Fotos sehen wir ihn häufig in Anzug mit Weste, einen lockeren Binder um den Hals. Der Tillich-Experte Friedrich Wilhelm Graf schreibt: »Wie kaum ein anderer Intellektueller seiner Generation arbeitete Tillich äußerst präzise und hart an seinen Selbstbildern«; er verweist auf die zahlreichen Porträtfotos, die den jungen Privatdozenten und Professor »mit immer neuen Brillen, gestylter Frisur und Krawattennadeln«[9] zeigen. Einen Theologen stellt man sich gemeinhin anders vor, einfach, schlicht, uneitel. Das überraschte auch die Journalistin Leonie Dotzler-Möllering, als sie Tillich Mitte der zwanziger Jahre in Dresden kennenlernte: »In Erscheinung und Haltung wirkte er überhaupt nicht wie ein Theologe: ein gutaussehender schlanker Mann mit dunkelblondem Haarschopf, einer Brille vor vergnügten Augen und einem sinnenfrohen Mund. [...] Wenn er lachte – und er lachte gern –, zeigte er eine Reihe starker weißer Zähne. Ein jungenhafter Charme ging von ihm aus.«[10]

Nicht nur was sein Aussehen anging, war Tillich auf Wirkung bedacht. Nach jeder Vorlesung fragte er die Studenten und Kollegen: »Wie war ich?« oder »Was halten Sie davon?« oder »Wie ist's gewesen?«[11] Seine Biographen attestieren ihm eine »außerordentliche Sensibilität gegenüber der Reaktion seiner Hörer, er bemerkte Gesichter im Lehrsaal, reagierte auf die leiseste Veränderung im Ausdruck. [...] Er konnte nach einer Vorlesung einen Studenten fragen: ›Glauben Sie das nicht?‹ oder: ›Ich weiß, was Sie gedacht haben. Darüber wollen wir diskutieren; was Sie sagen, interessiert mich sehr.‹«[12]

Mienenspiel

So oder so ähnlich muss es auch im April 1929 gewesen sein, als Tillich über griechische Philosophie las und ihm der junge Mann in der letzten Reihe auffiel, der immer wieder seine Miene verzog, des Öfteren den Kopf schüttelte und sich eifrig Notizen machte. Zwischenfragen waren nicht erlaubt, und so hielt Tillich scheinbar unbeeindruckt seinen Vortrag bis zum Ende. Die griechische Philosophie bezeichnete er als »Ausdruck menschlicher Möglichkeit«.[13] Nicht als Philosophie müsse man sie verstehen, sondern als »objektives Gebilde«. »Was uns verbindet, ist das menschliche Sein oder ein Ort, an dem Sein zum Sinn kommt, im Sinn erfüllt wird durch den Menschen.« Irgendwann schweift er ab, legt einen kleinen Exkurs ein und spricht über geistige Schöpfungen, die man sich nicht aneignen, nicht einverleiben und vom »Seinsgrund« lösen dürfe. Eine solche »räuberische« Haltung entspreche der kapitalistischen Wirtschaft, die alle Waren von ihrer »Seinswurzel« abschneide und sie in ein »abstraktes Güter- und Wertesystem« einordne. Nicht Beraubung, sondern die Gemeinschaft müsse im Mittelpunkt stehen, die »Anerkennung des Anderen in seiner unbedingten Ernsthaftigkeit als Du oder als das mich schlechthin Begrenzende«.[14]

Für den jungen Mann in der letzten Reihe war das alles zu unverbindlich, zu wenig präzise. Wir nehmen es jedenfalls an, denn er kannte sich nicht nur in griechischer Philosophie gut aus, sondern auch im marxistischen Denken. Hatte er von Marx selbst wenig gelesen, umso mehr aber von Georg Lukács. Er verehrte den ungarischen Philosophen, schätzte ihn als *den* marxistischen Denker der Gegenwart. Die Lektüre von *Geschichte und Klassenbewußtsein* hatte ihm über die Warenform und den Fetischcharakter die Augen geöffnet. »Verdinglichung« war seitdem für ihn das Zauberwort, das er ständig im Munde führte. Von nichts war er so überzeugt wie von dem »Zur-Ware-Werden«[15] aller menschlichen Beziehungen.

Wiedersehen im Salon

Am Ende des Vortrags gab es natürlich das übliche akademische Klopfen. Tillich war fürs Erste zufrieden und blickte ins Auditorium. Er sah gerade noch, wie der junge Mann aus der letzten Reihe nach seinem Überzieher griff und aus dem

Vorlesungssaal verschwand. Ärgerlich, er hätte sich gern mit ihm unterhalten!

Die Gelegenheit kam schneller als erwartet. Anderntags veranstaltete Madame Gabrielle Oppenheim im Hause Schaumainkai 55 ihren Salon. Jeden Samstag fand hier von 12 Uhr 30 bis 16 Uhr ein Déjeuner statt. Neue Gäste, die mit ungewöhnlichen Ideen zur Belebung beitrugen, waren höchst willkommen. An diesem Samstag hatte Paul Tillich seinen ersten Auftritt im Salon. Madame Oppenheim ließ es sich nicht nehmen, dem Professor ihre Gäste vorzustellen, darunter auch einen Habitué, den jungen Mann aus der letzten Reihe: Theodor Wiesengrund.

Zu dieser Zeit trug Adorno noch den Namen des Vaters, Oscar Wiesengrund, eines vermögenden jüdischen Weinexporteurs. Die Mutter, eine Katholikin, die vor der Heirat den klangvollen Namen Maria Calvelli-Adorno della Piana führte, hatte sich Ende des 19. Jahrhunderts in Wien als kaiserliche Hof-Opernsängerin einen gewissen Ruf erworben. Mit einigem Stolz blickte der Sohn auf dieses durch die Mutter repräsentierte Künstlertum. Die väterliche Linie war demgegenüber nicht halb so reizvoll – die Welt des Vaters war das Geschäft, der Warenverkehr, zu dessen Kritiker Adorno schon bald wurde. Bei der Naturalisation 1943 in den USA übernahm er den italienischen Mädchennamen seiner Mutter, während der Vatername auf das W. reduziert wurde.

Den Salon von Gabrielle Oppenheim nennt Adorno später den »maßgeblichen Intellektuellensalon in Frankfurt«, dort habe sich alles getroffen, »was einigermaßen einen Füllfederhalter halten konnte«.[16] Diese Bemerkung spielt die Bedeutung des traditionsreichen Salons bewusst herunter – auch die Bedeutung, die er für Adornos eigene Entwicklung hatte. Hier war er nicht irgendein Gast, er war bereits mit Anfang zwanzig ein Freund der Familie, spielte mit der Hausherrin Klavier und wurde mit Musikern und Literaten bekannt gemacht. Adorno bewunderte Gabrielle Oppenheim. In einem Brief vom Mai 1928 an seinen Lehrer Alban Berg bezeichnet er sie als seine »Freundin und eine ganz außerordentliche Frau«.[17]

Gabrielle Oppenheim war eine charmante Gastgeberin und, wie der Physiker Max Born, der Anfang der zwanziger Jahre im Salon verkehrte, berichtete, »eine sehr hübsche und kokette Blondine, die mit jedem männlichen Wesen, das in den Bereich ihrer blitzenden Augen kam, einen Flirt begann«.[18] Sie stammte aus Brüssel, ihr Vater, Paul Errera, war Professor für Verfassungs- und Verwaltungsrecht und zeitweilig Rektor an der Freien Universität Brüssel gewesen. 1912 heiratete sie Paul Oppenheim, einen studierten Chemiker und Philosophen, der in der Industrie arbeitete und in den zwanziger Jahren als Privatgelehrter an der Frankfurter Universität Vorlesungen hielt. In den dreißiger Jahren publizierte er im amerikanischen Exil Arbeiten zur Wissenschaftstheorie und Gestaltpsychologie. Die Oppenheims gehörten zu den alteingesessenen jüdischen Stifterfamilien in Frankfurt, die in beträchtlichem Umfang Wissenschaft und Kunst förderten, unter anderem den Lehrstuhl für theoretische Physik ermöglichten, den Max von Laue und Max Born innehatten. Bei den Eltern Paul Oppenheims, dem Juwelengroßhändler Moritz Oppenheim und seiner Frau Katharina, trafen sich schon um 1900 Kunst- und Musikliebhaber. Katharina Oppenheim war ausgebildete Konzertpianistin und Schülerin von Clara Schumann. An zahlreichen Abenden trat sie in ihrem Haus im Reuterweg 32 auf. Für ihre Verdienste um Wissenschaft und Kunst wurden die Oppenheims mit hohen Auszeichnungen bedacht. 1933 war all das vergessen. Von den Nazis bedrängt und verunglimpft, nahmen sich Moritz und Katharina Oppenheim am 9. Juni 1933 das Leben.

Im Jahr 1929 bedeutete die Begegnung mit Tillich im Salon von Gabrielle Oppenheim für Adorno ein Initialereignis, den Beginn einer Freundschaft. Tillich, so erinnert sich Adorno später, »nagelte mich sofort fest, indem er mir bis ins

Einzelne, aber wirklich bis in alle Details meine Reaktionen auf das, was er in seiner Vorlesung gesagt hatte, erzählte. Er hatte mich also in meiner letzten Reihe gewahrt und hatte von meinem Gesicht abgelesen, wo ich zustimmte, und wo ich anderer Ansicht war. Das reproduzierte er, und was ich nicht ausgesprochen hatte, führte sofort zu einer sehr intensiven Diskussion.«[19] Zu einem der bemerkenswertesten Charakterzüge Tillichs gehöre »seine fast grenzenlose Impressionabilität, seine selbstvergessene Fähigkeit, andere Menschen auch auf sich einwirken zu lassen. Er war wie ein wandelndes System von Antennen.«[20] Nicht nur, dass Tillich offen für alles Neue war, dass er andere Menschen und andere Theorien auf sich wirken ließ, imponierte Adorno, sondern vor allem auch die Art, wie er sich seinem Gegenüber zuwandte, er hat »buchstäblich jeden Menschen, mit dem er zusammenkam, absolut ernst genommen [...]. Man hatte bei ihm das Gefühl, daß ihn tatsächlich jeder Mensch, der ihm gegenübertrat, absolut anging. In dieser Verhaltensweise, die nicht reflektiert, sondern ganz spontan war [...], liegt wohl etwas wie der Schlüssel zu seinem Denken.«[21]

Der sechsundzwanzigjährige Adorno fühlte sich vom ersten Augenblick an von Tillich angenommen. Die menschlichen Qualitäten, die er in den Vordergrund stellt: das Zuhörenkönnen, das Ernstnehmen, die Anerkennung des anderen – sie alle hat er selbst erfahren. Und Adorno wäre nicht Adorno geworden, wäre Tillich nicht Tillich gewesen.

Ein Mann mit Talenten – Theodor W. Adorno

Stolpern auf gebahnten Wegen

Als sich Tillich und Adorno im Frühjahr 1929 das erste Mal im Hörsaal begegneten, war der Jüngere gerade auf der Suche nach einem neuen Betreuer für sein Habilitationsprojekt.

Anderthalb Jahre zuvor, im September 1927, hatte Adorno seinem Freund Siegfried Kracauer mitgeteilt, dass seine Habilitation »programmäßig fertig geworden«[1] sei und sich bereits »in Cornelius' Händen« befinde. Bei Hans Cornelius hatte er studiert und auch promoviert. Alles war reibungslos vonstattengegangen: Als Siebzehnjähriger hatte er sich an der Goethe-Universität Frankfurt am Main für die beiden Fächer immatrikuliert, für die er sich prädestiniert fühlte und Vorkenntnisse mitbrachte: Philosophie und Musikwissenschaft. Das meiste, was er in den Vorlesungen und Seminaren hörte, erwies sich für ihn als nicht besonders spannend. Er langweilte sich. Wirklich interessant wurde es nur in einzelnen Veranstaltungen. Ein Höhepunkt für Adorno, aber auch im Universitätsleben Frankfurts allgemein waren die Seminare des Gestaltpsychologen Adhémar Gelb, die er zum Teil mit Kurt Goldstein und Max Wertheimer durchführte. In Gelbs Seminar machte Adorno auch die Bekanntschaft mit Max Horkheimer. In einem *Offenen Brief* zu Horkheimers siebzigstem Geburtstag erinnerte sich Adorno an die erste Begegnung: Der »acht Jahre Ältere« habe auf ihn nicht wie ein Student gewirkt, sondern »eher wie ein junger Herr aus wohlhabendem Haus, der der Wissenschaft ein gewisses distanziertes Interesse zollt«.[2] Damit machte Adorno eine treffende Bemerkung. Was ihn an dem Älteren anzog, war der von Horkheimer verkörperte Gestus der Überlegenheit; es war nicht allein, was er sagte, es war die Art, wie er etwas sagte: »gescheit, scharfsinnig und vor allem: unabhängig«.[3] Unabhängig war Horkheimer auch, was die familiären Ansprüche anging. Er, der Fabrikantensohn, weigerte sich, in die Fußstapfen des Vaters zu treten. Diese Unabhängigkeit beeindruckte den jungen Adorno, dem alles Rebellische, alle Auflehnung gegen Autoritäten fremd war, insbesondere in Bezug auf die Familie; sie war für ihn sakrosankt, ein Schutzraum gegen alle Unbilden des Lebens. In seinen *Minima Moralia* heißt es, die Familie sei »der Widerstand, der das Individuum zwar unterdrückte, aber auch stärkte, wenn nicht gar hervorbrachte«.[4] Adorno liebte die Familie über alles, in ihr erfuhr er Geborgenheit, und sie hatte ihm den Weg gebahnt: Gymnasium, Abitur, Studium, Promotion, als Nächstes Habilitation und Professur. Er sah die Ziele mit aller Klarheit vor sich, jede Station war definiert, ein vorgezeichneter Weg, den er dank der elterlichen Unterstützung nur noch abgehen musste. Für den Musterschüler – kein Problem.

1924, kurz vor seinem einundzwanzigsten Geburtstag, machte er mit einer Arbeit über Edmund Husserl seinen Doktor mit summa cum laude. Alles lief wie am Schnürchen. Und Adorno war stolz, die Sache in Windeseile hinter sich gebracht zu haben. An seinen Freund und Kommilitonen Leo Löwenthal schreibt er im Juli 1924: »Mitte Mai disponierte ich meine Dissertation und trug am 26. den Gedankengang Cornelius vor, der die Arbeit annahm. Am 6. Juni war die Arbeit fertig, am 11. diktiert, am 14. abgegeben.«[5] Über Husserls Phänomenologie arbeiteten damals viele, es war kein besonders originelles Thema, aber um Originalität ging es ihm nicht, er schrieb die Arbeit »mit Rücksicht auf den Zweck«,[6] er wollte – und das möglichst rasch – den Titel erlangen, um danach die nächste Station anzusteuern.

Im Herbst 1927 war dann auch schon die Habilitation fertig. Adorno fuhr stante pede mit seiner Freundin Gretel Karplus nach Italien. Zuerst ging es an den Lago Maggiore und anschließend nach Fiesole. Nach vierzehn Tagen musste die Freundin zurück, sie arbeitete als promovierte Chemikerin in der elterlichen Lederwarenfabrik in Berlin. Adorno reiste allein nach Sanremo. Im November, so hatte Cornelius versprochen, wäre er mit der Lektüre durch. Wenn Adorno in diesen Tagen an seine Arbeit dachte, wurde er unruhig. Er schrieb an Max Horkheimer, der als Assistent bei Cornelius arbeitete, und erkundigte sich nach dem Stand der Dinge. Horkheimers Antwort ist nicht überliefert, aber offenbar konnte er den Habilitanden vorerst beruhigen. Ende September dann wendet sich Adorno an seine »Mütter«, an Maria Calvelli-Adorno und deren von dem Neffen sehr geschätzte Schwester, Agathe Calvelli-Adorno, und bittet sie zu kommen, er fühle sich »einsam und unbehaglich«.[7] Mutter und Tante lehnen das ab, ahnen aber den Grund der Unruhe: »Wegen Deiner Habilitation brauchst Du Dir doch wahrhaftig keine Sorgen zu machen.«[8]

Adorno hatte auch diesmal ein Thema gewählt, das en vogue war: das Unbewusste. Freud und die Psychoanalyse spielen allerdings nur im letzten Drittel der Arbeit eine Rolle, noch dazu eine eher marginale, das eigentliche Thema ist das Unbewusste in der transzendentalen Seelenlehre. Damit bezieht sich Adorno auf den Kontext seines Lehrers Hans Cornelius, dessen Schriften er ausführlich würdigt. Noch bei einer anderen Person bedankt er sich für wesentliche Anregungen, bei dem Privatdozenten Max Horkheimer, Cornelius' Assistenten.

So zielorientiert alles geplant und so strategisch alles eingefädelt war, diesmal ging die Rechnung nicht auf, Cornelius spielte nicht mit. Er konzedierte dem Habilitanden zwar einige erhellende Bemerkungen zur Psychoanalyse, doch ansonsten paraphrasiere er in seiner Untersuchung lediglich die Positionen, die er als Lehrstuhlinhaber vertrete – die Arbeit stelle mithin keine eigenständige Leistung dar. Er empfahl, sie noch vor Eröffnung des Habilitationsverfahrens zurückzuziehen, was Adorno denn auch tat.

Für den von sich überzeugten jungen Mann, der bisher auf keinerlei Widerstände gestoßen war und alle Hürden mit Leichtigkeit genommen hatte, war das ein Fiasko, eine Blamage.

Eine schicksalhafte Begegnung

Wie dramatisch wäre die Wirkung auf ihn gewesen, hätte er nicht ein zweites Standbein gehabt? Denn Adorno konnte sich in dieser Situation auf die Musik stützen. Schon seit jungen Jahren nahm er Klavierunterricht, und Anfang der zwanziger Jahre begann er bei dem Musikpädagogen Bernhard Sekles Kompositionslehre zu studieren. Die Musik war seine Leidenschaft, und er wollte sie zum Beruf machen. Die Philosophie sollte nur eine Nebenrolle spielen. Entschieden war das aber nicht – und im Grunde hat sich Adorno nie entschieden. 1948 schreibt er an Thomas Mann: »Ich studierte Philosophie und Musik. Anstatt mich zu entscheiden, hatte ich mein Leben lang das Gefühl, in den divergenten Bereichen eigentlich das Gleiche zu verfolgen.«[9] Daran hat sich zeit seines Lebens wenig geändert. »Das Verhältnis von theoretischem Bewußtsein und künstlerischer Produktivität ist für mein geistiges Schicksal zentral«, schreibt der sechzigjährige Adorno, »und das will sagen, immer noch ungelöst.«[10]

Drei Jahre vor dem Habilitationsdebakel, im Sommer 1924, war es zu einer Begegnung gekommen, die Adorno, der gerade erfolgreich seine philosophische Dissertation abgeschlossen hatte, als schicksalhaft beschreibt. Auf dem Fest des Allgemeinen Deutschen Musikvereins in Frankfurt stand die Uraufführung von drei Fragmenten aus Alban Bergs Oper *Wozzeck* auf dem Programm. Adorno ist geradezu begeistert von der Musik und sucht sofort den Kontakt zu dem anwesenden Komponisten, den der Dirigent Hermann Scherchen vermittelt. Innerhalb von ein »paar Minuten«,[11] so stellt es Adorno später dar, war alles verabredet. Adorno sollte nach Wien kommen und Berg-Schüler werden.

Im Frühjahr 1925 trifft der Doktor der Philosophie in der österreichischen Metropole ein. Am 8. März schreibt er Kracauer von seinen ersten Eindrücken: »Wien ist viel krausischer noch als Kraus, schnitzlerischer als Schnitzler: ein siderisch überhöhtes Seldwyla.«[12] In den nächsten Wochen wird er von Berg in die Wiener Kreise und Salons eingeführt: »[...] ich habe 2 erhebliche Menschen kennen gelernt, Schönberg und Frau Mahler.« Schönberg habe mit ihm gesprochen, »wie etwa Napoleon mit einem jungen Adjutanten sprechen mag, der von einem entlegenen Kriegsschauplatz kommt, für den er natürlich Interesse zeigen muß, dessen Verhältnisse er aber längst vergessen hat«.[13] Später, in einigen musiktheoretischen Aufsätzen, feiert Adorno Schönberg als Befreier von der traditionellen Harmonik, persönlich jedoch fand er zu dem Exzentriker keinen Zugang – der Mann war ihm zutiefst unsympathisch und wirkte auf ihn sogar abstoßend. Schon nach der ersten Begegnung mobilisiert der ›Halbjude‹ Adorno gegen den Juden Schönberg antisemitische Ressentiments: »Sein Gesicht ist das Gesicht eines dunklen, vielleicht eines bösen Menschen, mit der Anlage zu allem Niedrigen und selbst Gemeinen, einem zuckenden, geschäftigen, gierigen Mund und einer unheimlichen Behendigkeit der Züge, die sich allen Dingen anschmiegen: Benjamin würde sagen: ein Geistchen; aber eines aus dem Café Goldschmidt, ein ruheloses, verhetztes jüdisches Spielergesicht.«[14] Das ist kein Einzelfall. Wen auch immer Adorno in der Wiener Gesellschaft kennenlernt, das Judesein spielt für ihn eine bedeutende Rolle. Ob Salomon Morgenstern oder Georg Lukács (»ein kleiner, zarter, ungeschickt blonder Ostjude«[15]), immer sind antisemitische Feindseligkeiten im Spiel, wenn es darum geht, eine Person einzuschätzen und zu charakterisieren. Das war weit verbreitet. Die erwähnte Alma Mahler äußerte sich drastisch über Juden, was sie nicht davon abhielt, enge Beziehungen mit ihnen zu unterhalten und in erster Ehe den Juden Mahler und in dritter den Juden Werfel zu heiraten. Bei Adorno kommt sie sehr gut weg: »Sie ist in jedem Betracht ein Phänomen: immer noch schön, ohne alle Prätension«, außerdem »klug, der Rede fähig«.[16]

Ein knappes halbes Jahr hielt sich Adorno in Wien auf, um bei dem Neutöner aus der Schönberg-Schule Komposition zu studieren. Berg stand damals kurz vor dem großen Erfolg der Uraufführung seiner Oper *Wozzeck*, durch die er zu einem international anerkannten Komponisten wurde. Lange Zeit galt sie als nicht aufführbar, immer gab es wie in Frankfurt nur Fragmente zu hören. Der Berliner Generalmusikdirektor Erich Kleiber setzte sich schließlich für die Oper ein, und unter seiner Leitung wurde *Wozzeck* am 14. Dezember 1925 an der Staatsoper Unter den Linden uraufgeführt. Zwei Tage vorher fand die Generalprobe statt. Danach traf man sich im engeren Kreis um Berg und feierte im Restaurant Kannenberg. Alma Mahler und Franz Werfel waren dabei, Erich Kleiber, Hanns Eisler und auch Wiesengrund-Adorno. Nicht gekommen war das Oberhaupt der Atonalen, Arnold Schönberg, er hatte sich krankgemeldet.

Der junge Wiesengrund-Adorno war Anfang zwanzig und suchte nach Orientierung. In dem knapp doppelt so alten Berg glaubte er einen Meister und väterlichen Freund gefunden zu haben, den er verehren und dem er nacheifern konnte. Wie man weiß, war er damals bereit, einiges für den Lehrer zu tun. Als Berg im Mai 1925 eine Affäre mit der in Prag lebenden Industriellengattin Hanna von Fuchs-Robettin hatte, einer Schwester Werfels, wurde Wiesengrund zum Boten, der Bergs Liebesbriefe nach Prag übermittelte. Dass er dabei dessen Ehefrau Helene, die ihm durchaus wohlgesinnt war, hinterging, brachte ihn später, nach dem Tod Bergs 1935, in einige Erklärungsnot.

Berg gab dem jungen Mann nicht nur Kompositionsunterricht, er führte ihn auch in »eine Art sinnlicher Kultur« ein, zu der gutes Essen und Wein gehörten. »Alle Dinge des

Alltags, vor allem die, welche mit Genuß zu tun hatten, besaßen bei Berg eine Wichtigkeit und Würde, die mir Deutschem damals noch ganz fremd war«,[17] erinnert sich Adorno. Mit ihm geschah im Frühjahr 1925 das, was Rilke in den *Aufzeichnungen des Malte Laurids Brigge* beschreibt, eine Veränderung der Wahrnehmung. Rilkes Held lernt bekanntlich in Paris »sehen«, hier ist es die Metropole, die eine Wahrnehmungsveränderung bewirkt. Im Falle Adornos ist es die Begegnung mit Berg, der ihn aus der Reserve lockt und seinen Snobismus durchkreuzt. Am Ende seiner ›Lehrjahre‹ sind seine Sinne erwacht, er konnte genießen, sah die Dinge des Alltags mit anderen Augen.

Die Verehrung für Berg war keine Einbahnstraße. Der Komponist hatte durchaus eine hohe Meinung vom Können seines Schülers und prophezeite ihm eine glänzende Zukunft. Natürlich müsse er sich entscheiden, schreibt Berg im Januar 1926: »Kant *oder* Beethoven«[18] – Philosophie oder Musik. Adorno war allerdings weiter hin und her gerissen. Er sah in der Habilitation für das Fach Philosophie eine Art Versicherungspolice, die ihn, im Fall der Fälle, gegen die Unsicherheiten einer gefährdeten bürgerlichen Existenz schützen würde. Zwar unterstützten ihn die Eltern großzügig, aber er wollte irgendwann auf eigenen Füßen stehen.

In der zweiten Hälfte der zwanziger Jahre ventilierte Adorno verschiedene Möglichkeiten. Er schreibt in dieser Zeit zahlreiche Aufsätze und will sich als Musikkritiker etablieren. Mit seinen Kritiken bewegte er sich am Puls der Zeit. Als im Herbst 1928 die Premiere der *Dreigroschenoper* am Neuen Theater in Frankfurt stattfindet, sitzt Adorno im Theater und schreibt anschließend einen begeisterten Artikel. Nicht in erster Linie von der Dichtung ist er begeistert, sondern von der Musik Kurt Weills, »den grauen, verräucherten Songs«, den Balladen, »wie sie die amorphe, drängende, aufrührerische Masse des Lumpenproletariats rufen«.[19] Eigentlich ist das ja nicht seine Musik, und doch kann er sich dem Spektakel auf der Bühne nicht entziehen. Theo Lingen, in einer der Hauptrollen als Macheath, genannt Mackie Messer, singt die berühmte Moritat vom Haifisch. Am Ende ist Adorno voll des Lobes: »Seit Bergs Wozzeck scheint mir die Dreigroschenoper, nach einmaligem Hören, das wichtigste Ereignis des musikalischen Theaters: Tatsächlich beginnt so vielleicht die Restitution der Oper durch Wahrheit.« Man müsse, so Adorno, das Stück »gegen seinen Erfolg in Schutz« nehmen. Die *Dreigroschenoper* ist »Genußmittel«, »Gebrauchsmusik« und bleibe trotzdem »gefährlich«.[20]

Adorno bewirbt sich bei Ullstein in Berlin, doch der Versuch, eine Stelle bei der *Berliner Morgenpost* zu bekommen, scheitert. Im Sommer 1928 wird ihm die Leitung der österreichischen Musikzeitschrift *Anbruch* angeboten, aus der er eine Plattform für die Wiener Schule machen will, doch die hochfliegenden Pläne enden bereits im Oktober 1929 mit Adornos Rückzug aus der Redaktionsleitung.

Wieder versuchen

Gegenüber Berg hatte Adorno den Eindruck erweckt, er sei in allernächster Zeit Professor, und Berg hatte spaßeshalber schon einmal angefangen, ihn so zu titulieren. Im Frühjahr 1928 musste er dem Meister sein Scheitern eingestehen, schob die Schuld allerdings auf Cornelius, der ihn »schmählich im Stich gelassen«[21] habe. Trotzig tönte Adorno, dass ihn das nicht weiter störe: »wenn die ganze Habilitation – eine soziale, mir weder sachlich noch ökonomisch notwendige Angelegenheit – danebengelänge, so wäre es mir herzlich gleichgültig und au fond sogar lieb. Denn ich bin jetzt völlig auf Musik, will sagen aufs Komponieren eingestellt und auch wenn ich mich habilitieren sollte, würden die akademischen Verpflichtungen eine Nebenbeschäftigung bleiben.«[22] Im Hauptberuf wolle er komponieren, daneben gleichwohl irgendwie die Habilitation zu Ende bringen.

Auf Anregung Kracauers und Horkheimers hatte sich

Adorno zunächst überlegt, den gerade nach Frankfurt berufenen Max Scheler anzusprechen. Zu Schelers Aufgabenbereich gehörten Philosophie und Soziologie, also genau die für Adorno passende Kombination. Und bei Scheler sich zu habilitieren, damit konnte man sich in der akademischen Welt einen Namen machen, war er doch in den zwanziger Jahren die große Lichtgestalt am Philosophen-Himmel. Er strebte nach einer Philosophischen Anthropologie, einer Lehre vom Menschen, die die ganz großen Probleme lösen sollte. Einige Arbeiten zu diesem Mammutprojekt lagen bereits vor – und waren vielversprechend. Scheler aber erlitt eine Herzembolie und starb noch vor seinem Amtsantritt mit 53 Jahren. Adorno brauchte einen neuen Plan. Im Frühjahr hatte er von der Berufung Paul Tillichs gehört, der zum Nachfolger von Cornelius ernannt worden war. Tillich, der von außen kam, gehörte nicht zur philosophischen Zunft. Und gerade darin sah Adorno seine Chance. Unter Tillichs Fürsprache kehrte er zu seiner »leidigen Habilitation« zurück. Noch im Juni begann er mit der »Umarbeitung« seines »Psychoanalyse-Buches«. Über den Sommer haben sich die Dinge dann offenbar geändert. Am 9. Oktober schreibt er an Alban Berg: »Zum richtigen Komponieren komme ich nicht des Kierkegaardbuches wegen.«[23] Hinter dem »Kierkegaardbuch« verbarg sich ein vollständig neues Thema für seine Habilitationsschrift: *Kierkegaard. Konstruktion des Ästhetischen.*

Theologe und Bohemien – Paul Tillich

Katharsis und Weltuntergang

Nicht nur unter Philosophen, auch in Theologen-Kreisen war er umstritten. Vielen galt Paul Tillich als Exot, der nicht ins Fach gehöre. 1928 war eine Berufung an die Berliner Theologische Fakultät gescheitert. Wie Tillich erfuhr, warf man ihm »mangelnde Kirchlichkeit«[1] vor. Die Ablehnung traf ihn schwer, denn Berlin war *seine* Stadt, hier hatte er lange gelebt, hier war er glücklich gewesen, und hier wollte er wieder hin.

Anfang der zwanziger Jahre hatte er sich in Berlin einer Art Katharsis unterzogen. Im Krieg, als Feldprediger an der Westfront, blieb er allem treu, was Vaterland und Autoritäten von ihm forderten, er predigte vom Reich Gottes, sprach vom heiligen Opfer, das man für Volk und Vaterland zu erbringen habe. Liest man die Predigten, die er zur Tröstung, Erhebung und Erbauung der Soldaten hielt, wendet man sich mit Grausen ab. Seine Umkehr datiert er selbst auf den Sommer 1915, da war er abkommandiert in die Champagne, erlebte die schweren Kämpfe hautnah. Hier sei ihm eines Nachts die Sinnlosigkeit des Krieges bewusst geworden, die ganze bürgerliche Welt sah er dem Untergang geweiht. In Nietzsches *Also sprach Zarathustra* habe er Halt und Bestätigung gefunden: Gott ist tot. In seinen Predigten ist davon jedoch noch nichts zu spüren. Er freut sich darin weiter über siegreich gewonnene Schlachten, über den Opfermut der Truppe und glaubt noch 1918 an einen glorreichen Sieg. Es spricht einiges dafür, dass sich seine Wandlung erst nach seiner Entlassung aus dem Militär vollzogen hat, im Angesicht der Niederlage und der sie begleitenden revolutionären Erhebungen. Alles, was schwer an ihm hing, alles Steife und Widerständige, alles, wovor er noch vor Kurzem ehrfürchtig gekniet hatte, warf er nun ab: die Enge und Beschränkung der preußischen Provinz, aus der er kam, das deutschnationale Pfarrhaus, das seine Kindheit und Jugend geprägt hatte, die Frömmigkeit und den unbedingten Glauben an Autoritäten, wozu auch die »Begeisterung für Uniformen, Paraden, Manöver, Kriegsgeschichte« gehörte, von denen er noch, wie er zugeben musste, in seinem »dreißigsten Jahr« fasziniert gewesen war.[2] In Berlin räumte er mit allem auf und veranstaltete »ein großes Reinemachen im eigenen Kopf«.[3] Tillich nennt das später sein »persönliches Kairoserlebnis«.[4] Unter Kairos versteht er eine entscheidende Lebenszeit, die hervorgetrieben wird durch eine tiefgehende Krise: Kairos als Überwindung der Krise, als Wendepunkt zum Neuen.

1 Paul Tillich, Anfang der zwanziger Jahre.

Nach dem Ersten Weltkrieg wurde Kairos für Tillich zum Zauberwort einer grundlegenden gesellschaftlichen Veränderung, zum Heilsversprechen für eine Menschheit, die in den Abgrund geblickt hatte. Der Begriff hatte bereits in den Avantgarden des frühen 20. Jahrhunderts Konjunktur. Stefan George sah die Kairos-Zeit in seinem 1907 erschienenen Gedichtzyklus *Der siebente Ring* als Einbruch einer Diskontinuität, als Anhalten der Geschichte: »Der tag war da: so stand der stern.«[5] Dass die Zeit für einen Umschwung, eine neue Gesellschaft auf der Grundlage religiöser Ideen gekommen war, daran glaubte jetzt auch Tillich. Es gelte den geschichtlichen Augenblick zu nutzen. Die Intellektuellen sollten dabei eine Führungsrolle spielen. In den Vorlesungen über *Christentum und soziale Gestaltung*, die er Anfang der dreißiger Jahre in Frankfurt hielt, heißt es: »Weil die Zeit für etwas reif ist, bricht das Bewußtsein ihrer Reife in den sensitiven Geistern durch. Und weil das Bewußtsein durchgebrochen ist, wird das, was potentiell da war, aktuell und geschichtswirksam. Nur wo diese beiden Faktoren zusammentreffen, kann man von einem Kairós reden.«[6] Wenig später mussten die »sensitiven Geister« allerdings das Land verlassen: »Europa«, so Tillich, »hat seine Sternstunde verpaßt, seinen Kairós.«[7] Die Handlungsoption nach dem Ersten Weltkrieg war verspielt worden. Tillich war indes der festen Überzeugung, dass es einen neuen Kairos geben werde, denn die bürgerliche Geschichte sei zu Ende, sie nähere sich unaufhaltsam einer Katastrophe, und schon jetzt sei im Chaos von Kriegen und Revolutionen eine fundamental andere Welt sichtbar.

Gott als Gütesiegel

Tillich, der 1919 als Privatdozent an der Berliner Theologischen Fakultät über die *Geschichte der Religionsphilosophie* Vorlesungen hielt, nahm mit dem Ende des Ersten Weltkriegs eine neue Identität an und wandelte sich zum Religiösen Sozialisten. Was für ihn zuvor sakrosankt war, Kapitalismus und Nationalismus, erkennt er jetzt als das Dämonische, dem die Menschen verfallen seien und von dem sie sich befreien müssten, um ihr wahres Sein zu erobern. Das »Zerbrechen der Herrschaft des Dämonischen«[8] schreibt er sich auf die Fahnen. Tillich suchte und fand neue Bündnispartner für seine religiöse Haltung. Auf einem Parteitreffen in Zehlendorf hielt er einen Vortrag über *Christentum und Sozialismus* und kam in Kontakt mit den Linkssozialisten der USPD. Seine neue Devise lautete: Weg vom Obrigkeitsstaat und den Interessen des Finanzkapitals, hin zum Sozialismus unter christlichem Vorzeichen – Gott als Gütesiegel einer Welt, die nicht mehr am Mammon orientiert ist.

Während Karl Barth in seinem Römerbrief-Kommentar einen Trennungsstrich zwischen dem Reich Gottes und jeglicher staatlichen Autorität zog, wollte Tillich einen anderen Staat, wenn man so will, einen ›Gottesstaat‹. Er spricht von einer Geistesgemeinschaft. Vieles von dem, was er dazu sagt, kommt uns heute erschreckend bekannt vor, die Ähnlichkeit mit fundamental religiösen Ideen ist frappierend. Religion und Staat sowie Religion und Kultur sollen zu einer Synthese vereinigt werden, Religion die Substanz sein, die einer entleerten Kultur und einem »missbrauchten Staat« wieder auf die Beine hilft. Der 1920 gegründete Kairos-Kreis, zu dem neben Tillich u. a. Carl Mennicke, Eduard Heimann, Günther Dehn, Adolph Lowe und Arnold Wolfers gehörten, sah sich als Urzelle einer elitären Gemeinschaft, die nach der Auflösung der alten monarchistischen und obrigkeitsstaatlichen Ordnung von einer großen Kultursynthese träumte.

Ein optimistischer Mensch

In den folgenden Jahren fühlte sich Tillich in seinem Element, er schwelgte in Visionen von einer neuen Gesellschaft, in der die Zersplitterung überwunden und der Mensch, der sich selbst und seine Welt verloren habe und sich in einem »Zustand existentieller Entfremdung: im Unglauben«[9] befinde, wieder ganz und heil werde. In Berlin agierte er in einem Kreis Gleichgesinnter, fand er ein Publikum für seine Ideen. Theologe, Weltveränderer und Wortführer des Religiösen Sozialismus – so trat er nach außen auf. Seine Vorträge waren packend und aufrüttelnd. In einer Zeit, die an ihrer Orientierungslosigkeit litt, sagte er seinen Hörern, wo es langgeht. Auch privat ordnete sich sein Leben. Er ließ sich 1921 von Margarethe (Greti) Wever scheiden, die er 1914 geheiratet hatte. In den Kriegsjahren hatte man sich auseinandergelebt. Ein Jahr vor der Trennung hatte er bei einem Kostümfest Hannah Werner kennengelernt. Die Pfarrerstochter war vielseitig interessiert, intelligent und charmant. Von 1912 bis 1916 hatte sie die Königliche Kunstschule zu Berlin besucht, nach dem Krieg arbeitete sie als Zeichenlehrerin in Neukölln. Eigentlich wollte sie Malerin werden, ein Besuch der Kunstakademie wurde ihr jedoch von den Eltern untersagt. Als sie Tillich begegnete, war sie mit dem Maler und Kunstlehrer Albert Gottschow verlobt. Für Gottschow, mit dem sie die Kunstschule besucht hatte, stand sie immer wieder Modell, auch für zahlreiche Aktstudien. Ein Bild zeigt sie als verträumtes Mädchen mit großen sehnsuchtsvoll-dunklen Augen, einem kleinen spitzen Mund und dem Anfang der zwanziger Jahre populären Bob samt Seitenscheitel. Glaubt man den Erzählungen aus dem Umfeld Tillichs, dann ist die Begegnung zwischen den beiden geradezu schicksalhaft gewesen,[10] eine spontane, rauschhafte, ekstatische Liebe, die sie als Erhebung und Vertiefung empfanden. Trotzdem geht sie im Juli 1920 in Marburg die Ehe mit Albert Gottschow ein, doch heimlich trifft sie sich weiter mit Tillich. Nach zwei Jahren ist sie von Gottschow schwanger und bringt eine Tochter zur Welt, die noch im Säuglingsalter stirbt. Ende 1923 wird die Ehe geschieden, und drei Monate später heiratet sie Paul Tillich.

Etwa zur gleichen Zeit nahm Tillich einen Ruf als außerordentlicher Professor für Systematische Theologie an die Universität Marburg an. Nicht über Religionsphilosophie sollte er hier lesen, sondern über Dogmatik. In der Stadt an der Lahn konnte er seinem Boheme-Leben, wie er es in Berlin geführt hatte, nicht länger frönen. Doch sich anzupassen gelang offenbar nicht besonders gut. Hannah Tillich stichelte in ihren Erinnerungen gegen die »kleine, kopfsteingepflasterte Provinz-Universitätsstadt«.[11] Hier, so erinnert sie sich, erlebe man »Engstirnigkeit, billigen Nationalismus und extreme Feindseligkeit gegenüber allem Fremden«.[12] Sie selbst, modisch auf der Höhe der Zeit, trug kurze Röcke und kurze Haare – damit fiel sie auf in Marburg, zumal als Ehefrau eines Theologen.

Und Tillich war im universitären Betrieb ein Außenseiter. Mit seinen Vorstellungen fand er hier kein Gehör. In Marburg setzte man auf strenge Wissenschaft, war stolz auf die großen Gelehrten und die Schulen, die den Ruf der Universitätsstadt begründet hatten. Im ausgehenden 19. Jahrhundert hatte die erste Marburger Schule des Neukantianismus mit Hermann Cohen und Paul Natorp ihre Blütezeit erlebt, die noch weit ins 20. Jahrhundert nachwirkte. Logik und Mathematik standen hoch im Kurs und sollten der Wissenschaft ein exaktes Gepräge geben. Tillich kam in einer Zeit, als sich unter der Regie von Rudolf Bultmann und Martin Heidegger die zweite Marburger Schule gebildet hatte, eine Allianz zwischen Philosophie und Theologie. Heidegger war der alles überstrahlende Geist, der die Zunft mit seiner dunklen, raunenden Sprache, die kaum jemand verstand, fest im Griff hatte. Der Heidegger-Schüler Hans-Georg Gadamer erinnert sich: »wir hatten unseren Heidegger, der uns alle faszinierte. Er war einfach etwas Gewaltiges und beeindruckte uns nicht zuletzt durch sein ungeheures Arbeitsethos. Und da war Tillich für uns das Gegenbeispiel.«[13] Nicht der Eindruck von Tiefe, sondern von »Leichtfüßigkeit« sei von ihm ausgegangen. Im Kreis der Theologen und Philosophen kam das alles andere als gut an, ja, er verkörperte einen Gelehrtentypus, der auf die Kollegschaft provozierend wirkte. Gadamer nennt Tillich »genialisch«, aber »viel zu wenig fundiert in wirklicher Forschung«.[14] Dafür schlagfertig, dialektisch gewandt und im persönlichen Umgang charmant. Was Gadamer auch noch in späteren Jahren am meisten imponierte, war Tillichs Optimismus: »Er war ungeheuer positiv, nicht, daß er das Negative übersah, aber er suchte überall das Positive: *The courage to be!* Das war kein peripherer, sondern ein ganz tiefer Optimismus. Der strahlte so aus ihm.«[15]

Tillichs Optimismus war tatsächlich einer seiner hervorstechenden Charakterzüge. Wer immer mit ihm zusammentraf, bekam diese Vitalität und Positivität zu spüren. »Wer mit Paul Tillich umging«, so Horkheimer, »hat noch wahre Freundlichkeit erfahren, die mit ihm zu schaffen hatten, wußten, daß die an Theologisches, an den Geistlichen erinnernde Färbung seiner Stimme und Gebärde nicht Oberfläche und Routine, sondern wahrer Ausdruck seines Denkens und Trachtens war.«[16] Wir wissen durch Hannah Arendt, dass selbst Heidegger, der Tillich ansonsten eher kritisch gegenüberstand, von seiner »Lebendigkeit« angetan war.[17] Für Adorno war Tillichs Optimismus eine »Verhaltensform«, die »dem Hegelschen Begriff der Entäußerung oder dem theologischen Ideal des Sich-Wegwerfens entsprach, ›wirf weg, damit du gewinnst‹, heißt es doch wohl bei Paulus«.[18]

Dolf Sternberger, der 1932 bei Tillich über Heidegger promoviert hatte, kannte die Art seines Lehrers, an die Dinge heranzugehen, und wusste sie zu schätzen: Tillichs »ganze Geistesart war im entschiedenen Sinne spekulativ – nicht analytisch, sondern synthetisch, nicht bohrend, sondern bauend, nicht polemisch, sondern umfangend, nicht dem einzelnen Phänomen zugewandt, sondern immer in ein Gefüge von Begriffen ausgreifend, worin die Erscheinungen ihren Ort finden sollten wie die Figuren in den Nischen und an den Säulen einer Kirche. Niemals habe ich ihn eigentlich streiten und in diesem Sinne disputieren sehen.«[19]

Erweckung in der Kulturstadt

Schon nach zwei Semestern kehrte Tillich Marburg den Rücken und folgte 1925 einem Ruf an die Technische Hochschule Dresden. Hier war er wieder in seinem Element, fand für seinen Optimismus ein Forum. Das ›Florenz an der Elbe‹ war eine offene, kunstsinnige Stadt. In den zwanziger Jahren gaben hier Neue Sachlichkeit und Verismus den Ton an, allen voran der Maler Otto Dix, der mit seinen Sittengemälden ein bürgerliches Publikum schockierte.

Hier konnte Tillich wieder frei atmen. Dresden war das Mekka des Ausdruckstanzes: Mary Wigman, Gret Palucca und Gertrud Steinweg hatten hier ihre Schulen angesiedelt. Man traf sich auf den Geselligkeiten, die der Philosophieprofessor Richard Kroner und seine Frau Alice gaben. In ihrer großen Villa an der Elbe versammelte sich das geistige und künstlerische Dresden – und Tillichs gehörten schon bald zum engeren Freundeskreis der Gastgeber. Sie wurden in der Elbmetropole herumgereicht und verkehrten in der dortigen High Society, so auch mit dem Industriellen Erwin Bienert und seiner Frau Ida, einer bekannten Kunstsammlerin und Mäzenin, bei denen die Crème de la Crème der Kunstwelt ein und aus ging: neben dem bereits genannten Otto Dix etwa Paul Klee, Walter Gropius, Oskar Kokoschka, Emil Nolde.

Tillich galt ihnen als weltoffener Theologe, der sich dem Zeitgeist nicht verschloss und sich nicht nur für die religiösen Dinge interessierte. Das hatte er gerade in einem Buch mit dem Titel *Die religiöse Lage der Gegenwart* unter Beweis gestellt. Tillich sprach den Leser direkt an und kam unumwunden darauf zu sprechen, was den Menschen in der materialistischen Welt fehle: »der Lebenssinn«, zumindest der

»Glaube« an einen solchen. Ohne diesen Glauben gebe es keinen Geist, »denn geistig leben heißt doch im Sinnvollen leben, und ohne einen letzten Sinn versinkt alles im Abgrund der Sinnlosigkeit«.[20] Der Glaube steht für Tillich außer Frage, er ist mit dem Gegensatz von Glauben und Unglauben nicht zu fassen, es ist der »unbewußte, selbstverständliche Glaube, der eine Schicht tiefer liegt«.[21] Um diesen unbewussten Glauben, der in jedem Menschen vorhanden sei, geht es ihm.

Der Mut, man selbst zu sein

Zu diesem Glauben gehört es für Tillich, den Mut zu haben, man selbst zu sein. Tillich war von der äußeren Erscheinung her ein Bürger, hinter der sich allerdings eine Lust zum Nonkonformismus verbarg, eine antibürgerliche Attitüde, zu der er sich durchaus bekannte, die zu seinem Leben gehörte. Er war Theologe und Bohemien in einer Person. Adorno erzählt 1966, ein Jahr nach Tillichs Tod, in einem Radiogespräch von diesem Leben hinter der bürgerlichen Fassade. Mit einiger Verwunderung und Überraschung habe er an dem andern eine Seite wahrgenommen, die ihn »bei einem Theologen – und Sie dürfen nicht vergessen, das liegt jetzt bald vierzig Jahre zurück – sehr frappiert hat: die völlige Freiheit von allem Engen, Muffigen, Moralisierenden. […] Vor allem auch in seiner Beziehung zu Frauen und in der ganzen erotischen Schicht war dies ganz abwesend.«[22]

Unter Freunden und Bekannten war es kein Geheimnis, dass Tillich seine Sexualität freizügig auslebte. Adorno konnte da nur staunen und sich wundern, ein Theologe, der die »freie Liebe« praktizierte und von der monogamen Ehe und vom Treuegelöbnis nicht viel hielt. Derlei Eskapaden wurden einem größeren Publikum bekannt, als seine Frau 1973 unter dem Titel *From Time to Time* ein Enthüllungsbuch veröffentlichte und ihren Mann als Erotomanen outete. Sie erzählt von zahlreichen Verhältnissen mit Männern und

Frauen, von Partnertausch und Gruppensex. Die Tillich-Gemeinde war schockiert, ihr Idol vom Sockel gestoßen. Die dunkle Seite des Genies? Aber so dunkel war sie gar nicht, denn er selber machte daraus nie ein Geheimnis. In Dresden lebten sie offen in einer Dreierbeziehung. Hannah Tillich empfing, mit Einverständnis ihres Mannes, ihren Geliebten Heinrich Goesch. Goesch war ein Privatgelehrter, hatte Jura und Architektur studiert, trat mit dem Habitus eines Universalgenies auf und schwärmte für die freie Liebe und eine von Otto Gross inspirierte wilde Psychoanalyse. Er war fasziniert vom charismatischen Dichterpriester Stefan George und kurzzeitig auch von Rudolf Steiner. Der Schriftsteller Paul Fechter und der Journalist Rudolf Pechel wiederum schrieben Elogen über Goesch; die Ehefrau, Gertrud Goesch, eine Cousine von Käthe Kollwitz, verehrte ihren Mann als Abgott. Ganz anders sah ihn der Schriftsteller Rudolf Borchardt: Goesch sei ein Selbstdarsteller gewesen, ein Täuscher und Nichtsnutz, der, befreit vom Broterwerb, den Tag mit endlosem Reden verbracht und nichts als Phrasen gedroschen hätte.[23]

Tillich aber ließ sich von Goesch beeindrucken, sah in ihm einen großen »Anreger«,[24] diskutierte mit ihm nächtelang über Ausdruckstanz, moderne Kunst und Psychoanalyse. Und setzte sich dafür ein, dass der Nebenbuhler 1926 an der Akademie in Dresden eine Professur bekam und über die Erziehung des Schönheitssinns dozierte.

Über den Unterschied zwischen einem ›kleinen‹ und einem ›großen Abendkleid‹

Frankfurt bot den Tillichs die Möglichkeit eines Neustarts. Sie erwogen, ein Haus zu kaufen, sesshaft zu werden, entschieden sich dann aber doch lieber für einen offenen Mercedes mit Ledersitzen. Die Aufmerksamkeit der Frankfurter, vor allem der Kollegen, war ihnen damit gewiss: Ein Theologe, der mit seiner hübschen blonden Frau im Cabriolet durch die Stadt fährt, machte Eindruck.

Kurzfristig wohnte das Ehepaar in einer »altmodischen Stadtwohnung« mit schweren Holzdielen und barocken Stuckverzierungen, vermittelt durch einen »wohlmeinenden« Superintendenten. Schnell wurde man sie wieder los und zog »in eine moderne Wohnung mit Zentralheizung«.[25] Hannah Tillich krempelte alles um, warf das alte Mobiliar hinaus, kaufte für Ess- und Wohnzimmer Mies-van-der-Rohe-Stühle und sehr teure Chintzvorhänge. Jetzt waren sie bereit für die Vorstellungsrunde bei der Frankfurter Hautevolee. Beim Antrittsbesuch war formelle Garderobe angesagt: die Dame im Kostüm, der Herr im schwarzen Überzieher mit Nadelstreifenhose. »Wir wurden«, so Hannah Tillich, »zu verschiedenen größeren und kleineren Anlässen eingeladen, und ich lernte, worin der Unterschied zwischen einem ›kleinen‹ und einem ›großen Abendkleid‹ bestand.«[26]

Es war ein beruflicher Karrieresprung, Tillich hatte mit einem Mal den Lehrstuhl für Philosophie an einer der modernsten Universitäten Deutschlands inne – der ersten Stiftungsuniversität. Die Stifter, zu denen bedeutende Unternehmer, Industrielle, Politiker und Oberschichtfamilien gehörten, spielten auch im Gesellschaftsleben eine bedeutende Rolle. Tillich machte offenbar überall eine gute Figur, er »lernte rasch«,[27] schreibt seine Frau. Das war durchaus zweideutig gemeint. Sie erinnert sich viele Jahrzehnte später voller Sarkasmus an »die hübschen, gutversorgten Frauen wohlhabender Geschäftsleute«, die sich »in ihre goldenen und brokatenen Abendmäntel helfen ließen« und die »zu üppigen Dinners und intellektuell anspruchsvollen, aber nichtsdestoweniger köstlichen Mittagessen einluden«. Man nannte sie *Crêpe de Chine*. Sie besuchten zudem die Vorlesungen ihres Mannes »und bemühten sich, nicht nur intelligent, sondern ebenso geistreich und verführerisch zu sein«.[28]

»Nie so werden!« – Max Horkheimer

Die Insel als Metapher

Mit zwanzig träumte er von »glücklichen Inseln«, fern von der Gesellschaft und ihren Zwängen, ihrem Materialismus und ihrem am Eigennutz orientierten Leben. Nicht von »tausend Ablenkungen« wollte er sich bestimmen lassen, sondern »weitab von der sogenannten Realität« mit einigen wenigen, einigen Auserwählten, »das Gute« suchen: »Wir sahen die Niedrigkeit, die Unvollkommenheit der Zivilisation, die für die Masse zugeschnitten ist, wir mußten heraus aus den Sorgen unserer Mitmenschen, heraus aus dem Kampf um Geld und Ehre, aus Pflichten und Ängsten, heraus aus Kriegen und Staaten in reinere, lichtere Sphären, in eine Welt der Klarheit und der echten Notwendigkeit.«[1] Das schrieb der neunzehnjährige Max Horkheimer 1914 in seinem Prosastück von der glücklichen Insel, *L'île heureuse.*

Ein Jugendtraum von einer besseren, schöneren Welt, wie wir ihn wohl alle einmal geträumt haben. In seinen späteren Lebensjahren war Horkheimer die autobiographische Novelle mit ihrem Pathos etwas peinlich, er hat sie aussortiert und beiseitegelegt, eine Veröffentlichung kam für ihn nicht infrage. Vielleicht war es aber auch ganz anders, und Horkheimer musste bei der Lektüre feststellen, wie nah sie ihm noch immer war, wie stark er in diesen Träumen gelebt hat und auf welch magische Weise sie sich erfüllt hatten. Was er da in jungen Jahren von der glücklichen Insel formuliert hatte, wo man abseits der Zivilisation, frei von materiellen

Sorgen, von bürgerlicher Geschäftigkeit und den Zwängen des Alltags sich der Wahrheit nähern und ihr dienen kann – das ist ihm auf wunderbare Weise Wirklichkeit geworden.

2 Max Horkheimer, Mitte der zwanziger Jahre.

Es klingt wie ein Märchen: 1920, sechs Jahre nachdem Horkheimer seinen Traum zu Papier gebracht hat, taucht plötzlich ein deutsch-argentinischer Weizenhändler mit einem Millionenvermögen auf. Sein Name: Hermann Weil. Von seinem Vermögen stellt er einen beträchtlichen Teil dem

Sohn Felix zur Verfügung, damit der ein unabhängiges Institut gründe, das soziale Bewegungen, insbesondere den Marxismus, erforsche. In diese Pläne wird Horkheimer über seinen Freund Friedrich Pollock einbezogen. Das preußische Ministerium für Wissenschaft kann der Idee einer Stiftung, die mit so viel Geld ausgestattet ist, nur Gutes abgewinnen, es akzeptiert die eingereichten Pläne und bringt die Frankfurter Universität, die zunächst über das projektierte Institut mit marxistischer Ausrichtung alles andere als glücklich ist, auf Linie.

Gleich nach der Genehmigung im Februar 1923 entstand ein Institutsgebäude, das vom Charakter her etwas Festungsartiges hatte. Viele Zeitgenossen haben das im Zweiten Weltkrieg zerstörte Gebäude als einen Fremdkörper empfunden. Karl Korn, damals Student der Germanistik, erinnert sich: »Seit Kurzem war an der Bockenheimer Landstrasse das graue, einem freimaurerischen Bau nicht unähnliche Institut für Sozialwissenschaften eröffnet worden. Man flüsterte sich zu, dass der immens reiche Dr. Weil, den man in philosophischen Vorlesungen oft als Hörer sah, ein spindeldürrer Mann mit ausgemergeltem, hochintelligentem Gesicht, der mit zitternden Händen viel zu rauchen pflegte und zu den Besuchern des Café Laumer gehörte, das Institut gestiftet habe.«[2]

Der Architekt Franz Roeckle hat den Bau entworfen, der im Frankfurter Westend am Rande eines großbürgerlichen Villenviertels in der Viktoria-Allee angesiedelt war. Mit der Fassade aus Bruchsteinen, den über drei Stockwerke verlaufenden Säulen im Eingangsbereich und den wenigen Fenstern hatte das Gebäude etwas Abwehrendes gegenüber der Außenwelt.

»Die intendierte Abgrenzung gegenüber der Gesellschaft draussen«, so der Architekturtheoretiker Sascha Roesler, »wiederholte sich im Inneren des Gebäudes«: »Je unzugänglicher die Räume für eine breitere Öffentlichkeit sein mussten, desto abgelegener – weiter oben und weiter hinten –

waren sie für Besucher. Die Symbolik des Rückzugs, aussen in der festungsartigen Erscheinung des Gebäudes nur allzu sichtbar, manifestierte sich im Gebäudeinnern in der Positionierung des Forschungstraktes, der ganz oben und ganz abgelegen, im Dachbereich und in Himmelsnähe zu liegen kam.«[3] Für den gelernten Architekten Siegfried Kracauer hatte der Innenbereich die Anmutung eines Klosters. In den sechzehn kleinen Arbeitsräumen, die »wie Mönchszellen den Klosterhof«[4] umgaben, konnte man sich von der Außenwelt abschließen.

3 Institut für Sozialforschung, um 1925.

Mit diesem Gebäude erfüllte sich auf bemerkenswerte Weise Horkheimers Traum von der glücklichen Insel. Hier versammelte er, als er 1930 Direktor wurde, seine Getreuen: Friedrich Pollock, Theodor W. Adorno, Leo Löwenthal, Herbert Marcuse, Karl August Wittfogel. Anders als einige seiner Mitstreiter hielt Horkheimer an seiner Insel-Vision fest, auch als das Haus schon bald anderen Zwecken dienen musste. 1933 wurde hier die Staatspolizei untergebracht, und auch die NS-Studentenschaft nutzte die Räume bis zur Zerstörung des Gebäudes bei den Bombenangriffen von 1944.

Als Horkheimer 1930 den Austromarxisten Carl Grünberg ablöste, änderte er die programmatische Ausrichtung. Er wollte mehr Transparenz und die strikte Innen-/Außendifferenzierung aufbrechen – die Soziologie sollte, zusammen mit anderen Wissenschaften, den Weg nach draußen finden. An einem aber hielt er unverdrossen fest: Das, was einige Jahre später Kritische Theorie heißen sollte, begriff er als ein exklusives Unternehmen. Von Sendungsbewusstsein erfüllt, schrieb er im Mai 1948 an Adorno: »das Gute« wird »nur von uns und unserer Arbeit kommen«.[5]

Autorität und Familie

Der erste Bericht über die Arbeit des Instituts erschien 1936 unter dem Titel *Autorität und Familie.* Die knapp tausendseitige Studie ist dem Stifter Felix Weil gewidmet. Sie war dazu gedacht, an einem theoretisch bedeutsamen Thema das produktive Zusammenwirken von Wissenschaftlern unterschiedlicher Disziplinen aufzuzeigen. Beteiligt an dem Projekt waren neben Horkheimer der Psychologe Erich Fromm, der Pädagoge Leo Löwenthal, der Philosoph Herbert Marcuse und der Wirtschaftshistoriker Karl August Wittfogel. Im Vorwort schreibt Horkheimer, dass man bei der Analyse »der politischen, moralischen und religiösen Anschauungen« immer wieder auf einen zentralen Punkt gekommen sei, die Autorität. Sie spiele für das Funktionieren der Gesellschaft eine entscheidende Rolle. Unsere ganze Kultur sei auf dem Glauben aufgebaut, »dass es immer ein Oben und Unten geben muss und Gehorsam notwendig ist«.[6] Da nun aber Autorität keine angeborene Eigenschaft sei, müsse der Mensch dafür empfänglich gemacht werden, was in der Familie geschehe. Mit ihrer patriarchalischen Struktur wirke sie auf den Einzelnen ein und bereite ihn darauf vor, Autorität anzuerkennen. In der »Erziehung zur Autorität« liege ihr wesentlicher Zweck.

Damit war Horkheimer beim Thema, bei *seinem* ganz persönlichen Thema: Auflehnung gegen die Erziehung zur Autorität, wie sie in der Familie stattfindet. Der Einzelne »muss sich fügen und unterordnen«.[7] In seinem einleitenden Aufsatz führt er ein fiktionales Zwiegespräch mit dem eigenen Vater, er zitiert die väterlichen Weisheiten herbei, die er in jungen Jahren gehört und gegen die er sich aufgelehnt hat: »Wer es zu etwas bringen, ja, überhaupt, wer nicht untergehen will, muß lernen, es anderen recht zu machen.«[8] Muss sich »beugen lernen, gehorchen und arbeiten«.[9] Alle Erziehung, so Horkheimer, ziele darauf ab, den Eigenwillen des Kindes zu brechen. Ziel ist die Anerkennung der Autorität als solcher. »Der Vater hat moralischen Anspruch auf Unterordnung unter seine Stärke, nicht weil er sich als würdig erweist, sondern er erweist sich als würdig, weil er der Stärkere ist.«[10] Mag der Sohn »über den Vater wie auch immer denken: wenn er nicht schwere Versagungen und Konflikte heraufbeschwören will, muß er [...] seine Zufriedenheit erwerben. Ihm gegenüber hat der Vater schließlich immer recht; er stellt Macht und Erfolg dar.«[11]

Horkheimers Vater war mächtig und erfolgreich. 1885 hatte er zusammen mit seinem Bruder eine Fabrik zur Herstellung des gerade erst erfundenen Celluloids gegründet. Mit der Erzeugung von künstlich produzierten Fasern für textile Zwecke gehörte er zu den Pionieren einer sich sprunghaft entwickelnden chemischen Industrie. Max Horkheimer erinnert sich, dass sein Vater das Unternehmen ohne Eigenkapital gestartet habe und in »relativ kurzer Zeit ein reicher Mann«[12] geworden sei, ein »mehrfacher Goldmillionär«.[13] Der Sohn, 1895 in Zuffenhausen bei Stuttgart geboren, wuchs mithin in einer großbürgerlichen jüdischen Familie auf. Im orthodoxen Sinne, so Horkheimer, hätten sie nicht jüdisch gelebt. Einige Jahre sei noch koscher gekocht worden, bis man es zusammen mit den anderen religiösen Traditionen und Ritualen aufgab. Der Vater war kaisertreu und stolz auf das Militär, und das von ihm geführte Unternehmen stellte bis Anfang der zwanziger Jahre eine einzige Erfolgsgeschichte dar. Zur Anerkennung seiner Verdienste erhielt er zahlreiche Auszeichnungen, 1916 vom König von Württemberg das Ritterkreuz I. Klasse, 1917 verlieh man ihm den Titel eines Kommerzienrats, ein Jahr später wurde er Ehrenbürger von Zuffenhausen.[14] Ein glänzender Aufstieg. Der Vater gehörte zu den prominentesten Unternehmerpersönlichkeiten im süddeutschen Raum. Für ihn stand fest, dass der Sohn in die Firma eintrat. Mit fünfzehn Jahren wurde Max vom Gymnasium genommen, zwei Jahre absolvierte er im väterlichen Unternehmen eine kaufmännische Lehre. In dieser Zeit freundete sich der Junge mit Friedrich Pollock an, der aus ähnlichen sozialen Verhältnissen kam; sein Vater war Teilhaber einer Lederwarenfabrik. Es wurde eine Freundschaft fürs Leben. Auch Heirat und Ehe konnten die beiden nicht auseinanderbringen. Noch im Alter lebten sie als Nachbarn im Schweizer Montagnola, wo sie sich 1957 gemeinsam niedergelassen hatten.

In jungen Jahren hatte man einen formellen Freundschaftsvertrag geschlossen, der im fortlaufenden Rhythmus erneuert wurde. Pollock spielt in der Vorgeschichte der Kritischen Theorie eine kaum zu überschätzende Rolle. Er war so etwas wie die »graue Eminenz«, der Mann im Hintergrund, der dem Theoretiker und Vordenker den Rücken freihielt. Pollock war Ökonom, ein Kenner der Marx'schen Geld- und Werttheorie. Im Kapitalismus sah er eine anarchische Form des Wirtschaftens, die systematisch Ungleichheit produziert, von daher sympathisierte er mit Sozialisierung und einer planwirtschaftlich organisierten Gesellschaft.

In der Zeit vor dem Ersten Weltkrieg pflegte das Freundespaar einen bohemehaften Lebensstil, während sie sich nach dem Wunsch der Väter auf ihre künftigen Aufgaben in der Firma vorbereiten, Auslandserfahrungen machen und Sprachen lernen sollten. Man schickte sie nach Brüssel, Paris, Manchester und London, was gründlich danebenging. Anstatt zu büffeln, bildeten sie mit einer gemeinsamen Freundin einen Dreierbund und durchlebten eine wilde Zeit voll rauschhafter Erotik und philosophischer Schwärmereien. Die Eltern machten dem Ganzen 1914 ein Ende, und der junge Horkheimer schrieb *L'île heureuse*, sein ›Manifest‹ gegen die bürgerliche Welt mit ihren Zwängen: »›Alles Materielle verachten‹, war unsere einfache Lebensweisheit.«[15] Das Prosastück ist durchdrungen von der Auflehnung gegen die ältere Generation, die »eine wüste Wirklichkeit geschaffen«[16] habe. Von deren Moral und dem praktisch-vernünftigen Leben wendet sich Horkheimer mit Ekel ab. Im Juli 1915 schreibt er in sein Tagebuch: »Mich beteiligen soll ich an dem Werke dieser Leute und meines Vaters; mein Lebensbedürfnis soll ich damit stillen, Geld zu machen oder Kunstbaumwolle oder etwas Derartiges.«[17]

4 Am Strand: Max Horkheimer (hinten) und Friedrich Pollock, 1928.

Er will sich absetzen vom Materialismus der väterlichen Welt. Die Sache hatte freilich einen Haken. Horkheimer war finanziell abhängig von dem, was er kritisierte. Er sah sich als Künstler, Freigeist und Solipsist, der ein intensives Dasein suchte. 1916 lernte er seine spätere Frau kennen, Rosa Riekher, die er Maidon nannte und die bei seinem Vater als Privatsekretärin arbeitete. Die in London geborene Tochter eines schwäbischen Hoteliers, der in England Konkurs gemacht hatte, war acht Jahre älter. Seine Eltern waren von der Beziehung ihres Sohnes alles andere als begeistert. Gewöhnen mussten sie sich auch daran, dass sie obendrein Christin war und der Sohn nach dem Krieg eigene Wege ging: das Abitur nachholte und in Frankfurt ein Philosophiestudium aufnahm.

»Eine Unsumme fremder Gedanken«

Horkheimer studierte zügig und zielbewusst. Nur eine Unterbrechung erlaubte er sich. Auf Empfehlung seines Lehrers Cornelius verbrachte er 1920/21 zwei Semester in Freiburg, um Edmund Husserl zu hören. Von der Phänomenologie, als deren Vater Husserl bezeichnet wird, erwartete er, wie viele damals, Großes, sie galt nach dem Krieg nicht nur als eine akademische Disziplin, sondern als eine Bewegung, eine Art Religion, die den Menschen aus dem Nebel wissenschaftlicher Begrifflichkeit heraus- und auf das eigentliche Sein zurückführen sollte, ihn frei machen von aller Abstraktion und allen ideologischen Verzerrungen. Das Versprechen der Phänomenologie lag in einer sicheren Grundlage des Denkens, damit wollte sie die große Not der Zeit heilen, nämlich den allgemein empfundenen Verlust von Wahrheit im strengen Wortsinn. Es galt »Gültigkeiten« zu finden (Husserl spricht auch von »Vernunftnormen«), an die sich der Mensch halten kann. In seinen *Vorlesungen zur Philosophie der Gegenwart* hat Horkheimer später diesen Punkt berührt. Er fragt, warum die Phänomenologie zum Faszinationsobjekt werden konnte, und sieht die Gründe in der zeitgeschichtlichen Situation: »Nach dem Kriege […] war die ›Abwesenheit allgemeingültiger, bindender Normen und einer befriedigenden Weltanschauung‹ akut geworden. Nun denke man sich, daß hier eine Philosophie war, die behauptete, eine absolute und für alle gültige Wissenschaft – nicht etwa von der materiellen Wirklichkeit, sondern von jener absoluten Realität zu inaugurieren, die frühere Epochen in ihren Religionen zu fassen geglaubt hatten […]. Mit dem Erweis der Möglichkeit eines Seins, das nicht in den erforschbaren Tatsachen der natürlichen Wirklichkeit besteht, sondern überzeitliches, unbedingtes Sein ist, beginnt daher sinngemäß die phänomenologische Philosophie.«[18]

Von Husserl selbst zeigte sich Horkheimer eher enttäuscht, dem ernsten, etwas streng und bieder wirkenden Gelehrten »mit Bart und Brille, steifem Kragen und goldener Uhrkette auf der Weste«[19]. Seine Vorträge und Seminare waren, so wird es von den Studierenden berichtet, Monologe. Husserl spulte sein vorbereitetes Programm ab, zuweilen mit ein paar Anekdoten gespickt, zu Diskussionen aber kam es nicht. Ganz anders war das bei dem Husserl-Schüler Martin Heidegger. Bei ihm fand Horkheimer, was er bei dem anderen vermisste – eine Ausstrahlung und Präsenz, die ihn in Erstaunen versetzte. »Wenn Heidegger dozierte, sah man die Dinge vor sich, als ob sie körperhaft greifbar wären«, so Gadamer. Hier gab es keine Monotonie, sondern Lebendigkeit, Kühnheit, Leidenschaft, und auch von seinen Studierenden erwartete Heidegger »Entschlossenheit«. Horkheimer konnte sich dem Faszinosum ›Heidegger‹ nicht entziehen. An seine Freundin schreibt er über ihn, er sei »eine der bedeutendsten Persönlichkeiten […], die zu mir gesprochen haben«.[20]

Bereits 1922 hatte Horkheimer mit summa cum laude seinen Doktor gemacht, war mit seinem Philosophiestudium allerdings alles andere als glücklich. Er war der festen Überzeugung, dass er mit seinem Temperament nicht in die

Wissenschaft passe, dass er der akademischen Welt im Grunde »ganz fern« stehe: »eine Unsumme fremder Gedanken, gleichgültiger Gesetze, toter Daten in meinem Gedächtnis nebeneinanderzureihen, es liegt mir nicht«, hält er in einem Brief an die Geliebte fest. Abgestoßen von der Sterilität der Wissenschaft äußerte er in Notizen und Aufzeichnungen seine Enttäuschung über eine Philosophie, die sich nicht mehr am Leben orientiere und die großen Fragen aufgegeben hätte. Er suchte Distanz zum akademischen Betrieb und verstand sich als Privatgelehrter. Diese Unabhängigkeit kommt auch in seinem Werk zum Ausdruck. Darin nehmen Notizen und Aphorismen, häufig zu nächtlicher Stunde notiert, einen bedeutenden Platz ein.[21] Unter dem 10. Oktober 1925 lesen wir: »Mitleid mit sich selbst, Müdigkeit des Denkens, Sehnsucht nach Halt, Schwäche – und die daraus resultierende bourgeoise Pseudosicherheit in allem Geistigen. Nie so werden!«[22] Es sind Maximen, Lebensregeln, die das eigene Handeln und Verhalten leiten und die eigenen Ansprüche und Maßstäbe in Erinnerung rufen sollen: »Universitätsbetrieb, offizielle Funktion nimmt mich gefangen. Hüte dich, hüte dich, hüte! Es gibt nichts Lächerliches als eine Wichtigkeit, die der Betrieb einem aufzwingen möchte.« Wiederholt geht es um Übung und Training des Ichs: »mehr werden, besser werden, anständiger werden, wahrhaftiger werden, darauf kommt es an«.[23] Von der akademischen Philosophie mit ihrer Begriffshuberei sagt er sich los: »Nicht auf die Begriffe, sondern auf das, was sie meinen, geht die Philosophie. ›Wahrheit um der Wahrheit willen‹: papperlapapp!«[24]

Eine geistige Revolution – Karl Mannheim

Ein Neuerer tritt auf

Die Koryphäen des Faches waren sämtlich anwesend: der liberale Kulturphilosoph Alfred Weber, Bruder des großen Max Weber, Werner Sombart, der umtriebige Forscher über den kapitalistischen Geist, und Ferdinand Tönnies, die Galionsfigur der deutschen Soziologie. Gespannt hörte man Karl Mannheim zu, dem Senkrechtstarter der Zunft. Man hatte Neues, Provokantes erwartet – und wurde nicht enttäuscht.

Alles Denken sei seinsverbunden und damit ideologisch. Natürlich auch das eigene Denken – ein standortungebundenes Wissen und Erkennen gäbe es nicht. Formen der geistigen Konkurrenz würden die Denkstrukturen prägen. Für die Entfaltung des Erkenntnisprozesses seien nicht immanente Gesetze maßgebend, sondern außertheoretische Faktoren, »Seinsfaktoren« ganz verschiedener Art.

Das, was der Redner da vortrug, war nichts anderes als »die radikale Entthronung der Selbständigkeit des ›Geistes‹«,[1] so jedenfalls formuliert es später Norbert Elias, der als aufstrebender Sozialwissenschaftler unter den Zuhörern saß, als Mannheim sich 1928 mit einem magnetisierenden Auftritt beim 6. Deutschen Soziologentag in Zürich als neuer Hoffnungsträger der Soziologie in Stellung brachte.

Mannheims Vortrag über *Die Bedeutung der Konkurrenz auf dem Gebiete des Geistigen* erregte Aufsehen und provozierte zugleich heftigen Widerspruch. Die Stimmung im Saal war gereizt, ja, wie Elias berichtet, »irgendwie feindlich«.[2] Hans Jonas, der damals als junger Philosoph ebenfalls anwesend war, erinnert sich, dass Alfred Weber seinen Heidelberger Kollegen am Rednerpult »ungeheuer abkanzelte«.[3] Eine solche Polarisierung hatte es bei den Soziologen lange nicht gegeben. Man kann die Aufregung heute kaum mehr nachvollziehen. Mannheims Behauptung, dass sich das menschliche Denken nicht freischwebend konstituiert, sondern immer an einen bestimmten Ort gebunden ist, und dass deshalb die Ergebnisse des Denkens nicht allgemein gültig oder, wie Mannheim sagt, »ideologisch« sind, knüpfte an eine altbekannte These von Karl Marx an. Marx hatte im Vorwort seiner Schrift *Zur Kritik der politischen Ökonomie* davon gesprochen, dass nicht das Bewusstsein das Sein der Menschen bestimme, sondern umgekehrt das gesellschaftliche Sein ihr Bewusstsein. Wenn Mannheim von der Seinsverbundenheit und von den Seinsfaktoren spricht, dann hat er allerdings nicht die Ökonomie und die Produktionsverhältnisse im Blick, sondern viel allgemeiner und abstrakter »außertheoretische Faktoren«,[4] die das Geistige bestimmten, Faktoren, die den Erkenntnisprozess lenkten und die es noch zu enthüllen gelte.

Mannheim, so trug er es an diesem Tag vor, wollte »eine Soziologie des Geistes«[5] begründen. Dabei geht es ihm nicht um das Denken des Individuums, sondern um »Menschen in bestimmten Gruppen«, um »spezifische Denkstile«,[6] die untereinander rivalisierten. Es sei ungenau, so Mannheim, wenn man sagt, das Individuum denke, in Wirklichkeit denke es weiter, »was andere Menschen vor ihm gedacht haben. Es findet sich in einer ererbten Situation mit Denkmodellen.«[7] Das Individuum sei in seinem Denken durch »vorgeformte Denk- und Verhaltensmodelle« prädeterminiert. Mannheim will hier nicht das, was gedacht wird, in den Mittelpunkt seiner Forschung stellen, er will über das Denken selbst, über die »Verwurzelung des Denkens«[8] reflektieren.

5 Karl Mannheim, um 1930.

Die Idee war nicht ganz neu. Wilhelm Dilthey, Max Scheler und einige andere hatten schon Vorarbeiten zu dem Projekt einer Wissenssoziologie geleistet. Doch was die Zunft der Soziologen anbetrifft, so trat Mannheim in diesen Jahren als Pionier der neuen Wissenschaft auf, den man argwöhnisch beäugte und zuweilen auch anfeindete. Wer wie er die Souveränität des Geistigen infrage stellte, beging einen Tabubruch, zumal in Deutschland, wo man das tiefe Denken verehrte und der Geist per definitionem autonom und frei sein sollte. So mancher Redner, der sich in der Diskussion zu Wort meldete, empfand die vorgetragenen Thesen von der Bedingtheit denn auch »als Verrat am Geist und als Angriff auf traditionelle Werte«.[9]

Mannheim hatte Widerspruch erwartet. Seine Thesen waren schon in Heidelberg, wo er als Privatdozent am Institut für Sozial- und Staatswissenschaften lehrte, kontrovers diskutiert worden. 1925 hatte er sich bei Alfred Weber und Emil Lederer mit einer Studie über den Konservatismus habilitiert. Bereits in dieser Arbeit formuliert er gleich zu Beginn sein wissenssoziologisches Erkenntnisinteresse: »das Ziel der folgenden Untersuchung ist, in einem eng begrenzten Gebiet des Historischen den *seins*gebundenen Charakter des Denkens aufzuweisen«.[10]

Der einunddreißigjährige Norbert Elias nahm in Zürich für Mannheim Partei und ergriff in der Auseinandersetzung das Wort. Er sprach von einer »geistigen Revolution«, von einer »Erschütterung« der bisher herrschenden »geistigen Haltung«.[11] In seinen *Notizen zum Lebenslauf* schildert er seinen Lehrer und Mentor Karl Mannheim als besonders ehrgeizig. Er konnte »hart und rücksichtslos [...] im Konkurrenzkampf sein«,[12] ein Mann, der von sich überzeugt war, mit kühlem Verstand und Stehvermögen. Alfred Weber, so berichtet Elias, hätte seine Erregung bei der Kontroverse kaum verbergen können. Er verzichtete auf die ansonsten in diesem Rahmen übliche Vorrede, die *captatio benevolentiae*, kam ohne Umschweife zur Sache, schlug einen Konfrontationskurs ein und bemerkte süffisant: Mannheim arbeite mit hochgeistigen »Begriffskomplexen«,[13] er selbst könne seine Argumente nur »in dem banausischen Kleide soziologischer Anschauungsweise«[14] vorbringen. Wer die überlieferte Rede Alfred Webers liest, wird die spöttischen und zum Teil beißenden Anmerkungen nicht gleich bemerken. Ungeachtet der angespannten Atmosphäre verpackte er seine spitzen Pfeile in einer weitgehend höflichen Sprache. Zu selbigen Spitzen gehörte auch Webers Anmerkung über Mannheims starke Performance: »Da möchte ich sagen, daß ich trotz der faszinierenden Art, in der Sie Ihre Dinge vorgetragen haben, eines vermißt habe, die Abgrenzung ihres Inhaltes und ihrer Bedeutung.«[15] Seiner Meinung nach verdecke Mannheims suggestive Rhetorik nur die Mängel.

Webers Misstrauen resultierte auch daraus, dass er selbst kein großartiger Redner war. Im Unterschied zu seinem Bruder Max fiel es ihm schwer, zu improvisieren und in freiem Vortrag sein Publikum zu begeistern und für eine Sache einzunehmen. Er »stammelte«, schreibt Elias, brachte seine »Sätze nicht zu Ende«,[16] wirkte unbeholfen, fahrig und umständlich. Am Ende hatte er sich derartig verheddert, dass er seine Redezeit hoffnungslos überzog und seine Ausführungen abbrechen musste.

Im Gegensatz zu dem sechzigjährigen Weber wirkte Mannheim mit seinen fünfunddreißig Jahren jung und dynamisch. Sein Vortrag war schwer verständlich, er machte es dem Publikum nicht leicht, aber er argumentierte systematisch und hielt sich an den vorgegebenen zeitlichen Rahmen. Hier sprach ein Intellektualist, ein kühler Diagnostiker, der sich um begriffliche Schärfe bemühte. Gerade diesem nach vorn gespielten Intellektualismus machte ihm Weber zum Vorwurf. Intellektualismus war in seinen Augen ein negativer Begriff, charakterisiert durch ein rein verstandesmäßiges Herangehen an die Sache. Im Unterschied dazu machte Weber den Begriff der Geistigkeit stark, der tiefer und von Mannheims Seinsverbundenheit unabhängig sei: »Was ich in Ihren Ausführungen vermisse, ist die Anerkennung des geistig Schöpferischen als Unterlage des Handelns, auch der Klassen z. B. Was ich ablehne: die Reduzierung aller dieser Dinge letzten Endes auf intellektuelle Kategorien mit Hinzunahme einiger – entschuldigen Sie – der alten materialistischen Geschichtsbetrachtung zugehörigen soziologischen Kategorien.«[17] Der Vorwurf: Mannheim bewege sich mit seinem Denken auf den von Karl Marx gebahnten Wegen, und seine ganze Theorie laufe auf einen kruden Materialismus hinaus, den er nur anders nennen würde.

Alle Kritik machte sich in Zürich an der Seinsverbundenheit fest. Mannheim ging es aber, wie er dann in seinem 1929 erschienenen Hauptwerk *Ideologie und Utopie* deutlich macht, um sehr viel mehr. Er sah Ende der zwanziger Jahre eine Gesellschaft, in der sich partikulare »Denkmodelle« unversöhnlich gegenüberstünden: Konservatismus, Liberalismus, Sozialismus, Faschismus. Für Mannheim sind das Partikularansichten der Wirklichkeit. Jede dieser Partikularansichten erkläre den jeweils anderen Standpunkt für ideologisch und verabsolutiere die eigene Position. Wir leben, so Mannheim, in einem Zeitalter, in dem nichts mehr allgemeingültig ist. In dieser Welt der Partikularitäten sei Nichtübereinstimmung auffälliger und bestimmender als Übereinstimmung. Heutzutage erscheine »die gleiche Welt verschiedenen Beobachtern verschieden«.[18] Die innere Einheit des Weltbildes sei zerfallen, der Glaube an die allgemeine Gültigkeit des Denkens erschüttert.[19] Die dadurch verursachte Krise der Zeit könne nur durch Vermittlung gelöst werden. Vermitteln könne aber nicht eine bestimmte Klasse oder festgelegte partikulare Schicht, sondern nur eine »relativ klassenlose Schicht«, die eine »Mittellage«[20] einnehme. Das war für Mannheim »die *sozial freischwebende Intelligenz*«,[21] sie sollte Stabilität in eine auseinanderdriftende Gesellschaft bringen, in der sich die politischen Extreme unvereinbar gegenüberstanden. Das Freischweben und Wanken hätte man bislang als die negative Seite der Intellektuellen erachtet, in Wirklichkeit sei es gerade diese Eigenschaft, die den Intellektuellen sensibel machen würde: Er sehe nicht nur seine eigene Seinslage, er schwanke zwischen den Polaritäten und werde zum Medium, in dem sich eine »Gesamtorientierung« herstelle. Mannheim schreibt dem Intellektuellen die Rolle zu, »Wächter zu sein in einer sonst allzu finsteren Nacht«.[22]

Der heimatlose Intellektuelle

»Wir Ungarn leben in der Zerstreuung, der eine hier, der andere dort, und jeder Punkt der Welt ist heute weiter vom anderen entfernt als früher, aber dennoch ist unsere Neugier gieriger als je. Ich fühle mich, seit ich draußen in der Fremde bin, wie ein vorausgeschickter Wachposten, wie ein vorgeschobener Beobachter einer kleinen Gruppe von Menschen, um festzustellen, ob endlich irgendwo etwas geschieht, ob es zwischen den fremden Häusern auch Menschen gibt.«[23] Das schreibt Mannheim im Oktober 1921 im ersten seiner *Heidelberger Briefe* über seine Heimatlosigkeit, seine Fremdheit.

Mannheim wurde 1893 in Budapest als Sohn eines vermögenden jüdischen Textilhändlers und einer deutschstämmigen Mutter geboren. Er studierte Philosophie und Literaturwissenschaft zuerst in Budapest, dann in Berlin, wo er die Vorlesungen von Georg Simmel besuchte, und schließlich in Paris, wo er am Collège de France Henri Bergson hörte, von dem er später sagt, er sei einer seiner wichtigsten Lehrer gewesen. Lange Zeit war Mannheim ein Bewunderer des ungarischen Philosophen Georg Lukács, den er als Achtzehnjähriger kennengelernt hatte und der einer der Mentoren des jungen, an Philosophie, Literatur und Mystik interessierten Mannheim wurde. Seitenlang schreibt er dem Verehrten Briefe, berichtet über sein Studium und seine Ansichten über die Rolle und den Stellenwert der Philosophie. Der acht Jahre ältere Lukács berät ihn, empfiehlt Literatur, schlägt ihm die Übersetzung seines 1911 in Budapest erschienenen Erstlingswerks *Entwicklungsgeschichte des modernen Dramas* ins Deutsche vor und lässt ihn teilhaben an seiner schriftstellerischen Arbeit. Als Lukács 1915 kriegsbedingt aus Heidelberg nach Budapest zurückkehrte, initiierte er zusammen mit dem Dichter Béla Balázs den »Sonntagskreis«, in dem sich regelmäßig junge Akademiker, Künstler, Literaten und Musiker trafen. Mannheim gehörte zu den Geladenen ebenso wie der Kunsthistoriker und -soziologe Arnold Hauser und der

Kunsthistoriker Lajos Fülep. Man diskutierte über Ästhetik, Zivilisation und Kultur, über Dostojewski und Kierkegaard, vor allem auch über Meister Eckhart und die Mystik des deutschen Mittelalters, für die man in dem Kreis besonders schwärmte. In dieser sonntäglichen Akademie kam Mannheim zum ersten Mal mit der Marx'schen Theorie in Kontakt. Hier hörte er den berühmten Satz, dass das Sein das Bewusstsein bestimmt. Als der »Sonntagskreis« gegen Ende des Krieges immer politischer wurde und viele Mitglieder nach dem Vorbild von Lukács der Kommunistischen Partei beitraten, ging Mannheim mehr und mehr auf Distanz. 1919, nach dem Sturz der Räteregierung Bela Kuns, setzte er sich aus Ungarn ab, zog zuerst nach Freiburg und dann nach Heidelberg. Begleitet wurde er von Júlia Láng, einer promovierten Psychologin, die er im »Sonntagskreis« kennengelernt hatte und die er 1921 heiratete.

Das geistige Leben Heidelbergs sieht er durch zwei polare Gegensätze bestimmt: »Der eine Pol sind die Soziologen, der andere die Georgeaner.« Der idealtypische Vertreter der einen ist Max Weber und der anderen der Namensgeber Stefan George. »Den Georgeaner erkennst du auf der Straße, den Soziologen auf dem Katheder: Terminologie und Worte liegen schon dort im Streit, wo die Abweichung im Wesen noch gar nicht zu Worte kam.«[24] Der George-Kreis sei »eine geschlossene geistig-aristokratische Gemeinschaft«, sie biete den »einsam gewordenen ›Intellektuellen‹«[25] eine seelische Heimat, schließe ihn aber gleichzeitig von der Welt ab und entfremde ihn von der Wirklichkeit. Mannheim erkennt in der Heimatlosigkeit des Intellektuellen nicht nur das eigene Schicksal des mehrfach ins Exil Verschlagenen, er macht daraus ein konstitutives Prinzip von Intellektualität. Der Intellektuelle sei auf eine Lebensform festgelegt, die »den Menschen in eine isolierte, den übrigen unverständliche Welt versetzt«.[26] Der Intellektuelle möchte »ein Heim, eine Welt finden«, aber er ist und bleibt ein Fremder. Die Ressource, aus dem diese »neuartige Menschenschicht« besteht, sei Bildung, sie schaffe Bindungen und schließt diese »Menschensorte« zugleich vom Leben der anderen aus. Wer zu dieser Kaste gehöre, sei wurzellos, lebe »ohne Grund unter den Füßen«.[27]

Als Mannheim 1930 den Frankfurter Lehrstuhl für Soziologie übernahm, gehörte er zu den meistdiskutieren Wissenschaftlern seiner Zunft. Sein Buch *Ideologie und Utopie* schlug hohe Wellen. Seine Behauptung, dass »alle Standorte im Denken«[28] ideologisch seien und Ideologiekritik in ihrer herkömmlichen Form an ihr Ende gekommen sei, erregte die Gemüter. Viele Intellektuelle legten Widerspruch ein. Max Horkheimer, Theodor W. Adorno, Paul Tillich und Ernst Robert Curtius, auch viele Jüngere griffen in die Debatte ein: Hannah Arendt, Günther Anders und Herbert Marcuse. Es entwickelte sich eine turbulente Auseinandersetzung, die so manche Blessuren hinterließ.

Ein »völliger Außenseiter« – Norbert Elias

Man lernt »zu lächeln, ohne zu fühlen«

Zu seinen Einführungsvorlesungen im Fach Soziologie nahm Norbert Elias lange Zeit zu Demonstrationszwecken ein zerlegbares Gehirnmodell mit. Als Soziologiestudent müsse man, so schreibt er in seinen 1984 veröffentlichten *Notizen zum Lebenslauf*, »das Gröbste über den Aufbau des menschlichen Nervensystems« kennen. Er selbst habe sich »bis heute das Interesse für die Zusammenhänge zwischen Muskeln, Knochen, Nerven und Eingeweiden bewahrt« und könne sich immer noch nicht vorstellen, »daß man sich als Soziologe ohne Kenntnisse dieser Art ein angemessenes Bild von Menschen zu machen vermag«.[1]

Neben Philosophie hatte Elias an der Universität Breslau bis zum Physikum auch Medizin studiert. In den beiden Fächern lernte er ein unterschiedliches Menschenbild kennen: Die neukantianische Philosophie, so Elias, postuliere eine Außenwelt und eine strikt davon getrennte Innenwelt des Menschen, einen *homo clausus*, der keinen Kontakt nach außen hat. Im Seziersaal sei ihm dann eine ganz andere Realität begegnet, hier fand er »im Inneren des menschlichen Kopfes nichts als dieses außerordentlich komplexe Gebilde des Gehirns, dessen Funktionsweise [...] auf die ständige Vermittlung zwischen ›Innenwelt‹ und ›Außenwelt‹ [...] abgestellt war«.[2]

Diese Vorstellung eines Organs, das Innen und Außen vermittelt, machte Elias zum Paradigma und zur Basis seines neuen Menschenbildes, des *homo non-clausus*.[3] Er kritisierte die herrschende Auffassung eines »nach außen abgeschlossenen Menschen« als Fiktion; der Mensch sei immer schon auf eine Welt, auf »andere Dinge« und »andere Menschen« bezogen gewesen. Die »*homo clausus*-Mentalität«,[4] so hat er es später erklärt, lege nah, Gefühle als Ursache und bestimmte Gesten der Gesichtsmuskelbewegung als Wirkung zu sehen. In Wirklichkeit würden aber Gefühl und Ausdruck zusammengehören, erst die Zivilisation trenne Muskelregungen und Gesten. Man lernt, »zu lächeln, ohne zu fühlen«.[5] So entstehe die Vorstellung eines Ichs, das im Inneren eingesperrt ist, einer einsamen Existenz, die der Welt entfremdet und ohne jede Beziehung zu anderen Menschen existiere. Das aber sei ein Mythos, ein solches atomisiertes Ich gäbe es nicht.

Die Diskrepanz zwischen den beiden Menschenbildern, schreibt er in den *Notizen zum Lebenslauf*, hätte ihn »viele Jahre« beunruhigt. Er »verbiß« sich regelrecht in dieses Problem, und es »brauchte viel Zeit«,[6] bis er zu einer klaren Antwort kam. Wann genau ihm das gelang, dazu machte Elias nur eine vage Angabe: »lange, nachdem ich mich der Soziologe zugewandt hatte«.[7]

Zur Soziologie kam er in der zweiten Hälfte der zwanziger Jahre. Das neue Menschenbild aber stammte wohl erst aus den dreißiger Jahren, als er seine große Studie *Über den Prozeß der Zivilisation* in Angriff nahm. Hier begegnet uns der Mensch als ein offenes, »außerordentlich modellierbares und variables Wesen«.[8] Elias trennt sich in dieser Zeit von allen substanzialisierenden Vorstellungen, ob physisch oder psychisch, alles sei modellierbar. Der Bewusstseins- und Affekthaushalt werde durch innere und äußere Mechanismen angepasst, »zivilisiert«. Zivilisierung ist im Grunde ein Prozess der stetigen Modellierung und Rationalisierung. Dass der Mensch formbar – und also zivilisierbar – sei, wird zur Grundlage seines soziologischen Denkens.

Mit seiner Suche nach einem realitätsgerechten Menschenbild stand Elias Ende der zwanziger / Anfang der dreißiger Jahre nicht allein da. Die Frage nach dem Menschen wurde neu gestellt: Was ist der Mensch? Gibt es so etwas wie das Wesen des Menschen? In welche Richtung soll der Mensch gehen? Wo findet er Halt, Orientierung?

Max Scheler und Helmut Plessner gehörten zu den Wortführern einer anthropologischen Wende. Scheler verfasste mit der 1928 erschienenen Schrift *Die Stellung des Menschen im Kosmos* eine Art Manifest. Die geistige Situation der Zeit, so schrieb er, sei dadurch geprägt, dass wir keine einheitliche Idee vom Menschen mehr besitzen. Eine große Zahl von Spezialwissenschaften hätten immer mehr an Wissen zutage gefördert, aber zum Kern sei man nicht vorgedrungen. »Zu keiner Zeit der Geschichte« sei »der Mensch sich so *problematisch* geworden [...] wie in der Gegenwart«.[9] Scheler kommt zu einer beunruhigenden Diagnose, die heutzutage nichts an Aktualität verloren hat: Der Mensch »weiß nicht mehr, was er ist«.[10] Er hat seine Beziehung zum Ursprung verloren, unsicher, orientierungs- und ziellos taumelt er durch die Zeit, durch ein Leben, das ihm keinen Halt mehr gibt. In dieser Situation helfe nur eins: sich frei zu machen von dem bisher Gedachten, von allen Bindungen »an eine theologische, philosophische und naturwissenschaftliche Tradition«.[11] Auch von der Vorstellung, es gäbe so etwas wie das Wesen des Menschen. In seiner Abhandlung *Zur Idee des Menschen* heißt es: »Der Irrtum der bisherigen Lehren vom Menschen besteht darin, daß man zwischen ›Leben‹ und ›Gott‹ noch eine feste Station einschieben wollte, etwas als Wesen Definierbares: den ›Menschen‹. Aber diese existiert nicht, und gerade die Undefinierbarkeit gehört zum Wesen des Menschen. Er ist nur ein ›Zwischen‹, eine ›Grenze‹, ein ›Übergang‹, ein ›Gotterscheinen‹ im Strome des Lebens und ein ewiges ›Hinaus‹ des Lebens über sich selbst.«[12]

Auch für Elias war die Frage nach dem Wesen des Menschen ein Anachronismus, von der Philosophie erwartete er keine Antworten. Als Philosoph könne man »nach Herzenslust drauflosspekulieren, ohne sich systematisch durch empirische Überprüfungen legitimieren zu müssen«.[13] Mit der Philosophie hatte er gebrochen, was sich ziemlich genau datieren lässt: Es ist das Jahr 1922, als er in Breslau seine Dissertation zum Thema *Idee und Individuum. Ein Beitrag zur Philosophie der Geschichte* einreicht. In ihr hatte er sich einige eigene Gedanken erlaubt, über die sich sein Doktorvater, der Neukantianer Richard Hönigswald, gar nicht erfreut zeigte. Elias äußerte fundamentale Zweifel an Kants Philosophie: »die Sache mit dem a priori« stimme nicht, alles, was der Philosoph »als zeitlos und vor aller Erfahrung gegeben auffasste«,[14] sei nicht zu halten. Hönigswald wies die Arbeit zurück – Elias stellte sich stur und hielt an seinem Standpunkt fest. Es dauerte mehr als ein Jahr, bis der Doktorand notgedrungen nachgab, die monierten Stellen änderte und seine Promotionsurkunde erhielt.

Gegen die Verächter der Zivilisation

Der frisch gebackene Doktor schwor der Philosophie ab und machte sich auf den Weg nach Heidelberg, um bei Alfred Weber Soziologie zu studieren. Er findet hier nicht nur sein Fach, er findet sein Lebensthema: den Begriff der Zivilisation, der im Deutschen als Gegensatz zur Kultur eine besondere Bedeutung hat. Für die Deutschen ist der Kulturbegriff ein »Gefühlssymbol«,[15] während Zivilisation bzw. Zivilisierung in einem eher abwertenden Sinne benutzt wird. Elias verweist diesbezüglich erneut auf Kant, der sich 1784 in seinen *Ideen zu einer allgemeinen Geschichte in weltbürgerlicher Absicht* abfällig äußert: Zivilisiert sei man, wenn man sich anständig und artig verhalte, sich den gesellschaftlichen Gepflogenheiten anpasse. Während die Kultur jenseits von politischen und wirtschaftlichen Interessen liege, sei die Zivilisation etwas rein Nützliches, das mit wirtschaftlichem und technischem Fortschritt zu tun habe. Im Ersten Weltkrieg markierte der Gegensatz Kultur versus Zivilisation eine Frontlinie: Der von Deutschland beanspruchte Begriff der Kultur wurde zum Abgrenzungskriterium gegenüber den Ländern des Westens, für die man den negativ akzentuierten Begriff der Zivilisation reserviert hatte. Elias hat später in seiner Studie *Über den Prozeß der Zivilisation* darauf aufmerksam gemacht, dass die Deutschen mit wenigen Ausnahmen Verächter der Zivilisation seien. Ob Thomas Mann oder Alfred Weber, sie stünden in einer Tradition, die den Kulturbegriff gegen die Zivilisation hochhalte. Anders die Nachbarn, denn »in Frankreich«, so Elias, »war die formschaffende Kraft der höfischen Gesellschaft mit ihrer seit vielen Jahrhunderten kontinuierlich fortgeführten Tradition außerordentlich groß; diese Geschmackstradition des ›ancien régime‹ wirkte [...] bis in die Gegenwart hinein«.[16] In der französischen Kultur wie Zivilisation hätte sich bis zum heutigen Tag etwas von der Eleganz des Hofes bewahrt. In Deutschland sei die aristokratische Kultur weniger bestimmend gewesen, sei es nie zu einer Verbindung der bürgerlichen Ideale mit den aristokratisch durchgeformten Manieren gekommen. Die ›gute Gesellschaft‹ mit ihrem Sinn für Haltung und ihrer Geschmackskultur sei den Bürgern fremd geblieben. Elias zieht daraus weitgehende Konsequenzen: Da die bürgerlichen Schichten sehr viel weniger als in Frankreich und England durch die Stufe der Zivilisation geprägt seien, habe sich in Deutschland eine antizivilisatorische Tradition in einer »extremen Hemmungslosigkeit« entfalten können.

Er selbst stellte sich auf die Seite der Zivilisation, sie garantiere Freiheit und Sicherheit. Die Liebe der Deutschen zur Kultur ist ihm, insbesondere nach der Shoah, unheimlich und abgründig. Er wird nicht müde, vor diesem geschichtsbelasteten Gegensatzpaar zu warnen. Noch in seiner 1977 gehaltenen *Rede anlässlich der Verleihung des Theodor-W.-Adorno-Preises* zieht er eine Grenze zu den Verächtern der Zivilisation, zu denen er auch Horkheimer und Adorno zählt. Er wirft ihnen vor, an der Gegenüberstellung immer festgehalten zu haben, und verweist auf den 1956 erschienenen Aufsatz *Kultur und Zivilisation*, der unter ihrer Ägide erschienen ist. Der Titel greift zwar die beiden Begriffe auf, der Aufsatz selbst kritisiert jedoch die traditionelle Gegenüberstellung von Kultur und Zivilisation. Die Kritische Theorie betrachtete die Kultur nicht als Gegensatz, sondern als Teil der Zivilisation.[17] Weder Horkheimer noch Adorno haben Kultur und Zivilisation einander gegenübergestellt. Elias ging es darum, anhand dieses Themas das Grundtrennende zur Frankfurter Schule zu betonen, den Abstand und seine Außenseiterposition. Auch der von Horkheimer und Adorno in der *Dialektik der Aufklärung* entfalteten Kritik an der Zivilisation und Kulturindustrie stand Elias ablehnend gegenüber. Verdinglichung und Entfremdung, das sind für ihn romantische Begriffe; er glaubt an den Fortschritt, an die Zivilisierung. Es gebe, wie er einräumt, Rückfälle in die Barbarei, aber letztlich seien die Menschen gezwungen, sich zu zivilisieren, wenn sie nicht untergehen wollen. Dem Soziologen obliege die Aufgabe, im Prozess der Zivilisation Klarheit zu schaffen, die Mythen, an denen sich die Menschen festhalten, aufzudecken und zu zerstören.

Ein deutscher Jude – oder Höflichkeit als Lebensform

In seinem postum erschienenen Mozart-Buch schreibt Elias: »Um einen Menschen zu verstehen, muß man wissen, was die beherrschenden Wünsche sind, nach deren Erfüllung er sich sehnt.«[18] Seine eigenen Wünsche hat er in den *Notizen zum Lebenslauf* benannt: »Lehren und Forschen«.[19] In einem Interview fiel ihm dazu ein »Vorfall auf dem Gymnasium« ein: »Wir sprachen in der Klasse über unsere Berufspläne. Ich sagte, ich wollte Professor werden, an der Universität, und ein Klassenkamerad warf ein: ›Die Laufbahn ist dir bei der Geburt abgeschnitten worden.‹ Großes Gelächter, beim

Lehrer und natürlich in der ganzen Klasse. Und eigentlich war es nicht einmal bösartig – es war eine sehr kluge Bemerkung. Sie hat mich darum so verletzt, weil ich mir wahrscheinlich nie klar gemacht hatte, daß unter dem Kaiser eine solche Laufbahn für Juden praktisch verschlossen war.«[20]

Erst spät wird er sich dessen bewusst, dass er ein deutscher Jude ist und einer »stigmatisierten Minoritätsgruppe«[21] angehört. Seine Geburtsstadt Breslau hatte neben Frankfurt und Berlin die drittgrößte jüdische Einwohnerschaft. Sein Vater, ein wohlhabender Textilfabrikant, fühlte sich als Deutscher, ebenso wie die Mutter und die Großeltern. Dem Kaiserreich stand man positiv gegenüber, es war das Kaiserreich, in dem es die Juden und insbesondere auch die Familie Elias zu »Wohlstand und Ansehen«[22] gebracht hatten, in dem es für sie Rechtssicherheit gab. »Wenn ein Jude«, so Elias, »einen Konflikt mit einem Nicht-Juden hatte und vor Gericht ziehen mußte, konnte er darauf bauen, daß er sein Recht bekam.«[23] Der Vater war dem Kaiser in besonderer Weise zugeneigt. »Er hatte«, so Elias, »denselben Schnurrbart wie der Kaiser, und er hatte die Bartbinde, die er umlegte, damit die Spitzen nach oben zeigten.«[24] Die Familie Elias lebte »sehr bürgerlich«,[25] verfügte über Dienstpersonal, hatte eine große Wohnung mit Salon, wo die Mutter zu Tee und Kaffee einlud. Religion spielte kaum eine Rolle. Einmal im Jahr und an den großen Festtagen ging man in die Synagoge. Elias feierte natürlich die Bar Mitzwa. Gekocht wurde koscher, weil es die Großeltern so verlangten. Gleichwohl es »eine sichere Welt«[26] war, wollte Elias in dieser Welt nicht leben, sie war ihm »zu bürgerlich«.[27]

Nach dem Krieg veränderte sich alles. Elias erlebt die Weimarer Republik als eine Gesellschaft, in der das Gewaltmonopol des Staates im Inneren zerbrach und die Juden keine Sicherheit mehr hatten. Wer an den Antisemitismus in Deutschland denkt, hat gewöhnlich die dreißiger Jahre im Blick. Weniger bekannt ist, und darauf spielt Elias an, dass schon Anfang der zwanziger Jahre eine pogromartige Stimmung herrschte. »Nie war die antisemitische Leidenschaft in Deutschland wütender als in den Jahren 1919 bis 1923«,[28] so der Historiker Golo Mann. Die völkische Rechte diffamierte die sich gerade etablierende Weimarer Republik als »Judenrepublik«. Es gab regelrechte Kampagnen, die sich gegen den jüdischen Außenminister Walther Rathenau, gegen den jüdischen Journalisten Maximilian Harden oder den Juden Albert Einstein richteten. Eine wesentliche Rolle spielten dabei die gebildeten Schichten. Sie erkannten, dass die Juden in vielen gesellschaftlichen Bereichen Führungspositionen innehatten: in Literatur und Kunst, in den Verlagen und Zeitungen, in den Natur- und Geisteswissenschaften, selbst bei der Erforschung des Unbewussten stand mit Sigmund Freud ein Jude an der Spitze, und seine Anhänger waren in der überwiegenden Mehrzahl Juden. Während heute der Blick auf die zwanziger Jahre als eine Zeit des Aufbruchs in eine parlamentarische Demokratie und einen Verfassungsstaat überwiegt, bedeuteten sie für die Juden keinen Zuwachs an Freiheit und Sicherheit – im Gegenteil. Die Juden, so Elias, verhielten sich zwar so, »als ob sie gleichwertige Menschen seien«,[29] de facto aber seien sie es nicht gewesen.

Elias fühlte sich in dieser Gesellschaft als ein »völliger Außenseiter«, als einer, der nicht dazugehörte. »Menschen in einer Außenseiterposition« richteten ihr ganzes »Tun und Lassen« darauf aus, von den Etablierten anerkannt zu werden. »Keine andere Wertschätzung, kein anderer Erfolg hat für ihr Sinnverlangen so viel Gewicht wie die Wertschätzung des einen Kreises, in dem sie als tieferstehende Außenseiter gelten.«[30] Das schrieb Elias über Mozart, mit dem er das Schicksal des Außenseiters teilte, der sich von der ›guten Gesellschaft‹ gedemütigt fühlt und zugleich ihre Anerkennung erstrebt.

Als er 1930 nach Frankfurt kam, stand er kurz davor, in einen Kreis von Etablierten einzutreten, »einen Kreis von Männern«, wie er es später sagt, »deren Namen und Werke […] hohe Achtung genießen«.[31] Er blieb auf Distanz, mied den Kontakt. Elias war, wie die Fotos jener Zeit belegen, ein häufiger Gast im Café Laumer, befand sich aber immer in der Gesellschaft von Studentinnen. Im Institut für Sozialforschung, so behauptet er später, hätte es keine »intellektuellen Verbindungen« gegeben. Gleichwohl sei man – und er betont das mehrfach – »höflich« miteinander umgegangen: »Als ich Horkheimer fragte, ob ich vielleicht einen Raum haben könnte, sagte er: ›Selbstverständlich‹ – oder ob ich wohl die Institutsbibliothek benutzen könnte, und er sagte: ›Selbstverständlich.‹ Wir gingen äußerst höflich miteinander um.«[32] Reinhard Blomert hat darauf hingewiesen, dass Höflichkeit »eine unendlich wertvolle Distanzierungsmöglichkeit im gesellschaftlichen Zusammenleben zwischen Juden in der majoritär nichtjüdischen Gesellschaft« war. »Sie schützte vor Indiskretionen und unerwünschter Nähe.«[33]

Elias war, auch wenn es zunächst anders klingt, von dem Frankfurter Intellektuellenkreis fasziniert. Die wenigen Jahre, die er hier verbrachte, zählte er zu den »reichsten und anregendsten« seines Lebens. Gleichzeitig beharrte er auf seiner Position als Außenseiter, der Ideen hatte, die nicht geteilt wurden, die nicht zum Mainstream gehörten. Sosehr er in späteren Jahren alle »intellektuellen Verbindungen« zu den anderen leugnete, tatsächlich galten seine Ideen im Kreis der Etablierten längst nicht als so abseitig, wie er das gern zu Protokoll gab, es existierten große inhaltliche Überschneidungen, insbesondere mit dem Institut für Sozialforschung.

Entschlossene Hungerleider – Hannah Arendt und Günther Stern

Parallele Liebe

Was war so faszinierend an diesem Mann? Die Biographen rätseln bis heute über die Amour fou zwischen der achtzehnjährigen Studentin Hannah Arendt und dem fast doppelt so alten Philosophen Martin Heidegger. Zweifellos, er war anders als die anderen Professoren, das wurde schon im Äußeren sichtbar: in seiner eigens für ihn entworfenen Tracht, die etwas Bäuerliches hatte, in seiner Art des Vortrags: mit leiser, fast tonloser Stimme hob er an, umkreiste in dunklen, geheimnisvollen Sätzen das Thema, das er scheinbar spontan und aus dem Stegreif wählte. Dann tauchten plötzlich Wendungen auf, Sätze, die zu Merksätzen wurden. Vor allem aber – und das machte ihn besonders attraktiv – war er ein Rebell und Neuerer, der die Welt von Grund auf ändern wollte und Fragen stellte, die man in der altehrwürdigen Universität lange nicht mehr gehört hatte. In einer fremd anmutenden Sprache, gespickt mit den merkwürdigsten Wortschöpfungen, fragte er nach dem Sinn des Seins, nach der Angst, der eigenen Endlichkeit und der Bedeutung des Lebens.

Und dann das! »Das Dämonische hat mich getroffen. [...] Nie noch ist mir so etwas geschehen«,[1] schreibt er Hannah Arendt am 27. Februar 1925. Wenig später: »Ich lebe in einer Raserei ...«[2]

Die Verliebtheit ist bekanntlich ein besonderer Zustand, nach Freuds Definition eine Art Wahn, in dem die Gesetze des Realen keine Gültigkeit mehr haben oder doch zumindest merklich verschoben sind. Man verkennt das Liebesobjekt, überschätzt es maßlos. Befindet man sich in diesem Zustand, kann man leicht mal einiges vergessen – und Heidegger hatte in diesen Wochen und Monaten alles um sich herum vergessen: dass er verheiratet war, Familie und zwei Kinder hatte, sich mitten im Aufbau einer Karriere befand und, das kommt hinzu, kein Abenteurer war, sondern ein Bürger durch und durch. Es dauerte einige Zeit, bis er wieder zur Besinnung kam und sich bewusst wurde, dass er die Liebe will, aber eben auch die Sekurität.

Hannah Arendt wollte von Heidegger »das Denken lernen«[3] und verstrickte sich in eine heillose Geschichte, die zu einer Auseinandersetzung mit ihrer eigenen Existenz wurde, ihrem Judentum. Auf die Liebesgeständnisse Heideggers reagierte sie mit einem bekenntnishaften Brief, einem Prosastück, das den Titel *Schatten* trägt. Sie schreibt darin von ihrer Fremdheit, ihrer »verwunschenen Verbanntheit«, der »Doppeltheit ihres Wesens«.[4] Sie schreibt nicht in der Ich-Form, sie betrachtet sich aus der Distanz als eine andere Person: »Möglich, daß ihre Jugend sich losringt aus dem Bann und ihre Seele unter einem anderen Himmel die Möglichkeit des Aussprechens und Lösens erfährt.«[5]

Diese Liebe jedenfalls erlöst sie nicht aus ihrer Fremdheit, denn diese Liebe kann sich nur im Geheimen abspielen, in einem unwirklichen Raum. Um nicht gesehen oder erkannt zu werden, plant man die Rendezvous sorgfältig, trifft sich außerhalb der Stadt, hinterlässt geheime Botschaften auf Parkbänken. Doch eine Liebe, die keiner sehen darf, die kein Außen hat, verliert den Bezug zur Realität.

Während es in Heidegger »stürmt«,[6] sucht er Halt und Zuflucht in seiner Hütte im baden-württembergischen Todtnauberg: »meine Berge sollen mir Ruhe, Stille und Wucht geben«.[7] Er isoliert sich, dosiert die Liebe, die ihn zu überwältigen droht: »Ich lebe hier wieder mit der Natur und mit heimatlichem Boden und spüre so gleichsam, wie die Gedanken wachsen.«[8] Heidegger ist auf dem Sprung zu seinem Opus magnum *Sein und Zeit* – und Hannah Arendt wird seine Muse.

Vier Jahre später, im Januar 1929, plant Hannah Arendt ein Habilitationsprojekt mit dem Titel *Über das Problem der deutsch-jüdischen Assimilation, exemplifiziert an dem Leben der Rahel Varnhagen.* Ihr Doktorvater Karl Jaspers schreibt ihr ein Gutachten für die Bewerbung um ein Stipendium, das sie unter anderem bei der Notgemeinschaft der deutschen Wissenschaft einreicht. Der Antrag wird im Mai 1930 bewilligt. Hannah Arendt lebte zu dieser Zeit in Frankfurt – denn auch sie war inzwischen wieder in der Realität angekommen. Anfang 1930 war sie verheiratet und zusammen mit ihrem Mann Günther Stern (Anders) von Berlin in die Mainmetropole gezogen.

Karl Jaspers schrieb ihr im März, dass er sich darüber freue, dass sie mit »Rahel« ihr Thema gefunden habe. Wie aus dem Briefwechsel mit Heidegger hervorgeht, spielte Rahel Varnhagen schon im Frühjahr 1925, in der Hochphase ihrer Liebesbeziehung, eine gewisse Rolle. Sie fragte Heidegger nach dem neu erschienenen Briefwechsel Varnhagens mit Alexander von Marwitz. Sehr intensiv aber kann ihre Beschäftigung mit dem Thema zu dieser Zeit nicht gewesen sein, arbeitete sie doch an ihrer Dissertation über den *Liebesbegriff bei Augustin,* mit der sie 1928 promoviert wurde. Ein Jahr später bereitete sie den Text zusammen mit Günther Stern für den Druck vor. Erst jetzt, als sie ihr Habilitationsprojekt in Angriff nahm, beschäftigte sie sich intensiver mit der Schriftstellerin und Salonnière jüdischer Herkunft, die um 1800 in der Berliner Jägerstraße am Gendarmenmarkt residierte. Gleich nach dem Umzug schrieb Arendt in Frankfurt einen Vortrag über Varnhagen, der sich jedoch nicht erhalten hat. Karl Jaspers reagiert darauf in einem Brief vom 20. März 1930. Offenbar kann er sich keinen Reim auf die Geschichte machen, versteht nicht, worum es Hannah Arendt geht. Vor allem irritiert ihn, was sie über die »jüdische

Existenz« schreibt, die nicht ›verwurzelt‹ sei. Philosophisch, so schreibt er, seien ihm solche Ausdrücke »gar nicht geheuer«.[9] Besonders stößt er sich am Begriff der Schicksalhaftigkeit. Hannah Arendt schreibt ihm postwendend zurück, sie wolle doch nur sagen, »daß auf dem Boden des Judeseins eine bestimmte Möglichkeit der Existenz erwachsen kann, die ich in aller Vorläufigkeit andeutungsweise mit Schicksalhaftigkeit bezeichnete«.[10] Gerade die assimilierten Juden, so argumentiert sie, die sich vom Judentum gelöst haben, gehörten nirgends dazu, weder zu den Juden noch zur bürgerlichen Gesellschaft. Auch durch Assimilation kämen sie nicht aus dem Judentum heraus. Das war Rahels Geschichte – und war es nicht auch Hannah Arendts Geschichte? War nicht die gescheiterte Liebesbeziehung zu Martin Heidegger symptomatisch für die Beziehung einer Jüdin zu einem Christen?

Anfang der dreißiger Jahre schreibt Arendt die gescheiterte Liebesbeziehung Rahels zu dem Grafen Finckenstein nieder, der in ihrem Salon verkehrt und ihr leidenschaftlich zugetan ist. Finckenstein kommt aus einer der ältesten Adelsfamilien. Sie verloben sich, durch die Heirat würde sie zur Gräfin und hätte eine anerkannte gesellschaftliche Position erreicht. Allerdings kann der Graf »das Judenmädchen doch nicht heiraten«.[11] Er muss Rücksichten nehmen auf seinen gesellschaftlichen Stand und die Familie. Rahel kämpft dagegen an, sie kämpft vor allem dagegen, wie er sich aus der Geschichte herauszuwinden versucht. Er will die Liebe zu ihr, er will aber auch seine Familie und sein Ansehen nicht verlieren. Sie fühlt sich von der Passivität ihres Geliebten, der sich treiben lässt und sie mit banalen Entschuldigungen abspeist, gedemütigt. Ein unwürdiges Spiel. Irgendwann erkennt sie die Aussichtslosigkeit ihres Kampfes und ändert ihre Strategie: Wenn sie schon nicht Gräfin Finckenstein werden kann, dann will sie wenigstens den Bruch, den Skandal, er soll vor aller Öffentlichkeit das Verhältnis eingestehen und sich von ihr trennen. Aber selbst dazu kommt es nicht.

Er kehrt zurück in den Schoß seiner Familie – aus höheren Rücksichten, aber, wie er beteuert, unglücklich. Am Ende ist Rahel die Verrückte, die in ihrem Liebeswahn völlig maßlose Ansprüche artikuliert. Sie wird »zurückgestoßen« und auf ihr Schicksal verwiesen.

Rahel Varnhagen und Finckenstein – Hannah Arendt und Heidegger, über die Ähnlichkeiten und Parallelitäten ist immer wieder spekuliert worden. So viel ist klar: Heidegger wollte wie Finckenstein weder einen Bruch noch eine wirkliche Bindung, er wollte alle Eisen im Feuer halten, sich aber nicht verbrennen. Und Hannah Arendt? Sie hat über Jahre das Spiel mitgespielt. Auch als sie schon längst nicht mehr im Spiel war und als Muse nicht mehr gebraucht wurde, kam sie von dieser Liebe nicht los. »Weiterleben«, überschreibt sie das dritte Kapitel ihrer Rahel-Biographie. Sie muss weiterleben, aber »was hat man denn, wenn man nichts hat als sich selbst? [...] Wie soll Rahel weiter leben? Es ist, als sei das Schicksal weiter gegangen und hätte sie mitten auf dem Weg stehen gelassen. Das Leben, ihr Leben geht weiter, von Tag zu Tag; und sie kann nichts dagegen tun, dass ›die alberne Regelmässigkeit‹ sie ›schützt‹ vor der Eindringlichkeit dessen, was sie erfahren hat.«[12]

Hannah Arendt beginnt über ihr Judentum, auf das sie in ihrem Elternhaus erst spät aufmerksam wurde, nachzudenken. »Ich komme aus einer alten Königsberger Familie. Trotzdem – das Wort ›Jude‹ ist bei uns nie gefallen, als ich ein kleines Kind war«,[13] sagt sie 1964 in einem Interview. Sie wusste auch als Heranwachsende nicht viel über das Judentum, weder über seine Riten und Gebräuche noch über seine Geschichte. Was ihre eigene Herkunft anging, so lebte sie im Dunkeln. Das änderte sich, als sie Kurt Blumenfeld kennenlernte. Blumenfeld war seit 1924 Präsident der Zionistischen Vereinigung Deutschlands, ein kluger Kopf, ein charismatischer Mensch.

1926 wurde er von Hans Jonas nach Heidelberg zu einem

Vortrag im zionistischen Studentenverein eingeladen, und bei dieser Gelegenheit bat Jonas seine Freundin Hannah Arendt, ihn zu begleiten und den Redner gemeinsam zu empfangen. Begeistert war sie von der Idee zunächst nicht, denn dem Zionismus stand sie skeptisch bis ablehnend gegenüber. Aber all ihre Widerstände waren wie weggeblasen, als sie den Mann sah und hörte. Blumenfeld war ein temperamentvoller Redner, voller Esprit und Selbstbewusstsein. Ein imponierender Mann, den Arendt sofort sympathisch fand. Blumenfeld war zwanzig Jahre älter, kam wie sie aus dem ostpreußischen Judentum, war unweit von Königsberg aufgewachsen. Nach dem Vortrag zogen die drei los, verlebten einen feucht-fröhlichen Abend, aßen und tranken, rezitierten Heine, spielten sich die Bälle mit Versatzstücken aus seiner Lyrik zu. Sie rauchten Havanna-Zigarren, die Blumenfeld mitgebracht hatte, für Hannah Arendt waren es die ersten ihres Lebens, und sie fühlte sich herrlich frei und verwegen. Wenn er sie in den nächsten Jahren besuchte, brachte er immer eine Kiste mit, und Hannah Arendt genoss es sichtlich, sie in aller Öffentlichkeit zu konsumieren. Nach der elegischen Zeit mit Heidegger machte Blumenfeld, der nichts so liebte wie die nonkonformistische Pose, sie wieder lebendig. Er war es auch, der sie zum politischen Denken anregte und ihr die Augen für die jüdische Sache öffnete. Blumenfeld war ein Gegner der Assimilation, sie führe zur Unwahrhaftigkeit, denn sie bedeute, in der Öffentlichkeit sein Judesein zu verschweigen, sich unkenntlich zu machen. Nur wenn der Jude Distanz zur nichtjüdischen Welt bewahre, könne er seine Würde bewahren. Letztlich aber würde der Jude seine Identität nur retten, wenn er sich dem Zionismus anschlösse, der zu einer großen Volksbewegung werden müsse. Als Geliebter, als Freund und Organisator der zionistischen Bewegung nahm Blumenfeld von nun an einen wichtigen Platz im Leben Hannah Arendts ein. Die zweite Hälfte der zwanziger Jahre war für sie eine aufregende Zeit, sie wechselte mehrfach den Wohnort, schrieb hektisch und nervös an ihrer Dissertation, stürzte sich in Affären und ging schließlich eine Ehe ein.

Ein »genialer junger Mann«

Ein »genialer junger Mann« – das war Günther Stern für seinen Freund, den Philosophen Hans Jonas. Anfangs hatte ihn dieser nur »von ferne bewundert«. Er »wußte, wer er war«,[14] der Sohn des berühmten Hamburger Psychologieprofessors William Stern, dessen 1914 erschienenes Buch *Psychologie der frühen Kindheit bis zum sechsten Lebensjahre* zum Klassiker wurde. Basis dieser entwicklungspsychologischen Studie sind die Tagebücher seiner Frau Clara. Nach der Devise »Alles am Kinde ist beobachtenswert und beobachtensbedürftig«,[15] hielt sie die Entwicklungsschritte ihrer drei Kinder Hilde, Günther und Eva akribisch fest. Stern war die Tatsache, dass seine Kindheit als Studienobjekt diente, zwar unangenehm, aber seine diesbezügliche Kritik blieb verhalten. Das hing sicher auch damit zusammen, dass ihm die Eltern in späteren Jahren alle Freiheiten boten, um sich auszuprobieren und seinen Weg zu finden. 1920 studierte er in Hamburg bei Ernst Cassirer Philosophie, dann zog er nach Freiburg zu Husserl und Heidegger, ging für kurze Zeit nach München und hörte kunstgeschichtliche Vorlesungen bei Heinrich Wölfflin, es folgte ein Aufenthalt in Berlin, wo er die Vorlesungen des Gestaltpsychologen Max Wertheimer besuchte. Nicht lange, dann zog es ihn wieder zurück nach Freiburg. Er beschäftigte sich intensiv mit der Philosophie Heideggers, freundete sich mit Husserl an, bei dem er 1924 promovierte – Günther Stern führte ein unstetes Leben. Nach seiner Promotion ging er auf Reisen und tauchte im Frühjahr 1925 in einem Seminar Martin Heideggers an der Universität Marburg wieder auf. Und hier begegnete er zum ersten Mal der vier Jahre jüngeren Hannah Arendt.

Von der zu dieser Zeit sich abspielenden Liebesbeziehung zu Heidegger ahnte er nichts und erfuhr auch nichts.

Stern steuerte eine universitäre Laufbahn an und suchte eine Möglichkeit, sich zu habilitieren. Schon in Freiburg hatte er versucht, sich Heidegger und seinem Kreis anzuschließen. In Marburg nahm er erneut Kontakt auf in der Absicht, Heidegger für seine Arbeiten zu interessieren. Wie viele Heideggerianer ahmte er dessen Sprache und Stil nach und kam zu keiner eigenen Position. Was aber Heidegger ganz und gar nicht mochte: Stern war sehr von sich überzeugt und nicht bereit, Anregungen aufzugreifen.

Im Frühjahr 1929 trafen sich Stern und Hannah Arendt auf einem Maskenball in Berlin wieder. Arendt war als arabisches Haremsmädchen erschienen, sie tanzten, kamen sich näher und hatten Spaß miteinander. Die ganzen nächsten Tage diskutierten sie über das Leben und die Liebe, über die Philosophie und über die Möglichkeit, aus ihrer beiderseitigen intellektuellen Leidenschaft einen Beruf zu machen. »Philosophie war kein Brotstudium«, so Hannah Arendt später, »schon eher das Studium entschlossener Hungerleider, die gerade darum recht anspruchsvoll waren.«[16] Nach wenigen Wochen zogen sie in Drewitz bei Berlin in eine gemeinsame Wohnung. Arendt mochte den charmanten, zuvorkommenden Stern, der humorvoll und mit Ironie erzählen konnte, voller Ideen und Projekte steckte, vor allem aber war sie fasziniert von seinem Selbstbewusstsein, das auf sie ausstrahlte. Beide sahen ihre Zukunft an der Universität, machten Pläne für eine Habilitation. Stern wollte sich neu orientieren, suchte eine neue Stadt, ein neues Umfeld – und da kam für ihn nur Frankfurt infrage. Weg von Heidegger und hin zu Paul Tillich. Hannah Arendt war finanziell unabhängig, verfügte über ein Stipendium und war einer Ortsveränderung nicht abgeneigt.

Das schillerte vielfältig

In Siegfried Kracauers 1928 erschienenem Roman *Ginster* wird Frankfurt mit lakonischen Worten beschrieben: »Ginster stammte aus F., einer historisch gewachsenen Großstadt, an einem Fluß, zwischen Mittelgebirgen. Wie andere Städte auch, nutzt sie ihre Vergangenheit zur Hebung des Fremdenverkehrs aus. Kaiserkrönungen, internationale Kongresse und ein Bundesschützenfest fanden in ihren Mauern statt, die schon längst in öffentliche Anlagen umgewandelt sind. Dem Gärtner ist ein Denkmal gesetzt. Einige christliche und jüdische Familien führen ihre Entstehung auf Ahnen zurück. Auch Familien ohne Herkunft haben es zu Bankfirmen gebracht, die Beziehungen mit Paris, London und New York unterhalten. Kultstätten und Börse sind nur räumlich voneinander getrennt. Das Klima ist lau, die nicht im Westend wohnhafte Bevölkerung, zu der Ginster gehörte, kommt kaum in Betracht. Da er überdies in F. aufwuchs, wußte er von der Stadt weniger als von anderen Städten, die er nicht kannte.«[17]

Kracauer zeichnet das Bild der Provinzialität, das Frankfurt anhing, auch als es längst zur Großstadt geworden war. Die Stadt zehrte lange von ihrer Bedeutung, die sie im 13. und 14. Jahrhundert als überregionaler Handels- und Messeplatz gehabt hatte, einer Zeit, in der auch die Frankfurter Börse gegründet worden war. Im 19. Jahrhundert ging die Bedeutung des Handels jedoch merklich zurück. 1866 wurde die Stadt von Preußen besetzt, sie verlor ihren freistädtischen Status und wurde zur Provinzstadt degradiert. Gegen die von Bismarck verordnete Provinzialität entstand im Frankfurter Bürgertum eine Bewegung, man finanzierte viele städtische und kulturelle Projekte privat, wie das 1880 eröffnete neue Opernhaus, den Palmengarten und den Zoo. Parallel dazu entwickelte sich Frankfurt in der zweiten Hälfte des 19. Jahrhunderts zu einem Industriestandort. Es waren die Jahre des Aufbruchs, in dem ein neues Frankfurt sichtbar wurde, ein großstädtisches, in der bis heute immer wieder hervorgehobenen speziellen Mischung aus Tradition und Moderne. Auch die Universitätsgründung zu Beginn des Ersten Weltkriegs hatte an dieser Entwicklung ihren Anteil, war sie doch vom Geist des Bürgertums, das als Stifter tätig wurde, geprägt. Zugleich aber stand die Gründung im Zeichen eines Aufbruchs in die Moderne, wie nicht zuletzt die Fächer deutlich machten, die man hier etablierte: Es entstand die erste wirtschafts- und sozialwissenschaftliche Fakultät und, wie oben beschrieben, der erste Lehrstuhl für Soziologie.

Wer Ende der zwanziger Jahre als Intellektueller eine Universität suchte, die sich vom althergebrachten akademischen Lehr- und Lernbetrieb unterschied, ging nach Frankfurt. Man fühlte sich, so schreibt der Publizist Karl Korn, mit »Heidelberg und ähnlichen hochrenommierten Universitäten gleichrangig und hatte den traditionellen Institutionen nicht nur den Ruf, sondern auch ultramoderne geistespolitische Spannungen voraus«.[18] Frankfurt sei damals zum »Brennpunkt geistespolitischer Auseinandersetzungen«[19] geworden, befördert und getragen von einer »geistigen Linken«, die nicht genau festzulegen war: »Das schillerte vielfältig.«[20]

Arendt und Stern wollten sich in Frankfurt als Akademikerpaar etablieren. Im September 1929 heirateten sie standesamtlich. Nach dem Jahreswechsel brachen sie auf. Hatten sie in Berlin eher in einem Provisorium gelebt, fanden sie hier eine Wohnung, die ganz nach ihrem Geschmack war – eine Küsterhütte am Mainufer. Ein Treffen mit Karl Jaspers im März musste Arendt absagen; man hätte, schrieb sie ihm, sehr viel mit dem Einrichten der neuen Wohnung zu tun. Die Stadt machte auf die beiden einen sympathischen, offenen Eindruck. Stern erinnert sich später, dass es bei ihnen äußerst lebhaft zugegangen sei:[21] Sie besuchten die Kneipen und gingen in das unweit der Universität liegende Café Laumer, Treffpunkt der Intellektuellen, von dem sie schon einiges gehört hatten. Schnell schlossen sie neue Freundschaften.

Gemeinsam besuchten sie die Vorlesungen Karl Mannheims und lasen sein gerade groß herausgekommenes Buch *Ideologie und Utopie*. Hans Jonas, der in Heidelberg eine Zeitlang zum Kreis um Mannheim gehörte, hatte sie auf den Soziologen aufmerksam gemacht. Von dessen Deutungen des Marxismus, noch mehr aber von dem, was er zur Rolle der Philosophie und der freischwebenden Intelligenz sagte, fühlten sie sich sowohl inspiriert als auch herausgefordert. Es kam zu heftigen nächtelangen Diskussionen über die Frage der Seinsgebundenheit und der Autonomie des Denkens. Beide nahmen sich vor, eine Rezension über Mannheims Buch zu schreiben.

Sie genossen das Zusammenleben als Paar, konnten sich vor allem auch intensiv austauschen und an ihrer Arbeit wechselseitig Anteil nehmen. In Hans Jonas' Erinnerung fand diese Zusammenarbeit jedoch nicht ganz auf Augenhöhe statt. Hannah Arendt habe eine »etwas dienende Stellung« eingenommen, indem sie ihrem Mann bei seinen Projekten half, »während sie gleichzeitig still an ihrer großen Arbeit über Rahel Varnhagen schrieb«.[22] Er aber, so Jonas weiter, »bildete sich ein, er habe hier eine wunderbare Gefährtin gefunden, merkte aber nicht, daß sie über ihn hinauswuchs und sich unabhängig von ihm geistig weiterentwickelte«.[23] Das führte nach einiger Zeit zu Konflikten.

Dazu beigetragen haben womöglich auch die ungleichen Voraussetzungen: Hannah Arendt, abgesichert durch das ihr zugesprochene Stipendium, konnte sich bei ihrer akademischen Karriereplanung auf Karl Jaspers stützen. Stern wurde zwar großzügig von den Eltern finanziell unterstützt, hatte aber im akademischen Betrieb keinen wirklichen Bezugspunkt. Als er nach Frankfurt kam, hatte er zwei Projekte ausgearbeitet: eine musikphilosophische Studie, die er in nächster Zeit bei Paul Tillich als Habilitationsschrift einreichen wollte, sowie einen Vortrag über *Freiheit und Erfahrung*, den er für die Kant-Gesellschaft vorbereitet hatte.

Die Frankfurter Kant-Gesellschaft war im Mai 1928 von

Scheler, kurz vor dessen Tod, zusammen mit Cornelius und dem Privatdozenten Max Horkheimer als Geschäftsführer gegründet worden. Bevor es zu der berühmten Davoser Disputation zwischen Heidegger und Cassirer im März 1929 kam, als sie über die kantische Frage *Was ist der Mensch?* stritten, hatte in Frankfurt ein Schaulaufen der beiden Meisterdenker stattgefunden. Ernst Cassirer hielt 1928 einen Vortrag, und am 24. Januar 1929 referierte Heidegger über *Philosophische Anthropologie und Metaphysik des Daseins*. Der Disput um Existenz und Kultur, um Angst, Tod und die Kraft der symbolischen Formen war in vollem Gange, und Frankfurt bot dem Wettstreit der Philosophen eine ideale Bühne.

Auch Günther Sterns Vortrag gehörte in diesen Zusammenhang. Freilich war der Achtundzwanzigjährige alles andere als eine akademische Berühmtheit. Ein einziges Buch hatte er bislang veröffentlicht: *Über das Haben. Sieben Kapitel zur Ontologie der Erkenntnis* (1928). Gleichwohl galt er bei den Frankfurtern keineswegs als unbeschriebenes Blatt, nach seinen Studien in Freiburg und Marburg stufte man ihn als Heideggerianer ein und betrachtete ihn aus einiger Distanz. Adorno sprach von den »Freiburger Existenzialdüften«,[24] die seine Texte atmen würden. Der Einfluss Heideggers ist in dem Vortrag tatsächlich zu spüren, doch wichtiger noch sind die Arbeiten zur philosophischen Anthropologie von Max Scheler und Helmuth Plessner.

Von der Weltfremdheit zur Weltlosigkeit

Als Stern im Februar 1930 vor das Publikum trat, waren die wesentlichen Geister der Frankfurter Intellektuellenszene versammelt: Horkheimer, Tillich, Adorno, Kurt Goldstein, Max Wertheimer, Kurt Riezler, Karl Mannheim, und natürlich war auch Ehefrau Hannah anwesend. In seiner überarbeiteten Fassung trägt der Vortrag den prägnanten Titel

Die Weltfremdheit des Menschen. Thema ist der Mensch, der sich die gegenständliche Wirklichkeit aneignen will, dem aber die Welt fremd bleibt, der von ihr »abgesperrt«[25] ist. Der Mensch, so Stern, sei nicht in die Welt eingebettet, er müsse sie sich erst heimisch machen, die Weltfremdheit überwinden. Im Unterschied zum Tier, das die materielle Welt instinktiv kenne, passe der Mensch nicht in die Welt. In dem etwas späteren Aufsatz, *Pathologie der Freiheit*, zitiert Stern die berühmte Formel Plessners: »Künstlichkeit ist die Natur des Menschen und sein Wesen ist Unbeständigkeit.«[26] Stern nimmt die Fragestellung der philosophischen Anthropologie auf und spitzt sie zu: Das Wesen des Menschen liege gerade darin, dass er kein Wesen habe.

Mannheim, der im Publikum saß, wird diese These an den Anfang seiner Vorlesung über *Allgemeine Soziologie* stellen, die er im Sommersemester 1930 hält: »Wo steht der Mensch? Die Soziologie gibt uns das Bewußtsein, daß es sich nicht um die Welt, *den* Menschen handelt, wir *sind* nicht, sondern wir sind *unterwegs*.«[27]

Wie der Vortrag Günther Sterns aufgenommen wurde, ist nicht bekannt. So aktuell das Thema, so geteilt die Auffassungen und so kontrovers die Diskussionen. Tillich war bei den Vorträgen in der Kant-Gesellschaft stets ein fleißiger Disputant – und die Anthropologie war sein Thema, ging er doch selbst von einer tiefgehenden Entfremdung des Menschen aus. Anders als Stern nahm er allerdings ein ursprüngliches und wahres Sein an, eine »essentielle Einheit«,[28] die erst mit der Moderne zerstört worden sei. Der Mensch sei sich selbst entfremdet, er müsse wieder ganz, und das heißt für Tillich: gesund und heil werden.[29] Stern hingegen betont, im Sinne Schelers, die »Sonderstellung« des Menschen, der erst nachträglich zur Welt komme und sich seine eigene Welt schaffen müsse.

Tillich glaubte an eine Aufhebung der Zerrissenheit, an eine Überwindung der dualen Gegensätze. In dieser Hinsicht stand er seinem Freund, dem Neurologen Kurt Goldstein, nahe, der sich ebenfalls unter den Zuhörern befand. Goldstein stand vor dem Abschluss eines Buches, das durch die Zeitumstände erst 1934 in den Niederlanden erscheinen konnte: *Der Aufbau des Organismus.* Tillich rezensierte das Werk zwei Jahre später in der *Zeitschrift für Sozialforschung:* »Goldstein gehört zu derjenigen Gruppe moderner Denker, denen die Frage nach dem Menschen zum Mittelpunkt alles übrigen Fragens geworden ist.«[30] Goldstein entwickelt eine ganzheitliche Theorie des menschlichen Organismus, deren Ziel die Überwindung des physischen und psychischen Dualismus und die Beschreibung einer Einheit von Körper, Geist und Seele sei. Dafür zieht Goldstein nicht nur Wissen aus der Biologie und Medizin heran, sondern auch aus der Psychologie und Philosophie. Das »Lebendige«, so Tillich, könne nicht »von Teilfunktionen« aus verstanden werden.[31]

Horkheimer hatte sich schon zu Beginn des Sommersemesters 1928, ein knappes Jahr vor Stern, zur philosophischen Anthropologie geäußert. In seiner Kritik an Scheler formulierte er zwei Einwände gegen den anthropologischen Ansatz, der erstens davon ausgehe, »daß der Mensch selbst im Laufe der Geschichte sich nicht verwandle«,[32] mithin nicht historisch, sondern naturalistisch denke und ein faktisches Wesen mit einer Grundstruktur sei. Zweitens setze der Ansatz voraus, dass wir im Zeitalter der biologischen Wissenschaft ein »sicheres Wissen« vom Menschen hätten, was aber durchaus infrage zu stellen sei.

In einem 1935 in der *Zeitschrift für Sozialforschung* erschienenen Aufsatz vertrat er selbst die These, dass die moderne Anthropologie in einer Gesellschaft, in der die Religion an Bindungskraft verloren habe und tradierte Ordnungsvorstellungen an Kraft eingebüßt hätten, nach neuen absoluten Prinzipien suche, aus denen sich »das ganze menschliche Leben sinnvoll«[33] begründen lasse. Das »Schicksal jedes Einzelnen und der ganzen Menschheit« solle »in Einklang mit einer ewigen Bestimmung«[34] gebracht werden. »Die moderne philosophische Anthropologie gehöre zu den späten Versuchen, eine Norm zu finden, die dem Leben des Individuums in der Welt, so wie sie jetzt ist, Sinn verleihen soll.«[35] In einer Welt, in der der Mensch seine zentrale Stellung verloren hat, will die philosophische Anthropologie ein Fundament und Orientierungswissen bieten.

Horkheimers Kritik traf nur zum Teil die damalige Anthropologie, insbesondere Max Scheler hatte die kritisierten Positionen längst relativiert. Von einer Wesensbestimmung des Menschen war bei ihm keine Rede mehr: »Der Irrtum der bisherigen Lehren vom Menschen besteht darin, daß man zwischen ›Leben‹ und ›Gott‹ noch eine feste Station einschieben wollte, etwas als Wesen Definierbares: den ›Menschen‹. Aber diese Station existiert nicht und gerade die Undefinierbarkeit gehört zum Wesen des Menschen. Er ist nur ein ›Zwischen‹, eine ›Grenze‹, ein ›Übergang‹, ein ›Gotterscheinen‹ im Strome des Lebens und ewiges ›Hinaus‹ des Lebens über sich selbst. Damit erledigt sich die Definitionsfrage.«[36]

Als sich in den dreißiger Jahren die Kritische Theorie zu formieren begann, wurde die philosophische Anthropologie zum Konkurrenzparadigma, von dem man sich abzusetzen suchte. Dabei waren die Ausgangspunkte ähnlich. Beide reagieren auf eine Krise der Wissenschaft, die keine Totalität des Wirklichen mehr beschreiben kann, sondern in viele Fachdisziplinen und Spezialwissenschaften zerfällt. Beide denken über eine Überwindung dieses Zustandes nach und fordern eine neue, interdisziplinäre Ausrichtung.

Sterns Vortrag über die *Weltfremdheit des Menschen* hatte zumindest einen Effekt: Hannah Arendt ließ sich von seinen Überlegungen inspirieren. In ihrer zuerst 1958 in den USA erschienenen Schrift *The Human Condition* (dt. 1967: *Vita activa oder Vom tätigen Leben*) führt sie einen Begriff ein, der an Sterns Weltfremdheit erinnert und eine zentrale Bedeutung für ihre Studie hat: »Weltlosigkeit«.[37] Sie charakterisiert diesen Zustand als ein »›Draußensein‹«: aus »der Welt vertrieben«, »ganz und gar auf den eigenen Körper zurückgeworfen«, »in ihn gleichsam verbannt«. Der weltlose Mensch, so Arendt, fliehe nicht, er sei ausgestoßen von der Welt »in die unzugängliche Privatheit des eigenen Körpers«.[38]

Für Stern – so viel lässt sich sagen – war sein Vortrag der Anfang eines lebenslangen Fragens. Vieles, was er zum Teil etwas kryptisch formuliert, deutet schon auf sein bekanntes, 1956 unter dem Pseudonym Günther Anders vorgelegtes Werk *Die Antiquiertheit des Menschen* hin. Hier steht der Mensch einer Welt gegenüber, in der er nicht nur fremd, sondern vom Untergang bedroht sei. Im blinden Aneignungs- und Herstellungsstreben habe er eine Wirklichkeit geschaffen, die sich im industriellen Zeitalter gegen ihn wende. Dass Bedrohungsszenarium entwickele sich auf drei Ebenen: der Ebene der Maschinen und Technik, der Medien Radio und Fernsehen und der Atombombe. Zusammen mit Robert Jungk, dessen Buch *Heller als tausend Sonnen* ebenfalls 1956 erschien, wurde Anders in den fünfziger Jahren zum Initiator der Antiatombewegung. Seine anthropologischen Schriften können als Vorarbeiten gelesen werden. Was der Autor in dieser Zeit schreibt, klingt zuweilen geradezu prophetisch. In dem kurzen Text *Die Antiquiertheit des Homo faber* heißt es: »Wenn wir uns weiter darauf beschränken, die Natur als Herrschaftsgebiet, als Arbeitsmittel oder -stoff, statt als *Partner* anzusehen, ist alles aus.«[39]

TEIL 2

Zwischen den Standpunkten

Sommer 1930

Die »beste Bildungsstätte für alles Neue«

6 Karl Mannheim und Norbert Elias im Kreis ihrer Studenten, Café Laumer, 1932.

Da sitzen sie im Café Laumer an den kleinen Thonet-Tischen, die sie zu einer Tafel zusammengeschoben haben und die hier in Frankfurt-Westend Wiener Kaffeehaus-atmosphäre heraufbeschwören: an der hinteren Frontseite Karl Mannheim, mittig an der linken Längsseite, in die Kamera lächelnd, Norbert Elias, beide umgeben von ihren Studentinnen und Studenten. Das Laumer, bekannt für wunderbaren Kuchen und Gebäck sowie Köstlichkeiten anderer Art, liegt bis heute an der damals noch hochherrschaftlichen Bockenheimer Landstraße, Ecke Brentanostraße, wenige hundert Meter von der Universität entfernt. Vor der gründerzeitlichen Fassade standen große Kastanien, unter denen man flanieren und verweilen konnte. Auch das trug zum berühmten Flair der Wiener und Pariser Kaffeehauskultur bei. Gepflegte Bürgerlichkeit war angesagt. Die Kellner in weißen Jacketts trugen Handservietten über dem Arm. Der Kaffee wurde – ganz stilecht – auf einem silbernen Tablett serviert. Und so konnte man auch im Laumer jene betörenden Hintergrundgeräusche hören, die zu jedem richtigen Kaffeehaus gehören und wie Musik in den Ohren der Besucher klingen: das Scheppern und Klappern und natürlich das Zischen der Kaffeemaschinen. Die Atmosphäre war entspannt, neben den kleinen Marmortischen gab es Sitzecken mit gepolsterten Sesseln, hier konnte man sich stundenlang unterhalten oder einfach sitzen und schauen, lesen oder schreiben. Was Stefan Zweig über das Kaffeehaus an sich sagt, galt auch für das Laumer: es sei nicht nur »eine Institution besonderer Art«, es sei die »beste Bildungsstätte für alles Neue«.[1]

7 Norbert Elias mit Studenten im Café, um 1930.

Vor allem Soziologen, Philosophen und Germanisten trafen sich hier – Dozenten und Studenten, alle, die dazugehören wollten zu den sogenannten Kaffeehaus-Intellektuellen. Der Schriftsteller Erich Ernst Noth besuchte als Student die Veranstaltungen Wiesengrund-Adornos, der, das hebt der Schüler an dem Lehrer hervor, damals eine »aktive Rolle in Studenten- und Kollegendiskussionen gespielt« habe, »insbesondere in den zwanglosen ›Nachseminaren‹« im Café Laumer, die »wahrscheinlich zu unserem Bildungsgang mehr beigetragen haben als der offizielle Vorlesungsbetrieb«.[2] Der Politikwissenschaftler Dolf Sternberger, der im Februar 1932 bei Paul Tillich mit einer Arbeit über Martin Heideggers Existenzialontologie promovierte, erinnert sich an die bemerkenswerte Mischung von Diskursivem und Sinnlichem, »einem wunderlich ungemäßen Milieu, worin sich der geistige Eifer gegen die Süßigkeit des Dekors wie der Genüsse zu behaupten hatte«.[3]

»Das Pathos des Konkreten«

Das Laumer war ein Ort, wo »eine gemischte Gesellschaft«, Dozenten und Studenten, Männer und Frauen, zusammenkam. Anders als im Hörsaal oder im Seminarraum gab es hier so etwas wie Gleichrangigkeit zwischen Lehrenden und Lernenden. Man sah den anderen außerhalb seiner Rolle, aus einem anderen Blickwinkel, und das veränderte die Atmosphäre des Miteinanders.

Um 1930 zog es erstaunlich viele Frauen, insbesondere viele jüdische Frauen, zum Soziologiestudium nach Frankfurt.[4] Sie waren gebildet und selbstbewusst und kamen zumeist aus wohlhabenden Familien, zuweilen hatten sie schon ein anderes Studium oder eine Ausbildung absolviert, eine Ehe hinter sich, wollten aber raus aus der bürgerlichen Enge und suchten die Freiheit eines Studiums, das nicht auf ein festes Berufsbild ausgerichtet war. In der sich gerade etablierenden Soziologie erkannten sie die Chance, etwas Neues zu erproben, ein Experiment mit ungewissem Ausgang zu wagen.

Soziologie zu studieren war modern, doch die Richtung genoss nicht den besten Ruf, wurde als links, als marxistisch wahrgenommen, als ein Fach, das, so der preußische Kultusminister Becker, nicht »dem deutschen Denken« entspräche. Das hatte man zeitweilig durchaus als Bereicherung gesehen: In der Soziologie wurde anders gedacht, nicht analytisch und zergliedernd, sondern synthetisch. Doch die Situation änderte sich schnell. Karl Korn, Publizist und langjähriger Herausgeber der *Frankfurter Allgemeinen Zeitung*, erinnert sich, dass er um 1930 das erste Mal den Satz hörte: »Die Soziologie ist eine jüdische Wissenschaft.« Damit meinte man, sie gehöre nicht in den etablierten deutschen Fächerkanon, sei von außen eingewandert, etwas Fremdes. Als fremd und eingewandert wurden auch die assimilierten Jüdinnen und Juden wahrgenommen, als zwischen den Kulturen stehend. Ähnliches hatte Freud mit der Psychoanalyse erfahren müssen und sich bekanntlich gegen diese abwertend benutzte Wendung einer jüdischen Wissenschaft entschieden zur Wehr gesetzt. Gleichwohl gibt es zwischen dem Judentum und der Psychoanalyse, faktisch betrachtet, Affinitäten, wie auch zwischen dem Judentum und der Soziologie. Man denke an die Macht des Wortes, an die Bedeutung von Texten, die der Auslegung und Interpretation bedürfen, an die Rolle, die das freie Denken und das Assoziieren spielen, insbesondere aber auch an die Bedeutung der Rationalität.

Die Studentinnen und Studenten in Frankfurt zog es vor allem in das Soziologische Seminar von Karl Mannheim. Die jungen Frauen besuchten zwar die verschiedenen Veranstaltungen des Instituts für Sozialforschung und hörten sich die Vorlesungen Horkheimers an, aber bei Mannheim schrieben sie ihre Arbeiten. Nicht nur er war beliebt, sondern vor allem auch sein Assistent Norbert Elias, der den Ruf hatte, sich Zeit zu nehmen und sich um die Probleme der Studierenden zu kümmern. Viele Studentinnen schwärmten für den schlanken, sportlichen Mann in den Dreißigern, der ernst und höflich war, aber auch gut und gern lachen konnte.

8 Seminar mit Karl Mannheim und Norbert Elias, 1932.

Mannheim selbst war im Umgang mit den Studierenden eher distanziert. Was jedoch die Arbeiten seiner Doktorandinnen und Doktoranden betraf, zeigte er sich aufgeschlossen und äußerst interessiert. Die Literaturwissenschaftlerin Claudia Honegger hat zur Beliebtheit Mannheims folgende interessante These aufgestellt: »Paradoxerweise scheint es gerade Mannheims wissenssoziologischer ›Relativismus‹, sein ›Soziologismus‹ gewesen zu sein, der ihn neugierig machte auf unterschiedliche Formen der Wahrheit – auch derjenigen von Frauen.«[5]

Die von Mannheim propagierte Ansicht, dass es kein philosophisches System gibt, das die Welt in ihrem Wesen erfassen und beschreiben kann und wir es nur mit Teilansichten, Partikularitäten zu tun haben, machte ihn sensibel für unterschiedliche Wahrheiten. Dass »die gleiche Welt verschiedenen Beobachtern verschieden erscheinen kann«,[6] bedeutet eben, es gibt keine Verbindlichkeit im Denken und in der Wahrnehmung; mehrere, durchaus gleichermaßen gültige Wahrheitsansprüche stehen sich gegenüber. Die Annahme einer grundsätzlichen Relativität führte Mannheim zum Zweifel. Und er war, wie wir durch Elias wissen, »bereit, alles zu relativieren«,[7] und auch vor dem eigenen Denken machte er nicht halt. In der Praxis führte ihn das offenbar dazu, andere Ansichten als Möglichkeiten anzuerkennen.

Anziehend wirkte Mannheims Soziologie aber auch durch die Verbindung mit der Praxis, dem Leben. Soziologie sollte zukünftig die Identität und den Alltag der Menschen behandeln, ihnen Lebensorientierung bieten. Das »Pathos des Konkreten«, das Mannheim bei aller Theorielastigkeit eigen war, hat den Reiz des Faches sicherlich erhöht. So empfand es auch die damalige Doktorandin Margarete Freudenthal: Mannheims Soziologie ließ sich »vom Leben leiten«.[8] »Für mich jedenfalls«, schreibt sie in ihrer Autobiographie, »hatte all das etwas Atemberaubendes, denn es brachte dauernd das Gefühl, einem schöpferischen Prozeß beizuwohnen und in ihm gleichzeitig selbst mitzuwirken.«[9] Für den historischen Teil ihrer Dissertation über den *Gestaltwandel der städtischen, bürgerlichen und proletarischen Hauswirtschaft* recherchierte sie in Haushalts- und Wirtschaftsbüchern, für die Gegenwartsanalyse schlug ihr Mannheim vor, mittels eines Fragebogens eine Erhebung über Budget und Konsumgewohnheiten vorzunehmen. Im Sommer 1933 reichte sie die Arbeit ein – um diese Zeit waren ihr Doktorvater Mannheim und sein Assistent Elias schon nicht mehr in Frankfurt. Trotzdem schaffte es die Jüdin Margarete Freudenthal noch, ihre Promotion im Dezember 1933 erfolgreich abzuschließen.

Auch die später berühmt gewordene Fotografin Gisèle Freund begann mit ihrer Dissertation über die Geschichte der Fotografie bei Mannheim und Elias, fertigstellen konnte sie ihre Promotion jedoch erst 1936 an der Sorbonne in Paris.

Zunächst hatte sie Philosophie bei Heidegger in Freiburg studiert. In einem Interview erinnert sie sich an den Mann in der »Försteruniform«, dessen Sätze auf sie wie Wortgeklingel wirkten, abstrakt und völlig leer: »Das Sein kommt aus dem Nichts. Und das Nichts kommt vom Garnichts. Und das Garnichts kommt vom Sein. Alles in Försteruniform. Ich habe kein Wort verstanden.«[10] In Frankfurt sei dagegen vom konkreten Handeln und Verhalten, vom wirklichen Denken der Menschen die Rede gewesen – das hätte sie interessiert.

So ging es auch ihrer Kommilitonin, der Schauspielerin Ilse Seglow. Die Tochter eines Rabbiners wurde als Magdalena Seligmann geboren. Nach dem Abbruch des Gymnasiums machte sie eine Schauspielausbildung, heiratete 1926, zog mit ihrem Mann nach Berlin und begeisterte sich für das politische Theater Erwin Piscators. Als ihr ein Intendant sagte, sie sei zwar begabt, sehe aber für eine Schauspielkarriere zu jüdisch aus, beschloss sie, Psychoanalytikerin zu werden. In Berlin absolvierte sie erfolgreich eine Begabtenprüfung und schrieb sich an der Universität für Soziologie und Psychologie ein. Nach ihrer Scheidung zog sie nach Frankfurt und setzte ihr Studium bei Karl Mannheim und Norbert Elias fort – Letzterer wurde ihr Freund und Mentor. Unter seiner Betreuung begann sie mit ihrer Dissertation über *Schauspiel und Gesellschaft*.

Ilse Seglow engagierte sich später, im englischen Exil, für die Gruppenanalyse und gilt als Pionierin auf diesem Gebiet. Wenn sie sich an ihre Zeit in Frankfurt erinnert, dann sind ihr vor allem die abendlichen Diskussionsrunden im Café Laumer im Gedächtnis geblieben. Diese ungezwungenen Gespräche, so schreibt sie, hätten ihre Entwicklung entscheidend geprägt. Und: »Diskussionen aus dem Seminar wurden in einem der auswärtigen Treffpunkte der Fakultät fortgesetzt – das war üblicherweise ein Café und kein Gasthaus. Dort saßen Studenten wie Dozenten und redeten. Einer der Gründe für die Präferenz der Cafés (wo man natürlich auch einen Brandy oder ein Glas Bier bekommen konnte) anstelle der Gasthäuser war, vermute ich, daß junge unverheiratete Frauen in einem deutschen Gasthaus etwas deplaziert gewirkt hätten – und das gesellschaftliche Leben des soziologischen Kreises war definitiv gemischt. [...] Dozenten und Studenten saßen und redeten zusammen auf Augenhöhe.«[11]

Die Promotionsthemen, die Mannheim vergab, waren üblicherweise auf die Lebenserfahrungen der Schreiberin oder des Schreibers abgestellt, so auch bei Nina Rubinstein. Sie wurde 1908 in Berlin als Tochter balto-russisch-jüdischer Exilanten geboren, die aus dem Zarenreich geflohen waren. Im Ersten Weltkrieg flüchtete sie mit der Mutter nach Kopenhagen, 1917 für ein Jahr nach Sankt Petersburg. Abitur machte sie in Berlin, von dort zog sie anschließend nach Heidelberg und nahm ein Studium der Soziologie auf. Als Mannheim und Elias 1930 nach Frankfurt gingen, wechselte auch sie an die Goethe-Universität. Ihr Dissertationsprojekt, wie könnte es anders sein, drehte sich um das Thema Fremdheit und Emigration. Mit Mannheim einigte sie sich auf den Titel *Die französische Emigration nach 1789*. Nina Rubinstein fühlte sich wohl in Frankfurt, war häufig im Café Laumer anzutreffen. Als passionierte Fotografin machte sie, ebenso wie ihre Kommilitonin Gisèle Freund, zahlreiche Aufnahmen von Mannheim, Elias und den Teilnehmern des Seminars.

Schaffte Nina Rubinstein es gerade noch, ihre Arbeit abzuschließen – einreichen konnte sie ihre Dissertationsschrift nicht mehr. Im Frühjahr 1933 floh sie nach Paris. Ihren Lebensunterhalt musste sie fortan als Übersetzerin verdienen. Nebenher erstellte sie eine französische Fassung ihrer Studie, doch als diese fertig war und die Verfasserin sie an der Sorbonne hätte einreichen können, erreichten die deutschen Truppen die Stadt an der Seine. Sie emigrierte in die USA, arbeitete als Übersetzerin bei den Vereinten Nationen und versuchte ein weiteres Mal, ihre Promotion anerkennen zu lassen, diesmal an der New School for Social Research. Doch wieder scheiterte das Vorhaben, diesmal vor allem an den fehlenden finanziellen Mitteln.

Im Dezember 1989 hat die Goethe-Universität mit sechsundfünfzigjähriger Verspätung Nina Rubinstein zum Dr. phil. promoviert.

Kaffeehaussoziologie

9 Norbert Elias mit Martha Kreilisheim, 1932.

Der ansonsten eher nach innen gekehrte, zurückhaltende Elias blühte in geselliger Runde mit den Studentinnen regelrecht auf. Den Arm lässig auf der Stuhllehne, den Kopf gegen die Hand gelehnt, schaut er lächelnd auf den Kuchenteller seiner Sitznachbarin Martha Kreilisheim. Die Studentin und der Professor amüsieren sich, reden vielleicht einfach nur über den Kuchen, der hier immer ein Gespräch wert war. Der stets elegant gekleidete Karl Mannheim sitzt, in hellem Jackett und Krawatte, mit ernsthaftem Gesichtsausdruck interessiert zuhörend, in der Sonne. Er war seit Langem ein passionierter Kaffeehausgänger, der schon in seinen Heidelberger Tagen nach den Vorlesungen im Café am Ludwigsplatz verkehrt und dort an seiner Studie *Ideologie und Utopie* gearbeitet hatte.[12]

Im April 1930 begann Mannheim, der gerade zum ordentlichen Professor und zum Direktor des Soziologischen Seminars ernannt worden war, sein erstes Sommersemester in Frankfurt. An vier Tagen die Woche sprach er über *Allgemeine Soziologie.* Dazu bot er jeweils montags von 18 bis 20 Uhr die Übung *Soziologische Geschichte der politischen Theorien* an. Gleich zu Anfang sprach der Neuankömmling über so interessante Dinge wie das »experimentelle Leben« und »Lebensdistanzierung«: Wie gelingt es, sich aus tradierten Bindungen zu befreien und andere Möglichkeiten zu leben? Mannheim hielt eine große Lobrede auf sein Fach als Ausdruck »einer spezifisch neuen Bewußtseinshaltung«.[13] En passant erwähnt er die »Kaffeehaussoziologie«, die mit der »Möglichkeit der künstlichen Beleuchtung spielt« und »alles in Frage stellt«.[14] Soziologie würde sich erst dann als eigenes Fach legitimieren, wenn sie die alten Begriffe und Denkschemen einer Revision unterziehe und zur Erkenntnis der wirklichen Phänomene »neue Begriffe« bereitstelle: »Man muß vom Neuen her das Alte in Frage stellen.«[15]

Dem hätte Paul Tillich mit Sicherheit zugestimmt. Die Gedanken Mannheims, so schreibt er in seiner Rezension von *Ideologie und Utopie,* hätten »etwas sehr Verführerisches«.[16] Auch Tillich war in einer Zeit, die von vielen nicht nur als gesellschaftliche, sondern auch als intellektuelle Krise, als Krise des Denkens aufgefasst wurde, auf der Suche nach neuen Begriffen, nach neuen Gewissheiten und daran interessiert, »Wankendes in Frage zu stellen«.[17] Das galt innerhalb wie außerhalb der Universität. 1929 war Tillich in die SPD eingetreten und versuchte mit einer Gruppe, zu der Eduard Heimann, Fritz Klatt und Hermann Heller gehörten, auf die Partei und die gesellschaftlichen Diskussionen Einfluss zu nehmen. Im Januar 1930 war das erste Heft der von ihm mitbegründeten Zeitschrift *Neue Blätter für den Sozialismus* erschienen. Unter dem schlichten Titel *Sozialismus* fand sich darin eine Art Manifest, mit dem Tillich eine Debatte über einen neuen Sozialismus eröffnen wollte. Sowohl zum orthodoxen Marxismus als auch zu liberal-aufklärerischen Auffassungen vom Menschen ging er auf Distanz, wollte weg von einem rationalen, vergeistigten Sozialismus, der sich von der Wissenschaft herleitet. Die Kraft des Sozialismus, so der Verfasser, wurzelt viel tiefer, nämlich im Glauben, im »unbedingten Ergriffensein«.[18] Auch die klassenlose Gesellschaft sah er nicht länger als das Ziel, sondern die »sinnerfüllte Gesellschaft«.[19] Wichtiger als die materiell-ökonomischen Fragen sei »die Frage nach dem Lebenssinn«,[20] sie sei grundlegend für alles: für das Geistige, Seelische, aber auch für das Materielle. Lebenssinn gehe über das Politische hinaus, erfasse den ganzen Menschen und entwickle sich zur Gestaltungskraft einer neuen Gesellschaft. Wenn man den Sozialismus in dieser »Tiefe und Breite erfaßt«,[21] sei er eine allgemein menschliche Angelegenheit und nicht allein Sache des Proletariats. Definiere man den Sozialismus über den Lebenssinn, dann stehe er außerhalb aller Ideologie, dann sei er weder links noch rechts, sondern eine »Leben ermöglichende Wirklichkeit«.[22] Dieser Aufsatz wurde zum Ausgangspunkt für Tillichs Idee eines nationalen Sozialismus.

Im Sommersemester 1930 hielt er eine Vorlesung über *Philosophie und Religion*, dienstags und donnerstags von 16 bis 18 Uhr, und eine weitere einstündige Vorlesung über *Schelling und die innere Krisis des deutschen Idealismus*, jeweils Mittwoch ab 18 Uhr. Hinzu kamen Seminare, unter anderem eins über den *Begriff des Absoluten* und ein Proseminar mit Max Horkheimer über *Lektüre philosophischer Schriften*. Dienstags von 20 bis 22 Uhr veranstaltete er ein interdisziplinäres philosophisches Seminar in Zusammenarbeit mit drei Kollegen, den Gestaltpsychologen Max Wertheimer und Adhémar Gelb sowie dem Wirtschaftshistoriker und Philosophen Kurt Riezler. Zu solchen Kooperationen kam es in den folgenden Semestern häufiger – Tillich liebte es, solche interdisziplinären »Seminare mit anderen gemeinsam zu halten, zu zweien, zu vieren, ja zu fünfen«.[23]

In gerade einmal zwei Semestern war Paul Tillich zum Star der Frankfurter Universität aufgestiegen. Seine Vorlesungen mussten wegen des Andrangs regelmäßig in die Aula verlegt werden. Kurt Mautz, einer seiner Schüler, erzählt in seinem Schlüsselroman *Der Urfreund* über die spektakulären Auftritte seines Lehrers vor einem staunenden Publikum: »Er konnte lesen, worüber er wollte, man war immer gespannt bei der Sache. Für ihn gab es kein Thema, das nicht aktuell gewesen wäre.«[24] Mautz beschreibt ihn als »eine charismatische Persönlichkeit, deren Ausstrahlung sich niemand entziehen« konnte, »eine Art Prophet, mit einem Apostelkopf wie von Tilman Riemenschneider. Die Studenten strömten nur so in seine Vorlesung, füllten den Hörsaal bis auf den letzten Platz, saßen noch auf den Fensterbänken, auf dem Podest und den Stufen zum Katheder. Und nicht nur Studenten, auch eine Menge von Gasthörern, piekfeine Leute darunter, Damen aus der Hautevolee.«[25] Tillich dozierte nicht abstrakt, er nahm seine Zuhörer mit: »Bei allen Fragen, die Paulus anschnitt, handelte es sich um Fragen der eigenen Existenz. Die der Vergangenheit enthielten im Keime schon die der Gegenwart. So ergaben sich verblüffende Zusammenhänge und Parallelen: zwischen Augustinus und Husserl, Bonaventura und Heidegger, Duns Scotus und Max Scheler. Oft staunte man, wer vor fünfhundert bis tausend Jahren schon wen oder was antizipiert hatte. In den Kloster- und Domschulen des Mittelalters gab es verkappte Existenzialisten, Sozialisten, Positivisten. Für Paulus war die Philosophie keine rein akademische Angelegenheit, sie hatte mit unseren Nöten, Ängsten, Hoffnungen zu tun.«[26]

Max Horkheimer las zweimal wöchentlich zur *Einführung in die Philosophie und ihre Geschichte.* Solche einführenden Vorlesungen, in denen er sich insbesondere mit den denkgeschichtlichen Beziehungen zwischen Kant und Hegel auseinandersetzte, hatte er Ende der zwanziger Jahre des Öfteren angeboten. Insoweit war die für das Sommerhalbjahr angekündigte Vorlesung nicht weiter aufregend, sie gehörte zum Zyklus seiner sozialphilosophischen Veranstaltungen. Überraschend waren indes zwei Publikationen des Privatdozenten, die er in diesem Jahr veröffentlichte: *Ein neuer Ideologiebegriff?* und die Studie *Anfänge der bürgerlichen Geschichtsphilosophie.* Überraschend allein schon deshalb, weil Horkheimer außer seiner Habilitation und einigen Artikeln bis 1930 wenig publiziert hatte – alles andere als günstige Voraussetzungen für einen, der Professor werden wollte. Und so bedurfte es eines geschickten Schachzugs, um das Ziel dennoch zu erreichen, wobei er bei dem Manöver nicht allein Regie führte. Er machte sich die folgende, etwas verkürzt dargestellte Ausgangslage zunutze: Die Leitung des Instituts für Sozialforschung war seit Januar 1928 verwaist, der Direktor Carl Grünberg konnte sein Amt nach einem Schlaganfall nicht mehr ausüben. Eine Neubesetzung stand an. Vakant war auch der mit der Institutsleitung verbundene Lehrstuhl Grünbergs, der zur Wirtschafts- und Sozialwissenschaftlichen Fakultät gehörte und zunächst unbesetzt blieb, da man sich wieder einmal auf keinen Nachfolger einigen konnte. Horkheimers Freund Friedrich Pollock war, zusammen mit Henryk Grossman, seit 1924 Grünbergs Assistent und hatte kommissarisch dessen Aufgaben übernommen. Alles schien auf ihn als Nachfolger Grünbergs zuzulaufen. Doch Pollock hatte an dieser herausgehobenen Position kein Interesse, er ließ Horkheimer den Vortritt. Die Gesellschaft für Sozialforschung stiftete der Philosophischen Fakultät speziell für Horkheimer einen Lehrstuhl für Sozialphilosophie, der mit der Leitung des Instituts verbunden war. Horkheimer, so konnte die Fakultät jetzt ihre Entscheidung begründen, habe sich mit seinen sozialphilosophischen Vorlesungen in besonderer Weise für diese Position qualifiziert.

Zwei Gentlemen geben sich die Ehre

Mit den beiden erwähnten Aufsätzen trat der frisch berufene Horkheimer an die Öffentlichkeit und ging sogleich in die Offensive. Zwar entfaltete er zunächst keine eigenen programmatischen Vorstellungen, die über seine am 24. Januar 1931 gehaltene und später publizierte Antrittsvorlesung über *Die gegenwärtige Lage der Sozialphilosophie und die Aufgabe eines Instituts für Sozialforschung* hinausging, positionierte sich aber als Kritiker Karl Mannheims, dessen Hauptwerk *Ideologie und Utopie* kurz zuvor erschienen war und in der gelehrten Öffentlichkeit ziemlich Furore gemacht hatte. Vor allem mit seinem Aufsatz *Ein neuer Ideologiebegriff?* bereitete Horkheimer dem Kollegen einen unfreundlichen Empfang in Frankfurt. Er gab ihm zu verstehen, dass Ideologiekritik das Feld war, auf dem das Institut für Sozialforschung zu ernten gedenke, und wies im gleichen Atemzug den *neuen* Ideologiebegriff Mannheims schroff zurück. Bei Mannheim werde Ideologie zu einer totalisierenden Kategorie und büße damit alle kritische Potenz ein; das falsche Bewusstsein lasse sich bei ihm vom richtigen nicht mehr unterscheiden, vielmehr werde die Möglichkeit des richtigen Denkens explizit bestritten. Nicht nur das bürgerliche Denken, auch der Marxismus könne unter der Prämisse keinen Anspruch auf unbeschränkte Gültigkeit erheben. Stattdessen berief sich Horkheimer auf den alten Ideologiebegriff, wie ihn Marx entfaltet hatte. Als künftiger Hausherr des Instituts für Sozialforschung schlug er Pflöcke ein, zog rote Linien und versuchte sich als tonangebender Philosoph an der Frankfurter Universität zu profilieren.

Beide kamen aus wohlhabendem Haus – und man sah es ihnen an: gepflegte Eleganz, nobler Anzug, gern mit Weste, immer mit Krawatte oder Fliege und oft mit Einstecktuch. Rein äußerlich waren sich Horkheimer und Mannheim gar nicht so unähnlich, und auch altersmäßig lagen sie nicht weit auseinander. Als sie im Sommer 1930 aufeinandertrafen, war Horkheimer fünfunddreißig, der andere siebenunddreißig. Sie standen am Anfang ihrer Karriere, waren selbstbewusst und hatten sich eine prominente Stellung im universitären Betrieb erobert. Beide wollten eine neue Wissenschaft begründen, ein neues Denken, das der gesellschaftlichen Krisensituation gerecht wird und sich an der Gegenwart orientiert. Beide – und das war das Problem – beanspruchten dasselbe Terrain, wollten die Soziologie aber unter jeweils anderen Vorzeichen zur Zentralwissenschaft machen. Ein Konkurrenzkampf war unvermeidlich.

In dieser Gemengelage müssen sie sich im April 1930 im Café Laumer begegnet sein, Horkheimer in Begleitung von Friedrich Pollock, der immer an seiner Seite war. Neben der Arbeit in der Verwaltung des Instituts für Sozialforschung hielt Pollock im Sommersemester eine Vorlesung an der Wirtschafts- und Sozialwissenschaftlichen Fakultät über *Kapitalismus und Sozialismus* und führte ein Seminar zum Thema *Marx-Lektüre für Fortgeschrittene* durch. Pollock war nicht nur ein geeigneter Adjutant Horkheimers, er war, was den Marxismus anging, ein durchaus sachkundiger Gesprächspartner. Und Mannheim? Wo er war, war Norbert Elias nicht fern, der in der Regel einen Tross Studentinnen und Studenten im Gefolge hatte. Im Café Laumer aber lösten sich die Spannungen. Kontakt war unvermeidlich – und die Form wurde von allen Seiten gewahrt. Man wechselte Blicke, sprach ein paar Worte miteinander, fragte nach den gerade begonnenen Vorlesungen, nach der Teilnehmeranzahl, machte den einen oder anderen freundlichen Kommentar über Belanglosigkeiten. Auf jeden Fall kam man hier ins Gespräch, was es ohne diesen Begegnungsort wahrscheinlich nicht gegeben hätte und was für die Weiterentwicklung der verschiedenen Ansätze und Theorien ein unverzichtbarer Impulsgeber wurde.

Bevor wir uns in dieses Gespräch einschalten, sollten noch einige Fakten sortiert werden.

Ein explosives Buch

Warum fühlte sich Horkheimer von Mannheims Buch *Ideologie und Utopie* so provoziert? Die Aufregung unter den Intellektuellen war bei seinem Erscheinen allgemein groß, es hatte einen Nerv getroffen. Herbert Marcuse beginnt seine Rezension mit den Worten: In Karl Mannheims Buch komme »die ganze Problematik unserer heutigen wissenschaftlichen Situation (die die Problematik des heutigen menschlichen Daseins selbst ist) zum Durchbruch und zu solcher Auswirkung, daß sie den Ansatz des Buches selbst wieder sprengt«.[27] Mit der traditionellen Wahrheit sei es vorbei, die Wahrheit wechsele »mit jeder Situation und jeder Klasse, ja vielleicht sogar mit jeder noch kleiner differenzierten Gruppe«.[28] Was also, fragt Marcuse, »kann hier noch Wahrheit heißen, wenn die Theorie von ihren Inhalten bis in die Struktur ihrer Kategorien hinein nur die Funktion des sozialen Seins einer Klasse in einer bestimmten Situation ist«?[29]

An ebendieses Wahrheitsproblem knüpft auch Tillich in seiner Besprechung an. Im Marxismus sei das Proletariat der Ort der Wahrheit gewesen, das den festen Bezugspunkt gegeben habe. Bei Mannheim hätte sich jedoch der Wahrheitsgedanke verwandelt: »Er ist konkret und dynamisch geworden. [...] Absolut ist nur der Wahrheitsgedanke selbst; die einzelnen Wahrheiten dagegen sind jeweilige ›Synthesen‹.«[30]

Hannah Arendt hatte Karl Mannheim im Frühjahr 1930 in Frankfurt persönlich kennengelernt – und war von ihm beeindruckt gewesen. Was er in seiner Vorlesung über Romantik und Existenzphilosophie zu sagen hatte, betraf ihre Arbeit über Rahel Varnhagen. Und seine Ausführungen über Augustinus standen im engen Kontext mit ihrer Dissertation über den *Liebesbegriff bei Augustin*. Aber es hatte auch Äußerungen gegeben, die sie mit einigem Befremden registrierte. So sprach Mannheim von der Soziologie als einer »neuen Art der Philosophie«, er nannte sie sogar eine »säkularisierte Philosophie«.[31] Spätestens nach der Lektüre von *Ideologie und Utopie* wurde ihr klar, dass Mannheim nicht nur der Philosophie ihren Rang als Königsdisziplin streitig machte, sondern auch die Autonomie des Denkens infrage stellte. Wann sie die Studie gelesen hat, ist nicht bekannt – möglicherweise schon bevor sie nach Frankfurt kam und seine Vorlesung besuchte. Auf jeden Fall schreibt sie 1930 eine Rezension, die in der Zeitschrift *Die Gesellschaft. Internationale Revue für Sozialismus und Politik* erschien. Der Herausgeber Rudolf Hilferding hatte Arendt gebeten, eine kritische Besprechung des Buches zu verfassen, denn in seinen Augen war es ein Angriff auf den Marxismus und Sozialismus. Doch Hannah Arendt interessierte sich für etwas anderes, sie zielte darauf ab, die Philosophie zu retten und Mannheims These von der Seinsgebundenheit des Denkens zurückzuweisen. Einleitend schreibt sie, Mannheim wolle mit seinem Buch »die Fragwürdigkeit moderner Geistigkeit«[32] aufzeigen. Der Soziologe leiste sich Übergriffe auf fremdes Terrain und stelle philosophische Gewissheiten infrage.

Diese These von der Seinsverbundenheit beunruhigte auch Arendts Ehemann Günther Stern. Er sah darin einen Angriff auf den »Geltungsanspruch des Geistes«.[33] Durch soziale Verhältnisse und gesellschaftliche Determinanten im Denken eingeschränkt zu sein war für die Intellektuellen eine Vorstellung, die sie nicht so ohne Weiteres akzeptieren konnten und wollten. Dass sich Geistiges auf materielle Faktoren zurückführen lasse und menschliches Denken nicht im freien Raum stattfinde, sondern stets an einen bestimmten Ort gebunden sei – dagegen erhoben sich zahlreiche kritische Stimmen, zumal Mannheim so weit ging zu behaupten, es gebe »kaum einen Denkstandort, der nicht ideologisch sei«. Sicherheit im Erkennen sei mithin nicht möglich, die »Wahrheit« stets durch die Seinsgebundenheit kontaminiert, wodurch sie ihren eigentlichen Inhalt einbüße. Und damit kommt Mannheim zu seiner Feststellung, dass wir von der Wirklichkeit nur mehr »Teilaspekte«, Partikularitäten kennen würden. Er suchte folglich nach einer Synthese bzw. nach einem Träger der Synthese, einer gesellschaftlichen Schicht, die nach der Vorstellung des Soziologen ausreichend »soziale Sensibilität«[34] besitze. Für Mannheim war das die »sozial freischwebende Intelligenz«,[35] die – und das klingt einigermaßen überraschend – durch »die Teilhabe an der modernen Bildung«[36] über ausreichend Sensibilität verfüge. Ein Vorteil ergebe sich durch »ihr stetes Schwanken«:[37] Die Intelligenz sei nicht festgelegt, sie könne darum Gegensätze vermitteln und den Zeitgeist in adäquater Form zum Ausdruck bringen.

Mit seinem Buch hatte Mannheim, der sich zeitlebens mit großer Verve in Konkurrenzkämpfe stürzte, die Debatte eröffnet. Er war der festen Überzeugung, man befände sich Ende der zwanziger Jahre in einer historisch einmaligen Entscheidungssituation, durch die eine Richtungsänderung, ein neues Denken möglich werde. »Es ist geradezu Gebot der Stunde, die jetzt gegebene Zwielichtbeleuchtung, in der alle Dinge und Positionen ihre Relativität offenbaren, zu nützen, um ein für allemal zu wissen, wie alle jene Sinngebungsgefüge, die die jeweilige Welt ausmachen, eine geschichtliche, sich verschiebende Kulisse sind und daß das Menschwerden entweder hinter oder in ihnen sich vollzieht. Es gilt in diesem historischen Augenblick, wo alle Dinge plötzlich transparent werden und die Geschichte ihre Aufbauelemente und Strukturen geradezu enthüllt, mit unserem wissenschaftlichen Denken auf der Höhe der Situation zu sein, denn es ist nicht ausgeschlossen, daß allzubald – wie dies schon in der Geschichte öfters der Fall war – diese Transparenz verschwindet und die Welt zu einem einzigen Bilde erstarrt.«[38]

Ähnlich dachte um diese Zeit auch Paul Tillich, der den Kairos-Begriff stark machte: Nach Krieg und Inflation kündige sich ein Wendepunkt zum Neuen an. Die Zeit sei reif, nun gelte es, den historischen Augenblick zu nutzen. Für Tillich war Kairos indes ein theologisches Konstrukt, während Mannheim ganz auf der Seite der Soziologie stand, die er als Schlüssel ansah, mit dem man zukünftig alles aufschließen könne.

Gegen diesen Absolutheitsanspruch liefen die Intellektuellen Sturm. Einer der ersten und vehementesten Kritiker war der Romanist Ernst Robert Curtius, der Mannheims Werk gleich nach Erscheinen als prätentiöses Unternehmen heftig kritisierte. In dem Aufsatz *Soziologie – und ihre Grenzen* polemisierte er gegen den Versuch, eine Einzelwissenschaft als Universalwissenschaft aufzublähen, die »allgemeingültige Erkenntnisse vermitteln«[39] und den modernen, neuen Menschentyp definieren wolle. Mannheim antwortet auf Curtius spöttisch und selbstbewusst: »Verspätet, aber doch hält die Soziologie ihren Einzug in das offizielle Bewußtsein Deutschlands. Inoffiziell, ungeladen, als Zaungast war sie schon lange im Raume, aber eher als Außenseiterin im Denken, zumeist nur als Trägerin der gesellschaftlichen Opposition.«[40] Das aber sollte so nicht länger sein in einer Zeit, »in der die Wirtschaft zur Weltwirtschaft sich weitet«,[41] endlich wolle er sie »zum Organon der Menschwerdung«[42] machen, damit sich ein neues Lebensgefühl Bahn brechen könne.

Mannheim dachte groß von den Möglichkeiten seiner Soziologie, genau genommen von *zwei* Soziologien: der traditionellen *Ideologienlehre* und der modernen *Wissenssoziologie.* Die Ideologienlehre, ein radikales Programm der Aufklärung, steht in der Tradition des Marxismus und macht es sich zur Aufgabe, die Welt zu enthüllen, die Wirklichkeit freizulegen und Fehldeutungen zu beseitigen. Aus der Perspektive der Ideologienlehre hat die Welt den Charakter der Verkleidung, der Verblendung, der Lüge. Die primäre Aufgabe, die Mannheim der Ideologiekritik zudiktiert, ist demnach »Enthüllung« und »Bloßlegung«[43] der die Wirklichkeit verstellenden Mythen und Fiktionen, damit die Menschen den Zustand der Gesellschaft erkennen und »in Wahrheit leben«[44] könnten. Ein knappes Jahr später wird Horkheimer in seiner Antrittsrede anlässlich der Übernahme der Direktion sagen, dies sei die *einzige* Frage, um die es dem Institut gehe, die Frage, welche Beziehungen zwischen »dem wirtschaftlichen Leben der Gesellschaft« und »der psychischen Entwicklung der Individuen«[45] bestehen. Wie kommt es zu einem falschen Bewusstsein? Welche Rolle spielen Wissenschaft, Kunst und Religion? In empirischen, interdisziplinär ausgerichteten Projekten, so kündigte er an, solle die Bedeutung von »Recht, Sitte, Mode, öffentlicher Meinung, Sport, Vergnügungsweisen, Lebensstil«[46] für die Bewusstseinsbildung erforscht werden. Er saß in den Startlöchern, aber Mannheim war schon gestartet, doch der konnte nicht gewinnen – als Außenseiter und Einzelkämpfer, der zur Gruppen- und Schulbildung wenig Talent hatte. Vor allem fehlten ihm die materiellen Mittel. Horkheimer und seine Mitarbeiter lebten Anfang der dreißiger Jahre, was die finanzielle Ausstattung ihres Projekts anging, geradezu im Überfluss, wovon Mannheim, außerhalb des Instituts angesiedelt, nur träumen konnte.

Viele Jahre später, das sei vorweggenommen, werden die beiden von Mannheim benutzten Begriffe, Aufklärung und

Mythen, leicht variiert bei Horkheimer und Adorno im dialektischen Bild von Aufklärung und Mythos wieder auftauchen. In der 1944 erschienenen *Dialektik der Aufklärung* heißt es: »Das Programm der Aufklärung war die Entzauberung der Welt. Sie wollte die Mythen auflösen und Einbildung durch Wissen stürzen.«[47] Was bei Mannheim »Enthüllung« genannt wird, heißt bei Horkheimer und Adorno »Entzauberung«. Die berühmte Formel aus ihrer Vorrede liest sich aus dieser Perspektive wie eine späte Antwort auf Mannheim: »schon der Mythos ist Aufklärung, und: Aufklärung schlägt in Mythologie zurück«.[48] Den Mythos bzw. die Mythen auflösen zu wollen und durch Wissen zu ersetzen, wie es Mannheim und auch Elias wollten, darin sehen Horkheimer und Adorno das allzu naive Programm einer absolut gesetzten Aufklärung, die sich an die Sehnsucht einer entmythologisierten Welt klammert, weil sie glaubt, der Realität auf diese Weise nahezukommen. Von einem dialektischen Bild konnte bei Mannheim nicht die Rede sein, er wollte den Mythos freilegen, in dem er eine Ideologie, ein falsches Bewusstsein sah. Sein Assistent Elias definiert später den Soziologen als »Mythenjäger«,[49] dessen Hauptaufgabe es sei, zu demaskieren und mit falschen Vorstellungen »aufzuräumen«.[50]

Mannheim zufolge ist die Wissenssoziologie gegenüber der Ideologienlehre die höherentwickelte, reifere Stufe, die die Seinslagen und die Bewusstseinsformen problematisiere. Auf der Ebene der Wissenssoziologie gebe es keine Verblendungen, keine mehr oder weniger bewussten Lügen, keine Absicht, die es zu enthüllen und zu entlarven gelte – Ideologien hätten nichts Pejoratives mehr, seien total geworden. Somit gebe es keinen Denkstandort mehr, der nicht ideologisch wäre. Zur Krise der Gegenwart gehöre es, dass alle Ideologien beanspruchen, die Ganzheit der Welt zu erfassen, in Wirklichkeit aber keinen Ort, keinen Fixpunkt hätten, der ihre Wahrheit verbürgen könne. Aus dieser Perspektive werde Enthüllung zum Problem, weil Enthüllung immer an die Verabsolutierung des eigenen Standorts gebunden sei.[51] Nicht mehr auf Partikularitäten richte sich der Ideologieverdacht, sondern auf jegliches Denken, auch auf das eigene. Folgt man Mannheim, dann müsse man annehmen, dass, wenn alles Ideologie sei, keine wirkliche Erkenntnis mehr möglich ist. Doch Mannheim vollzieht eine bemerkenswerte Wendung: Dass das Bewusstsein ideologisch sei, dürfe man nicht als »Fehlerquelle« sehen, sondern es biete die »Chance für die zugreifende Kraft dieser Denkweise in bestimmten Seinsregionen«.[52]

Leben wir noch in derselben Denkwelt?

Mannheim – so wollen wir es uns einmal vorstellen – nutzt die Gelegenheit, um bei einem der unbeabsichtigten, aber doch vorhersehbaren Zusammentreffen im Café Laumer das Gespräch zu eröffnen. Nach der heftigen Kritik an der Studie des neuen Kollegen dürfte es Horkheimer etwas peinlich gewesen sein, wenn er es auch gut zu verbergen weiß. Was der Angegriffene gesagt haben mag? Wir wissen es nicht. Aber wir wissen, wie er auf eine nicht weniger heftige Kritik Adornos im Februar 1937 reagierte: Mit viel Ironie und einigen charmanten Wendungen bedankte sich Mannheim »für die große Mühe und Hingabe«, mit der Adorno seine Schriften »studiert« habe.[53] Er provozierte mit Freundlichkeit. Er war ein Intellektueller, der stets die Fassung behielt, auch jetzt, wo alle über ihn herfielen. Als er noch in Heidelberg lehrte, hatte er einmal zu Karl Jaspers gesagt: »besser vernichtende Kritik als Schweigen, man wird doch bekannt«.[54] Und nun in Frankfurt hat er es geschafft, hat es zur Bekanntheit gebracht. An seinen Thesen reiben sich die Intellektuellen der Republik. Horkheimer jedoch ist von anderer Statur als der stets angriffslustige Adorno, der sich mit Provokationen nicht zurückhielt und offene Flanken bot, weshalb er seine Texte in der Regel seiner Frau Gretel vorlegte, die ihn immer wieder vor allzu drastischen Formulierungen bewahrte.[55]

Horkheimer wird sich nicht auf Detailfragen eingelassen haben. Die These über die Seinsgebundenheit wird er mit einem Satz zu kontern gewusst haben: Dass Bewusstseinsformen auf materielle Verhältnisse zurückzubeziehen seien, darüber bestehe ja Einigkeit, aber deshalb alles mit einem allgemeinen Ideologieverdacht überziehen? Bitte nicht! Und dass Erkenntnisse der Wissenschaft, auch der marxistischen, keinen Anspruch auf unbeschränkte und ewige Gültigkeit haben – ja, alle Wahrheit sei endlich. Doch nur weil es materielle Bedingungen gebe, sei noch nicht der Weg zur Wahrheit verstellt. Und damit ist er bei seinem eigentlichen Thema: Mannheim operiere in seiner Studie mit der Vorstellung einer überdauernden, einer unendlichen Wahrheit und zeige damit, wes Geistes Kind er sei. Er, der doch so auf Modernität setze und eigentlich ein jenseitiges Wesen bestreite, suche Halt in der Metaphysik. Nicht das »Wesen« der Menschen gelte es in den Blick zu nehmen, sondern die wirklich »tätigen und leidenden Subjekte der Geschichte«.[56] Hinter seiner Rede von der Bedingtheit stehe eine metaphysische Verklärung der Wirklichkeit. Dass es eine Wahrheit unabhängig vom erkennenden Subjekt geben solle, eine Wahrheit, die das Leben der Subjekte überdauere, sei unhaltbar, ein »überspannter Wahrheitsbegriff«.[57] Horkheimer siedelte den Konflikt auf einer grundsätzlichen Ebene an, es ging um den Widerstreit zwischen seiner materialistisch fundierten Soziologie und Mannheims idealistisch fundierter Soziologie.

Horkheimer kommt allmählich richtig in Fahrt, das Publikum, das sich in der Zwischenzeit eingefunden hat, hört gespannt zu und ist verblüfft von der Schärfe, mit der hier, im Café Laumer, gesprochen wird. Ausdrücke wie »idealistischer Wahn«[58] fallen oder »spiritualistische Grundeinstellung«,[59] »logische Unzulänglichkeit«.[60] Wie könnte eine Widerrede Mannheims ausgesehen haben? Paul Tillich wird ihm zuvorgekommen sein, er ist der Einzige, der in diesem Disput relativ frei agieren kann, weil er nach der einen wie nach der anderen Seite offen ist. Er schätzt Horkheimer und Pollock vom neuen Institut, findet aber auch Mannheims Thesen äußerst interessant, den radikalen Ansatz einer Soziologie des Wissens, die in ihrer Kritik vor nichts haltmacht, auch nicht vor dem eigenen Denken.[61] Tillich war immer für neue Ideen zugänglich, egal von welcher Seite sie kamen, und integrierte sie schnell in seine Theorien. Das wurde ihm oft vorgehalten. Doch er selbst kann darüber an diesem Abend nur süffisant lächeln und auf Mannheim und seine Beschreibung der freischwebenden Intelligenz verweisen, der er sich natürlich zurechnet, um mit leiser Selbstironie die von Mannheim angeführten Eigenschaften in Erinnerung zu rufen: Diese Gruppe sei »intellektuell beweglich, weil sie soziologisch unfixiert sei. Sie stehe geistig und seinshaft zwischen den Standpunkten. Darum sei sie imstande, sich zu durchschauen, ohne daß dieses Durchschauen zu einer Aufhebung der eigenen Seinsart führen müsse. Darum könne sie die anderen durchschauen, ohne radikal für oder wider Partei ergreifen zu müssen.«[62] Für die Träger der Intelligenz sei das alles doch sehr schmeichelhaft, ihnen würde damit der »absolute Standort« zugesprochen, so das vorläufige Schlusswort.

Einige Zeit später sprach Tillich eine Einladung aus. Und, wie das diesmal vorhandene Protokoll der Sitzung zeigt, kamen sie alle zu der einberufenen Diskussionsrunde: Mannheim, Horkheimer, Riezler – und auch Wiesengrund-Adorno war jetzt dabei.

Wo war Adorno?

Adorno war zuvor untergetaucht und hatte sich aus dem Kreis der Frankfurter Intellektuellen fürs Erste zurückgezogen. Nach einigen Wochen des Schweigens erreichte seinen

Freund Siegfried Kracauer ein Lebenszeichen, datiert vom 1. April 1930: »Deinen Brief, für den ich Dir danke, beantworte ich erst heute und von hier, wohin ich mich zum Abschluß meines Buches zurückgezogen habe und in völliger Einsamkeit viele Wochen zu bleiben gedenke; mindestens den ganzen Mai hindurch, falls ich bis dahin nicht fertig sein sollte, bis in den Juni hinein. Ich habe alles hinter mir gelassen und bin darüber in mehr als einem Betracht froh.«[63] Als Absender ist angegeben: »z. Z. Cronberg i. Taunus, Hotel Frankfurter Hof« – was er hier abschließen will, ist seine Habilitation über Kierkegaard.

Während sich im Frühjahr 1930 alle über Mannheims *Ideologie und Utopie* die Köpfe heißredeten, war Adorno in diesen Tagen gänzlich anders gestimmt. Einige Zeit später wird ihn das Thema jedoch einholen, und zwar mit solcher Wucht, dass er viele Jahre davon nicht loskommt.[64] Man kann von einem regelrechten Mannheim-Komplex bei Adorno sprechen. In seiner akademischen Antrittsvorlesung im Mai 1931 greift er den anderen regelrecht frontal an. Adorno nannte Mannheim, der sich unter den Zuhörern befand, zwar nicht beim Namen, aber jeder wusste, wer gemeint war, als er davon sprach, dass die Ideologie in dieser »Art von Soziologie« »um alle Schärfe gebracht« worden sei. »Wahrheit oder Unwahrheit« spiele in diesem Denken keine Rolle mehr, die Folge sei eine »Art von allgemeinem Relativismus«.[65]

Wollte Adorno Horkheimer mit einer solchen dezidierten, diesem wohlgefälligen Kritik an Mannheim einen Gefallen tun, ihn als Freund gewinnen? Anfang der dreißiger Jahre war die Beziehung zwischen den beiden noch nicht gefestigt. Es dauerte, bis sie Freundschaft schlossen, und selbst dann blieben immer einige Reserven und viele Vorbehalte. 1935 schrieb Horkheimer aus Paris an Pollock: »Trotz einer Reihe störender Momente, die in seiner [Adornos] Persönlichkeit begründet sind, scheint es mir notwendig zu sein, daß ich mit ihm zusammenarbeite; er ist der einzige Mensch, der außer der Assistenz Marcuses an dem Zustandekommen der Logik mitarbeiten kann.«[66] Das klingt nicht nach einem Freundschaftsbund, sondern nach einem Zweckbündnis. Adorno schien der geeignete Mann für ein von Horkheimer projektiertes Buch über »Logik«. Anders Adorno, sein Bestreben war es, sich möglichst eng an Horkheimer anzuschließen, doch das gelang nur zum Teil, denn Horkheimer war allein nicht zu haben, neben bzw. hinter ihm stand stets Pollock.

Was die Mannheim-Geschichte angeht, so haben sich Adornos Intentionen verselbständigt. Seine Kritik nahm Formen an, die mehr als nur ungewöhnlich waren. Adorno arbeitete nicht nur an immer neuen Fassungen seines Essays, er korrespondiert auch mit Mannheim über die Entwürfe, ja, er besuchte ihn sogar im Londoner Exil, stellte ihm einen Entwurf vor und hoffte auf dessen Einverständnis. Adorno neigte zu Hasstiraden und aggressiven, sadistischen Ausfällen. Der Fall Mannheim war nicht der einzige, aber er zeigt auf besonders drastische Weise, wie wenig sich dieser Intellektuelle im Griff hatte, wie gewalttätig er zuweilen dachte. Adornos *Traumprotokolle* geben darüber näheren Aufschluss.

Kierkegaard prophezeit Chaplin

Zurück ins Jahr 1930: Adorno, wie der Auszug aus seinem Brief an Siegfried Kracauer zeigt, hatte sich in den Taunus zurückgezogen und arbeitete an seiner Habilitationsschrift über Kierkegaard. Sein Mentor Tillich drängte ihn, die Arbeit baldmöglichst abzuschließen, er brauchte einen Assistenten in Frankfurt, der ihn im universitären Betrieb entlastete.

Erst im Herbst 1929 waren Tillich und Adorno übereingekommen, Kierkegaard zum Thema der Habilitationsschrift zu machen. Beide waren von dem dänischen Philosophen begeistert. Tillich hatte sich in jungen Jahren mit Kierkegaard beschäftigt. In seinen *Autobiographischen Betrachtungen* spricht er von einer »Entdeckung«, einer »aufwühlende[n] Begegnung«.[67] Adorno las während seines Aufenthaltes in Wien jeden Abend in den Werken des Philosophen. Nach eigenem Bekunden konnte er sich dem Charisma des Philosophen nur schwer entziehen. Gleich am Anfang seiner Studie schreibt er: »Faszination ist die gefährlichste Macht in seinem Werk.«[68] Das Thema hatte zudem Konjunktur.

Vor dem Hintergrund der Katastrophenerfahrung des Ersten Weltkriegs stieg Kierkegaard in den zwanziger Jahren zum Heiligen der Dichter und Denker auf. Wer sich für die großen Themen des menschlichen Daseins interessierte – für Tod, Angst, Krankheit, Verzweiflung und Sinnsuche –, der konsultierte Kierkegaard. Im »Zeitalter der Extreme« (Eric Hobsbawm) wurde er zur Galionsfigur eines anderen Denkens. Die Existenzphilosophie und der aufkommende Existenzialismus reklamierten ihn als Urvater. Heidegger und Jaspers beriefen sich auf Kierkegaard ebenso wie in den dreißiger Jahren Camus und Sartre. Sie beriefen sich auf ihn, weil er die großen philosophischen Systeme infrage stellt und den Blick auf die Seinsweise des Menschen lenkt, auf seine existenzielle Haltlosigkeit, seine Existenzangst.

Im Oktober 1929 hatte Adorno mit seiner Arbeit begonnen, ein halbes Jahr später feilte er schon an der Endfassung. Einige Wochen gedachte er also, in »völliger Einsamkeit«[69] zu leben, um sein »Kierkegaardbuch« abzuschließen. Doch so ganz einsam wurde es nicht – häufig besuchte er abends Horkheimer und Pollock, die ganz in der Nähe in einer Villa residierten, die sich die beiden vom Geld ihrer Väter gekauft hatten. Mit dem Freundespaar, so berichtet er Kracauer, verlebe er gemütliche Abende. Außerdem hatte sich seine Verlobte Gretel Karplus für die Pfingsttage angekündigt.

10 Gretel Karplus, 1931.

Und zuweilen fuhr er nach Frankfurt und besuchte Konzerte. Ging er auch ins Kino? Auf jeden Fall beschäftigte ihn ein Film: Chaplins *The Gold Rush* kam 1925 in die deutschen Lichtspielhäuser und wurde ein Kassenschlager, ein kulturelles Ereignis. Das Publikum strömte in Scharen herbei und amüsierte sich. Adorno, Verächter des Massengeschmacks, sah diesen Film, so viel ist sicher. Ob er sich amüsiert und gelacht hat, wissen wir nicht. Fest steht, dass er im Zusammenhang mit der Abfassung seiner Habilitationsschrift Anfang Mai 1930 Kierkegaards *Wiederholung* liest. Dabei fällt ihm eine merkwürdige Koinzidenz auf. Kierkegaard berichtet an einer Stelle von dem Komiker Friedrich Beckmann, der ab 1824 im Königsstädtischen Theater in Berlin engagiert war. Was Kierkegaard über Beckmann schreibt, erinnert Adorno an Chaplin. Bei Kierkegaard heißt es: »Er kann nicht bloß gehen, sondern er kann gehend kommen. Das ist etwas ganz anderes, gehend zu kommen, und durch diese Genialität improvisiert er zugleich die ganze szenische Umgebung und kann nicht bloß einen wandernden Handwerksburschen vorstellen, sondern er kann wie ein solcher gehend kommen, und zwar so, daß man alles erlebt, daß man vom Staub der Landstraße aus das freundliche Dorf erblickt und seinen stillen Lärm hört, den Fußweg selber, der dort unten am Dorfteich geht, wenn man beim Schmied abbiegt – wo man Beckmann kommen sieht mit seinem kleinen Bündel auf dem Rücken, seinen Stock in der Hand, sorglos und unverdrossen. Er kann gehend auf die Bühne kommen mit Straßenjungen hinter sich, die man nicht sieht.«[70]

Beckmann, den man aus der Ferne »kommen sieht mit seinem kleinen Bündel auf dem Rücken, seinen Stock in der Hand« – klar! Das ist der von Chaplin erfundene Tramp – ein Vorläufer sozusagen. Eine hübsche Trouvaille, über die sich Adorno amüsiert. Kierkegaard, so seine schöne These, hat Chaplins Tramp »prophezeit«. Nicht nur das, Adorno erinnert sich an eine ganz bestimmte Szene aus *The Gold Rush,* in der »Chaplin wie eine geisternde Photographie im lebendigen Film zum Goldgräberdorf gehend kommt und kriechend in der Hütte verschwindet«.[71] Das ist eine Szene gleich am Anfang: Man sieht einen langen Treck von Goldsuchern am damals berühmten Chilkoot Pass. Ausgerüstet und schwer bepackt, sind viele am Rande der Erschöpfung. Dann folgt eine Irisblende und eine Texttafel: *Three days from anywhere. A Lone Prospector.* Die Blende geht auf, sichtbar wird ein verschneiter Hochgebirgsweg, steil abfallende Klippen. Zu sehen ist Chaplins Tramp: abgetragener Anzug, eine zu kleine Jacke, zu kurze Hosen, eine ausgebeulte Melone auf dem Kopf, kurz geschorener Schnurrbart, weißes Hemd, Binder um den Hals, zu große Schuhe und natürlich das berühmte Spazierstöckchen. Die vornehme Eleganz, die Chaplin parodiert und die so gar nicht zu der unwirtlichen Gegend und der beschwerlichen Arbeit des Goldsuchens passen will, bekommt noch eine weitere skurrile Note durch den großen Rucksack, den er auf dem Rücken trägt, am Gestell hängen eine Kreuzhacke und ein Sieb. Der Tramp bewegt sich auf einem schmalen Weg in abgehackten Schritten, wie eine automatische Puppe, dabei kommt er dem Abgrund gefährlich nah, ist aber offenbar ohne alle Furcht. Auch von dem Bären, der plötzlich riesengroß hinter ihm auftaucht, bemerkt er nichts. Der Zuschauer sieht die Gefahren, der Tramp aber läuft wie aufgezogen und wie ein Fremdling durch diese Welt voller Hindernisse. Wir sehen ihn, wie er ins Stolpern gerät, am Boden liegt, Blessuren davonträgt, sich aufrichtet und mit seinen eigentümlichen mechanischen Schrittfolgen weiterläuft. Plötzlich schlägt das Wetter um, ein eisiger Schneesturm kündigt sich an. Mit Mühe und Not erreicht der Held eine, wie er zunächst meint, unbewohnte Hütte. Er betritt sie, hungrig, erschöpft, zerzaust und durchgeschüttelt – aber in aufrechter Haltung. Die von Adorno erinnerte Szene, in der der Tramp »kriechend in der Hütte verschwindet«, folgt etwas später.

11 Charlie Chaplin, Filmszene aus *Goldrausch* (1925).

So weit die Geschichte. Adorno macht daraus einen Artikel, den er am 13. Mai an Kracauer schickt. Eine »kleine Sache«, ein »Nebenprodukt« seiner Habilitation, die er in der Frühe geschrieben habe.[72] Mit solchen Nebenprodukten belieferte Adorno seinen Freund um diese Zeit mit einer gewissen Regelmäßigkeit. Gleich nach dem Artikel über Chaplin kam schon das nächste Angebot: »Erschrick nicht, wenn ich Dir wieder eine Kleinigkeit für die F. Z. *[Frankfurter Zeitung]* mit der Bitte um Plazierung beilege. [...] Bei der großen Kraftanspannung des Kierkegaard bleibt manchmal ein Surplus an Energie, das sich anders nicht auszulassen vermag.«[73]

Adorno ließ sich durch die vielen Nebenprodukte gerne ablenken. Das Kierkegaard-Buch machte Fortschritte, aber ob er die Arbeit als Habilitation einreichen konnte, blieb unsicher. Erst als Horkheimer am 29. Juli 1930 offiziell zum Ordinarius ernannt wurde, atmete er auf, damit hatte er neben Tillich einen weiteren Fürsprecher, der als Gutachter infrage kam.

Kracauer blieb in dieser Zeit distanziert, auf Briefe antwortete er nur sporadisch, oft nur, wenn er von Adorno gemahnt wurde; die Artikel nahm er kommentarlos entgegen, versuchte aber, sie in der Zeitung unterzubringen. Kracauer war Anfang Mai 1930 als Feuilletonchef der *Frankfurter Zeitung* nach Berlin gegangen, zuvor, im März, hatte er die Bibliothekarin Elisabeth Ehrenreich geheiratet – wie sich herausstellen sollte, ein Bund fürs Leben, recht eigentlich aber ein Bund für die Arbeit, für die Arbeit des Mannes, in der sie ganz aufging: »ich kann nur existieren als 2. Das verschiebt enorm (Proust) die Perspektive zum Leben und sich selbst«.[74] Zur Hochzeit kam ein Brief von Adorno, er wünschte dem Freund »wahrhaft und ohne Vorbehalte alles Glück«.[75] Die Beziehung zwischen den beiden war nüchterner geworden, sie hatte fast schon etwas Geschäftsmäßiges. Die Arbeiten des jeweils anderen nahm man mit einer gewissen Indifferenz zur Kenntnis – bedankte sich pflichtschuldig, das war's. »Die Angestellten habe ich mittlerweile gelesen mit großer Freude, es ist sehr substanziell und dabei von einer sehr guten Haltung, auch schriftstellerisch durchwegs sehr respektabel.«[76]

Ein Mensch ohne Oberfläche

Mit dem Chaplin-Artikel war Adorno allerdings auf der richtigen Wellenlänge. Er wusste natürlich, dass Kracauer für Chaplin besonders empfänglich war. Anfang der zwanziger Jahre hat der Freund das Phänomen »Chaplin« noch durchaus kritisch betrachtet, spätestens mit *Goldrausch* aber wird er zum Fan des viel bejubelten Komikers. 1926 veröffentlicht er eine Eloge auf ebendiesen Film: »Seine Ohnmacht ist Dynamit, seine Komik bezwingt die Lacher und erweckt mehr Rührung, denn sie rührt an den Bestand unserer Welt.«[77] Bemerkenswert ist, was Kracauer zum »Ichbewußtsein« Chaplins sagt: »ihm ist das Ich abhanden gekommen, darum kann er, was so Leben heißt, nicht mitleben. Er ist ein Loch, in das alles hereinfällt, das sonst Verbundene zersplittert in seine Bestandteile, wenn es unten in ihm aufprallt. [...] Ein Mensch ohne Oberfläche, ohne eine Möglichkeit der Berührung mit der Welt. In der Pathologie hieße es Ichspaltung, Schizophrenie. Ein Loch. Aber aus dem Loch strahlt das rein Menschliche unverbunden heraus.«[78] Kracauer – und damit stand er damals nicht allein – sieht in Chaplin einen Fremden, der nicht in diese Welt gehört und nicht in dieses Leben passt; es fehle ihm, was den modernen Menschen ausmache: Ich, Sinn, Wille, Ziele und Zwecke. Er komme, wie in *Goldrausch* zu sehen, aus dem Nichts und verschwinde wieder aus der Welt, ohne im eigentlichen Sinn Spuren zu hinterlassen.

In den zwanziger Jahren war Chaplin eine Faszinationsfigur der Intellektuellen, sie mochten ihn, weil er keine Geschichte, keine Vergangenheit hatte und mit einer gewissen Naivität und Kindlichkeit die Welt in all ihren Verrücktheiten vorführte. Er machte sich über den Ernst der Erwachsenenwelt lustig, parodierte die Konventionen und brachte die Menschen zum Lachen über das, was sie selbst tagtäglich erfuhren, ihre reale Ohnmacht gegenüber einem Leben, das nach Gesetzen und Regeln ablief, die man nicht mehr überschaute. Chaplin entdeckte die Poesie in den Nischen des Lebens, in denen die Träume vom Glück überdauern können, weil sie klein und unscheinbar sind. Darin steckt das Bewegende, das, so Kracauer, »Menschliche«[79], das uns ergreift, weil es nicht pathetisch daherkommt, sondern immer auch komisch ist, zum Lachen reizt.

Mit der Beschreibung Chaplins als »eine geisternde Photographie im lebendigen Film« knüpft Adorno an die damals viel gelesene Schrift Henri Bergsons *Über das Lachen* an. Für Bergson geht das Komische aus dem Widerspruch zwischen Mechanischem und Lebendigem hervor. Der Körper sei in dem Maße komisch, als er uns an einen »bloßen Mechanismus erinnert«.[80] Wobei das Mechanische nicht als solches komisch wirke, sondern nur der Übergang vom Lebendigen zum Mechanischen. Zum Lachen komme es, wenn das Mechanische im Lebendigen erscheint oder als Überzug des Lebendigen erkannt wird. Grundlegend sei eine Verwandlung vom Lebendigen in eine Sache: »Wir lachen jedes Mal, wenn eine Person uns wie eine Sache erscheint.«[81] An *Goldrausch* können wir das nachvollziehen. Der Tramp wirkt wie eine aufgezogene Gliederpuppe, die sich in automatisch abgezirkelten Schrittfolgen bewegt und dabei immer wieder mit der Wirklichkeit zusammenstößt, sich aufrappelt und schon im nächsten Moment mit einem neuen Hindernis zu kämpfen hat. Bergson beschreibt das Lachen als einen positiven Effekt. Es durchbreche die verfestigten und erstarrten Verhältnisse. Lachen führe auf das Lebendige zurück, es befreie von den Konventionen und bringe die Menschen zusammen. Lachen ist für Bergson ein kollektives Phänomen, das Gemeinsamkeit stiftet.

Sosehr Adorno das Mechanische in Chaplins Tramp sieht, die Komik, die daraus entsteht, betrachtete er mit Misstrauen. Über Chaplin und dessen Filme entwickelte sich in den dreißiger Jahren eine Kontroverse zwischen Adorno und Kracauer, aber auch zwischen Adorno und Walter Benjamin; im Hintergrund der Auseinandersetzung auf der Seite Adornos stand Horkheimer. Es ging darum, wie man das Lachen in den Chaplin-Filmen bewerten solle, es ging aber auch um eine Einordnung Chaplins als Künstler der Moderne. Gehörte er zur künstlerischen Avantgarde, oder war er ein Unterhaltungskünstler, der Komödien im Publikumsgeschmack produzierte?

Adorno gerierte sich als Kritiker und warf Kracauer eine Romantisierung des Schauspielers vor: Er stilisiere ihn zum Helden und feiere jeden Film überschwänglich als Ereignis. Mit spitzer Feder vermerkt Adorno später das »Interesse Kracauers an der Massenpsychologie des Films« und dass er gegenüber den Filmen »niemals bloß kritisch« gewesen sei. Er habe in sich selbst etwas von der »naiven Sehlust des Kinobesuchers«.[82] Als 1931 *Lichter der Großstadt* in die Kinos kam, schrieb Kracauer: Chaplin sei »ein Freund der Schwächeren, der Schlechtweggekommenen«, der »mit gutem Herzen und scharfem Auge unsere gesellschaftliche Wildnis durchmißt«.[83] Als der große Mime im März 1931 nach Deutschland kam, stand Kracauer mit vielen anderen am Bahnhof Friedrichstraße und zollte dem Meister seine Anerkennung: »Das also ist er – dieser kleine Herr mit dem grauen Haar, der ohne Hut aus dem Wagen heraustritt und lacht. Auf tausenden Photographien habe ich ihn gesehen, und dennoch sehe ich ihn in diesem Augenblick zum ersten Mal. Er lacht mit offenem Mund, und was ich nach den Abbildungen nie begriffen habe, wird mir mit einem Schlage klar: daß der wirkliche Chaplin genau übereinstimmt mit dem Vagabunden im Film. Das ist das Lachen, das ich aus dem Zirkusfilm kenne, dieses aufgelöste Glückslachen des Hilflosen, der wider jede Regel einmal das große Los zieht.«[84]

Ganz ähnlich wie Kracauer dachte auch Benjamin über

Chaplin. Er sah in ihm eine Ikone der Avantgarde, und das Lachen, das in den Filmen hörbar wurde, deutete er als Verlachen von Herrschaft und Autorität. »Chaplin hat sich in seinen Filmen an den zugleich internationalsten und revolutionärsten Affekt der Massen gewandt, das Gelächter.« Menschen zum Lachen zu bringen, so zitiert er Philippe Soupault, sei »›das Schwerste‹«, aber eben auch »›im Sozialen Sinne das Wichtigste‹«.[85] Im *Kunstwerk*-Aufsatz macht Benjamin den »revolutionären Affekt« des befreienden Lachens stark, für das Chaplin in seinen Filmen einen neuen Ausdruck gefunden habe. Er konstatiert einen Wandel in der Rezeption, »das Verhältnis der Masse zur Kunst« verändere sich. »Aus dem rückständigsten, z. B. einem Picasso gegenüber, schlägt es in das fortschrittlichste, z. B. angesichts eines Chaplins, um.«[86] In einem Brief an Benjamin vom 18. März 1936 sprach sich Adorno klar dagegen aus, das Lachen der Kinobesucher »als gut und revolutionär«[87] anzusehen. Wie Horkheimer sei er der Auffassung, dass dieses Lachen »des schlechtesten bürgerlichen Sadismus voll«[88] sei. Entschieden wehrt er sich gegen die Einordnung Chaplins zur Avantgarde. Man müsse nur das Publikum in den Chaplin-Filmen »lachen hören, um zu wissen, woran man ist«.[89]

Das Lachen war Adorno verdächtig, die »Vergnügungsindustrie«, heißt es in der *Dialektik der Aufklärung,* habe es »verordnet«. »Das Lachen über etwas ist allemal das Verlachen, und das Leben, das da Bergson zufolge die Verfestigung durchbricht, ist in Wahrheit das einbrechende Barbarische, die Selbstbehauptung, die beim geselligen Anlaß ihre Befreiung vom Skrupel zu feiern wagt.«[90] Durch das Lachen würden nicht »Verhärtungen« aufgelöst, sondern im Gegenteil erzeugt. Im Kern zielt seine Kritik auf die Distanzierung, die mit dem Lachen einhergehe. Das Unrecht werde nicht entlarvt, es verschwinde im Gelächter. Außerdem gebe es Dinge, über die man nicht lachen sollte. Chaplins *Großer Diktator* löste bei Adorno Unbehagen aus. Der »Spaß des Faschismus«, den auch

Chaplins Filme zeigten, sei eben »unmittelbar zugleich das äußerste Entsetzen«.[91]

Adornos Misstrauen gegenüber dem Lachen hat ihn nicht daran gehindert, sich die Filme Chaplins anzusehen. Überhaupt ging er gern ins Kino, insbesondere in der Zeit seines amerikanischen Exils. Er sah viele der großen Hollywood-Produktionen, die er mit Horkheimer diskutierte. Mitte der vierziger Jahre lernte er Fritz Langs Freundin Lily Latté kennen, wenig später auch Fritz Lang selbst, den er als Filmregisseur überaus schätzte. Lang zeigte ihm in Privatvorführungen einige seiner Filme, so etwa *Fury (Blinde Wut)* – den ersten in Hollywood gedrehten Film nach Langs Emigration. Spencer Tracy spielt darin das Opfer einer Lynchjustiz; ursprünglich wollte Lang die Rolle mit einem schwarzen Schauspieler als Opfer des Mobs besetzen, das aber wurde ihm von der Filmgesellschaft nicht erlaubt. Adorno äußert sich begeistert über den »AntiLynchfilm, sehr spannend«.[92] Was die Chaplin-Filme anging, so war er gewiss nicht unempfänglich für die Komik, aber er sah darin nicht das Umstürzlerische und Revolutionäre. Dass ein Mann wie Chaplin zum Mainstream gehörte und gleichzeitig subversiv und nonkonformistisch sein sollte, das ging für Adorno nicht zusammen.

Im März 1947 wird Adorno auf einer Party in Malibu Charlie Chaplin persönlich begegnen. Ein denkwürdiges Ereignis, denn der Mime wird an diesem Abend zum Retter des geistesabwesenden Philosophen.

Auf einer Party in Malibu

Im März 1947 folgten Adorno und seine Frau Gretel einer Einladung Chaplins in seine Villa in Malibu. In einem Brief an seine Mutter berichtet er von dieser »Privatvorführung« von Chaplins *Monsieur Verdoux* in »ganz kleinem Kreise«. Er ist von dem Film hellauf begeistert, er sei »das beste« seit

Goldrausch, »äußerst spannend, zum Teil sehr komisch«.[93] Die schwarze Komödie spielt 1929 nach dem Börsenkrach an der Wallstreet, erzählt wird die Geschichte vom kleinen Bankangestellten, der seine Stelle verliert und zum mörderischen Heiratsschwindler wird, der skrupellos reiche Frauen umbringt. Ein in vielerlei Hinsicht untypischer Chaplin-Film, in dem der berühmte Tramp kaum mehr eine Rolle spielt. Beim Publikum und der Kritik fiel die Komödie durch, was damals auch mit zahlreichen Skandalen zusammenhing. Chaplins außereheliche Affären mit sehr jungen Frauen wurden weitgehend toleriert, doch 1947 sah sich Chaplin weit schwerwiegenderen Anschuldigungen ausgesetzt: McCarthy hatte ihn ins Visier genommen. Seit einigen Jahren wurde er schon observiert, eine Liste bedenklicher Äußerungen hatte man zusammengestellt. Im Komitee für unamerikanische Umtriebe forderte man die Ausweisung des britischen Staatsbürgers.

Adorno erzählt seiner Mutter nicht nur über den Film, sondern auch über die anschließende Party, die »bis tief in die Nacht« ging. »Er, ein amerikanischer Parodist und ich haben aus Unfug zusammen eine Verdi-, eine Wagner- und eine Mozartoper frei erfunden. Er ist phantastisch musikalisch, hat all das gemimt und gesungen, ich am Klavier und auch gesungen. Ich glaube es war wirklich hübsch.«[94]

1964 publizierte Adorno anlässlich von Chaplins fünfundsiebzigstem Geburtstag einen kleinen Aufsatz über diese Party: *In Malibu.* Was er dort schreibt, kommt dem nahe, was Kracauer 1926 über den ichlosen Schauspieler geschrieben hatte[95] – es wurde oben zitiert –: »ein Mensch ohne Oberfläche«, »ein Loch«, von »Ichspaltung« und »Schizophrenie« war da die Rede. Adorno knüpft an diese Bestimmungen an und charakterisiert Chaplin als proteisches Ich: »Unablässige und unwillkürliche Verwandlung: das ist bei Chaplin die Utopie einer Existenz, die befreit wäre von der Last des Man-selbst-Seins. Sein lady killer war schizophren.«[96] Er könne alle Rollen spielen, alle Charaktere ausdrücken, weil er kein Ich habe. Auch der reale Chaplin, wie er ihn in Malibu kennengelernt habe, »spielt unablässig«: Jedes Zusammensein mit ihm sei »ununterbrochene Vorstellung«. Immer karikiere er jemanden, mache er jemanden nach. Adorno spricht von »Geistesgegenwart, Allgegenwart der mimischen Fähigkeit«.[97]

Das eigentliche Ereignis des Abends aber präsentiert Adorno ganz am Schluss seines Artikels, eine Geschichte, von der er in dem Brief an die Mutter nichts erzählt hatte, es handelte sich um einen »physische[n] Zusammenstoß«,[98] der bei dem Philosophen eine Art Schock auslöste. Chaplin hätte ihn nachgemacht: »Einer der Gäste verabschiedete sich früher, während Chaplin neben mir stand. Ich reichte jenem, anders als Chaplin, ein wenig geistesabwesend die Hand und zuckte fast zugleich heftig zurück. Der Abschiednehmende war einer der Hauptdarsteller aus dem kurz nach dem Krieg berühmt gewordenen Film The Best Years of Our Life; er hatte im Krieg die Hand verloren und trug an deren Statt aus Eisen gefertigte, aber praktikable Klauen. Als ich die Rechte schüttelte, und sie auch noch den Druck erwiderte, erschrak ich aufs äußerste, spürte aber sofort, daß ich das dem Verletzten um keinen Preis zeigen dürfte, und verwandelte mein Schreckgesicht im Bruchteil einer Sekunde in eine verbindliche Grimasse, die weit schrecklicher gewesen sein muß. Kaum hatte der Schauspieler sich entfernt, als Chaplin bereits die Szene nachspielte. So nah am Grauen ist alles Lachen, das er bereitet und das einzig in solcher Nähe seine Legitimation gewinnt und sein Rettendes.«[99] Das Erschauern, das Adorno mimisch zu überspielen versucht, dabei scheitert und eine Grimasse macht, die Chaplin parodiert und in einem Lachen auflöst, ist als Reaktion auf das Unerwartete nachvollziehbar.[100] Anstatt des erwarteten warmen Händedrucks spürt Adorno plötzlich die Kälte des Metalls, des ganz und gar Unlebendigen, was Entsetzen auslöst. So weit, so klar. Ein anderer Punkt scheint weniger klar: Adorno betont, er habe dem Gast »ein wenig geistesabwesend die

Hand« gegeben. Es spricht einiges dafür, dass Adorno den damals äußerst populären Film *The Best Years of Our Lives (Die besten Jahre unseres Lebens)* kannte und über die in allen Medien verbreitete Geschichte des Prothesenträgers, der zum Filmstar wurde, informiert war. Als dann der Schauspieler beim Abschiednehmen vor ihm stand, folgte er mechanisch der Konvention und gab ihm die Hand. Er hatte, das will er sagen, nicht aufgepasst, er wusste, dass der Mann eine Prothese trug, war aber einen Moment unaufmerksam, »ein wenig geistesabwesend« und nicht auf das vorbereitet, was ihn dann aus der Fassung brachte.

Die Hauptrolle in dem Film spielte Harold Russell, der eigentlich kein Schauspieler war. Im Krieg wurden ihm beide Hände abgetrennt, er erhielt zwei Prothesen, auf die die Medizintechnik stolz war, und er fand zurück ins Leben. Mit der Rolle des Kriegsheimkehrers Homer Parrish hatte er Erfolg. Von dem Film sollte eine Botschaft ausgehen: ›man kann es schaffen‹ – und Russell schaffte es, er wurde auf allen möglichen Empfängen und Partys herumgereicht und mit Auszeichnungen überschüttet. So erhielt er den Oscar und den Ehrenoscar für ein und dieselbe Rolle, kurz darauf noch den Golden Globe. Russell wurde auch von Präsident Harry Truman empfangen, der ihm, wie auf einem Foto zu sehen ist, jovial lächelnd die Hand gibt, das heißt, er umfasste fest die Prothese, von Erschauern und Schock keine Spur.

Im Film, und damit zurück zu Adorno, spielt der Händedruck bzw. das Berühren der Hände eine nicht unwichtige Rolle. Der Prothesenträger Homer Parrish scheut sich, um die Hand seiner Geliebten anzuhalten, sie zu ergreifen, er befürchtet, sie wird erschrecken, erstarren, so wie Adorno auf der Party. Vielleicht war es diese Filmsequenz, an die der Philosoph in seiner Geistesabwesenheit dachte. Und das Lachen? Nun ja, es war, wie könnte es anders sein, ein anderes Lachen, kein komplizenhaftes, sondern ein hilfreiches, befreiendes Lachen, das den Philosophen aus einer peinlichen Situation rettete. Adorno hat dafür einen eigenen Begriff geprägt, das »versöhnte Lachen«. Es begleitet den Augenblick »da eine Furcht vergeht. Es zeigt Befreiung an, sei es aus leiblicher Gefahr, sei es aus den Fängen der Logik. Das versöhnte Lachen ertönt als Echo des Entronnenseins aus der Macht.«[101]

Krisenstimmung

Ein schwarzer Tag für Deutschland

Am 14. September 1930 lässt sich der Schriftsteller und Publizist Harry Graf Kessler aus seinem schweizerischen Urlaubsort Kandersteg im Berner Oberland über die Grenze nach Lörrach ins Wahllokal chauffieren – es ist Reichstagswahl. Einen Tag später wird ihm per Telegramm das Wahlresultat mitgeteilt: »Die Nazis haben ihre Mandatszahl fast verzehnfacht, sind von 12 auf 107 Mandate gekommen und so die zweitstärkste Partei des Reichstags geworden.«[1] Kessler spricht von einer »Staatskrise«.[2] Im Reichstag sitzen jetzt »107 Nazis, 41 Hugenbergern u. über 70 Kommunisten, also etwa 220 Abgeordneten, die den heutigen deutschen Staat radikal verneinen u. revolutionär beseitigen wollen«.[3] Bezieht man sich auf die Wähler der drei Parteien, ergebe sich »die wirklich bedenkliche Tatsache, dass über ⅓, nämlich etwa 35 % der aktiv sich an den politischen Entscheidungen beteiligenden Deutschen republik- und staatsfeindlich sind«.[4] Kessler ist besorgt und aufs Höchste alarmiert. »Ein schwarzer Tag für Deutschland«,[5] notiert er in sein Tagebuch. Er befürchtet einen »Putsch mit dem Ziel der Errichtung einer faschistischen Diktatur«.[6] Der Adelige betreibt Gedankenspiele in dem Wissen, dass es kaum noch eine Möglichkeit gibt, die Katastrophe abzuwenden. »Wir nähern uns in unserer Innenpolitik sichtbar einem Augenblick, wo nicht Worte und Verhandlungen sondern Gewalt und Geld über unser und Europas ferneres Schicksal entscheiden werden.

Mit andren Worten ich sehe die Möglichkeit eines Bürgerkrieges, und in weiterer Perspektive eines neuen Grossen Krieges heute nähergerückt, als ich es noch gestern für möglich gehalten hätte.«[7]

Kurz vor der Reichstagswahl schreibt Kracauer an Adorno: »[...] die Lage in Deutschland ist mehr als ernst [...]. Wir werden 3–4 Millionen Arbeitslose haben und ich sehe keinen Ausweg. Es waltet ein Verhängnis über diesem Land und ich weiß genau, daß es nicht nur der Kapitalismus ist. Daß dieser so bestialisch werden kann, hat keineswegs ökonomische Gründe allein.«[8]

In diesen letzten chaotischen Krisenjahren der Weimarer Republik sind die Intellektuellen in Aufregung. Walter Benjamin rechnet mit dem Schlimmsten und sagt 1931 den Bürgerkrieg voraus. An seinen Freund Gershom Scholem schreibt er: »Könnte ich Deutschland verlassen, so wäre es, meiner Meinung nach, höchste Zeit. Ich halte es nach allem was ich erfahre – und meine Informationen sind gewöhnlich sehr gut – für überaus fraglich, ob der Beginn des Bürgerkrieges länger als bis zum Herbst auf sich warten läßt.«[9]

Alle rechneten mit der Krise, mit dem Ende der Republik, aber die Einschätzungen waren durchaus unterschiedlich. In Heidelberg fühlte sich Norbert Elias, wie er in einem Gespräch mitteilt, noch sicher. »In Frankfurt dann nicht mehr.«[10] Adolph Lowe von den Religiösen Sozialisten war seit 1927 überzeugt, »daß die Republik nicht überleben würde«.[11] Mannheim glaubte, dass man sich in einer historisch einmaligen Situation befinde, »in der alle Dinge und Positionen ihre Relativität offenbaren«[12] und eine Richtungsänderung, ein neues Denken möglich wird. Tillich setzte auf die Dynamik der Geschichte und sah eine Zeit der beschleunigten Bewegung, die in eine Phase des Umsturzes führt.

Die große Krise als Rechenexempel

Die Intellektuellen hatten in den Abgrund geblickt und sahen die Krise näher kommen. Wie für die vom titelgebenden *Malstrom* Erfassten in Edgar Allan Poes phantastischer Geschichte über drei Brüder, die der stürmischen See zu trotzen versuchen, ging es in rasender Geschwindigkeit auf einen imaginären Fixpunkt zu, den man noch nicht genau verorten und ermitteln konnte. Was tun?, fragt sich Poes Protagonist, der in den sich verengenden Spiralen des Trichters dahinsaust. Wie die Schockstarre durchbrechen?

Einer, der sich mit mathematischen Modellrechnungen der großen Krise näherte, war der aus Polen stammende Ökonom Henryk Grossmann. Er gehörte zu den langjährigen Mitarbeitern des Instituts für Sozialforschung; wie Pollock war er in der zweiten Hälfte der zwanziger Jahre einer der zwei Hauptassistenten. Vor dem Ersten Weltkrieg hatte er in Wien bei Carl Grünberg studiert, Anfang der zwanziger Jahre Wirtschaftsgeschichte an der Freien Universität in Warschau gelehrt. In Frankfurt wurde er 1930 zum außerordentlichen Professor ernannt.

1929, kurz vor der großen Weltwirtschaftskrise, erschien unter dem Titel *Das Akkumulations- und Zusammenbruchsgesetz des kapitalistischen Systems* Grossmanns opulente Studie. Die Koinzidenz war bemerkenswert und beförderte eine breite Diskussion darüber, ob das Ende des Kapitalismus schon da sei oder die letale Krise noch einige Zeit auf sich warten lasse.

Karl Marx, so Grossmann, habe im *Kapital* ausgesprochen, was zur Triebfeder seines Forschungsprojekts wurde: »daß die kapitalistische Produktionsweise, also das Kapitalverhältnis, kein ewiges Naturgesetz, sondern ein bloß *historisches*, also vergängliches Verhältnis«[13] sei. Die bürgerlichen Formen sah er als transitorisch an. Grossmann war der festen Überzeugung, und er konnte sich dabei durchaus auf seinen Vordenker berufen, dass der Untergang nicht bzw. nicht allein durch eine revolutionäre Entwicklung herbeigeführt werden könne, sondern in erster Linie durch die Logik des Kapitals. »Jede Produktionsweise, die eine weniger entwickelte ersetzt, weil sie die Entwicklung der Produktivkräfte besser als jene fördert, bringt ihrerseits ›auf einem gewissen Höhegrad die materiellen Mittel ihrer eigenen Vernichtung zur Welt‹, weil die neu entstandenen Produktivkräfte sich ›von diesem Augenblick an [...] von ihr *gefesselt* fühlen‹. Sie muß und wird vernichtet werden.«[14] Grossmann glaubte zwar an keinen einfachen Automatismus, gleichwohl war er der Meinung, dass der Zeitpunkt des Zusammenbruchs »exakt berechenbar«[15] sei und sein Eintreten sich »gesetzmäßig«[16] vollziehe.

Der Austromarxist Otto Bauer hatte bereits 1912/13 derartige Berechnungen angestellt, die Grossmann nun weiterführte und sich im Übrigen auf das von Marx aufgestellte Gesetz vom tendenziellen Fall der Profitrate bezog. Demnach sinkt die Verwertung des Kapitals trotz wachsender Produktivität. Auf einer »gewissen Höhe der Akkumulation« reiche der Profit »für die Verwertung des angestammten Kapitals« nicht mehr aus. Nach den Berechnungen des Ökonomen nehme der Mehrwert nach dem 21. Jahr stetig ab. Im 35. Jahr ergebe sich ein Defizit – und damit trete die Krise in ihr entscheidendes Stadium: »[...] weil mit dem absoluten Wachstum der Kapitalakkumulation die Verwertung dieses gewachsenen Kapitals progressiv schwieriger wird. Werden einmal diese Gegentendenzen selbst abgeschwächt oder zum Stillstand gebracht [...], dann gewinnt die Zusammenbruchstendenz die Oberhand und setzt sich in ihrer *absoluten* Geltung als die ›letzte Krise‹ durch.«[17]

Grossmann galt fortan als »Vater« der Zusammenbruchstheorie, die unter marxistischen Theoretikern zahlreiche Anhänger fand. Im Institut für Sozialforschung jedoch reagierte man skeptisch und eher ablehnend. Horkheimer äußerte sich schmallippig gegenüber Pollock und meinte, dass Grossmanns Arbeiten »einigermaßen unseren Ansichten«[18] entsprächen. Grundsätzlich aber passte der Ökonom mit seinen Berechnungen über den Untergang des Kapitalismus nicht mehr so recht in ein Institut, das sich inhaltlich und personell neu ausrichten wollte.

Eine Mischung von Marx und Laotse

Die marxistische Linke, die lange Zeit das Institut geprägt hatte, hatte Ende der zwanziger Jahre ausgedient. Mitarbeiter, die sich dieser Tradition zurechneten, wurden zu Randfiguren, so der Schriftsteller, Sozialwissenschaftler, Kommunist und Sinologe Karl August Wittfogel. Er war ein Mann der ersten Stunde und fasziniert von der chinesischen Kultur. Man titulierte ihn – wie er sich selbst erinnerte – schon in jungen Jahren als eine »Mischung von Marx und Laotse«.[19] In den zwanziger Jahren begann er mit seinen intensiven Forschungen über die asiatische Produktionsweise, ein Thema, das Konjunktur hatte. Einige eher kursorische Anmerkungen von Karl Marx wurden zum Dreh- und Angelpunkt der Diskussion. In der asiatischen Gesellschaft, so Marx, seien es nicht die Privateigentümer, die über den geschaffenen Mehrwert entscheiden, sondern der Staat, der orientalische Despot. Marx bezieht sich in den *Grundrissen* auf Indien, er spricht von einer Staatssklaverei und bringt diese in Zusammenhang mit territorialen und klimatischen Verhältnissen. Eine besondere Rolle spiele das Wasser. Um Ackerbau zu betreiben, sei es notwendig, dessen Verwendung sparsam zu regeln, Bewässerungssysteme gemeinschaftlich zu errichten und zu unterhalten, wozu es einer straff organisierten Verwaltung und einer zentralisierten despotischen Staatsgewalt bedürfe. Wittfogel übertrug die Marx'schen Gedanken auf China und bezog sich darüber hinaus auf Max Webers Studie über *Konfuzianismus und Taoismus*. Er veröffentlichte zahlreiche Artikel und nutzte dabei die Ressourcen des Instituts für Sozialforschung. 1931 erschien mit Horkheimers Segen in der Schriftenreihe des Instituts Wittfogels fast 800-seitige Dissertation über *Wirtschaft und Gesellschaft Chinas. Versuch der wissenschaftlichen Analyse einer großen asiatischen Agrargesellschaft.*

Wittfogel war eine schillernde Persönlichkeit, sein Engagement für die KPD und sein orthodoxer Marxismus jedoch waren den Frankfurtern suspekt, vom inneren Kreis wurde er auf Abstand gehalten. Gleichwohl brach der Kontakt nicht ab, Wittfogel veröffentlichte weiter in der *Zeitschrift für Sozialforschung*, und Horkheimer setzte sich 1935 dafür ein, dass sein Mitarbeiter ein Stipendium für einen dreijährigen Studienaufenthalt im Fernen Osten erhielt. Später, im amerikanischen Exil, wurde aus dem China-Enthusiasten Wittfogel ein anerkannter Sinologe, dem die Rockefeller Foundation Projekte übertrug, was ihn wiederum für Horkheimer interessant machte, und so verwies man gerne auf ihn, um die Verdienste in außereuropäischen Fragen und die internationale Ausrichtung des Instituts zu belegen.

In den vierziger Jahren ging man dann zunehmend getrennte Wege. Wittfogel hatte sich zum strikten Antikommunisten entwickelt; die chinesische Produktionsweise mit ihren despotischen Zügen übertrug er inzwischen auf Russland, das in seinen Augen stärker asiatisch als westlich war.[20] Jetzt warnte er vor einer »asiatischen Entfremdung« und einer »pseudokommunistischen Vertierung«.[21] Schließlich spielte er in der McCarthy-Ära eine unrühmliche Rolle: Im August 1951 sagte er vor dem Senats-Unterausschuss für Innere Sicherheit aus und denunzierte Bekannte und Kollegen.

Angedeutet hatte sich der Bruch bereits zwanzig Jahre zuvor. Da hatte der neue Direktor, Max Horkheimer, die *Zeitschrift für Sozialforschung* gegründet, die zum Sprachrohr des Instituts werden sollte. Geschäftsführender Redakteur mit fester Stelle war der Literatursoziologe Leo Löwenthal. Die zukünftig im Frankfurter Institut vertretene Sozialforschung, so schreibt Horkheimer im Vorwort des ersten Hefts, solle sich weder in »bloßer Tatsachenbeschreibung« noch in »empiriefremder Konstruktion« erschöpfen. Erstrebt werde eine »Erkenntnis des gesamtgesellschaftlichen Verlaufs«.[22] Dabei gehe man davon aus, dass es »unter der chaotischen Oberfläche« eine »von Gesetzen beherrschte Dynamik«[23] gebe, die es zu erkennen gelte. An das Erkennen solcher Gesetze glaubten auch die Marxisten, insoweit gab es da keine großen Differenzen, doch Horkheimer wollte weg von der Deutung und Auslegung marxistischer Sätze, er wollte die »Tatsachen« der Gesellschaft selbst in den Blick nehmen. Das zeigte sich schon an seinem Aufsatz, mit dem das erste Heft eingeleitet wurde: *Bemerkungen über Wissenschaft und Krise.* Horkheimer vertritt darin die Position, dass die Krise der Wissenschaft nicht von der allgemeinen Krise zu trennen sei und die Wissenschaft die Widersprüche der Gesellschaft widerspiegele. Nicht in falschen Urteilen komme das Problem der heutigen Wissenschaft zum Ausdruck, sondern »in ihrer mangelnden Klarheit, ihrer Ratlosigkeit, ihrer verhüllenden Sprache, ihren Problemstellungen, ihren Methoden, der Richtung ihrer Untersuchungen und vor allem in dem, wovor sie die Augen verschließt«.[24]

Weiter hinten im Heft findet sich ein Aufsatz von Henryk Grossmann, der deutlich aus dem neuen Kanon herausfällt: *Die Wert-Preis-Transformation bei Marx und das Krisenproblem.* Den Ton geben jetzt andere an: Erich Fromm untersucht, wie man Freuds Psychoanalyse für die Sozialforschung fruchtbar machen kann, Leo Löwenthal referiert über die gesellschaftliche Lage der Literatur und, fast schon ein Exot am Rande des thematischen Spektrums, Wiesengrund-Adorno analysiert die gesellschaftliche Lage der Musik.

Sehnsucht nach einer neuen Sinngebung

Die Diktatur des Direktors

Es sah nach einem späten Triumph aus: Der fünfunddreißigjährige Max Horkheimer, groß gewachsen, stattlich, in Anzug und Weste gekleidet, stand am 24. Januar 1931 auf dem Podium und hielt seine Antrittsvorlesung als Ordinarius für Sozialphilosophie und als zukünftiger Chef des Instituts für Sozialforschung. Vorn im Publikum hatte er seine Eltern platziert. Der Vater, Moritz Horkheimer, war ein erfolgreicher Unternehmer gewesen, bis mit dem Ersten Weltkrieg der Niedergang eingesetzt hatte. Krieg, Inflation und zuletzt die Weltwirtschaftskrise brachten den Patriarchen aus Stuttgart-Zuffenhausen um einen beträchtlichen Teil seines Vermögens. Noch 1926 hatte sich der Privatdozent Max Horkheimer, der über kein nennenswertes eigenes Einkommen verfügte, über die Eltern bitter beschwert, die gegen ihn »mobil gemacht«[1] hätten, Freund und Frau nicht akzeptieren würden. Jetzt stand er oben, auf dem Sprung zu einer glänzenden Karriere.

Horkheimer trat wie eine Unternehmerpersönlichkeit auf, souverän, bestimmend. In seiner Antrittsrede über *Die gegenwärtige Lage der Sozialphilosophie* ließ er keinen Zweifel aufkommen, dass er als Leiter nach allen Seiten »völlig unabhängig«[2] agieren werde. Es bestehe keine »Kollegialverfassung«, sondern, wie es der Vorgänger Grünberg unter Berufung auf die Institutsverfassung ausgedrückt habe, eine »Diktatur des Direktors«.[3] Schon bei der (Neu-)Definition

12 Max Horkheimer, um 1930.

des Faches, das er zu vertreten hatte, nutzte er die »diktatorischen« Vollmachten. Nicht als Teilbereich der Philosophie oder Soziologie wolle er die Sozialphilosophie verstanden wissen, sondern als eine der Philosophie übergeordnete Disziplin, in der es um die Begründung einer kritischen Theorie der Gesamtgesellschaft gehe. Von der gegenwärtigen Philosophie wollte er sich absetzen. Heideggers *Sein und Zeit* fertigt er kurz ab: »Das menschliche Sein ist ihr nur das Sein zum Tode, die bloße Endlichkeit; sie ist eine schwermütige Philosophie.«[4] Von Schwermut und Endzeitstimmung will Horkheimer nichts wissen, die von ihm vertretene Sozialphilosophie soll sich der Gegenwart und ihren Problemen öffnen, soll »die Sehnsucht nach einer neuen Sinngebung« aufgreifen, das »individuelle Glücksstreben« und die »Einzelexistenz« mit den Totalitäten vermitteln.[5] Horkheimer plädiert für Interdisziplinarität: »Philosophen, Soziologen, Nationalökonomen, Historiker, Psychologen« sollen zukünftig »in dauernder Arbeitsgemeinschaft sich vereinigen« und ihre »philosophischen Fragen anhand der feinsten wissenschaftlichen Methoden« verfolgen.[6] Sein Konzept bestand darin, die Trennungen zwischen einer Philosophie, die auf Allgemeinheit und Totalität bezogen sei, ohne die Probleme der Gegenwart zu berücksichtigen, und den Einzelwissenschaften, die sich zwar auf Tatsächlichkeiten richteten, aber zunehmend in Detailproblemen verlören, aufzuheben und die Fächer neu zusammenzufügen. Beide Bereiche hätten sich voneinander entkoppelt: Die einzelwissenschaftliche Forschung spezialisiere sich immer weiter und sei nicht mehr am Ganzen orientiert, während die Philosophie die Tatsachen negiere, sich in Metaphysik ergehe und die Probleme der Gegenwart aus den Augen verlöre. Das Ziel der neuen Wissenschaft sei ein »Nebeneinander von philosophischer Konstruktion und Empirie«.[7] In diesem Zusammenhang fallen Formulierungen wie »Arbeit am Gegenstand« und – mehrfach gebraucht – »Tatsachenforschung«.[8] Begriffe, die Horkheimer in seiner Rede starkmacht, obwohl man sie heute nicht unbedingt mit Kritischer Theorie in Verbindung bringt. Wer an die Frankfurter Schule denkt, denkt wohl eher an elitäre Theorien, die sich von aller empirischen Forschung bewusst abgrenzen und gegen die sogenannte Tatsachenwelt einen Generalverdacht hegen. Dabei wollte Horkheimer ausdrücklich Vorbehalte abbauen, die es aufseiten der Philosophie, aber auch aufseiten der empirisch ausgerichteten Einzelwissenschaftler gab. Wichtig sei eine »Durchdringung [...] von philosophischer Theorie und einzelwissenschaftlicher Praxis«.[9] Umfragen und Enqueten sollten dem Rechnung tragen. Horkheimers Vertrauen in die Validität solcher Untersuchungen mittels Fragebogen war dann aber offenbar doch nicht besonders groß. Als beweiskräftige Statistik war das empirisch ermittelte Material nicht gedacht, es sollte »der Untersuchung Anregungen geben und sie im stetigen Zusammenhang mit dem wirklichen Leben halten«.[10] Der Fragebogen als Mittel, so sagt er es in den *Studien über Autorität und Familie*, um uns »vor weltfremden Hypothesen«[11] zu bewahren.

In seiner Antrittsrede kündigte Horkheimer eine erste Enquete über Arbeiter und Angestellte in Deutschland an, die bereits in Arbeit war.

Schlafen Sie gut?

Stellen Sie sich vor, Sie sollten folgende Fragen beantworten:

»War Ihre Kindheit glücklich? Ja – Nein.«
»Glauben Sie, daß die Ehe Ihrer Eltern glücklich war? Ja – Nein.«
»Können Sie sich im Falle der Not an wohlhabende Verwandte oder Freunde wenden? Ja – Nein.«
»Besprechen Sie sich, wenn Sie Sorgen haben, mit Ihrer Frau oder mit wem sonst? Freund – Berufskollege – Geistlicher.«
»Wieviel Bettwäsche besitzen Sie? Leintücher ... Kopfkissenbezüge ...«
»Welche Bilder und Photographien haben Sie aufgehängt?«
»Welche Bücher besitzen Sie?«
»Wie oft gehen Sie jährlich ins Theater ... ins Konzert ... ins Varieté ... in die Revue ... ins Kino ...«
»Worüber unterhalten Sie sich am liebsten mit Ihrem Freund?«

»Gefällt Ihnen die heutige Frauenmode (z. B. kurzer Rock, Seidenstrümpfe)?«
»Lieben Sie Jazzmusik? Ja – Nein.«
»Glauben Sie an Gott? Ja – Nein.«
»Ist Ihre Verdauung in Ordnung? Ja – Nein.«
»Schlafen Sie gut? Ja – Nein.«
»Möchten Sie gerne lange leben? Ja – Nein.«
»Wer hat nach Ihrer Meinung heute die wirkliche Macht im Staate?«
»Woraus besteht Ihre tägliche Nahrung hauptsächlich?«
»Wie oft essen Sie wöchentlich Fleisch?«
»Was verwenden Sie als Brotaufstrich? Margarine – Butter – Schmalz – Konfitüre ...«
»Haben Sie Sparguthaben? Ja – Nein.«
»Wodurch kann nach Ihrer Meinung die Welt verbessert werden?«

Das ist nur ein kleiner Ausschnitt eines Fragebogens mit weit über 200 Positionen, den Erich Fromm und Hilde Weiß 1929 entwickelt hatten, um soziale und politische Einstellungen von Arbeitern und Angestellten in den späten Jahren der Weimarer Republik zu ermitteln. »Wir wollten ein Bild davon bekommen«, so Fromm, »welche Bücher sie lasen, wie sie ihre Wohnungen einrichteten und wie ihre Lieblingsstücke in Theater und Film hießen.«[12] 3300 Fragebögen wurden verschickt, bis Ende 1931 kamen 1100 zurück. Zwei Jahre später wurde das Institut geschlossen, seine Mitarbeiter mussten emigrieren. Zahlreiche Unterlagen gingen in dieser Zeit verloren – 1934 existierten noch 584 ausgefüllte Fragebögen. Trotz dieser schmalen Datenlage dachte man über eine Veröffentlichung der Studie nach. Im Oktober 1935 schreibt Horkheimer an Wittfogel: »Fromm arbeitet an der Enquête [...]. Wir haben nämlich gesehen, daß gerade das Material, das wir bei dieser Gelegenheit gesammelt haben, für eine Darstellung der Mentalität jener Jahre äußerst wertvoll und in seiner Art einzig ist.«[13]

Ob und inwieweit Horkheimer über die Einzelheiten genauere Kenntnis hatte, ist unklar, denn hinter der in seiner Frankfurter Antrittsrede angekündigten ersten Enquete blieb das Unternehmen doch weit zurück. An der Untersuchung nahmen überwiegend Arbeiter und Angestellte aus dem politisch linken Spektrum teil – die Antworten der Befragten waren interessant, bezogen sich aber eben nur auf diesen eingeschränkten Kreis. Dass man sich damit bei einer Veröffentlichung der Kritik aussetzen würde, wurde den Mitarbeitern mehr und mehr bewusst. Fromms Verhältnis zu Horkheimer hatte sich ohnehin stark abgekühlt – Ende 1939 wird er, nach langen Kämpfen und Konflikten, aus dem Institut ausscheiden und eigene Wege gehen. Dass die Veröffentlichung der Studie nicht zustande kam, hatte für Fromm, wie er später sagte, eindeutig politische Gründe. Horkheimer sei die Erhebung zu marxistisch gewesen, er habe sich um den Ruf des Instituts im amerikanischen Exil gesorgt.[14] Tatsächlich hatte dieser schließlich kalte Füße bekommen, möglicherweise war es Fromms Intimfeind Adorno, der, als er 1938 nach Amerika kam und sich dem Institut anschloss, Horkheimer darin bestärkte, die Enquete doch lieber in der Schreibtischschublade verschwinden zu lassen. Fromm nahm die Unterlagen mit, veröffentlicht wurde die Studie erst 1980.

Im Grunde war das Ergebnis der Untersuchung alles andere als überraschend: Eine parteipolitisch linke Orientierung ergab wenig Aufschlussreiches in puncto Einstellung zur Autorität. Insbesondere bei subtileren Fragen, die politisch nicht genau einzuordnen waren, offenbarten die Antworten eine durchaus autoritäre Gesinnung. Ob es um Abtreibung, Prügelstrafe oder die Selbständigkeit der Frau ging, die Antworten hätten ebenso gut zu einem politisch konservativen, eher rechten Spektrum gepasst. Politisch links bzw. radikal antworteten die Befragten immer dann, wenn der ideologische Gehalt klar erkennbar war. Bei Fragen aber, die auf die allgemeineren psychischen Einstellungen und kulturellen Lebensstile zielten, fielen die Antworten alles andere als radikal oder »links« aus.[15] Bemerkenswert war jedoch, dass es Hinweise auf eine immer größer werdende Gruppe von Menschen gab, die ihren Hass und Ärger gegen alle richteten, die Geld und Macht besaßen. Sie fühlten sich laut der Studie von radikalen Botschaften angezogen und waren bereit, »jeder mächtigen Autorität«[16] zu folgen, egal von welcher Seite sie kam. Politisch war diese Gruppe nicht einzuordnen.

Auch wenn man aufgrund der schmalen Untersuchungsbasis keine allgemeinen Schlüsse ziehen konnte, in der Tendenz bestätigte sich eine Faszination, die vom Autoritären ausging, etwas, was in den kommenden Jahren zum zentralen Thema des Instituts werden sollte. Dabei spielte Erich Fromm eine bedeutende Rolle, der für sich in Anspruch nahm, schon früh auf den autoritären Charakter hingewiesen und die zeittypischen Eigenschaften beschrieben zu haben. Mit seiner Suche nach diesem epochenspezifischen Charakter stand Fromm damals allerdings nicht allein. In der psychoanalytischen Bewegung wurde das Konzept einer psychoanalytischen Charakterologie breit diskutiert, vor allem unter den marxistisch und soziologisch denkenden Analytikern wie Otto Fenichel und Wilhelm Reich.

Fromm hat seine diesbezügliche Version in vielen Veröffentlichungen immer wieder beschrieben, vielleicht am eindrücklichsten in seinem 1941 erschienenen Buch *Die Furcht vor der Freiheit*. Er spricht hier davon, dass es eine dem Menschen innewohnende Tendenz gebe, »die Unabhängigkeit des eigenen Selbst aufzugeben und es mit irgend jemand oder irgend etwas außerhalb seiner selbst zu verschmelzen, um sich auf diese Weise die Kraft zu erwerben, die dem eigenen Selbst fehlt«.[17] Diese Tendenz nennt er »Flucht ins Autoritäre«.[18] Der Mensch gebe seine Freiheit auf, um seine Ängste in einer entfremdeten, feindlichen Welt zu beherrschen und vor seinem »Alleinsein« zu fliehen. Schon Anfang der dreißiger Jahre konstatiert Fromm, dass sich in ein und demselben Charakter »masochistische Tendenzen« und »deren genaues Gegenteil, nämlich sadistische Neigungen«,[19] fänden, die in der jeweiligen Stärke variierten und dem Träger zum Teil nicht bewusst seien. Fromm zeigt, dass sich die sadistischen Strebungen nicht nur in der Beherrschung des Objekts ausdrücken, sondern auch darin, dass der Sadist von seinem Objekt abhängig ist, indem er die Person braucht, die er beherrscht. Die masochistischen Strebungen seien, so räumt Fromm ein, am schwersten zu verstehen. Warum fügt sich jemand Schmerzen zu? Warum unterwirft er sich einem anderen?

Fromm hat seine Überlegungen zum autoritären Charakter schon in den 1936 vom Institut für Sozialforschung herausgegebenen *Studien über Autorität und Familie* formuliert, allerdings nicht so klar wie in späteren Veröffentlichungen; vielmehr wildert er in den Werken Freuds und betreibt eine Art Montage. So leiht er sich das zentrale Konstrukt des sado-masochistischen Charakters aus Freuds *Massenpsychologie und Ich-Analyse* (1921) ebenso wie zahlreiche Bestimmungen, die der Begründer der Psychoanalyse in diesem Zusammenhang macht. Der sado-masochistische Charakter, so Fromm, bewundere einerseits machtvolle Autoritäten und strebe danach, sich ihnen zu unterwerfen; andererseits wolle er selbst Autorität sein und andere beherrschen. Eine weitere Variante sei der autoritär-masochistische Typus, der aus der »Anlehnung an die höheren Gewalten«, der ehrfürchtigen Unterordnung, Kraft schöpfe und sich trotzig gegen die Autoritäten auflehne.[20] Fromms Diagnose ist niederschmetternd, gebe es doch im Grunde kein Entkommen aus dem Autoritäts-Komplex. Auflehnung habe immer nur den Charakter des »Trotzes«, nicht der offenen Rebellion oder des »aktiven Kampfes«,[21] sie führe mithin nicht aus der Spirale autoritärer Strukturen heraus, sondern sei eine vom System produzierte Facette, die auf der Basis des Sado-Masochismus Bedürfnisse befriedige.[22] Der Masochismus erweise sich dabei einerseits als Möglichkeit, sich von der eigenen Angst zu befreien: Man unterwerfe sich der Autorität und erhalte Schutz und Fürsorge; anderseits habe man teil an der Macht, erfülle sich die Sehnsucht, zu den Stärkeren zu gehören.

Dass ausgerechnet Adorno, der sich als Gegner Fromms profiliert hatte, das Konstrukt des autoritären Charakters aufnahm und in die in den vierziger Jahren entstandene epochale Studie über die autoritäre Persönlichkeit (*The Authoritarian Personality,* 1949/50) einbrachte, gehört zu den Merkwürdigkeiten in der Entwicklung des sozialpsychologischen Ansatzes.

Rabbiner oder Analytiker

Fromms Weg zur Psychoanalyse und zum Institut für Sozialforschung verlief alles andere als geradlinig.[23] Der am 23. März 1900 in Frankfurt Geborene kam aus einem jüdisch-orthodoxen Elternhaus. In der Familie gab es eine ganze Reihe von Rabbinern, auch der Vater wäre gern einer geworden, musste sich aber zu seinem Leidwesen damit begnügen, sein Dasein als Obstweinhändler zu fristen. Der Sohn war indes als einziges Kind der Eltern dazu ausersehen, Talmudgelehrter zu werden und die Tradition fortzusetzen. Eine Idee, von der dieser offenbar begeistert war, studierte er doch eifrig bei seinem Großonkel Ludwig Krause. Später wird er die Familie als Institution und ihre prägende Funktion scharf angreifen: »die Familie ist die psychologische Agentur der Gesellschaft«.[24]

Als Sechzehnjähriger lernte Fromm in Frankfurt den Rabbiner Nehemias Anton Nobel kennen, der als genialer Prediger und charismatische Persönlichkeit die Menschen in seinen Bann zog. Nobel war konservativ, trotzdem weltoffen, kulturinteressiert, vor allem ein sehr belesener Mann, der mit der klassischen Literatur und den Schriften der Aufklärer vertraut war. Insbesondere junge Menschen, die sich von der tradierten Religion ihrer Eltern abwandten und neue Wege suchten, waren von dem Gelehrten begeistert. Nobel zeigte ihnen, dass lebendiges Judentum und moderne Kultur keine Gegensätze sein mussten. Der Rabbiner war die zentrale Persönlichkeit des 1920 in Frankfurt gegründeten und von Franz Rosenzweig geleiteten Freien Jüdischen Lehrhauses, einer Art jüdischer Volkshochschule. Zusammen mit dem Rabbiner Georg Salzberger hatte Fromm selbst 1919 die »Vereinigung für jüdische Volksbildung in Frankfurt am Main« ins Leben gerufen, die zum Treffpunkt einer neuen jüdischen Bewegung wurde.

Zum Kreis, der sich um Nobel scharte, gehörte auch Fromms Freund Leo Löwenthal. Anders als Fromm kam dieser aus einem assimilierten, aufgeklärten Elternhaus, erst während seines Studiums in Heidelberg lernte er das Judentum kennen, seine Sitten, Gebräuche und Feiertage. Löwenthal schloss sich einer zionistisch-sozialistischen Gruppierung an, heiratete eine gläubige Jüdin, die aus einer orthodoxen Königsberger Familie stammte, und lebte, zum Entsetzen des Vaters, nach den jüdischen Gesetzen.[25]

Wenn es eine Gemeinsamkeit zwischen den beiden Männern gab, dann die, dass man sich strikt von den Reformjuden, den Assimilierten, abgrenzte. Hochgeschätzt wurde dagegen der osteuropäische Chassidismus, das ultraorthodoxe Judentum mit seinen religiös-mystischen Gebräuchen. Der Chassidismus setzte auf das gemeinschaftliche Erleben der Religion in Gebeten, Liedern und Tänzen; religiöse Ekstase war eines der bevorzugten Mittel, um sich Gott zu nähern, ihn unmittelbar zu erfahren. Was Erich Fromm besonders beeindruckte, war die Stellung und Funktion des chassidischen Rabbis, des Zaddiks, der kraft seiner Autorität die Gläubigen lehren sollte, wie man sich einfügt, wo der jeweilige Platz in dem großen Ganzen ist. Zugleich war der Zaddik Helfer, Heiler und Weisheitslehrer, der Rat gibt und den Weg zum richtigen Leben weist. Fromm machte sich später diese Rolle zu eigen. Seine erfolgreichsten Bücher, *Die Kunst des Liebens* und *Haben oder Sein*, sind Texte, die von existenziellen Problemen ausgehen und das Ich aus einer seelsorgerischen Perspektive wahrnehmen. Von dieser Blickrichtung ist bei ihm schon früher die Rede; in seiner ersten größeren Veröffentlichung *Die Entwicklung des Christusdogmas. Eine psychoanalytische Studie zur sozialpsychologischen Funktion der Religion* (1930) stellt er den Begriff des »Lebensschicksals« in den Mittelpunkt. Die Untersuchung, so heißt es, »will die Ideen aus den Menschen und ihren Schicksalen, nicht die Menschen aus den Schicksalen ihrer Ideen verstehen«.[26] Lebensschicksal ist einer der Springpunkte in Fromms Werk.

Als Fromm in Heidelberg bei Alfred Weber Soziologie studierte und 1922 seine Dissertation über *Das jüdische Gesetz* schrieb, nahm er parallel zum Studium Privatunterricht bei dem aus dem Chassidismus stammenden Rabbiner Salman Baruch Rabinkow. Über fünf Jahre ließ sich Fromm täglich in die Sitten und Gebräuche der Chassiden einführen. 1926 dann machte er plötzlich mit alldem Schluss und wandte sich vom orthodoxen Judentum und dem Chassidismus ab. Für Rainer Funk, Fromms Biographen, spielte dabei Rabinkow eine zentrale Rolle.[27] Dieser hätte, ohne es zu beabsichtigen, Fromm vom konservativen Judentum zum aufgeklärten Humanismus geführt, von der »jüdischen Seelenlehre« zu einer »psychoanalytischen«. In der Tat war es ein Wechsel des Terrains, nicht so sehr ein Wechsel der Einstellung. Fromm suchte in der Psychoanalyse das, was er im orthodoxen Judentum zu finden gehofft hatte und was er später in der *Kunst des Liebens* als eine anthropologische Konstante beschreibt: die Überwindung der Abgetrenntheit und die Transzendierung des einzelnen Lebens.

Was an Fromms Entwicklung auffällt, ist sein jeweiliges Verhältnis zur Autorität. Von klein auf war er von zahlreichen Autoritäten umgeben, wobei das Autoritätsverhältnis voraussetzt, so beschreibt er es in den *Studien über Autorität und Familie*, dass der Zwang »innerlich nicht rein als solcher empfunden wird, sondern wenn er durch gefühlsmässige Beziehungen ergänzt oder verstärkt wird«.[28] Im Fall des Rabbiners Rabinkow etwa hielt Fromm lange auf der Basis von Ehrfurcht und Bewunderung das Autoritätsverhältnis aufrecht, suchte die klare Über- bzw. Unterordnung, die »Liebe zum Stärkeren«,[29] die ihn selbst stark machen sollte. Später, mit sechsundzwanzig Jahren, erkannte er seine Abhängigkeit. Viel spricht dafür, dass für Fromm die Liebe zum Katalysator wurde, die ihn ins Leben katapultierte.

Die tägliche Unterweisung durch Rabinkow endete ziemlich exakt zu dem Zeitpunkt, als er die elf Jahre ältere Frieda Reichmann kennenlernte, eine engagierte, selbstbewusste Frau, die als Neurologin arbeitete und forschte. Sie entstammte einer jüdischen Bankiersfamilie aus Karlsruhe. Von den Eltern gefördert und ermuntert, hatte sie Medizin in Königsberg studiert. Während des Krieges behandelte sie als Assistentin des Neurologen und Psychiaters Kurt Goldstein hirnverletzte Soldaten, zuerst in Königsberg und dann am Neurologischen Institut in Frankfurt. Dass Frauen zu solchen Aufgaben herangezogen wurden, war damals alles andere als selbstverständlich. Von 1920 bis 1924 war sie Assistenzärztin in dem berühmten Lahmann-Sanatorium »Weißer Hirsch« bei Dresden. Anschließend hospitierte sie bei Emil Kraepelin in der Psychiatrischen Universitätsklinik in München. In dieser Zeit entdeckte sie die Psychoanalyse und entschloss sich zu einer entsprechenden Ausbildung. Sie machte eine Analyse bei Wilhelm Wittenberg in München und eine Lehranalyse bei Hanns Sachs in Berlin. 1924 eröffnete sie ein eigenes Sanatorium in Heidelberg, ausschließlich für jüdische Patienten bestimmt und koscher geführt. Das jüdische Gemeinschaftsleben war ein wesentlicher Bestandteil der Therapie, man betete zusammen, sang, zelebrierte nach altem Brauch die Rituale und feierte die religiösen Feste. Halb ernst-, halb scherzhaft titulierte man das Sanatorium als Thorapeutikum.

Einer der ersten Patienten, den Frieda Reichmann hier behandelte, war Erich Fromm. Sie waren sich allerdings schon in Dresden begegnet. Reichmanns Idee, die Psychoanalyse mit dem orthodoxen Judentum zusammenzuführen und daraus ein Therapiekonzept zu entwickeln, wirkte auf Fromm wie ein Befreiungsschlag. Jetzt wollte er sich nicht mehr zum Rabbiner, sondern zum Analytiker ausbilden lassen.

Aus der Analyse wurde allerdings nichts. Reichmann und Fromm verliebten sich und hörten mit der Psychoanalyse auf. Frieda Fromm-Reichmann wurde im amerikanischen Exil, da hatte sie sich längst von Erich Fromm getrennt, zu einer bekannten Psychotherapeutin. Sie behandelte Patienten mit schizophrenen und manisch-depressiven Störungen, die für eine klassische Psychoanalyse nicht zugänglich waren und für die sie eine spezielle Therapie entwickelte. Die Schriftstellerin Joanne Greenberg war vier Jahre lang in der psychiatrischen Klinik Chestnut Lodge in Maryland bei ihr in Behandlung und hat ihr in ihrem 1964 erschienenen Roman *Ich hab dir nie einen Rosengarten versprochen*, den sie unter dem Pseudonym Hannah Green veröffentlichte, ein Denkmal gesetzt.

Nach der abgebrochenen Analyse suchte das frisch verliebte Paar Rat bei Karl Landauer. Er war damals *der* Analytiker in Frankfurt, ein umfassend gebildeter Geist und Freud-Schüler. Auch in den Jahren, als er sich in der Main-Stadt niedergelassen hatte, hielt er engen Kontakt mit seinem früheren Lehrer und fuhr mit seiner Frau einmal im Jahr zu diesem nach Wien. Landauer gab Fromm und Frieda Reichmann nicht nur Rat, sie kamen offenbar ins Gespräch – ein Gespräch, das Folgen zeitigte. Auf Landauers Initiative hin entstand im Oktober 1926 die Südwestdeutsche Psychoanalytische Arbeitsgemeinschaft, zu deren Gründungsmitgliedern Erich Fromm und Frieda Fromm-Reichmann zählten. Aus dieser Arbeitsgemeinschaft ging im Februar 1929 das von Karl Landauer und Heinrich Meng geleitete Frankfurter Psychoanalytische Institut hervor. Horkheimer rollte den Analytikern den roten Teppich aus, sie bekamen Räume im Institut und konnten alle seine Ressourcen nutzen. Zur Einweihung kamen Siegfried Bernfeld, Sándor Radór, Hanns Sachs, Paul Federn und Anna Freud. Erich Fromm hielt einen kurzen Eröffnungsvortrag: *Die Anwendung der Psychoanalyse auf Soziologie und Religionswissenschaft*. Fromm war zu diesem Zeitpunkt allerdings noch kein Analytiker, er befand sich in der Ausbildung.

Auf dem Diwan

»Man sagt alles, was einem einfällt. Man liegt auf dem Diwan, und der Arzt sitzt schräg hinter einem, hört einem zu und spricht wenig.«[30] So erinnert sich Horkheimer in einem Interview an das psychoanalytische Setting bei seiner Analyse 1927/28 bei Karl Landauer. In dem Interview erzählt er, er sei zu Landauer gegangen und habe gesagt: »Ich möchte die Psychoanalyse kennenlernen, und ich glaube, das kann ich nur, wenn ich mich einer Analyse unterziehe; ich möchte also eine Analyse durchmachen.«[31] Landauer hätte das zunächst abgelehnt und gesagt, zur Analyse bedürfe es eines Symptoms. Wie Horkheimer weitererzählt, habe er sich dann mit der Bemerkung verabschiedet, er werde sich überlegen, ob er ein Symptom habe. Nach einigen Tagen sei er zurückgekommen und habe sein Symptom geschildert: Er könne seine Vorlesung nicht frei halten, er müsse immer »den gesamten Text in allen Einzelheiten aufschreiben«[32] und ihn dann vorlesen. Landauer hätte das anerkannt, und Horkheimer durfte auf dem Diwan Platz nehmen. Nach einem Jahr, als das Symptom längst beseitigt gewesen sei, hätte Landauer dafür plädiert, die Analyse zu beenden: Horkheimer sei zu glücklich, es gehe ihm zu gut, und außerdem müsse er, um die Ausbildung erfolgreich abzuschließen, nach Berlin gehen – für die Ausbildung war Frankfurt nicht zuständig.

Was immer Horkheimer über seine Analyse erzählt hat – und es gibt einige Varianten –, eine therapeutische Analyse war es wohl nicht. Tatsächlich machte Landauer mit Horkheimer eine Lehranalyse.[33] In einem Brief an Max Eitingon vom 13. August 1928 schreibt er: »Über meine seitherige Lehranalyse ist folgendes zu sagen: Dr. Horkheimer wird nach den Ferien bei mir seine Kontrollanalysen beginnen, und zwar sind wir zunächst übereingekommen als erstes Thema das Geldproblem in Angriff zu nehmen. Er wird zu diesem Zwecke zunächst die Literatur und zwar die psychoanalytische und soziologische zusammenstellen. Sehen wir einmal, was herauskommt.«[34]

Max Eitingon, der einen verbindlichen dreistufigen Ausbildungsgang konzipiert hatte – bestehend aus Lehranalyse, Kontrollanalyse und theoretischer Ausbildung –, war, was die Ausbildungsfragen anging, die bestimmende Instanz. Horkheimer wollte die Psychoanalyse zwar am eigenen Fall kennenlernen, jedoch nicht als Analytiker arbeiten. Gleichwohl hat die Überlegung, sich als Analytiker ausbilden zu lassen, in den Köpfen der Kritischen Theoretiker immer wieder eine Rolle gespielt. Als sich das Institut im August 1941, im amerikanischen Exil, in einer schwierigen Phase befand und die Übersiedlung nach Los Angeles im Raum stand, schreibt Horkheimer zermürbt an Adorno, der sofort antwortet und einen Vorschlag unterbreitet: »Zu den Erwägungen, die Ihr Brief ausgelöst hat, gehört auch die, ob nicht Sie, ich und Gretel uns in unserer Freizeit zu Analytikern sollten ausbilden lassen, um dann einmal […] ein Sanatorium aufzumachen …«[35]

Erich Fromm wollte kein Sanatorium aufmachen, er wollte einen anerkannten Abschluss und eine Praxis eröffnen, um Patienten zu behandeln. Er war auf dem Weg, aber es sollte schwierig bleiben. Nach der »missglückten« Analyse bei Frieda Reichmann ging er zu Wilhelm Wittenberg, brach aber wieder vorzeitig ab. 1927/28 machte er einen weiteren Versuch, diesmal bei Karl Landauer. Aber auch das funktionierte ebenso wenig wie die in Angriff genommene Lehranalyse bei Hanns Sachs in Berlin. Doch machte er sich Hoffnungen, man würde ihn außerhalb des Reglements als

Analytiker anerkennen, wenn er nur entsprechende Qualifikationen aufweisen könne. Um sich zu profilieren, hielt er zwei Vorträge am Berliner Institut, die beide nicht sehr günstig aufgenommen wurden. Nach dem zweiten Vortrag schrieb Eitingon am 19. März 1928 an Landauer: »Was Ihre Frage nach Dr. Fromm betrifft, so will ich Ihnen ganz vertraulich meine Meinung über sein letztes vor etwa 8 Tagen hier gehaltenes Referat mitteilen. Er sprach über die ›Psychologie des Kleinbürgers‹ und gab ein sehr wenig überzeugendes blosses Uebersetzen psychoanalytischer Begriffe in eine zurecht gezimmerte Welt marxistischer Kategorien. Das Referat machte auf sehr viele von uns einen genau so unbefriedigenden Eindruck wie sein erstes Referat, wo es sich ebenfalls nur um spekulative Anwendungen psychoanalytischen Wissens auf einen von ihm damals gar nicht analysierten, nach der wesentlichen Richtung hin nicht analysierten Fall einer Neurose mit Lungenkomplikation [handelte].«[36]

Man muss bei dieser Einschätzung berücksichtigen, dass Fromm »von außen kam«, als er sich um die Mitgliedschaft in der Deutschen Psychoanalytischen Gesellschaft (DPG) bewarb. Die Berliner hatten das Ausbildungsmonopol, sie konnten über den Bewerber entscheiden und aufgrund ihrer Richtlinien das Gütesiegel vergeben. Was Eitingon angeht, so hatte der seine eigenen Vorstellungen von einer fachgerechten Analytikerausbildung, der Fromm einfach nicht entsprach. Er war kein Mediziner, sondern Soziologe, er dachte nicht von der Therapie her, sondern versuchte, da hatte Eitingon nicht ganz unrecht, verschiedene Theorieansätze zusammenzubringen: Freuds Psychoanalyse, marxistisches Denken und empirische Sozialforschung.

Letztlich war Fromm gezwungen, von Frankfurt nach Berlin zu wechseln, um die reguläre Ausbildung am dortigen Institut zu durchlaufen. Am 7. Oktober 1930 hatte er es geschafft, er wurde zum außerordentlichen Mitglied der DPG gewählt und eröffnete in Berlin eine eigene Praxis.

Die Frage nach dem Kitt

Was immer die Berliner gegen Erich Fromm und seinen sozialpsychologischen Ansatz hatten, Horkheimer und das Frankfurter Institut für Sozialforschung standen hinter ihm. Ende der zwanziger Jahre war Fromm der Shootingstar des Horkheimer-Kreises. Mit seinen Thesen machte er den Blick frei für die Gegenwart. Er fragte nach der Klassenrealität und führte ökonomische und gesellschaftliche Strukturen auf psychische Veränderungen der Menschen zurück. Hart ging er mit der Religion ins Gericht, die für ihn lange Zeit der Maßstab gewesen war und die ihm noch als Mittzwanzigjährigem Sinn und Befriedigung gegeben hatte. Jetzt aber sah er in ihr das Mittel, die Menschen »in ihrer infantilen psychischen Abhängigkeit zu erhalten und zu bestärken«.[37] Die Gesellschaft habe ein ausgeprägtes Interesse an der Hilflosigkeit der Menschen, denn nur so entstehe die Sehnsucht nach Vaterfiguren, nach Autoritäten und Göttern, die die Menschen in immer tiefere Unselbständigkeit führten. Natürlich gewähre die Religion in der Phantasie ein gewisses Maß an Befriedigung, aber eben nur um auf diese Weise die psychische Fügsamkeit des Menschen herzustellen. Fromm setzte beim Menschen und seinem Schicksal an, er nahm die Alltagsrealität in den Blick, und er war davon überzeugt, dass es zwischen »den emotionalen Antrieben eines Individuums und seinen politischen Meinungen«[38] eine Beziehung gebe.

Die Psychoanalyse hatte um diese Zeit bei den Kritischen Theoretikern Konjunktur. Ohne Psychoanalyse wäre das Problem des autoritären Charakters und die Empfänglichkeit des Menschen für Autoritäten nicht zu durchdringen gewesen. Fromm betrachtete die Freud'sche Psychoanalyse weiter als einen Steinbruch, aus dem er sich die wichtigen und für die Sozialpsychologie passenden Stücke herausbrach, um sie neu zu definieren und zusammenzufügen. Das traf durchaus auf das Wohlwollen Horkheimers, der mit dem ›ganzen Freud‹ auch nicht einverstanden war: »Der ewige

Destruktionstrieb soll, wie der Teufel im Mittelalter, an allem Bösen schuld sein. Und Freud hält sich mit dieser Ansicht auch noch für besonders kühn.«[39] Das wurde vielleicht nicht im Ton, aber in der Sache von Fromm geteilt.

Leo Löwenthal erinnert sich später, wie anregend es war, mit Fromm über Psychoanalyse zu diskutieren.[40] Und auch im Rückblick ist er stolz darauf, den Freund damals »ans Institut gebracht« zu haben. Dazu gibt es allerdings auch eine andere Version,[41] nach der es Horkheimer gewesen war, der nach einer Analysesitzung Landauer angesprochen und gefragt habe, ob er nicht einen fähigen Psychologen kenne, der geeignet sei, die Leitung der sozialpsychologischen Abteilung im Institut zu übernehmen. So oder so, Horkheimer und Fromm wurden in dieser Zeit, als Adorno noch an seiner Habilitation schrieb, zu einem Gespann. Allerdings war diese Zusammenarbeit nur von kurzer Dauer. Im Sommer 1931 erkrankte Fromm an Lungentuberkulose und hielt sich mit kurzen Unterbrechungen bis 1934 in Davos auf.

Das hinderte Fromm freilich nicht, wissenschaftliche Arbeiten zu veröffentlichen. Horkheimer hatte ihn aufgefordert, sein künftiges Arbeitsgebiet zu beschreiben und abzustecken. Im ersten Heft der *Zeitschrift für Sozialforschung*, gleich hinter den Beiträgen des Führungsduos Horkheimer und Pollock, erschien sein Aufsatz *Über Methode und Aufgabe einer analytischen Sozialpsychologie.* Fromm fragt darin, welche Bedeutung die »libidinösen Kräfte im gesellschaftlichen Prozeß haben«.[42] Die Antwort, die er findet, wird für einige Jahre zum Kernbestand des Instituts für Sozialforschung gehören: Für die Stabilität bzw. den Zerfall einer Gesellschaft seien zwar die ökonomischen Bedingungen von großer Bedeutung, doch »ein überaus wichtiges Element in der gesellschaftlichen Struktur« seien »die in den Menschen wirksamen libidinösen Tendenzen«.[43] Natürlich würde die Gesellschaft auch durch den äußeren Machtapparat – Polizei, Justiz, Militär – zusammengehalten, und natürlich würden auch die »zweckrationalen, egoistischen Interessen« zur

Stabilität beitragen. »Aber weder der äußere Machtapparat noch die rationalen Interessen würden ausreichen, um das Funktionieren der Gesellschaft zu garantieren, wenn nicht die libidinösen Strebungen der Menschen hinzukämen. Es sind die libidinösen Kräfte der Menschen, die gleichsam den Kitt formieren, ohne den die Gesellschaft nicht zusammenhielte.«[44] Der »Kitt« rückt für die nächsten Jahre in den Mittelpunkt der Forschungen. Was hält die Gesellschaft trotz aller Verwerfungen, Katastrophen und Bedrohungen, trotz aller Ängste und Schicksalsschläge, die die Individuen zu erleiden haben, zusammen? Das wurde die übergreifende Frage, um die man in den Untersuchungen über Autorität, Familie, Religion und Staat kreiste.

Es war Adorno, der im November 1937 in einem Brief an Fromm dafür plädierte, angesichts der neuen politischen und gesellschaftlichen Entwicklungen »die Frage nach dem Kitt neu zu stellen«. Die Rolle des Staates und der Religion hätten sich verändert, und was die Autorität anbelangt, so sei nicht mehr die der Familie entscheidend, sondern »die der fetischisierten Kollektivverbände«.[45] Die ausschlaggebende Vermittlungskategorie sei die Warenform. Bisher habe man die Beziehung zwischen marxistischer Theorie und Psychoanalyse in Analogien wie die zwischen »Überbau und Unterbau« beschrieben, die eigentliche Koinzidenz liege aber im »*Fetischcharakter* der Waren und im fetischistischen Charakter der Menschen«.[46] Adorno demonstriert diesen Fetischcharakter am Beispiel der Frau, sie sei »in gewissem Maße *mehr* vom Warencharakter beherrscht […] als der Mann«.[47] Die Frauen und ihr »spezifisches Konsumentenbewußtsein« seien »viel mehr als Kitt zu betrachten […] als z. B. die Familienautorität mit ihrer asketischen Sexualmoral, die heute längst brüchig ist, ohne daß dadurch etwas Entscheidendes am bürgerlichen Charakter geändert wäre«.[48] Adorno fordert Fromm dazu auf, die »Stellung der Frau in der Ökonomie« zu erforschen. »Man müßte dabei das völlig irrationale Verhalten der Frauen zu Waren, das shopping-Gehen, die Kleider, die Frisur u. s. w. eingehend analysieren, und es würde sich dabei mit größter Wahrscheinlichkeit zeigen, daß alle die Momente, die scheinbar dem sex appeal dienen, in Wahrheit desexualisiert sind.«[49] Das Sexuelle unterliege ebenso der Warenform wie der Konsum. Noch im Koitus gehorchten die Frauen den Forderungen der Gesellschaft, die sie zu dem gemacht habe, was sie sind, Tauschobjekte, und weil sie Tauschobjekte seien, kämen sie nicht zur Lust.

Natürlich konnte Fromm ein solches Forschungsprojekt, wenn es denn überhaupt ernst gemeint war, nicht akzeptieren, er hätte sich völlig diskreditiert. Fromms Positionen zur Sozialpsychologie wurden von Adorno als anachronistisch abgetan. Adorno offeriert seinen eigenen Ansatz als das jetzt gültige Forschungsparadigma. Mehr oder weniger deutlich weist er auf seine Arbeiten über Jazz und über den Fetischcharakter der Musik hin. In diesen Veröffentlichungen, so seine Überzeugung, wurde die Frage nach dem Kitt bereits neu gestellt und beantwortet, nämlich als eine von der ökonomischen Struktur produzierte Warenform. Adorno wollte nicht wirklich Fromm überzeugen, sondern seine eigene, und wie er meinte, völlig neue Herangehensweise demonstrieren.

Fromm selbst ging zu dieser Zeit bereits in eine andere Richtung, hin zu einer neo-freudianischen Kritik an der orthodoxen Psychoanalyse, in der es vor allem um eine Revision der Triebtheorie ging. Eine Kritik, die 1939 zum Bruch mit dem Institut führte. Horkheimer hatte Fromms Position zunächst durchaus mit Wohlwollen zur Kenntnis genommen. Seine erste Freud-Kritik publizierte Fromm 1935 in dem Aufsatz *Die gesellschaftliche Bedingtheit der psychoanalytischen Therapie*, der mit ausdrücklicher Billigung Horkheimers in der *Zeitschrift für Sozialforschung* erschien. Fromm kritisiert in dem Aufsatz die von Freud geschaffene analytische Situation, die er als medizinisch-therapeutisch definiert; Freud hätte sich den Chirurgen zum Vorbild genommen. In der Analyse sei jedoch nicht Neutralität und Objektivität gefordert, sondern unbedingte Parteinahme für den Patienten und sein Glücksverlangen. Freuds Haltung in der Therapie sei zwar von Toleranz geprägt, aber er sei eben der bürgerlichen Welt und ihrer restriktiven Sexualmoral verhaftet. So stehe er aufseiten der patriarchalischen Familie und rechtfertige den Triebverzicht. Freud äußere sich zwar kritisch zur kulturellen Sexualmoral, aber prinzipiell unterscheide er sich nicht von der bürgerlichen Klasse, der er angehört. Mit dieser Kritik konnte Horkheimer durchaus leben. Als dann jedoch Einwände von Landauer und Adorno kamen, rückte er, ohne dass er in der Sache Stellung genommen hätte, von Fromm ab. Schon ein Jahr zuvor hatte sich Horkheimer in einem Brief an Pollock kritisch über den alten Weggefährten geäußert: Er »habe zwar produktive Ideen, aber er gefalle ihm nicht sehr, da er mit zu vielen Leuten auf gutem Fuß stehen wolle«.[50]

Adorno versuchte indes, wo immer es ging, seine Perspektive anzubringen. In *Über den Fetischcharakter in der Musik* heißt es: »Die Erscheinung des Tauschwerts an den Waren hat eine spezifische Kittfunktion übernommen. Die Frau, die Geld zum Einkaufen hat, berauscht sich am Akt des Einkaufens. Having a good time heisst unter Gehobenen: beim Vergnügen der andern dabeisein, das seinerseits auch bloss das Dabeisein zum Inhalt hat.«[51]

Der Zerfall aller Sicherheit

Crêpe-de-Chine-Kolleg

Am Freitag, dem 8. Mai 1931, abends gegen sechs Uhr, drängelten sich die Menschen vor dem Hörsaal Q der Goethe-Universität. Angekündigt war die öffentliche Antrittsvorlesung eines Herrn Dr. phil. Theodor Wiesengrund über die *Aktualität der Philosophie.* Lange vor Beginn der Veranstaltung waren alle Sitzplätze vergeben, an den Seiten des Hörsaals und im Flur standen die Zuhörer und wedelten mit ihren Einladungskarten. Der Dekan der Philosophischen Fakultät, der Germanist Franz Schultz, musste umdisponieren und das Publikum kurzerhand in die Aula dirigieren. Schultz war denjenigen, die den Namen Walter Benjamin hochhielten, in unguter Erinnerung. Er hatte 1925 Benjamins Habilitationsgesuch abgelehnt. Die Akten waren unter Verschluss, von den näheren Umständen wussten nur wenige etwas, eigentlich nur die, die an dem Verfahren beteiligt gewesen waren. Kurz bevor Benjamin im März 1925 seine Habilitationsschrift über den *Ursprung des deutschen Trauerspiels* einreichte, zog sich Schultz, der einen Teil gelesen, aber nicht viel verstanden hatte, geschickt aus der Affäre und verschob kurzerhand die Arbeit aus der Literaturgeschichte in die Ästhetik. Nicht er musste nun das Gutachten schreiben, sondern Hans Cornelius. Dem ging es jedoch nicht anders als seinem Kollegen Schultz: Er verstand nichts. Cornelius ließ sich von Benjamin ein kurzes Exposé schicken, aber auch daran scheiterte er. Schließlich gab er die Arbeit seinem Assistenten Max Horkheimer – und auch der kam zu dem Schluss: »nicht zu verstehen«. Das Habilitationsgesuch wurde daraufhin abgelehnt. Dass Schultz und Cornelius an der Sache beteiligt waren, wussten die Zeitgenossen, über die Rolle, die Horkheimer bei der Ablehnung gespielt hat, war in der Öffentlichkeit nichts bekannt. Jahrzehnte später, 1985, entdeckte der Germanist Burckhardt Lindner in der Habilitationsakte Benjamins die Stellungnahme von Horkheimer.[1] Eine unrühmliche Geschichte – für die Universität, aber auch für die Frankfurter Schule.

Nun stand der Benjamin-Verehrer Adorno auf dem Podium – auch er hatte zwei Anläufe gebraucht, bis ihm im Februar 1931 die Venia Legendi erteilt wurde. Ein Triumph für den achtundzwanzigjährigen Privatdozenten. Eine Antrittsvorlesung stellte ein gesellschaftliches und geselliges Ereignis dar, es versammelten sich nicht nur die Lehrstuhlinhaber, Professoren und Studenten, sondern auch die Honoratioren der Frankfurter Gesellschaft. Adorno hatte großzügig Einladungen verteilt. Alle seine Freunde und Bekannten saßen im Auditorium: Paul und Hannah Tillich, Horkheimer mit Ehefrau Maidon, Friedrich Pollock, Leo Löwenthal und seine Frau Golde. Alle? Fast alle, muss man sagen, es fehlte der enge Freund Siegfried Kracauer, der als Feuilletonchef der *Frankfurter Zeitung* in der Berliner Redaktionsstube festsaß und sich durch seine Tante Hedwig vertreten ließ. Anwesend waren natürlich Adornos Eltern, seine geliebte Tante Agathe Calvelli-Adorno und seine Verlobte Gretel Karplus, ebenso zahlreiche Frankfurter Professoren, unter ihnen Karl Mannheim. Und Norbert Elias? In seiner *Rede anlässlich der Verleihung des Theodor-W.-Adorno-Preises* schreibt er: »Man begegnete sich gelegentlich, hörte wohl auch voneinander.«[2] Elias erwähnt als Eigentümlichkeit Frankfurts, dass es »Vorlesungen interessanter und anregender« Art gab, an denen die »städtische Gesellschaft« teilnahm und die im Weiteren zum »Gesprächsthema bei Parties« und »geselligen Veranstaltungen«[3] wurden. Adornos Antrittsvorlesung gehörte ganz sicher in diese Kategorie, und wir können annehmen, dass Elias, der geselligen Ereignissen aufgeschlossen gegenüberstand, sich eine Teilnahme nicht entgehen ließ.

Nicht dabei waren Alban Berg und seine Frau Helene. Das Ehepaar war erst kurz zuvor in Frankfurt gewesen, als im Opernhaus die letzten Proben zur Oper *Wozzeck* in der Inszenierung von Herbert Graf liefen. Zur Freude Adornos blieb Berg bis zur Premiere am 19. April in der Stadt. Vermutlich war er mit dem Auto angereist, schwärmte er doch in einem Brief an den Freund: »Seit ich ein Auto hab, hab ich kein Asthma mehr. Und so scheußlich dieses war, so herrlich ist jenes. Auch darüber mündlich mehr, ja mehr als Ihnen vielleicht lieb ist –, denn ich rede *nur mehr davon*!«[4] Der Komponist hatte sich 1930 von den Tantiemen für *Wozzeck* ein blau-schwarzes Ford Modell A Cabriolet zugelegt, seinen »blauen Vogel«, wie er das Auto nannte. Die Sache hatte sich herumgesprochen, und Adorno war natürlich darüber im Bilde: »Gehört habe ich auch von Ihrem Auto und kann mir gut vorstellen, wie viel Freude es Ihnen macht und daß es, gleich allem Technischen in Ihrer Hand, lebendig und eine merkwürdige Art von Haustier wird.«[5]

Die gute Gesellschaft Frankfurts bildete einen nicht zu unterschätzenden Teil des Publikums: Gabrielle und Paul Oppenheim, in dessen Salon Adorno seit vielen Jahren verkehrte, saßen hier genauso wie Carl Dreyfuss, ein, so der Adorno-Biograph Detlev Claussen, »Playboy aus feinsten Kreisen«.[6] Unter dem Pseudonym Castor Zwieback verfassten er und Adorno gemeinsam surrealistische Lesestücke, die im November 1931 teilweise in der *Frankfurter Zeitung* erschienen. Dreyfuss, fünf Jahre älter als sein Kompagnon, kam aus einer wohlhabenden jüdischen Industriellenfamilie und führte das Leben eines Künstlers und Privatgelehrten. 1929 hatte er die Schauspielerin Sybille Pietzsch geheiratet – Adorno war Trauzeuge –, kurze Zeit später lernte er die Schauspielerin Marianne Hoppe kennen, in die er sich verliebte. Dreyfuss nur als Snob und Frauenheld abzutun würde allerdings zu kurz greifen, er war auch ein ernsthafter Forscher, ein Soziologe, der die Klassiker des Faches kannte. 1933 erschien seine Dissertation *Beruf und Ideologie der Angestellten*, eine erst 2020 neu aufgelegte, hoch gelobte Studie. Dreyfuss wollte eigentlich einen Roman über die Angestellten schreiben, wobei ihm Siegfried Kracauer mit seiner 1930 erschienenen Schrift *Die Angestellten* zuvorkam. Der Freund Wiesengrund – man erfährt davon in den Briefen an Kracauer – schaute immer etwas neidisch auf den deutlich beweglicheren, gewandteren und in Liebesangelegenheiten draufgängerischen Sozius. Wenn nicht alles täuscht, erschien dieser zur Antrittsrede mit Marianne Hoppe. Die einundzwanzigjährige Schauspielerin hatte ein Engagement am hiesigen Neuen Theater. Über Dreyfuss hatte auch Adorno sie kennengelernt, der sich ebenfalls von ihren Talenten fasziniert zeigte und sie überaus schätzte. »Amouren«, um noch einmal Detlev Claussen zu zitieren, »pflegte man im Theatermilieu.«[7] Und Adorno stand weder den Amouren noch dem Theatermilieu ablehnend gegenüber.

Die Gesellschaft, die sich im Mai 1931 zur Würdigung und Feier des jungen Philosophen traf, war also durchaus gemischt, gemischt wie Frankfurt selbst. Wolfgang Schivelbusch hat in seinem Essay *Intellektuellendämmerung* auf die beiden Pole aufmerksam gemacht, zwischen denen sich die Geschichte der Frankfurter Intelligenz in den zwanziger Jahren abspielte. Zwei markante Neubauten, die in dieser Zeit im Frankfurter Westend entstanden, seien von paradigmatischer Bedeutung[8] für die damalige Situation gewesen: das inmitten des Villenviertels errichtete Institut für Sozialforschung und das an der nördlichen Westend-Peripherie hochgezogene Verwaltungsgebäude des I. G.-Farben-Konzerns – ein feudal gestaltetes Machtzentrum, das kurz vor Adornos Antrittsrede mit viel Pomp eingeweiht worden war. An der Spitze dieses Machtzentrums stand der Verkaufschef Georg von Schnitzler. Seine Ehefrau Lili war in Frankfurt eine außerordentlich geschätzte Kunstmäzenin und Salonnière. Jeden Mittwoch lud sie zum Künstlertisch ein, besonders hofiert wurde hier der Maler Max Beckmann.

Als Adorno über die *Aktualität der Philosophie* dozierte, gehörten auch sie ganz sicher zu den Gästen. Adorno hatte Anfang der dreißiger Jahre, in einer Zeit, als man sich bei den Schnitzlers bereits für die Nazis entschieden hatte, wenig Berührungsängste, er ließ sich gern einladen. Auf einem Kostümball um 1930 trat er hier, wie bei Tillichs, als Napoleon auf, Schnitzler gab den Nazi.[9] Peter von Haselberg berichtet, wie er Anfang der dreißiger Jahre Adorno zum Haus des I. G.-Farben-Chefs begleitet habe, wo Kultur und »industrielle Machtstellung« auf bemerkenswerte Weise zusammenkamen. Er habe Adorno an diesem Abend darauf aufmerksam gemacht, dass man hier »die endgültige Wendung zu Hitler schon vollzogen hätte«.[10] Adorno soll verdrossen geantwortet haben, er wolle ihm wohl »einen schönen Abend verderben«. Damit war die Geschichte aber nicht erledigt. Adorno stellte von Haselberg anderntags wohl zur Rede und sagte, dass sich »solche Mitteilungen« nicht gehörten, »wenn es um gemeinsame Freunde gehe, gleichgültig ob auch die Warnung freundschaftlich gemeint gewesen sei. Hier gelte als oberstes Gesetz die Diskretion.«[11] Ein paar Monate später erhielt Hitler von Schnitzlers I. G. Farben über 4,5 Millionen RM für den Wahlkampf – »damit es die letzte Wahl«[12] werde, wie er gesagt haben soll.

Eine Camouflage

Fotografien aus den dreißiger Jahren zeigen Adorno als einen jünglings- und schülerhaften Typ. Auffällig und oft beschrieben der rundliche Kopf mit den großen hervorstehenden dunklen Augen und den kurz geschnittenen spärlichen Haaren. Am 8. Mai betrat er, in einem gut geschnittenen Anzug, weißem Hemd und Krawatte, mit einiger Verspätung das Podium.

13 Theodor Wiesengrund, später Theodor W. Adorno, 1930.

Drei Monate nachdem Horkheimer seine Rede gehalten hatte, positionierte sich Adorno in selbstbewusster Manier als Kritiker der Gegenwartsphilosophie, als jemand, der kraft seiner neuen Autorität in programmatischer Rede die alte Philosophie verabschiedet und eine andere, neue fordert. Wie sollte diese andere Philosophie aussehen? Welche Rolle sollte sie in einer gewandelten Welt spielen, in der die Wissenschaft immer mehr an Vertrauen und Deutungsmacht einbüßte?

Adorno wusste, dass er ein gemischtes Publikum vor sich hat, er musste und wollte sich einer breiteren Öffentlichkeit verständlich machen – und offenbar schaffte er das auch. Hedwig Kracauer jedenfalls schreibt neun Tage später an ihren Neffen in Berlin: »Er hat diesmal wirklich versucht, sein Thema […] möglichst allgemein verständlich zu fassen. Ich habe, solange ich dort saß, auch wirklich verstanden, doch fehlen mir die Vergleichspunkte, und ich konnte nicht beurteilen, ob er originell oder nur reproduktiv war.«[13]

Von Adorno selbst hätte Kracauer nur zu gern etwas über die Vorlesung gehört, aber ein Brief ließ auf sich warten. Es dauerte geschlagene drei Wochen, bis Adorno dem Freund völlig zerknirscht und mit sich selbst unzufrieden schrieb und eine Art Stimmungsbericht übermittelte: In mutiger Rede, so berichtet er, habe er sich mit programmatischen Vorstellungen vorgewagt, sich aber nicht verständlich machen können. Einige hätten nicht verstanden, was er denn von der Philosophie wolle, andere hätten seinen Ton selbstgewiss und anstößig gefunden, wieder andere schimpften auf die von ihm entwickelten Ideen, die sie entweder für unfundiert oder für nicht marxistisch genug hielten. Manche Zuhörer hätten mit »Wut und Aufregung«[14] reagiert. Ein Eklat habe in der Luft gelegen und er am Ende zwischen allen Stühlen gesessen: »Das ist ja gar nicht verwunderlich. Ich passe nicht herein, ich will keine Wissenschaft machen und keine Weltanschauung, sondern eben etwas prinzipiell anderes, was zu den akademischen Kategorien ganz disparat steht und was die Leute erbittert, die im Grunde doch immer noch aristotelisch oder hegelianisch nach dem Sinn von Sein fragen möchten.«[15]

Gegenüber Kracauer vermittelt er den Eindruck, die Antrittsvorlesung sei ein einziges Desaster gewesen, als wäre nichts geblieben als »das Gefühl der völligen geistigen Isolation«.[16] Daraufhin richtet Kracauer den Hilfesuchenden auf. Zunächst entschuldigt er sich, dass er, abgehalten von der Arbeit, nicht sofort reagiert habe. Der erste Teil seiner Antrittsvorlesung, die »Kritik der gegenwärtigen Philosophie«, sei gut gewesen, im zweiten Teil, »Übergang zum Materialismus«, aber hätte er sich in haltlosen Abstraktionen verloren. Adorno sei, so Kracauers These, bei dieser öffentlichen Rede zu einem »Versteckspiel« gezwungen gewesen: »Du wolltest Dich bekennen und konntest es doch nicht. In der Tat, ein Bekenntnis zum Marxismus war gleich nach der Habilitation und bei diesem offiziellen Anlaß nicht möglich. Es wäre auch inopportun gewesen, denn Du hättest in den Dozenten die Vorstellung erwecken müssen, daß Du erst und gleich hinterher mit der Sprache herausrücktest, nachdem Deine Habilitation durchgegangen war. Um diesen peinlichen Eindruck unfairen Benehmens zu vermeiden, hast Du vermutlich die Sache so eingetarnt.«[17] Man reibt sich die Augen: Kracauer glaubte offenbar, dass der Freund sich mit dieser Rede als Marxist habe bekennen wollen, doch an diesem Ort sich gezwungen sah, seine wahren Motive zu verstecken. Statt der programmatischen Ausführungen hätte er dem Publikum »irgendeine kleine, wirklich dialektische Untersuchung« vorführen sollen, so Kracauers Empfehlung am Schluss seines Briefes.

Adornos Selbstzweifel, ob er überhaupt in die Wissenschaft und in die akademische Institution passe, haben ihn zeit seines Lebens begleitet. Noch drei Jahre zuvor hatte er mit dem Gedanken gespielt, sich hauptberuflich mit dem Komponieren zu beschäftigen und die Wissenschaft allenfalls als Nebenerwerb zu betreiben. Jetzt aber war er angekommen, hatte sich durch seine Arbeit über Kierkegaard den Respekt der akademischen Zunft erworben. Tillich war voll des Lobes, in seinem Gutachten spricht er davon, dass es Adorno gelungen sei, Kierkegaard der Existenzialphilosophie und der dialektischen Theologie zu entreißen und »durch Enthüllung der geistigen und gesellschaftlichen Lage«[18] eine sehr eigenständige Arbeit über den dänischen Philosophen vorzulegen. Vor allem war Tillich von der Form fasziniert: »Wiesengrund denkt nicht topologisch, sondern gewebehaft. Er lehnt darum ausführlich Inhaltsangaben, Dispositionen, Unterteile und dergleichen ab; der Gedanke wird ohne wesentliche Einschnitte vom Anfang bis zum Ende durchgesponnen. Dem entspricht der Stil, der immer bis zum Äußersten durchgeformt ist, so daß in jedem Satz das Ganze des Gefüges mitklingt.«[19] Ob bei Tillich oder dem Zweitgutachter Horkheimer – Adornos Arbeit fand unter den Akademikern Anerkennung, auch wenn sie als »unerhört schwierig«[20] klassifiziert wurde, was der Verfasser nicht ungern hörte. Horkheimer sprach in seinem Gutachten davon, »daß hinter dieser Arbeit nicht bloß ein starker philosophischer Wahrheitswille steht, sondern auch die Kraft, die Philosophie an wichtigen Stellen zu fördern«.[21] Diese Lobeshymnen machten Adorno selbstsicher. Die Gefühlslage des Zerquälten und Zweifelnden, wie er sie im Brief an Kracauer geschildert hatte, war reine Inszenierung. Er wollte seinem Lehrer und Mentor, der es selbst nicht bis zur Habilitation geschafft hatte und sich mit einer unsicheren Redakteursstelle zufriedengeben musste, die Realität ersparen – und diese seine Realität war, dass es ein Triumph gewesen ist.

Philosophen und Fassadenkletterer

Ein junger Philosophiestudent, Peter von Haselberg, wollte sich gleich nach der Rede dem frisch habilitierten Privatdozenten als zukünftiger Schüler vorstellen. Das war offenbar nicht ganz einfach, da ihn viele Freunde und Bekannte zu seinem fulminanten Vortrag beglückwünschen wollten. Von Haselberg erinnert sich an die Damen, insbesondere die »älteren Damen«, die das Interesse Adornos auf sich zu ziehen vermochten. Dennoch schaffte es der Aspirant in den kommenden Tagen, auf seine Person aufmerksam zu machen, wobei ihm sein Adelstitel zu Hilfe kam – Adorno fühlte sich zeitlebens magisch davon angezogen; dass die Vorfahren seiner Mutter Dogen von Genua gewesen waren und mit dem Fürstenhaus Colonna verwandt, hob er gerne und oft hervor. Der Star des Abends wurde herumgereicht, erfuhr viel Anerkennung. Folgen wir von Haselberg, dann war das, was der Privatdozent an jenem Tag abgeliefert hatte, »eine echte Antrittsvorlesung, polemisch gegen die herrschenden Philosopheme allesamt, und mit einem Schlenker auch ein Bekenntnis zur Chemiemetropole, der I. G.-Farben-Stadt [...]. Dialektik, Materialismus, ja selbst die Warenform kamen vor, aber keinerlei Doktrin.«[22]

Der Anfang von Adornos Antrittsvorlesung erinnert an die beiden berühmten Vorträge Max Webers *Wissenschaft als Beruf* und *Politik als Beruf*, die dieser im November 1917 bzw. im Januar 1919 gehalten hatte. Bei Adorno heißt es: »Wer heute philosophische Arbeit als Beruf wählt, muß von Anbeginn auf die Illusion verzichten, mit der früher die philosophischen Entwürfe einsetzten: daß es möglich sei, in Kraft des Denkens die Totalität des Wirklichen zu ergreifen.« Auch Weber hatte in der ihm eigenen Diktion versucht, jene Illusionen aufzuspüren und zu benennen, die sich derjenige mache, der in einer gewandelten Welt den Beruf des Wissenschaftlers oder Politikers anstrebe, Illusionen, auf die man, so Weber, besser verzichten sollte, wenn man den Beruf erfolgreich ausüben wolle. Für Adorno stellt es eine Illusion dar, in einer zerfallenen Welt noch an Ganzheit und Einheit zu glauben. »Kraft des Denkens«,[23] so seine These, lässt sich die Gesellschaft nicht mehr auf einen Begriff bringen. Auch durch Ausdifferenzierung und immer weitere Spezifizierung der einzelwissenschaftlichen Forschung bleibt Realität flüchtig. Adorno unterstellt eine prinzipielle Rätselhaftigkeit der Wirklichkeit, gegenüber der sich Philosophie nur deutend verhalten kann. Erkennen im absoluten Sinn ist nicht möglich, Philosophie muss »stets von neuem anheben«.[24]

Horkheimers Konzepte der Interdisziplinarität und der Methodenvielfalt stoßen bei Adorno auf Skepsis und Ablehnung. Horkheimer hatte den Aufbruch, eine Erneuerung der wissenschaftlichen Forschung und die Begründung einer umfassenden Gesellschaftstheorie proklamiert. Adorno kritisiert an der gegenwärtigen Philosophie, dass sie sich immer noch die alten Fragen vorlegen würde und nach dem Sinn des Seins frage.

Wo es stattdessen aber hingehen sollte, das wurde aus

seinen Ausführungen nicht so recht deutlich. Der Philosophie sei es aufgegeben, »Schlüssel zu konstruieren, vor denen die Wirklichkeit aufspringt«.[25] Adorno weicht auf Metaphern aus, zündet Nebelkerzen. Während Horkheimer über ein neues Verhältnis von Philosophie und Soziologie nachdenkt und die Tatsachen in den Blick nimmt, verharrt Adorno in Klischees und Vorurteilen. In Anlehnung an Heidegger heißt es an einer Stelle, der Philosoph sei »einem Baumeister gleich«, der »den Entwurf eines Hauses gebe und ausführe«, der Soziologe sei »der Fassadenkletterer, der von außen die Wände erklimme und heraushole, was ihm erreichbar sei«.[26] Am Ende kommt er dann aber doch noch konkreter auf die Rolle und Aufgabe der Philosophie zu sprechen. Nach dem »Zerfall aller Sicherheit in der großen Philosophie« solle der Versuch unternommen werden, an das ästhetische Essay anzuknüpfen. »Denn wohl vermag der Geist es nicht, die Totalität des Wirklichen zu erzeugen oder zu begreifen; aber er vermag es, im kleinen einzudringen, im kleinen die Maße des bloß Seienden zu sprengen.«[27]

Der Zugang zur Wahrheit ist jetzt im Profanen

Ein Freund, ein guter Freund

Greifen wir einige Jahre voraus, sehen wir, dass aus einer Arbeitsbeziehung voller Misstöne, die es noch genauer unter die Lupe zu nehmen gilt, am Ende nicht nur eine tiefe Freundschaft entsteht, sondern auch ein epochemachendes Werk hervorgeht. Am 26. Mai 1948 schreibt Adorno an Max Horkheimer: »[...] also, es ist da, das Buch, unser erstes legitimes Kind, und ich bin unendlich froh damit. Es sieht anständig und würdig aus, vor allem auch bescheiden, gar nicht super de luxe, ganz so, wie wir es uns wünschen können.«[1] Bei dem Buch handelt es sich um *Dialektik der Aufklärung*, das im Amsterdamer Querido Verlag erschienen ist. Die Metapher, die Adorno wählt, die Rede vom ›legitimen Kind‹, zeigt, wie nah man sich stand, wie sehr man über die Jahre des Exils zusammengewachsen war, zusammengewachsen zu einer befruchtenden Paarbeziehung. Horkheimer, der sich nach dem Ende des Zweiten Weltkrieges gerade auf einer Europareise, ja einer Erkundungsfahrt befand, die dazu dienen sollte, die Möglichkeiten einer Rückkehr zu eruieren, hatte schon auf Adornos Mitteilung über das gemeinsame Werk gewartet. Fünf Tage zuvor hatte er geschrieben: »Überhaupt wird das Gute nur von uns und unserer Arbeit kommen. An beides denke ich sehr intensiv und mit großer Sehnsucht.«[2]

Im Vorwort zur Neuausgabe von 1969 heißt es: »Kein Außenstehender wird leicht sich vorstellen, in welchem Maß wir beide für jeden Satz verantwortlich sind. Große Abschnitte haben wir zusammen diktiert; die Spannung der beiden geistigen Temperamente, die in der Dialektik sich verbanden, ist deren Lebenselement.«[3] Als ein Kritiker versuchte, die beiden Autoren »auseinander zu halten« und die Texte jeweils einem Autor zuzuordnen, schreibt Adorno an Horkheimer, er habe klargestellt, dass es sich um eine »gemeinsame Arbeit« handle, bei der »jeder Satz uns gemeinsam zugehört«.[4] *Dialektik der Aufklärung* sollte das Produkt einer Verschmelzung sein, hinter dem alle individuellen Differenzen zurücktraten.

Dass Horkheimer und Adorno ein derartiges Projekt in intimer Zusammenarbeit entwickeln würden, war Ende der zwanziger Jahre keineswegs ausgemacht. Von der Emphase, mit der die Paarbeziehung später beschworen wurde, war in der Zeit, als Horkheimer sich anschickte, die Leitung des Instituts für Sozialforschung zu übernehmen, nicht viel zu spüren gewesen. In den Briefen Adornos an Kracauer stellt sich die Beziehung zu Horkheimer vielmehr als gespannt und wenig herzlich dar. Im April 1929 heißt es: »Heute sprach ich telephonisch mit Horkheimer. Er war auffallend kühl und herablassend gegen mich.«[5] Als ein Jahr zuvor Adornos erste Habilitation scheiterte, lag das nicht allein an Cornelius, der hatte sich da krankheitsbedingt bereits weitgehend aus dem Universitätsbetrieb zurückgezogen. Der entscheidende Mann am Lehrstuhl war längst sein Assistent Max Horkheimer. Der hatte nicht nur bei Cornelius promoviert und sich 1925 habilitiert, er war eng mit ihm befreundet, man tauschte sich aus über Philosophie, Kunst und Musik, besuchte Ausstellungen und Konzerte und ging gemeinsam auf Reisen. Schon früh vertrat Horkheimer den chronisch kranken Professor, hielt Vorlesungen, las die eingereichten Arbeiten – auch die Adornos – und bereitete die Gutachten vor. Cornelius berief sich bei seiner Einschätzung der von Adorno vorgelegten Habilitation auf das ablehnende Urteil des Assistenten. Nicht von ungefähr hatte Adorno im

Vorfeld des Habilitationsverfahrens Kracauer gebeten, sich für ihn bei Horkheimer zu verwenden: »Cornelius wird schließlich den habilitieren, der Horkheimer genehm ist.«[6] Kurzum, eine derart gelagerte Abhängigkeit ist eine schlechte Basis für eine Freundschaft.

14 Max Horkheimer, Mitte der dreißiger Jahre.

Was Horkheimer betrifft, so sah dieser Adorno durchaus kritisch, was in seinem im Februar 1931 verfassten Gutachten deutlich wird. Zwar schloss er sich dem Gutachten Tillichs an, ließ jedoch selbst einige Distanz erkennen. So erwähnt er die »Kompliziertheit«[7] im Denken Wiesengrunds, die er nicht bzw. nicht immer für angemessen hielt. Diesen Eindruck hatte er ihm schon Monate zuvor mitgeteilt. Nach der Lektüre des vierten Kapitels zeigte er sich von der Arbeit grundsätzlich angetan, sie sei jedoch, so wendet er ein, »unerhört schwierig«.[8] Diese Kompliziertheit, so Horkheimers pädagogischer Hinweis, müsse sich »in seiner Entwicklung noch klären«.[9] Auf eine »mangelnde Beherrschung der philosophischen Methoden oder gar auf eine geringe Schärfe seines Denkens« sei das nicht zurückzuführen, auch nicht, wie er hinzufügt, auf mangelnde Kenntnisse in der Philosophie und ihrer Geschichte. Horkheimer macht am Ende seines Gutachtens in bemerkenswerter Weise auf die grundsätzlichen Unterschiede aufmerksam. Sowohl die »philosophische Interessenrichtung wie auch die Denkmethoden und die sprachliche Formung der vorgelegten Habilitationsschrift« seien mit seinem »eigenen philosophischen Bestrebungen nicht verwandt«.[10]

Es gab in der Tat zahlreiche Unterschiede, das zeigt sich dann nicht zuletzt in der Antrittsvorlesung, mit der Adorno deutlich auf Distanz zu Horkheimers Visionen einer neuen, interdisziplinär ausgerichteten Sozialwissenschaft ging. Adorno entwarf in der Antrittsvorlesung aber auch eine Rolle, die er später in der Freundschaft mit Horkheimer als seinen Part in der Beziehung begriff. Während dieser in den Briefen zurückhaltend moderat und differenziert argumentiert, nimmt Adorno eine schärfere, provokantere Haltung ein, vor allem wenn es darum geht, unliebsame Kollegen oder um Horkheimers Gunst buhlende Konkurrenten vorzuführen, sie der Lächerlichkeit preiszugeben und mit vulgären Kraftausdrücken zu überschütten. Das hat etwas durchaus Schülerhaftes, denn immer sind es Autoritäten, die er vom Sockel zu holen sucht. Die Aggression hätte er gern zu seinem Markenzeichen gemacht, gefiel er sich doch in der Rolle des Aggressiven, Angreifenden und Verletzenden. 1936 veröffentlicht er seine Studie *Über Jazz*, in der er sich, unter dem Pseudonym »Hektor Rottweiler«, seinen tief sitzenden Ressentiments hingibt – wir werden darauf zurückkommen.

In seiner Antrittsvorlesung hielt er sich mit Ausfällen zurück. Nur an einer Stelle gab er seine Zurückhaltung auf, als er auf den Begriff der Ideologie zu sprechen kam. Adorno schlug sich in dieser Frage auf Horkheimers Seite, äußerte sich aber entschiedener und kritisierte, im Unterschied zu dem anderen, nicht nur den Ideologiebegriff, den man »um alle Schärfe gebracht« habe, sondern gleich die ganze dahinterstehende Soziologie: »Diese Art von Soziologie ordnet sich einer Art von allgemeinem Relativismus ein.«[11]

Adorno wusste natürlich, dass Karl Mannheim, der »diese Art von Soziologie« vertrat, im Publikum saß. Das war der von ihm gepflegte Angriffsmodus, den Horkheimer registrierte und schätzte. Adorno war sich dessen sehr wohl bewusst. Als sich im Wintersemester 1931/32 nach Horkheimers Vorlesung ein kleiner Kreis von Studierenden, Assistenten und Dozenten traf, um über »Wissenschaft und Krise« und über »Idealismus und Materialismus« zu diskutieren, gehörte Adorno zu den prägenden und federführenden Diskutanten des Kreises. Die Protokolle zeigen einen agilen, temperamentvollen Adorno, der in die Offensive geht und mit immer neuen Thesen, immer neuen Einfällen und Themenvorschlägen hervortritt:

ADORNO: Thema-Einfall: Einbeziehung des Moments der Zeit. Inwieweit kann eine Theorie falsch sein, weil sie veraltet ist?
HORKHEIMER: Nach Mannheim [sind] veraltete Theorien Ideologie.
[HORKHEIMER] bittet, solche Thema-Einfälle zu notieren, da er ein System der Vorlesung wirklich noch nicht habe.[12]

Adorno und Horkheimer spielen sich die Bälle zu: Horkheimer führt aus, Adorno nimmt auf, regt an und wirft immer neue Formulierungen in die Debatte.[13] Die anderen Teilnehmer werden zur Staffage, Adorno übernimmt mehr und mehr die Diskussion, er präsentiert sich als kreativer Geist, zeigt sich als ein Mann, der Temperament und Biss hat und sich mit seinen Ansichten nicht versteckt. Horkheimer wird es gefallen haben.

Auf der Grundlage dieser Diskussionsrunde komponierte Horkheimer seinen Aufsatz *Bemerkungen über Wissenschaft und Krise*, der 1932 im ersten Jahrgang der *Zeitschrift für Sozialforschung* erschien. Im selben Heft kam auch ein Beitrag Adornos zum Abdruck: *Zur gesellschaftlichen Lage der*

Musik – ein Thema, das Horkheimer insbesondere vor dem Hintergrund der aktuellen politischen Entwicklungen wohl eher als randständig einstufte, aber gleichwohl aufnahm. Er wollte Adorno an sich binden, ihn für die eigenen Zwecke einspannen.

Horkheimer träumte da schon von einem großen Buchprojekt, der »dialektischen Logik«, die er, das hatte er sich fest vorgenommen, zusammen mit dem anderen schreiben wollte – nur dieser habe das dafür notwendige Standing. Trotz der »störenden Momente«, die er in dessen Persönlichkeit auszumachen meint,[14] sei es einfach notwendig, mit ihm zusammenzuarbeiten. Und Horkheimer wusste, wie er den genialischen Adorno für sich und das Institut gewinnen konnte. Im November 1934 schreibt er dem »Lieben Herrn Wiesengrund« einen langen Brief. Man hatte sich über Monate aus den Augen verloren. Horkheimer befand sich im Exil in New York, Adorno hatte sich im April 1934 am Oxforder Merton College als *advanced student* eingeschrieben; zur Emigration entschloss er sich erst 1938. In seinem Brief betont Horkheimer, wie wichtig ihm die Zusammenarbeit sei und welchen Wert auch die persönliche Beziehung für ihn habe.[15]

Er spricht Adorno als den für ihn entscheidenden Mann an und erinnert ihn daran, dass man eine Mission, eine »Aufgabe [...] zu erfüllen« habe.[16] Horkheimers Attraktivität und Sicherheit beruhten auf seinem großen Sendungsbewusstsein. Als Sechsundzwanzigjähriger schreibt er nachts an seine Braut: »Daß ich leben muß, ist eine Notwendigkeit, der ich mich nicht entziehen dürfte – selbst wenn das einen Sinn hätte. Ich *muß* also leben, bis ich nicht mehr darf: ich *muß* – ich habe Aufgaben – weil mein Wille sie gestellt hat – ich hasse sie manchmal – aber mein Wille ist da. Er ist rücksichtslos.«[17] Wer andere anziehen und für sich einnehmen will, muss von sich selbst, seiner eigenen Person überzeugt sein; Ziele und Aufgaben zu haben ist eine Form der Selbstliebe. Und Horkheimer liebt sich, weil er Ziele und

Aufgaben hat, die er erreichen will – »rücksichtslos«, wie er schreibt. Diese Selbstsicherheit strahlte auch auf Adorno aus, der Anfang der dreißiger Jahre noch relativ ungefestigt war. In einer Welt, in der alles unsicher geworden war und keiner mehr vorauszudenken wagte, schien Horkheimer zu wissen, wo es langging. In dieser Zeit entstand das »Ideal«[18] einer Einheit, einer Gemeinsamkeit im Denken und Handeln, das Bestreben, eine Gemeinschaft gegen eine Welt von Widerständen zu bilden. Man glaubte sich überlegen, pflegte das Gefühl einer Superiorität.

In dieser Zeit, Mitte der dreißiger Jahre in der Emigration, begann sich auch die freundschaftliche Beziehung zwischen Horkheimer und Adorno zu entwickeln. Was die dialektische Logik anging, so sprach Adorno schon bald von »unserer eigentlichen und gemeinsamen theoretischen Aufgabe«,[19] die er am liebsten in intimer Zweisamkeit mit dem anderen in Angriff genommen hätte. Doch Horkheimer war nicht bereit, sich auf ihn zu fixieren. Noch war die Gruppe um den Sozialphilosophen intakt. Adorno spielte darin eine Rolle, eine wichtige sogar, aber er konnte die anderen ungeliebten Konkurrenten so leicht nicht verdrängen. Adorno musste Pollock nolens volens akzeptieren. Auch Fromm zählte mit seinen Thesen vom autoritär-masochistischen Charakter zum inneren Kreis. Sosehr Adorno gegen ihn opponierte, Fromm hielt lange Zeit allen Anfeindungen stand, erst 1939 gab er resigniert auf. Dass Löwenthal bei Horkheimer Anerkennung genoss, war für Adorno ein stetes Ärgernis, und gegen Herbert Marcuse feuerte er schon früh Breitseiten ab. Es mache ihn traurig, schrieb er am 13. Mai 1935 an den neuen Freund, »daß Sie philosophisch unmittelbar mit einem Mann arbeiten, den ich schließlich für einen durch Judentum verhinderten Faszisten halte«.[20] Zweifellos, Adorno war, wenn es um die Beziehung zu Horkheimer und die eigene Stellung im Institut ging, ein Intrigant. Mit einiger Boshaftigkeit und Hinterlist versuchte er sich Exklusivität zu verschaffen. Für Horkheimer waren das keineswegs nur »störende Momente«, er sah durchaus die Vorzüge eines solchen rücksichtslos die gesetzten Ziele verfolgenden Charakters. Am 8. Dezember 1936 schreibt er Adorno: »Mag Ihre Kierkegaard-Arbeit auch noch Spuren der idealistischen Denkweise an sich tragen, von der Sie sich mit jenem Buch lossagten, so macht sich doch an vielen Stellen Ihr vom Hass geschärfter Blick auf das Bestehende geltend.«[21]

Rückkehr zur Religion?

Der Weg, den Horkheimer und Adorno bis zu ihrer *Dialektik der Aufklärung* zurückzulegen hatten, reicht weit zurück. In der Weimarer Republik versuchten religiöse Erneuerungsbewegungen altes Terrain zurückzuerobern. Wer erwartet hatte, dass die Wissenschaft und der Rationalismus der Aufklärung an die Stelle der überlebten Religion treten würden, musste sich eines Besseren belehren lassen. Der Mensch, der den Glauben an das Jenseits verloren hatte, sah sich auf das Profane verwiesen, auf eine Welt, in der es keine vorgegebene Ordnung, keinen Zusammenhang mehr gab. Dass alles ›relativ‹ ist, war in den Jahren nach dem Ersten Weltkrieg eine der erschreckenden Erkenntnisse. Es war eine bemerkenswerte Koinzidenz, dass genau zu diesem Zeitpunkt Einsteins Relativitätstheorie populär wurde, die, so nahmen nicht wenige Zeitgenossen an, den Beweis für den Verlust absoluter Maßstäbe und fester Bezugspunkte liefere. Es herrschte eine allgemeine Ungewissheit in den ökonomisch und politisch instabilen zwanziger Jahren. Der Mensch fühlte sich in allen existenziellen Fragen alleingelassen. In dieser Situation setzten religiöse Gruppierungen aus dem protestantischen, katholischen und jüdischen Spektrum alles daran, die Menschen wieder für die Wahrheiten einer neuen Religion zu interessieren.

Kracauer, Adorno, Benjamin und Bloch lehnten diese Strömungen entschieden ab; sie waren für sie nur der Versuch, den herrschenden Gesellschaftszustand zu stabilisieren. Im April 1926 veröffentlichte Kracauer in der *Frankfurter Zeitung* eine Rezension zu Martin Bubers und Franz Rosenzweigs neuer Bibelübersetzung, die Ortsbestimmung und Angriffssignal zugleich war. Kracauer kritisierte das Unternehmen der beiden Gelehrten scharf. Die beiden hatten eigentlich eine Überarbeitung der Lutherbibel geplant, entschieden sich dann aber für eine komplette Neuübersetzung. Grundlage war der jüdische *Tanach*, die hebräische Bibel. Buber und Rosenzweig wollten den Charakter des Urtextes bewahren, insofern sollte es im eigentlichen Sinn keine Übersetzung, sondern eine Verdeutschung sein. In den Augen Kracauers lag genau darin eine »Preisgabe des ursprünglich Gemeinten«, die den Urtext in »seine nicht zu übertragende Abgeschiedenheit«[22] verweist. Er kritisiert nicht nur die Sprache, er kritisiert das ganze Projekt: »In einer dem Bibelwort entfremdeten Zeit ist seinem Gehalt auch mit einer Übersetzung nicht gedient.«[23] Die »theologischen Kategorien« hätten mit dem Profanen nichts mehr zu tun, sie gehörten nicht einmal zum Überbau der Gesellschaft.[24] »Der Ort der Wahrheit selber ist darum gegenwärtig inmitten des ›gemeinen‹ öffentlichen Lebens.«[25] Im Profanen spielten sich alle wichtigen Ereignisse ab, und die Sprache, die hier gesprochen werde, »hat die Notwendigkeit für sich«.[26] Bubers und Rosenzweigs Sprache aber sei »archaisierend«,[27] stamme aus »dem mythologischen Betrieb und der altertümelnden Neuromantik des ausgehenden 19. Jahrhunderts«.[28] Für Kracauer ist diese Bibelübersetzung der Versuch, das Profane zu verdrängen. In ihr zeige sich die Problematik der »religiösen Erneuerung überhaupt«: Die Neureligiösen wollten einen anderen Zugang zur Wirklichkeit, wollten der Wahrheit dienen und verfehlen sie: »Denn der Zugang zur Wahrheit ist jetzt im Profanen.«[29]

Das Frankfurter Gespräch

Zu dieser religiösen Erneuerungsbewegung gehörte auch Paul Tillich, der natürlich die Frontstellung kannte, als er im Juni 1931 zu einem *Frankfurter Gespräch* einlud, bei dem Neureligiöse aus dem protestantischen Spektrum und die Kritiker der Strömung aufeinandertrafen. An der stenographisch festgehaltenen Diskussion, die wahrscheinlich in Tillichs Wohnung stattfand, nahmen neben Karl Mannheim, Kurt Riezler, Theodor W. Adorno, Max Horkheimer und Friedrich Pollock auch mehrere Theologen aus verschiedenen Gruppierungen des Protestantismus teil, darunter Anhänger von Paul Tillich, Karl Barth und Friedrich Gogarten. Tillich strebte einen offenen Meinungsaustausch über säkulare Kultur und die Rolle des Protestantismus an. In seinem Eingangsreferat forderte er die nichtprotestantischen Teilnehmer auf, sie mögen doch Stellung beziehen. »Wir wollen wissen, wie wir, die protestantische Kirche einschließlich derer, die an der Grenze stehen, im Bewußtsein, im geistigen und gesellschaftlichen Bewußtsein der gegenwärtigen Gesellschaft, säkularen Gesellschaft dastehen. [...] Von der radikalen und offenen Aussage von beiden Seiten her ist viel zu erwarten.«[30]

Die Diskussion zeigte dann aber, dass es zwei Lager, ja zwei Denkweisen gab, die von völlig verschiedenen Voraussetzungen und Standpunkten aus argumentierten. Das eigentlich Aufregende an dieser Zusammenkunft ist der Schlagabtausch zwischen der Gruppe um Horkheimer (den Kritischen Theoretikern) und der Gruppe um Tillich (den Religiösen Sozialisten). In der Tillich-Forschung ist der Schlagabtausch als ein philosophischer Streit (Materialismus versus Idealismus) zur Kenntnis genommen worden. Zeitgeschichtliche Bezüge sind weitgehend unberücksichtigt geblieben, obwohl sie eine wesentliche Rolle spielten, schließlich fand die Auseinandersetzung in der Endzeit der Weimarer Republik statt, vor dem Hintergrund einer Weltwirtschaftskrise, deren drastische Folgen nicht zu übersehen waren.

Im Juni 1931 war das Finale der Demokratie bereits eingeläutet, die große Krise war allgegenwärtig. Doch auf der Tagung war davon zunächst wenig zu spüren. Die Theologen stellten die Profanisierung der Gesellschaft in den Mittelpunkt, in der sie das Grundübel der derzeitigen Situation sahen. Heinrich Frick sprach in seiner Einleitung von den Phänomenen der säkularen Zivilisation. Als »markante Momente« zählte er die »unwiderstehliche Ausbreitung der Technik« auf, »dann die diese Technik tragende wissenschaftliche Weltanschauung« und schließlich eine damit »zusammenhängende bestimmte Art der Lebensauffassung«.[31] Man könne die äußere und innere Krise dieser Welt in einem Satz zusammenfassen: »Es gibt keinen Gott auf dieser Welt außer dem Menschen und die Maschine ist sein Prophet.«[32] In einer solchen Welt mit ihrer weitgehend profanen Kultur würden sich »religiöse Urmotive« nur noch schwer darstellen und begründen lassen. Auf breiter Front gäbe es einen Verfall von Sinnorientierung, der zu »ideologischer Lebensgestaltung«[33] führe.

Tillich hatte die »Profanisierung des Seins«[34] unter anderem in seinen 1926 veröffentlichten Aufsätzen *Kairos II* und *Das Dämonische* ausführlich behandelt. Die Tagungsteilnehmer kannten diese Arbeiten, sie bildeten gewissermaßen den theoretischen Rahmen, der immer wieder zitiert und auf den immer wieder angespielt wurde.[35] Einige der Überlegungen Tillichs machen deutlich, welche Positionen die Religiösen Sozialisten am Ende der Weimarer Republik einnahmen. In *Kairos II* heißt es, die bürgerliche Gesellschaft habe »die Dinge und die Gesellschaft leer gemacht, ihre Tiefe, ihre Substanz verloren, ihre innere Glut erkalten lassen. [...] Sie hat das Göttliche an die Grenze der Welt gebannt, es zum Träger des ethischen oder logischen Weltbewußtseins gemacht, sie hat Gott, den Erschütterer der Zeit und der Endlichkeit, zum Abschluß oder Ausdruck der in sich ruhenden Endlichkeit werden lassen.«[36]

Eine Gesellschaft ohne religiöse Substanz, in der die Menschen wurzellos sind, musste in Tillichs Augen über kurz oder lang kollabieren. Nur wenn der Geist der bürgerlichen Gesellschaft überwunden werde, könne wirkliche Gemeinschaft entstehen, wobei die »Wirklichkeit der Gemeinschaft [...] nur aus der Religion kommen«[37] könne, nur sie sei aufgrund ihrer Tiefendimension in der Lage, der entleerten Kultur Substanz zu verleihen.

Marx habe die Frontstellung erkannt und symbolkräftig beschrieben. Laut Tillich gehe es allerdings nicht um Klassenkampf, um den »Kampf von Arbeitern gegen Unternehmer«, sondern um den »Kampf gegen das Prinzip«. Der Religiöse Sozialismus sei die politische Kraft, die jenseits aller Parteipolitik zu dem Prinzip vorzudringen versuche. Noch einen Gewährsmann nennt Tillich in diesem Zusammenhang: Friedrich Nietzsche, der gegen die »bürgerlichen Konventionen, gegen die Lüge, die die Urkräfte des Lebens, den Willen zur Macht in allen seinen Formen, den Eros in seiner schöpferischen Gewalt verleugnete, um die Wirklichkeit der rationalen Form zu unterwerfen«.[38] Nietzsche habe die Lüge und den »lebenszerstörenden Pharisäismus«[39] durchschaut. Durch seine »Verkündung der urschöpferischen Mächte« hätte er Generationen befreit.[40] Beide Propheten – Marx und Nietzsche – müssten in den »am weitesten schauenden Geistern der Zeit« zusammenwachsen »in der Sehnsucht nach einer neuen, geweihten Wirklichkeit«.[41]

Tillich fordert eine »prophetische Gegenbewegung«[42] – gegen den bürgerlichen Geist, gegen die, wie er sich in der Diskussion ausdrückte, »Dämonie des Kapitalismus«.[43] Mit der Entdeckung des Dämonischen glaubte Tillich zum Wesen des Kapitalismus vorgedrungen zu sein und erfasst zu haben, was er als den Geist der bürgerlichen Gesellschaft bezeichnet. Ein »breiter Strom dieses Geistes« gehe durch die ganze Kultur[44] und werde in allen Schichten in einem »Abgrund des Sinnverlustes«, einem »Abgrund der Sinnlosigkeit und Seinsentleerung«[45] manifest.

Mannheim stellt sich in der Diskussion als ein Mensch vor, der mit der Soziologie eine Wissenschaft betreibe, die sich mit den Phänomenen des modernen Lebens auseinandersetze, die in den Augen der Theologen zum Profanen gehörten. Das, was die Theologen als religiöse Urmotive bezeichneten, besäße jeder für sich allein, dazu bedürfe es keiner religiösen Bewegung. Ihn würden andere Urmotive interessieren, sie tauchen in Menschen auf, »die mit diesem Lebenselement nichts politisch Rückläufiges haben wollen, keine Herstellung einer früheren Sekurität, sondern gerade den neuen Menschen«.[46] Die Religion könne das Neue, »was in uns wird«, »das utopische Element in uns«, nicht erkennen und befördern, sie sei auf die Vergangenheit gerichtet.

Die Fetzen fliegen

Grundsätzlicher gegen die theologische Kulturkritik, die Profanisierung und Sinnverlust ins Zentrum der politischen Diskussion rückte, positionierte sich in der Diskussion Max Horkheimer. Lange musste er auf seinen Auftritt warten. Was vonseiten der Religiösen Sozialisten gesagt worden war, provozierte den Sozialphilosophen zu einer schroffen Zurechtweisung. Horkheimer zeigte sich einmal mehr als Stratege, der den Konflikt, die harte Auseinandersetzung nicht scheute und sehr direkt sein konnte, dabei aber immer einer gewissen Nonchalance wahrte. »Ich bitte Sie jetzt schon, das Barbarische an meiner Erklärung von vornherein in Kauf zu nehmen, denn ich reagiere relativ barbarisch.« Wir können uns vorstellen, dass er dabei den Theologen fest in die Augen schaute. Bevor er zum Angriff überging, sagte er, an Riezler gewandt: »Der Kapitalismus ist kein Trümmerfeld, im Gegenteil, er schickt sich an, eine Welt einzurichten nach

Methoden, die gar nicht radikal neu sind, in eine neue Phase zu treten. Gewisse ›Konstanten‹ werden wohl bleiben.«[47]

Dann kam er zu den Theologen: »Was ist eigentlich die Not, unter der wir alle leiden? [...] Leiden wir alle an der gleichen Not, ist es die Not der Problematik der profanen Kultur, die die Menschen quält? Die Menschen sind von viel realeren und brutaleren Dingen gequält, und auch diese Qual ist nicht eine neue Qual, aber dies Leid, dies materielle, materialistische Leid der Menschen ist es zunächst, was mich quält heute«[48] Die Probleme der profanisierten Kultur und der religiösen Urmotive seien doch völlig zweitrangig, in erster Linie gehe es um die Abschaffung materieller Not. Was er im Auge hatte, war die ökonomische Situation Anfang der dreißiger Jahre mit ihrer Massenarbeitslosigkeit und der Verarmung weiter Teile der Bevölkerung.

Horkheimer hielt zeitlebens an seiner materialistischen Haltung fest. Der Sozialphilosoph hatte einen Blick für die Ausgegrenzten, die, wie er sie in der *Dämmerung* nannte, »Gestrandeten«, denen es im Unterschied zu den »Tüchtigeren« nicht gelang, »ihr Herz der Wirklichkeit« anzupassen. Der individuelle Erfolg in dieser Gesellschaft sei kein »Kriterium für die Richtigkeit der Ansichten«.[49] »Die Ohnmacht des Gestrandeten ist heute nicht der Hauch eines Arguments gegen die Sachlichkeit seines Urteils, denn die Ordnung dieser Gesellschaft ist schlecht; wer an ihr zuschanden wird, ist nicht gerichtet.« Im Sommer 1931, als Horkheimer sein leidenschaftliches Plädoyer hielt, gab es viele Gestrandete. Die infolge des Börsenkrachs an der Wallstreet ausgelöste Weltwirtschaftskrise war in Deutschland mit verheerenden Folgen angekommen. Die Statistik verzeichnete über 6 Millionen Arbeitslose, nur knapp 20 Prozent davon erhielten Arbeitslosenunterstützung; ausländische Kredite wurden aus Deutschland abgezogen, die Industrieproduktion fiel um 40 Prozent, das Realeinkommen der Menschen sank um ein Drittel. Ende der zwanziger Jahre hatte in den großen Metropolen die Vergnügungsindustrie geboomt, die Menschen waren zu den Sport- und Kulturveranstaltungen geströmt, doch Anfang der dreißiger Jahre konnte sich das kaum noch jemand leisten; die Goldenen Zwanziger, die Blütezeit der Weimarer Kultur, war vorbei, Cafés, Theater, Sportarenen, Kinos, Varietés blieben leer.

Der »Metaphysiker oder religiöse Mensch«, so Horkheimer in seinem Statement, sei offenbar »nicht genug ergriffen [...] von den aktuellen Leiden«, habe »nicht genug Liebe [...] zu dem vergänglichen Menschen«,[50] ihm gehe es um etwas Höheres, er verachte das Materielle. Fricks Bemerkungen über die säkulare Zivilisation erschienen Horkheimer leichtfertig und beliebig – »so sieht man diese Dinge, wenn man ihren Gegensatz zum Religiösen heraushebt – ist der aber wirklich das Entscheidende?«[51] Auch was zur profanen Kultur gesagt worden war, hielt er für wenig überzeugend. »Eine ganze Reihe von Tatsachen, die [...] erwähnt worden sind, scheinen daher zu kommen, daß die Theologie, auch viele andere von uns, sich zu wenig um diese Realitäten kümmern und hier nur den Gegensatz von Religion und Weltlichem sehen, von dem ich nicht weiß, ob er das rechte Wort in dieser Zeit ist.«[52] In einer weiteren Stellungnahme fragt Horkheimer, ob es denn nötig sei, dass jemand, »der an der Verbesserung der Welt arbeitet, wirklich der Religion bedürftig ist«?[53]

Wie Wiesengrund-Adorno in seinem anschließenden Votum betont, habe ihm Horkheimer »schon viel vorweggenommen«. Anders aber als sein Vorredner schlägt er einen eher philosophischen Ton an. Er fordert eine radikale Profanität, eine »Entmythologisierung« aller theologischen Kategorien. In den religiösen Urmotiven sieht er nichts anderes »als fragwürdige Dämonisierungen«,[54] die es zu bekämpfen gelte.

Ganz auf der Linie und im Stil Horkheimers argumentiert Pollock. Auch wenn es »unglaublich platt erscheinen« mag: Die religiösen Urmotive seien etwas, was »ein paar Menschen angeht, sechs oder sieben Prozent aller Erwerbstätigen, deren Einkommen über dreitausend Mark beträgt. Die 63 Prozent, deren Einkommen unter 1200 Mark liegt, beschäftigen sich gar nicht damit, und ich fürchte, daß man hier in der Regel zu tauben Ohren reden wird.«[55] Was die Theologen zur Sinnfrage vorgebracht hätten, sei etwas »für Menschen, deren Mägen einigermaßen gefüllt sind«.[56] Pollocks Argumentation kann man an einem Aufsatz nachvollziehen, den er um diese Zeit vorbereitete und der 1932 im ersten Jahrgang der *Zeitschrift für Sozialforschung* erschien: *Die gegenwärtige Lage des Kapitalismus und die Aussichten einer planwirtschaftlichen Neuordnung*. In dieser kleinen Studie zur ökonomischen Situation in Deutschland setzt er sich detailliert und anhand vieler Zahlen und Fakten mit den Folgen der Wirtschaftskrise auseinander. Die Zerstörungen, die die kapitalistische Krise anrichte, seien verheerend, die Zahlen würden sich wie »ein Heeresbericht aus einem verlorenen Krieg« lesen.[57] Das kapitalistische System bediene sich »der barbarischen Mittel eines erbarmungslosen Vernichtungskampfes«, um das Gleichgewicht wiederherzustellen, müssen Werte und Menschenleben vernichtet werden.[58] Pollock glaubt nicht, dass der »›monopolistische‹ Kapitalismus«[59] an sein Ende gekommen sei, diese Krise werde mit kapitalistischen Mitteln überwunden und das System »auf zunächst unabsehbare Zeit« weiterexistieren.[60] Er prophezeit jedoch, dass »die Depressionen länger, die Aufschwungsphasen kürzer und heftiger und die Krisen vernichtender sein werden«.[61] Die einzige Möglichkeit, solchen Krisen entgegenzuwirken, läge in einer »planwirtschaftlichen Neuordnung«.[62] Nur seien die gesellschaftlichen und politischen Verhältnisse so, dass kaum Aussichten auf die »Verwirklichung einer sozialistischen Planwirtschaft« bestünden.[63] Pollock hatte sich in der Sowjetunion kundig gemacht. Nach anfänglicher Begeisterung für die Planwirtschaft war er Anfang der dreißiger Jahre doch merklich zurückhaltender, was das sowjetrussische Wirtschaftssystem anging; man könne viel aus den Versuchen lernen, ökonomisch sei aber daran zu zweifeln, ob diese Art der Planwirtschaft dem kapitalistischen System überlegen sei.

Beide, Horkheimer und Pollock, insistieren darauf, dass es zuallererst um die Befriedigung materieller Bedürfnisse ginge, womit sie, wo immer sie auftraten, »für Sprengstoff in den politischen Debatten« sorgten, wie sich Hannah Tillich erinnert.[64] Auf so manchen Theologen innerhalb der Diskussionsrunde müssen sie geradezu exotisch gewirkt haben. Der Neutestamentler Hans Freiherr von Soden aus Marburg beginnt seinen Redebeitrag mit dem Satz: »Zunächst möchte ich für diese Veranstaltung danken. Für unsereinen, der sich als Theologe mit dem modernen Menschen auseinandersetzt, ist es wichtig, diesen modernen Menschen einmal in concreto zu sehen und nicht bloß aus dem Nicht-zur-Kirche-Kommen, Nicht-Bibel-Lesen schließen zu müssen, wie der wohl ist.«[65]

»Wir haben nichts von Gott gesagt«

Aus den Reihen der Theologen kam Kritik am Materialismus. Horkheimer hielt dagegen: Materialismus heiße nicht, »daß der Mensch nur nach ökonomischen Tendenzen handelt [...]. Ideelle Motive, die nicht einfach Hunger sind, die Liebe, Solidaritätssinn, gibt es durchaus.«[66] Nicht zuletzt in seiner Antrittsrede als Direktor des Instituts für Sozialforschung hatte er einen sehr viel komplexeren Materialismus beschrieben. Nicht die Ökonomie sei das einzig Entscheidende, auf das alles zurückgeführt werden solle, es gelte vielmehr, Zusammenhänge herzustellen zwischen dem wirtschaftlichen Leben und der psychischen Entwicklung der Menschen, dabei sollten die »Veränderungen auf den Kulturgebieten«[67] einbezogen werden, »zu denen nicht nur die sogenannten geistigen Gehalte der Wissenschaft, Kunst und Religion gehören, sondern auch Recht, Sitte, Mode, öffentliche Meinung, Sport, Vergnügungsweise, Lebensstil usf.«.[68]

Horkheimer seinerseits warf Tillich einen Rückfall in den Idealismus vor, was der vermutlich weder abwegig noch ehrenrührig fand. In seiner Autobiographie *Auf der Grenze* heißt es: »Beim deutschen Idealismus bin ich in die Schule gegangen, und ich glaube nicht, daß ich je verlernen kann, was ich dort gelernt habe.«[69] Vom »erkenntnistheoretischen Ausgangspunkt« her sei er Idealist geblieben.[70]

Im Aufsatz *Materialismus und Metaphysik* hat Horkheimer wenig später die Differenzen zwischen den entsprechenden Verhaltens- und Denkweisen deutlich gemacht. Die idealistischen Systeme setzten dem Sein einen Sinn voraus, ihre Wirklichkeit sei normativ, sie forderten darum eine »Anpassung des empirischen Menschenlebens«.[71] Der Materialismus enthalte sich einer solchen Norm. Nicht weil es ihm an Idealen fehle, sie bestimmten sich nur, ausgehend von den realen Bedürfnissen und nicht »als von den Menschen unabhängige Ideen«.[72] Diese formale Abgrenzung sei aber gar nicht das Wesentliche, sondern die zugrunde liegende ökonomische Theorie, die eine Gesellschaft zu erklären und zu verändern versuche, die »eine immer größere Anzahl Menschen von dem auf Grund des allgemeinen Reichtums an wirtschaftlichen Kräften möglichen Glück abzusperren. Im Zusammenhang damit bildet sich auch die Vorstellung einer besseren Wirklichkeit, welche aus der heute herrschenden hervorgeht, und dieser Übergang wird zum Thema der gegenwärtigen Theorie und Praxis.«[73]

Die Tagung endete schließlich mit einem Eklat, einem heftigen Wortgefecht zwischen Horkheimer und Adorno auf der einen und Heinrich Frick auf der anderen Seite. Frick, der 1933, zum Zeitpunkt der Machtübertragung an Hitler, in die SS eintrat und sich dem NS-Lehrerbund anschloss, warf den Kritischen Theoretikern vor, dass sie nicht an Gott glaubten – daher ihre »ganze falsche Anthropologie«.[74] Adorno antwortete schlagfertig: »Wir haben nichts von Gott gesagt, sondern von der Auffassung des Menschen.«[75] Frick versuchte noch eine Antwort, doch hier bricht das Protokoll und wohl auch die Diskussion ab. Tillich als Veranstalter steckte das alles gut weg. Er nahm, wie seine Frau Hannah berichtet, »einen Streit auf philosophischer oder theologischer Ebene nie persönlich«.[76]

Das Schicksal Deutschlands

Ein Vortrag und seine Folgen

Wenn er Vorträge hielt, war Tillich in seinem Element. Er blickte, mit seinem dicken Notizbuch in der Hand, in das voll besetzte Auditorium. An diesem 18. Januar 1932 sah er dort die Honoratioren der Stadt und der Goethe-Universität sitzen – eine feierlich gekleidete Hörerschaft, ernste Mienen, hier und da ein Räuspern. Reichsgründungstag. Tillich als Dekan der Philosophischen Fakultät war auserwählt worden, die Festansprache zu halten und an den großen Tag der Deutschen im Jahr 1871, die Kaiserproklamation im Schloss von Versailles, zu erinnern. Traditionsgemäß wurde die Reichsgründung feierlich begangen, mit Hurra-Rufen, dem Absingen von Liedern wie »Nun danket alle Gott« und natürlich der preußischen Volkshymne, die im besagten Jahr zur Kaiserhymne geworden war: »Heil dir im Siegerkranz«. Ob das Ereignis 1932 in Frankfurt auch so zelebriert wurde? Nichts spricht dagegen. Während der Weimarer Republik genoss der Reichsgründungstag eine hohe Aufmerksamkeit, im Unterschied zum Verfassungstag, der kaum Beachtung fand. Man suchte den symbolkräftigen Sinn nicht in der Gegenwärtigkeit der zwanziger Jahre, sondern in einer Epoche, die noch immer Strahlkraft besaß und deren Glanz noch nicht ganz untergegangen war.[1] Mit besonderem Pomp wurde der Reichsgründung zwischen 1930 und 1933 gedacht, als es keine parlamentarische Mehrheit gab, die Regierungen nur kommissarisch im Amt waren und sich auf Notstandsrechte stützen mussten.

Das Thema des Festredners hieß: *Der junge Hegel und das Schicksal Deutschlands.* Tillich war in diesen Wintermonaten ganz auf den jungen Hegel der Frankfurter Jahre eingestellt, stützte sich auf dessen Frühschriften und die theologischen Jugendschriften. Dazu bot er eine vierstündige Vorlesung an, ein Seminar und, zusammen mit Wiesengrund-Adorno, ein Proseminar. Von seinem Hegel-Enthusiasmus wurde nicht zuletzt auch das Kostümfest im kommenden Februar inspiriert.

Als Tillich im Januar den Vortrag hält, macht er den Vertreter des deutschen Idealismus zur Folie, um die politischen Entwicklungen der Gegenwart zu deuten. Das große Thema, das Hegel hinterlassen habe, sei das der Entgegensetzung und Entzweiung. In der Moderne seien alle Einheiten zerbrochen, alles Leben spiele sich in Gegensätzen ab, stehe in kontradiktorischer Beziehung zueinander.[2] Folgen wir der Dramaturgie des Vortrags, dann beginnt der Festredner mit einem Paukenschlag: Deutschland sei »in dreifacher feindlicher Maske« vom Untergang bedroht: politisch, wirtschaftlich und geistig.[3] »Das Leben, das wir selbst sind, ist gegen uns getreten, hat sich mit uns entzweit.« Was wir als fremde, feindliche Mächte verstünden, sei Deutschlands Schicksal, Deutschland selbst. »Denn Schicksal ist das eigene, das in der Maske des Fremden über uns und gegen uns steht.«[4] Das deutsche Schicksal sei ebenjenes, das der junge Hegel als Entzweiung beschrieben hat. Ob in der Religion, der Sprache, Landschaft, Politik oder Wirtschaft, immer seien es Entzweiungen und Entgegensetzungen, die in Deutschland die schärfste Ausprägung gefunden hätten. Auch die großen weltpolitischen Auseinandersetzungen, der Kampf zwischen Osten und Westen, kämen zur Austragung. Gleichzeitig lebe »der Wunsch […], einmal ein Ende zu machen mit diesen Entgegensetzungen, eine einheitliche, ganz auf sich gestellte Nation zu werden«.[5] Es sei »verständlich«, wenn der Entzweiung »heute im Namen eines ungeformten Lebensdranges« der Kampf angesagt werde. Alles strebe zur Einheit und sähe in der Ganzheit das Ideal, doch die Entzweiung sei ursächlicher und bestimme unser ganzes Wesen, wir könnten sie weder abschütteln noch ignorieren. Das Zurückwollen zu einer vermeintlichen Einheit, so legt es Tillich seinen Zuhörern aus dem Frankfurter Bildungsbürgertum nahe, führe in die Irre. Der junge Hegel habe vom »Ideal der Volksreligion«[6] geschwärmt, einer Religion, die nicht nur die Vernunft, sondern die Herzen der Menschen ergreife, doch die sah er einzig bei den Griechen und Römern verwirklicht. Das Christentum sei rein geistig und aufs Jenseits orientiert, darum sei sie als Volksreligion ungeeignet. Die Deutschen hätten keine »ursprünglich-deutsche Volksreligion«, seien durch griechische und jüdische Einflüsse geprägt. Tillich spricht an diesem Tag vor allem das Jüdische an, das Hegel in seinen Lebensbegriff aufgenommen habe, es gehöre zu unserem Schicksal, eine Trennung vom Jüdischen wäre eine Trennung von uns selbst. »Vielleicht ist so viel Feindschaft unter uns gegen das Jüdische, weil wir es als eigenes ahnen und fürchten.«[7]

Anderen Völkern sei es gelungen, sich als einheitliche Nationen zu begründen, die Deutschen aber – und das macht sie in den Augen des Vortragenden zu einer besonderen Spezies – haben in ihrem »Geiste« und in ihrem »Blute« die Entgegensetzungen. Alle Versuche, die Entgegensetzungen zu einer Einheit zu verschmelzen, seien misslungen. Aber darum dürfe man jetzt nicht gegen das Schicksal »anrennen«, sondern müsse »unser besonderes deutsches Schicksal« annehmen.[8] Indes will Tillich nicht nur aus der Not eine Tugend machen, für ihn drückt sich in den Begriffen Entzweiung und Entgegensetzung die »Wahrheit des Lebens« aus. Diese Wahrheit anzunehmen und nicht in Synthesen zu flüchten wie andere Völker gehöre zur deutschen Andersheit, in der durchaus auch Stärke liege. Zur »Größe« gelange das deutsche Schicksal, wenn es sich heroisch definiere und »das

Leiden des entzweiten Lebens« auf sich nehme und »dem Negativen ins Auge schaut und in ihm verweilt«.[9] Am Ende fordert der Festredner »die Deutschen« dazu auf, »die wachsende Dämonie des Nationalismus in sich zu brechen« – dies könne nicht im Gegensatz zum Nationalismus geschehen, sondern »in Verbundenheit mit ihm, in Ehrfurcht vor seinen schaffenden Kräften«.[10]

Indem er den Nationalismus zu einer Dämonie erklärt, vergegenständlicht er ihn, grenzt er ihn von einer historischen Betrachtung aus. Als dämonisches Phänomen verliert der Nationalismus alle Eindeutigkeit, wird zu einer ambivalenten, schillernden Gestalt. Das Dämonische, wie es Tillich definiert, trägt schöpferische und zerstörerische Züge, ist sinnhaft und sinnwidrig, ist Seinsgrund und zugleich Abgrund.[11]

Tillich tritt in der Festrede als Mahner auf, warnt vor falschen Synthesen, vor einer Einheit, die nur mit Gewalt und Ausgrenzung herzustellen sei. Vieles von dem, was er sagt, hat unmittelbar mit seiner eigenen Vergangenheit zu tun. Gleich nach dem Ersten Weltkrieg entwickelte er die Vision einer neuen sozialistischen Einheitskultur auf religiöser Grundlage. 1919 träumte er davon, dass ein Zeitalter der Einheit anbrechen würde, das Christentum sollte diese neue Zeit mit sittlich-religiösen Energien versorgen, an die Stelle des Machtwillens sollte in der Wirtschaft ein universaler Eros treten. Ende der zwanziger Jahre wandte er sich von dieser Vision ab, wollte weg von den Erstarrungen und hin zu einer dynamischen Betrachtungsweise, die er als wirklichkeitsnäher empfand. In dem 1930 veröffentlichen Aufsatz *Sozialismus* stellt er den Begriff der Spannung in den Mittelpunkt: »Wo Leben ist, ist eine Spannung zwischen ›Einssein mit sich‹ und ›Sichtrennen von sich‹. Wer diese Spannung nicht hat, wer nur eins ist mit sich, ist tot.«[12] 1930 ist das Jahr, in dem sich Tillich von allen politischen und geschichtsphilosophischen Visionen verabschiedet, an die er viele Jahre geglaubt, die er mit religiösem Sinn aufgeladen hatte: Die proletarische Revolution wird über Bord geworfen, genauso wie das Ziel einer klassenlosen Gesellschaft. Nun heißt es, der Sozialismus stehe für die »Verwirklichung einer sinnerfüllten Gesellschaft«.[13] Die einzige Frage, die er allen anderen Fragen überordnet, ist die nach dem Lebenssinn. Vor allem ist er jetzt der Meinung, dass der Rationalismus, der Vernunftglaube und das wissenschaftliche Wissen die Vorstellungen vom Sozialismus verzerrt und entleert hätten. Alles, was menschlich ist und »aus der letzten Tiefe« komme, sei dem Sozialismus ausgetrieben worden. Die Kraft des Sozialismus, so definiert er nun, ist »das unbedingte Ergriffensein von dem, was im Sozialismus letztgemeint ist«.[14] Das Letztgemeinte, das Religiöse, das über alle Begriffe hinausgehe und sich nicht »beweisen oder widerlegen«[15] lasse, sei das Eigentliche, das im Sozialismus liege und die Menschen antreibe. Tillich, der nie ein Freund aufklärerischen Denkens war, erklärt nunmehr die liberal-aufklärerische Auffassung vom Menschen für obsolet: »Die lebendigen Kräfte aller Gebiete haben sich losgerissen davon. Alle drängen auf etwas Neues.«[16]

Endspiel

»Es muß im Herbst 1932 angefangen haben«, schreibt Hannah Tillich. »Unsere Bezüge waren von der Regierung um zehn Prozent gekürzt worden.« Zusammen mit Freunden fuhr das Paar nach Sils Maria. Karl Mannheim, Adolph Lowe und Adolf Grimme waren dabei. Sie unternahmen Bergtouren, genossen das schöne Wetter und die Landschaft, diskutierten über die Politik, von der sie in diesen Tagen nicht loskamen. Im idyllischen Sils war man weit weg, aber wirklich unbeschwert war hier niemand. Man nahm die Krise wahr, setzte sich mit ihr auseinander, doch dass man kurz vor dem Abgrund stand, daran glaubte keiner. Schließlich war es nach Katastrophen noch immer weitergegangen. Nach dem Ersten Weltkrieg, den man als Urkatastrophe und

Zäsur beschrieben hatte, war es weitergegangen, auch nach der Inflation 1922/23 und natürlich nach dem New Yorker Börsencrash im Oktober 1929 – der Kapitalismus überlebte jede Katastrophe. Warum sollte es jetzt anders sein?

Wann hat der Anfang vom Ende der Weimarer Republik begonnen? Mit Sicherheit nicht erst im Herbst 1932. Was die politischen und ökonomische Verhältnisse angeht, so lag der Zeitpunkt deutlich früher. In der subjektiven Wahrnehmung stellte sich die Krisensituation jedoch anders da. Man kann sagen: 1932 war die Krise im Bewusstsein angekommen. Für die Tillichs war es eine existenziell verunsichernde Situation. Nicht von ungefähr erwähnt Hannah Tillich die Gehaltskürzungen, die damals von der Reichsregierung zur Sicherung des Staatshaushalts verordnet worden waren. Die Krise war auch in ihrem Portemonnaie spürbar, die ohnehin chronisch knapp bei Kasse waren. Tillichs Verhältnis zu Geld sei, so seine Biographen, »verwirrend und wirklichkeitsfremd«[17] gewesen. »Er war immer niedergeschlagen, wenn er nicht genug Geld hatte.« Nichtsdestotrotz gab er alles »großzügig aus, für sich selbst und seine Familie«.[18] Von seinem Gehalt konnte man in Frankfurt eigentlich gut leben, zumal die Universität noch einige Extras, etwa einen Wohnungszuschuss, gewährt hatte. Anfang der dreißiger Jahre wurden alle Privilegien zusammengestrichen. Über Rücklagen verfügten die Tillichs nicht; um ihren Lebensstandard zu halten, liehen sie sich Geld bei Freunden und Bekannten, was 1932 schwieriger wurde. Als im Februar das Kostümfest anstand, waren sie nicht liquide, wie sich Hannah Tillich erinnert, Freunde mussten einspringen und ihnen unter die Arme greifen.

Noch stärker als von den Gehaltskürzungen war man im Hause Tillich von den Ereignissen des 20. Juli verunsichert. In einem Staatsstreich wurde die demokratisch gewählte Regierung des Freistaates Preußen mittels einer Notverordnung des Reichspräsidenten Paul von Hindenburg abgesetzt und durch den Reichskanzler Franz von Papen ersetzt. Papen kündigte an, einen »Neuen Staat«, ein autoritäres Präsidialsystem, errichten zu wollen. In die Geschichte ging dieser Vorgang als »Preußenschlag« ein. Adolf Grimme wusste in Sils Maria einiges darüber zu erzählen. Er war Religiöser Sozialist und SPD-Politiker und seit 1930 Nachfolger Carl Heinrich Beckers als Kultusminister der Staatsregierung in Preußen – und hatte seither ein Amt bekleidet, das er bis zu seiner Absetzung am 20. Juli innehatte.

An der Regierungserklärung des Papen-Kabinetts kritisierte Paul Tillich heftig den ideologischen »Mißbrauch des Christentums«. Die »sittliche und religiöse Idee« werde für ein politisches Programm und dessen machtpolitische Zwecke in Anspruch genommen. »Selten hat sich eine Ideologie so unverhüllt als Ideologie ausgesprochen.«[19] Nach der Absetzung der preußischen Regierung, der letzten, an der die Sozialdemokraten in der Weimarer Republik beteiligt waren, glaubten viele, dass die Bevölkerung bei den anstehenden Reichstagswahlen am 31. Juli ein eindeutiges Zeichen für die demokratischen Parteien setzen würden. Aber das Gegenteil war der Fall, die NSDAP ging aus den Wahlen als strahlender Sieger hervor, die Sozialdemokraten verzeichneten sogar Stimmenverluste. Die NSDAP war jetzt die mit Abstand stärkste Partei, allerdings noch ohne eine parlamentarische Mehrheit.

Das war die politische Situation im Sommer 1932. Möglicherweise hat sich Tillich in dieser Zeit dazu entschlossen, *Die Sozialistische Entscheidung* zu schreiben – eine Kampfschrift, in der er sich für eine Allianz von ›linken‹ und ›rechten‹ Kräften einsetzte, Kräften – und das war für ihn letztlich das Entscheidende –, die sich gegen den Geist der bürgerlichen Gesellschaft formierten. Nur wenn dieser Geist gebrochen werde, so seine Überzeugung, könne eine neue, vom Kapitalismus befreite Gesellschaft entstehen. Er plädierte für einen Zusammenschluss des Proletariats mit den revolutionären Kräften der »politischen Romantik«, wie er sie in Anknüpfung an Carl Schmitt nannte. Damit gemeint waren jene Teile der NSDAP, die, wie der Strasser-Flügel, den »deutschen Sozialismus« propagierten. Zumindest einen Teil der Schrift hat Tillich vermutlich in Sils Maria geschrieben, wo offenbar Mannheim, Lowe und Grimme an der Abfassung des Manuskripts einen gewissen Anteil nahmen – für Adolph Lowes Hilfe bedankt sich Tillich explizit im Vorwort.

Über die genauen Umstände, wie die Schrift entstanden ist, weiß man jedoch wenig. Alle wesentlichen Informationen stammen vom Verfasser selbst. Im Vorwort, datiert vom 9. November 1932, heißt es, die Schrift sei »aus den politischen Ereignissen der letzten Jahre«[20] hervorgegangen, der schwindende Einfluss der Sozialdemokratie, »der Siegeslauf des Nationalsozialismus« und die »Konsolidierung der spätkapitalistischen Mächte« seien der entscheidende Impuls gewesen. Am Anfang stünde sein im Oktober 1931 an der Hochschule für Politik in Berlin gehaltener Vortrag, der zu einem Aufsatz umgearbeitet und im Oktober des Folgejahres unter dem Titel *Der Geist des Sozialismus und der Kampf gegen ihn* erschien.

Tillich glaubte in diesem Sommer 1932, es sei fünf vor zwölf und man müsse retten, was zu retten sei. Ein Aufsatz erschien ihm in dieser Situation nicht wirkungsvoll genug. Für ihn kam nur ein aufsehenerregendes Buch infrage, das Beziehungen herstelle, die bisher so nicht gedacht worden seien. In erster Linie ging es darum, die Möglichkeit neuer politischer Allianzen jenseits der politischen Parteien auszuloten. Vom Anspruch her wollte er offen sein für »fremde Gedanken«,[21] die er ernst nehmen und nicht von vornherein abwehren wollte. Der Text spiegelt seine starke Ambivalenz, die es oft schwermacht, zu entscheiden, auf welcher Seite er eigentlich steht. Er sucht nach Bündnissen, aber seine Haltung ist nicht nur strategisch-taktisch bedingt, er konnte auch die Grundlage seines Denkens und seiner langjährigen Auseinandersetzung mit den Problemen des Sozialismus nicht so einfach über Bord werfen.

Der Verrat der Aufklärung

Am Anfang seines Manifests stellt Tillich die Frage nach dem wahren Ursprung, der nicht mit dem wirklichen Ursprung identisch sei. Der Mensch »findet sich vor«,[22] habe einen Ursprung, den er nicht geschaffen habe, den er nicht kenne. Tillich bezieht sich auf Heideggers Begriff des »Geworfenseins«: den Menschen, der ungefragt in die Welt geworfen werde und, im Zustand eines uneigentlichen Daseins, ohne alle Bestimmung sei. Die Frage des Woher, die Frage nach dem Ursprung sei, so Tillich, von Anfang an bestimmend, lasse uns nicht los. Der Ursprung sei nicht etwas, was einmal war, sondern etwas, was immer noch ist, was uns trage und festhalte. Das Werden als Kreislauf von Wachsen und Vergehen, Geburt und Tod. Im Mythos, der immer Ursprungsmythos sei, fänden sich erste Antworten. Auf dieses »ursprungsmythische Bewußtsein«[23] beziehe sich die politische Romantik. Für sie sei die Frage des Ursprungs zentral, die revolutionäre Romantik thematisiere die Gebundenheit des Menschen.

Zu der Frage nach dem Woher komme die Frage nach dem Wozu. Durch sie sei der Mensch nicht mehr nur an den Ursprung gebunden, an die Entfaltung dessen, was schon ist. Der Mensch solle über sein Geworfensein hinausgehen, etwas Neues verwirklichen, nicht gebunden an das, was er als Sein vorfinde, oder an die Entfaltung des Ursprungs. Dieses Bewusstsein sei »die Wurzel des liberal demokratischen und sozialistischen Denkens in der Politik«,[24] es wende sich von der Ursprungsbindung ab. Für Tillich sind dies die beiden Wurzeln des politischen Denkens.

Das bürgerliche Prinzip habe die Ursprungsbindung gebrochen, die Aufklärung habe versucht, sie vollständig aufzulösen. Damit sei das Wesen des Menschen negiert worden. Die politische Romantik hätte sich als Gegenbewegung formiert und sich wieder auf die Ursprungsmächte bezogen. Tillich stellt die drei bestimmenden Ursprungsmächte vor und kontrastiert sie mit den Denkweisen der bürgerlichen Gesellschaft: Boden, Blut und soziale Gruppe. Von Ersterem, meint er, gehe die stärkste Bindung aus, es sei die konkreteste Macht.[25] Das bürgerliche Prinzip habe den Menschen insbesondere vom Boden entfremdet, damit habe sie ihn ort- und haltlos gemacht, ihn seiner Gestaltungskraft und seiner Energien beraubt. »Wer den Boden verloren hat, der ihn hervorbrachte, hat seinen Gott und dessen tragende Kraft verloren. Er ist elend, heimatlos, entmächtigt.«[26] In diesem Zusammenhang verweist er auf die Bedeutung des Heimatgefühls und der Landschaftsgebundenheit. Für die politische Romantik dagegen spiele Blut – Blut und »Rasse« – eine Hauptrolle, in den Wendungen vom »edlen Blut« und der »edlen Rasse« werde es zum Kampfbegriff erhoben. Schließlich komme in der sozialen Gruppe die Sehnsucht nach Gemeinschaft und Geborgenheit zum Ausdruck, aber auch der Wunsch nach Hierarchie und Führung.

Die bürgerliche Gesellschaft habe von Bindungen nichts mehr wissen wollen, und doch kehre das Verdrängte, das Irrationale zurück. »Die abendländisch bürgerliche Gesellschaft ist der weltgeschichtliche Angriff auf Ursprungsmythos und Ursprungsbindung in allen Teilen der Erde.«[27] Technik und Kapital seien auf die »radikale Auflösung aller ursprünglichen Gegebenheiten, Bindungen und Gestalten«[28] angewiesen, sie könnten sich nur in der völligen Losgelöstheit entwickeln. Ziel sei »die vollkommene Verdinglichung«, die »vollkommene Profanisierung«, in der alle Ursprungsbeziehungen beseitigt seien.

Das aufklärerische Denken negiere die Ursprungskräfte, verdränge sie und habe kein Bewusstsein von ihrer Potenz. Tillich will die an die Oberfläche gekommenen Ursprungsmächte nicht bekämpfen, er sieht sie als Antriebsmomente der Geschichte. »Nicht die vollkommenste Aufklärung, das sogenannte fortgeschrittenste Bewußtsein, bewegt die Geschichte, sondern das Bewußtsein, dessen Kräfte aus der Fülle und Tiefe des Seins strömen, die es ans Licht hebt.

Solche Kräfte fehlen der sozialistischen Intelligenz vielfach, und darum wirkt der sehr hohe Grad von Aufklärung, die erstaunliche Fortgeschrittenheit ihres Bewußtseins weder symbolkräftig noch geschichtsbildend.«[29]

Klaus Heinrich betonte in seinem Vorwort zur Neuausgabe der *Sozialistischen Entscheidung* (1980) Tillichs Einfluss auf die Aufklärungsdebatte, die die Frankfurter Schule in Gang gesetzt habe.[30] In der Tat weist vieles, was er zum aufklärerischen Denken, zur Vernunftkritik, zum Herrschaftswillen und zur Verdinglichung schreibt, auf die späteren Texte der Frankfurter Schule hin. Zu einer entsprechenden Auseinandersetzung zwischen ihm und der Frankfurter Schule kam es zunächst jedoch nicht. Die ersten Exemplare der *Sozialistischen Entscheidung* wurden Ende 1932, das Gros jedoch erst im Januar 1933 ausgeliefert. Bald darauf wurde die ganze Auflage beschlagnahmt und verboten. Ob das Werk zu den verfemten Büchern gehörte, die am 10. Mai verbrannt wurden, ist unklar.[31] Abgesehen von einigen wenigen Kritiken (die zum Teil unpubliziert blieben[32]), kam es erst nach dem Zweiten Weltkrieg zu einer nennenswerten Rezeption des Buches. Wann Horkheimer und Adorno es gelesen haben, ist nicht bekannt.

Tillich stand in diesen Jahren vor allem mit Horkheimer in Kontakt. Zehn Jahre später, im Sommer 1942, las er in der Schrift *Walter Benjamin zum Gedächtnis* Horkheimers Aufsatz über *Vernunft und Selbsterhaltung*, der ihn elektrisierte und zu einer ausführlichen Stellungnahme anregte. Horkheimer sprach in dem Essay von einem irreversiblen Prozess der Selbstzerstörung der Vernunft und prophezeite, dass »die gesellschaftliche Herrschaft […] aus ihrem eigenen ökonomischen Prinzip heraus in die Gangsterherrschaft«[33] übergehen würde. Nicht nur vom »Zerfall der Vernunft« war die Rede, sondern vom Zerfall des Individuums. Horkheimer bediente sich der berühmten Formel Ernst Machs: »Das Ich ist unrettbar.«[34] Tillich hatte ganz ähnliche Gedanken, fragte aber nach Möglichkeiten des

Widerstands gegen diese Tendenzen. Gibt es nicht noch so etwas wie »fragmentarische Menschlichkeit«?[35] Horkheimer und Tillich tauschten jetzt ihre Ideen über die dunkle Seite der Aufklärung aus.

Die letzte Momentaufnahme der Frankfurter Intelligenz

»Der kommt uns nicht ins Haus!«

So populär und aufgeschlossen Tillich war, nicht alle kamen mit dem wendigen Theologen zurecht. Hannah Arendt und Günther Stern (Anders) brachen im Winter 1931 die Zelte in Frankfurt ab und zogen nach Berlin. Durch »Fakultätsschwierigkeit«, schreibt Arendt an Karl Jaspers, hätte sich die Habilitation ihres Mannes »unübersehbar« hinausgezögert. Namentlich Tillich hätte sich als unzuverlässig und abhängig von »augenblicklichen Einflüssen« erwiesen. Eine Aussprache habe in einer »peinlichen Zerknirschung und einem Sündenbekenntnis« des Ordinarius geendigt.[1] Zunächst hatte er Sterns Habilitation *Philosophische Untersuchungen über musikalische Situationen* befürwortet, dann aber offenbar kalte Füße bekommen. Inhaltlich war er kaum in der Lage, eine solche Arbeit sachgerecht zu beurteilen. Es war wohl von Anfang an ausgemacht, dass sein Assistent Adorno die Arbeit betreuen sollte. Das Projekt geriet jedoch mit dessen Studie *Zur gesellschaftlichen Lage der Musik* in Konkurrenz. Für Adorno untersteht die Musik der Herrschaft der Ware, und ihr Wert ist der des Marktes.[2] Der Warencharakter spielt in Sterns Arbeit hingegen keinerlei Rolle. Nicht an Marx, sondern an Heideggers Existenzialontologie orientierte sich der Verfasser. Adorno las den Entwurf und gab die Arbeit mit einem ablehnenden Votum an Tillich zurück. Man ließ Stern noch einige Zeit zappeln, dann kam es zu einem Gespräch. Tillich riet ihm, er möge doch ein anderes

Thema wählen und »vielleicht über Schelling« schreiben.[3] Noch einen Rat gab er dem Juden Stern mit auf den Weg: Angesichts des stärker werdenden Nationalsozialismus solle er seine Habilitation vertagen, ein Jahr warten, dann hätten sich die politischen Verhältnisse wahrscheinlich wieder normalisiert.[4] Ob sich Tillich in dieser Weise geäußert hat, ist nicht eindeutig belegt, aber nicht unwahrscheinlich. Er rechnete noch 1934 im amerikanischen Exil damit, dass Hitler nur eine Episode sei und er bald nach Deutschland zurückkehren könne.

Hannah Arendt zeigte sich von den Frankfurter Verhältnissen, dem Hin und Her, das über ein Jahr andauerte, konsterniert. Tillich sei offenbar nicht in der Lage, sich klar zu äußern und nein zu sagen, verstecke sich hinter dem Urteil seines Assistenten. Sie lernte Anfang der dreißiger Jahre einen Tillich kennen, der sich immerzu entschuldigte und Ausflüchte suchte. Später hat sie sich nachsichtiger über ihn geäußert, aber Sympathie hatte sie für ihn nicht übrig. Am 23. Oktober 1965 schreibt sie an Jaspers: »Heute stand in der Zeitung, daß Tillich gestorben ist, an einem Herzinfarkt. Er hat mir nie wirklich nahe gestanden, aber nun bin ich doch traurig, daß die ›Hammelbeine‹ (wie wir ihn nannten) nicht mehr erscheinen werden, große Massen Rotwein konsumieren und dann leicht und fröhlich schwankend nach Hause gehen. Er war im Grunde dumm, ohne jedes Urteilsvermögen, aber gerade dies hing auf kuriose Weise mit einer echten ›Christlichkeit‹ zusammen. Ich habe ihn in all den Jahren nie über einen Menschen schlecht reden hören, auch nicht über seine Feinde.«[5] »Arendts Meinungen von Menschen«, so ihre Biographien Elisabeth Young-Bruehl, »waren immer sehr dezidiert – wenn auch nicht immer gleichbleibend –, und sie nahm bestimmt kein Blatt vor den Mund.«[6]

Nach Sterns Gespräch mit Tillich suchte Arendt – offenbar mit viel Wut im Bauch – den Mann auf, der die Arbeit ihres Mannes so rundweg abgelehnt hatte, und es muss zu einem heftigen Wortgefecht zwischen ihr und Adorno gekommen sein. Zu Günther Stern soll sie nach dem Gespräch gesagt haben: »Der kommt uns nicht ins Haus!«[7]

In Berlin lebten sich Arendt und Stern auseinander. Er arbeitete, vermittelt durch Brecht, als Journalist beim *Berliner Börsen-Courier,* verkehrte in Künstlerkreisen, sympathisierte mit den Kommunisten und begann die Arbeit an einem aus Geschichten montierten Roman über die Selbstdarstellung der Nazis, einem Mammutprojekt mit dem Titel *Die molussische Katakombe.* Im Februar 1933 floh er nach Paris, kurz zuvor hatte die Gestapo bei einer Hausdurchsuchung Brechts Adressbuch konfisziert – auch Sterns Name war darin vermerkt gewesen. Hannah Arendt schrieb derweil weiter an ihrer Studie über Rahel Varnhagen. Am 3. Januar 1933 teilte sie Jaspers mit: »Die Rahel ist schon zu einem großen Teil fertig.«[8] Wie sich später herausstellte, war das nicht ganz zutreffend. Nach ihrer Flucht setzte sie in Paris die Untersuchung fort, die zu einem Projekt der Selbstaufklärung wurde.

Vor ihrer Emigration hatte sich Arendt den zionistischen Kreisen um Kurt Blumenfeld angeschlossen. Obwohl ihr schon vor 1933 klar war, dass sie Deutschland verlassen musste, wollte sie so lange wie möglich in Berlin bleiben, um dem zionistischen Anliegen und ihrem Freund Blumenfeld zu helfen. Ihre Wohnung hatte sie für politisch Verfolgte zur Verfügung gestellt. Von Blumenfeld übernahm Arendt 1933 den Auftrag, in der Berliner Staatsbibliothek aus internationalen Presseorganen eine Sammlung antisemitischer Äußerungen zusammenzustellen – Material für den 18. Zionistenkongress, der für den Sommer in Prag geplant war.

Im Mai wurde Hannah Arendt zusammen mit ihrer Mutter während des Frühstücks in einem Café in der Nähe des Alexanderplatzes verhaftet und in Bezug auf ihre »illegale« Tätigkeit für die zionistische Vereinigung verhört. Über die Umstände hat sie 1964 in einem Fernsehgespräch mit Günter Gaus in anekdotischer Form berichtet. Nach allem, was man heute weiß, ist sie noch am selben Tag wieder auf freien Fuß gesetzt worden. Nach ihrer Freilassung floh sie zusammen mit ihrer Mutter über Prag und Genf nach Paris, wo sie eine ganze Reihe ebenfalls geflohener Intellektueller und Künstler wiedertraf, unter ihnen auch ihren zweiten Ehemann, den Philosophen Heinrich Blücher. Hier entstanden Ende der dreißiger Jahre die letzten beiden Kapitel der *Rahel Varnhagen*. An Gershom Scholem, der die Studie auf Empfehlung Benjamins las, schreibt sie im Mai 1939: »Ich habe einen Bankrott beschreiben wollen, allerdings einen geschichtlich notwendigen und vielleicht auch heilsamen.«[9]

Das letzte Mannheim-Kolloquium in Frankfurt

15 Nina Rubinstein stellt ihre Dissertation vor. Links außen am Tisch Wilhelm Gollup, 15. Februar 1933.

Am 15. Februar 1933 präsentierte Nina Rubinstein im Mannheim-Kolloquium unter Vorsitz von Norbert Elias ihre Dissertation. Gerade einmal zwei Wochen war es her, dass Goebbels in sein Tagebuch schrieb: »Wir sitzen in der Wilhelmstraße. […] Wie im Märchen!«[10] Am 1. Februar wurde der Reichstag aufgelöst.

Im Kolloquium war von alldem nicht die Rede, jedenfalls nicht explizit. Man war bei der Sache – und das heißt bei Nina Rubinstein, die an diesem Tag wie geplant über ihr Thema sprach: *Die französische Emigration nach 1789. Ein Beitrag zur Soziologie der politischen Emigration*. Sie befand sich in der Endphase ihres Dissertationsprojekts. Unter ihren ersten Entwurf, der im Sommer 1930 den Titel *Die französische Emigration, insbesondere die Transformation ihrer Ideologie* trug, hatte Mannheim mit Rotstift geschrieben: »Sehr gut. Daraus kann etwas werden.« Für ihre Recherchen reiste Rubinstein zweimal für mehrere Monate nach Paris und arbeitete in der Bibliothèque Nationale – zuletzt im Frühsommer 1932. Hier nahm sie auch Kontakt mit russischen Emigranten auf, plante zunächst einen Vergleich zwischen der Situation der französischen und der russischen Emigranten, verwarf diese Idee aber wieder. Sie hatte einen Fragebogen erstellt, den sie verteilte, um auf empirischer Basis zu arbeiten.

Rubinstein interessierte sich vor allem dafür, wie sich die Fremden in ihrem jeweiligen Gastland einrichten, wie sich Einstellungen verändern, welchen Einfluss die ökonomischen Bedingungen haben, wie Emigranten mit erzwungener Passivität umgehen und mit der Isolation zurechtkommen. Es waren damals, findet sie schnell heraus, nicht nur Adelige, die das Land verließen, sondern auch Geistliche, Bürger, selbst Handwerker. Sie flüchteten in die angrenzenden Länder, aber auch nach Persien, Kanada, in die USA.[11] Unmerklich hätte sich das revolutionäre Frankreich von gut ausgebildeten Menschen geleert, nicht so sehr »aus Angst um ihr Leben«, »sondern aus dem Gefühl heraus, in der Heimat nicht mehr so leben zu können, wie sie es gewohnt waren«.[12] Der Großteil glaubte, bei ihrem Aufenthalt im Gastland würde es sich nur um eine kurze Episode handeln, die Verhältnisse zu Hause würden sich bald normalisieren, so dass sie zurückkehren und ihr altes Leben wieder aufnehmen könnten. Diese Erwartungen wurden, wie wir wissen, enttäuscht. Auf eine längere Dauer war man jedoch nicht eingerichtet – weder mental noch finanziell. Bald waren die letzten Geldreserven aufgebraucht, und es begann, so Nina Rubinstein, die »bittere Zeit«,[13] eine Zeit, in der die Emigranten gezwungen waren, ihre Einstellungen zu ändern, sich zu wandeln: »Ein Mensch, der plötzlich aus seinem geregelten Leben, aus einer bestimmten, mehr oder weniger festgefügten Gesellschaftsordnung herausgerissen wird, muß zuerst einmal ganz unsicher werden, zweifelnd, haltlos, er wird auf sich selbst zurückgeworfen, angewiesen. Die äußeren Regeln und Gesetze, an denen er sich orientierte, gelten nicht mehr, neue gibt es nicht. Er wird im fremden Land gezwungenermaßen zu politischer und gesellschaftlicher (sozialer) Passivität verurteilt und auf den Posten des Beobachters gedrängt.«[14] Darin liege zugleich eine Chance. Der Emigrant könne diese Rolle annehmen und über seine Erfahrungen im Gastland schreiben, was aber, wie sie zugeben muss, nur für sehr wenige infrage komme. Entscheidend aber sei, dass der Emigrant aus der Opferrolle herausfinde, sich davon frei mache, ein »Ausgestoßener, Überflüssiger«[15] zu sein. Nur wenn er »das bedrückende Gefühl des Fremdseins«[16] hinter sich lasse und aus der »gezwungenen Tatenlosigkeit«[17] herauskomme, könne er eine neue Rolle für sich finden.

Rubinsteins Gedanken über Emigration und Exil waren ein Vorgriff auf das, was ihr selbst und vielen anderen aus dem Kolloquium bevorstand. Als sie im April ihre fertige Dissertation abgeben wollte, war ihr Doktorvater Karl Mannheim schon nicht mehr im Land. Er war zunächst nach Amsterdam gereist. Im Mai bot man ihm eine Dozentenstelle an der London School of Economics and Political Science an, später wurde er Professor für Erziehungswissenschaft. Noch kurz nach der Machübertragung hatte Mannheim den Nazis nicht mehr als sechs Wochen gegeben, dann sei das »Hitlerding«[18] vorbei und alles wieder beim Alten. Von dieser Auffassung hatte er sich jedoch ziemlich schnell verabschiedet und auf das neue Leben eingestellt. In den ersten Jahren des Exils dachte er über Gegenwartsprobleme nach, über die Kulturkrise und die Massengesellschaft, insbesondere aber über die Schwächen der Demokratie, wie sie sich im Endstadium der Weimarer Republik gezeigt hatten. Demokratien, so seine These, würden bei einem unorganischen Wachstum in Diktaturen umschlagen. Mannheim entwickelte Ideen für einen Umbau der Gesellschaft in Richtung einer »geplanten« Demokratie.

Wahrscheinlich im April 1933 schreibt er seiner Doktorandin eine Art Abschiedsbrief: »Übrigens klagen Sie nicht – als Soziologin haben Sie das Geschehende zu verstehen, das Ende abzuwarten. Gewöhnen Sie sich's ab, auf lange Sicht zu denken – das ist heute unangebracht [und] man kränkt sich nur und versäumt das Unmittelbarste zu tun [...]. Hat man solange über Emigration gearbeitet, so verpflichtet das zur Haltung. Noblesse oblige.«[19]

Im Juni flüchtet Nina Rubinstein nach Paris, im Gepäck die fertige Dissertation. Sie hat wenig Geld, nimmt einen Job als Übersetzerin an und hofft, ihre Arbeit demnächst an der Sorbonne einreichen zu können.

»Haben Sie schon mal gehört, daß eine Jüdin Gisela heißt?«

Was Nina Rubinstein über die Situation der Emigranten wissenschaftlich erarbeitete, das hat am eindrücklichsten von allen Doktorandinnen aus dem Mannheim/Elias-Kreis Gisèle Freund dokumentiert. Im Exil zur Fotografin geworden, legte sie hier den Grundstein für ihren späteren Erfolg. Die Künstlerporträts, mit denen sie sich nach dem Zweiten Weltkrieg einen Namen machte, stammen alle aus den dreißiger Jahren. Auch ihre Doktorarbeit schrieb sie im Exil zu Ende. Dabei hatte sie das Glück, in Norbert Elias einen Freund und Förderer an ihrer Seite zu haben, der die Arbeit nicht nur initiiert hatte, sondern wesentlich dazu beitrug, dass sie erfolgreich abgeschlossen werden konnte.[20] Er stellte den Kontakt zu dem französischen Soziologen Célestin Bouglé her, den er aus früheren Zeiten kannte und der bereit war, die Arbeit anzunehmen, allerdings in französischer Übersetzung, wobei Elias abermals unterstützend in Erscheinung trat, zusammen mit der Buchhändlerin Adrienne Monnier.

Gisèle Freund fand in Paris noch einen weiteren wichtigen Helfer, einen Fachmann, der vom Zauber der Fotografie wie kaum ein anderer zu sprechen vermochte, sich aber auch in Geschichte und Soziologie des Mediums auskannte: Walter Benjamin. 1936 wohnte er der öffentlichen Disputation Freunds bei, die in einem Amphitheater stattfand. In seinem *Pariser Brief [II]* über Malerei und Photographie schreibt er: »Gisèle Freunds Studie ›La photographie en France au dixneuvième siècle‹ stellt den Aufstieg der Photographie im Zusammenhang mit dem Aufstieg des Bürgertums dar und exemplifiziert diesen Zusammenhang in besonders glücklicher Weise an der Geschichte des Porträts.«[21] Adrienne Monnier veröffentlichte die Arbeit 1936 in ihrem Verlag. Die deutsche Ausgabe erschien erst 1968 unter dem Titel *Photographie und bürgerliche Gesellschaft. Eine kunstsoziologische Studie.*

Mit ihrer Leica-Kamera hatte Freund 1931 die vorletzte freie Maikundgebung in Frankfurt festgehalten. Als Mitglied der »Roten Studentengruppe« half sie damals beim Drucken von Flugblättern. Irgendwann im Frühjahr 1933 wurde sie gewarnt, eine Durchsuchung und ihre Verhaftung stünden unmittelbar bevor. Sie fasste den Entschluss, die Stadt zu verlassen. »Die Nacht des 30. Mai 1933 werde ich niemals vergessen. Mehr als vierzig Jahre sind seitdem vergangen, aber jede Einzelheit hat sich für immer in mein Gedächtnis geprägt. Es wurde bereits dunkel, als ich am Frankfurter Bahnhof ankam. Der Bahnsteig war fast leer. Ein paar vereinzelte Touristen beeilten sich, in den D-Zug nach Paris einzusteigen. […] Es war ein trüber, regnerischer

Abend, und als ich mich dem Zug näherte, hörte ich den gedämpften Widerhall von schweren Stiefeln auf dem nassen Bahnsteig. Die Schatten von mehreren SS-Männern zeichneten sich im Nebel ab, als ich in den Zug einstieg. Mein Herz begann heftig zu schlagen. ›Hoffentlich haben sie mich nicht bemerkt!‹«[22]

Gisèle Freund trug in dieser Nacht die Negative der Frankfurter Maidemonstration bei sich. Als sie kontrolliert wurde, blätterte der misstrauische SS-Mann in ihrem Pass und fragte: »›Sind Sie Jüdin?‹ ›Haben Sie schon mal gehört, daß eine Jüdin Gisela heißt?‹ Fast schrie ich es indigniert, die autoritäre Stimme meines Vaters nachahmend, der oft für einen höheren Offizier gehalten wurde. Ich schaute dem Nazi starr in die Augen. Er war kaum älter als ich. Überrascht gab er mir den Paß zurück, knallte die Absätze zusammen und hob seinen rechten Arm: ›Heil Hitler!‹, dann drehte er sich um, die Tür fiel zu, die Schritte entfernten sich.«[23] Um sechs Uhr kam sie samt Leica, den versteckten Negativen und wenig Geld in der Tasche an der Gare du Nord an.

Frankfurt – Paris

Am 18. Februar 1933 stellte Elias bei der Universität Frankfurt den Antrag auf Zulassung zur Habilitation. Mit großer Intensität hatte er bis zuletzt an seiner Arbeit geschrieben: *Der höfische Mensch. Ein Beitrag zur Soziologie des Hofes, der höfischen Gesellschaft und des absoluten Königtums.* Hatte er seine Habilitationsschrift wirklich abgeschlossen? Oder, unter dem Druck der politischen Entwicklungen, die Sache irgendwie beendet in der Hoffnung, vielleicht doch noch das Habilitationsverfahren absolvieren zu können? Noch war Professor Mannheim in Frankfurt, noch arbeitete die Verwaltung, noch ging alles seinen Gang. »Die Zustände in Deutschland«, so Elias in einem späteren Interview, »waren immer noch geordnet.«[24] Darauf setzte er in diesen Tagen.

Wie die Habilitationsschrift ausgesehen hat, die er bei der Fakultät einreichte, davon weiß man nur wenig. Alle Exemplare der Arbeit sind verschwunden.[25] Das Prüfungsamt hatte 1934 das Original an die Doktorandin Margarete Freudenthal ausgehändigt. Warum, ist bis heute nicht in Erfahrung zu bringen. Auch das an Mannheim geschickte Exemplar hat sich nicht erhalten. Man weiß allerdings, dass Elias bei der Überarbeitung der Arbeit Ende der sechziger Jahre noch über ein Exemplar des Originalmanuskripts verfügte, doch das ist inzwischen auch nicht mehr auffindbar. Der Text wurde in Teilen rekonstruiert, Elias selbst gab dazu die nötigen Hinweise. Die überarbeitete Fassung erschien 1969 unter dem geänderten Titel: *Die höfische Gesellschaft. Untersuchungen zur Soziologie des Königtums und der höfischen Aristokratie.*

1933 gab es für Elias zunächst noch einen Hoffnungsschimmer: Am 7. März erhielt er den Bescheid, dass der Oberpräsident der Provinz Hessen/Nassau keine Bedenken gegen seine Zulassung als Privatdozent an der Wirtschafts- und Sozialwissenschaftlichen Fakultät erhebe. Doch zu der obligatorischen Probevorlesung und der Verleihung der Venia Legendi ist es nie gekommen: Genau einen Monat nach dem Bescheid stand Elias vor dem Aus. Am 7. April 1933 wurde das Gesetz zur Wiederherstellung des Berufsbeamtentums erlassen, das den Nazis erlaubte, missliebige Beamte aus dem Dienst zu entfernen bzw. entsprechende Bewerber gar nicht erst einzustellen, was insbesondere für Bewerber ›nichtarischer‹ Abstammung galt. Noch hatte Elias zwar einen Vertrag als außerplanmäßiger Assistent, der im April 1932 auf Antrag Mannheims bis zum 30. April 1934 verlängert worden war. Doch das war in diesen Tagen nicht mehr als ein Stück Papier, das keine Sicherheit mehr bot. Am 30. Juni 1933 wurde Elias aus dem Universitätsdienst entlassen.

Über seine damaligen Lebensumstände weiß man – trotz neuerer biographischer Forschungen[26] – im Grunde wenig.

Es bleiben viele weiße Flecken. Das meiste wissen wir von ihm selbst, aus den autobiographischen Interviews, die er in späten Lebensjahren gegeben hat. In diesen Interviews zeichnet er das Bild eines Menschen, der sich immer als Außenseiter gefühlt hat, der als Assistent Mannheims seiner Arbeit nachging und an seiner Habilitation schrieb, ansonsten aber kein Privatleben hatte. Das ist auffällig, weil, wenn er über die Zeit in Frankfurt spricht, auch ganz andere, sehr helle Töne zu hören sind: »Als Mannheim und ich nach Frankfurt kamen, trafen wir dort einen überaus lebendigen, höchst produktiven intellektuellen Kreis an; das heißt, kulturell war es eine äußerst fruchtbare Zeit [...], es war ein sehr anregendes Klima.«[27] Offensichtlich hat ihn dieses »anregende Klima« so beeinflusst, dass er in Frankfurt sogar das Thema seiner Habilitation änderte. Dass bei Alfred Weber in Heidelberg begonnene Projekt über die Entstehung der modernen Naturwissenschaften, zu dem er ausgiebig geforscht und in Italien recherchiert hatte, gab er auf, obwohl es schon weit gediehen war (und das, obwohl er sehr langsam schrieb und deshalb angeblich eine Psychoanalyse begonnen hatte). Man nimmt an, dass bei seiner Entscheidung, das Thema zu wechseln, auch die Konkurrenz zu dem Geschichtsphilosophen Franz Borkenau eine gewisse Rolle spielte.[28] Dieser stand damals in Diensten des Instituts für Sozialforschung und hatte, noch bevor Elias nach Frankfurt kam, von Horkheimer ein Stipendium bewilligt bekommen. Borkenau wollte das Entstehen des modernen Denkens erforschen, dazu legte er 1932 eine erste Studie vor, in der er das mathematisch-mechanische Weltbild beschrieb. Zwei Jahre später, 1934, erschien sein Buch *Der Übergang vom feudalen zum bürgerlichen Weltbild.* Offenbar tauschte sich Borkenau mit dem neuen Kollegen aus – beide arbeiteten in demselben Gebäude, benutzten dieselbe Institutsbibliothek. Zwischen Elias und dem Marxisten Borkenau gab es freilich gravierende Unterschiede, doch in ihren zivilisationstheoretischen Überlegungen verfolgten sie ein ähnliches Ziel. Inwieweit

Borkenau dazu beitrug, dass Elias seinen Blick von Italien auf Frankreich richtete, darüber lässt sich nur spekulieren.

Wenn Elias von einer »kulturell« äußert fruchtbaren Zeit spricht, dann meint er gewiss noch etwas anderes, etwas, was nicht nur mit der wissenschaftlichen Arbeit zusammenhängt. Frankfurt war eine liberale, offene Stadt, die Weimarer Kultur zeigte sich hier in allen Facetten: Musik, Mode, Sport, man konnte in der Stadt nach eigenem Gusto leben. Erst 1932, so erinnert sich Elias, hätte sich das Klima deutlich geändert.[29] Und hier war es, dass er Siegmund Heinrich Fuchs kennenlernte, der im britischen Exil den Namen Foulkes annahm und zu seinem lebenslangen Freund wurde. Der Einfluss, der von Fuchs auf Elias ausging, ist kaum zu überschätzen. In den Jahren des englischen Exils schließlich beeinflusste auch Elias mit seinem Denken über den Zusammenhang von Individuum und Gesellschaft den Freund stark, der in dieser Zeit sein Konzept der psychoanalytischen Gruppenpsychotherapie entwickelte, woran sich Elias theoretisch, aber auch ganz praktisch beteiligte.

Fuchs hatte Medizin studiert und eine psychiatrische und neurologische Ausbildung absolviert. In dieser Zeit lernte er die Psychoanalyse kennen und war, wie viele damals, fasziniert. Kurz entschlossen ging er nach Wien, machte bei Helene Deutsch eine Lehranalyse, kam in Kontakt mit Wilhelm Reich und dem von ihm geleiteten Technischen Seminar. Als Elias 1930 nach Frankfurt übersiedelte, hatte sich Fuchs gerade dem dortigen psychoanalytischen Institut angeschlossen. Von ihm, dem offenen und eloquenten Mann, der mit Horkheimer, Adorno, Fromm und Marcuse verkehrte, hörte Elias – in ganz praktischer Weise – von der Psychoanalyse, ihren Techniken und Methoden, er hörte etwas von der therapeutischen Kur, der man sich unterziehen müsse, hörte etwas von der speziellen Beziehung zwischen Analytiker und Analysanden, von Übertragung und Triebkonflikten, er hörte natürlich auch etwas über Freud und dessen Schüler. Das alles erregte sein Interesse, nicht nur sein wissenschaftliches, sondern sein ganz persönliches. Wieweit er Fuchs in seine eigenen Konflikte einweihte, ist kaum bekannt. Man stellt sich Elias als einen verschlossenen, distanzierten und gehemmten Menschen vor. In Wirklichkeit sah es wohl etwas anders aus. Zahlreiche Fotos aus den Heidelberger und Frankfurter Jahren zeigen ihn oft lachend, und die von ihm betreuten Doktorandinnen schätzten ihn nicht nur als kompetenten Gesprächspartner, sondern auch als offenen und herzlichen Menschen. Nur Nina Rubinstein äußerte sich kritischer über ihren Betreuer: er hätte auf sie den Eindruck eines geschlagenen Hundes gemacht. Und sie ergänzt: »er war nett, aber unsicher«.[30]

In Frankfurt bot sich für Elias die Möglichkeit, sich zu öffnen, und er nutze die Gelegenheit. Lange Zeit hatte er seine Homosexualität im Verborgenen gehalten und gewissermaßen asexuell gelebt. Peinlich war er darauf bedacht gewesen, alle Zeichen und Äußerungen zu kontrollieren, die ihn verraten könnten. Ob in Breslau oder Heidelberg, niemand schien etwas von seinen Neigungen zu ahnen. In Frankfurt änderte sich das, er ging in Cafés und entsprechende Bars, machte Bekanntschaften und hatte einen Liebhaber. Von einem Coming-out ist gleichwohl nicht zu sprechen. Elias ging mit seinem Schwulsein weiterhin diskret um. Dass er seine Haltung in Frankfurt dennoch änderte, dazu hat Richard Plaut beigetragen, ein Student der Germanistik, später Schriftsteller, Literatur- und Filmkritiker. Sein Vater war der mit Siegfried Kracauer befreundete Arzt Theodor Plaut, sein Patenonkel Kurt Goldstein, Paul Tillichs enger Freund und Mentor. Und dieser Richard Plaut lebte offen homosexuell, ging händchenhaltend durch die Innenstadt; die Gepflogenheiten hatten sich geändert, gleichgeschlechtliche Liebe war kein Tabu mehr. Skandale, wie sie Maximilian Harden mit der Eulenburg-Affäre im Wilhelminischen Reich noch losgetreten hatte, hätte es in der Weimarer Republik wohl nicht mehr gegeben.

Elias – auch wenn er sich später eher zurückhaltend und ambivalent äußert – genoss das Frankfurter Leben, fühlte sich zum ersten Mal befreit. Dabei spielte natürlich auch eine Rolle, dass er hier, anders als in Heidelberg, einen Arbeitsvertrag hatte und Geld verdiente, sich eine eigene Wohnung leisten konnte. Aber er war, was seine Stelle als Assistent anging, von Mannheim abhängig, der musste den Vertrag stets aufs Neue verlängern, was immer Unsicherheit mit sich brachte. Und Mannheim beförderte diese noch dadurch, dass er einen weiteren Assistenten anwarb, Hans Gerth, der für ihn schon in Heidelberg als studentische Hilfskraft gearbeitet hatte. Mit Gerth arbeitet Mannheim im Soziologischen Seminar eng zusammen, enger vielleicht als mit Elias, der gegenüber dem, was Mannheim als seine neue Soziologie propagierte, Distanz erkennen ließ.

1933 verharrte Elias in Wartestellung. In Deutschland konnte er nicht bleiben, aber wohin gehen? In einem seiner späteren Interviews heißt es, er hätte sich im März oder April entschlossen, das Land zu verlassen.[31] Das mag sein, doch konkrete Vorstellungen hatte er nicht, und bei allem, was man weiß, unternahm er auch wenig, um seine prekäre Situation zu ändern. Im Herbst glaubte er, er könne vielleicht in der Schweiz eine Stelle bekommen. Mannheim, der ursprünglich auf dem 1932 in Genf stattfindenden Kongress des Institut International de Sociologie auftreten wollte, befand sich im englischen Exil und gab die Einladung an Elias weiter. Dieser fuhr mit seiner Doktorandin Margarete Freudenthal in deren Opel los. Sie referierten über *Die höfische Residenz* – soweit man weiß, ein gelungener Auftritt, doch eine Stelle an einer Schweizer Universität brachte ihm das nicht ein, zumal Elias keine abgeschlossene Habilitation vorlegen konnte.

Spätestens nach dieser Reise war ihm klar, dass er den Weg vieler Intellektueller und Künstler gehen musste – und der zeigte Richtung Paris. Ende 1933 kam er dort an. Zwiespältig sei seine Stimmung gewesen, meinte er rückblickend, er hätte einerseits das Gefühl gehabt, »vollkommen aus der Lebensbahn geworfen« zu sein, andererseits war es »schon sehr angenehm, so notgedrungen in den Tag hinein zu leben [...], ein solches Leben hat auch seine erfreulichen Züge – als ob eine Last von einem genommen wäre«.[32]

»Es herrscht völlige Ruhe und Ordnung«

»Es herrscht völlige Ruhe und Ordnung«, schreibt Adorno am 15. April 1933 an Siegfried Kracauer, der Anfang März nach Paris geflüchtet war. Der Reichstagsbrand vom 28. Februar war für ihn und seine Frau Elisabeth zum Aufbruchssignal geworden. Anfang März, da waren sie schon in Paris, erschien in der *Frankfurter Zeitung* Kracauers Artikel *Rund um den Reichstag:* »Eine endlose Prozession von Menschen zieht sich um das isolierte Gebäude herum. Angestellte, Bürger, Arbeiter, Arbeitslose, Reichswehrsoldaten, Schuljugend – sie alle wollen die Spuren des Brandes sehen, der mehr war als ein gewöhnlicher Brand. [...] Was an ihnen befremdet, ist ihr beharrliches Schweigen. [...] Höchstens hört man zuweilen ein Flüstern. Aber es unterbricht nur selten die Betrachtung des verödeten Bauwerks, das mit der magischen Kraft eines angegriffenen Symbols aller Augen fesselt. Die Blicke dringen durch dieses Symbol hindurch und tauchen in den Abgrund nieder, den seine Zerstörung eröffnet.«[33] Adorno wird den Artikel gelesen haben, es klingt darum wie eine Parodie, wenn er von »Ruhe und Ordnung« spricht und dem Freund empfiehlt, »nach Deutschland zurückzukommen, die Verhältnisse«, so prophezeit er, »werden sich konsolidieren«.[34]

Nach dieser Maßgabe verhielt sich Adorno selbst, er lebte, wie er bisher gelebt hatte, mit dem Unterschied, dass er seine Lehrtätigkeit an der Universität nicht mehr ausüben durfte. Im September 1933 bekam er den offiziellen Bescheid, dass ihm die Lehrbefugnis entzogen sei. In dieser Zeit war ein

Großteil seiner Freunde und Kollegen schon im Exil. Adorno weigerte sich gleichwohl beharrlich, diese Möglichkeit für sich auch nur in Betracht zu ziehen. Leo Löwenthal sprach davon, dass es bei dem Freund eine »Art naiver Unkenntnis der wirklichen Welt«[35] gegeben habe, »diese Mentalität deutsch-jüdischer Bürger und besonders Großbürger« – »er konnte gar nicht glauben, daß ihm, dem Sohn von Oskar Wiesengrund, der Neffe der Tante Agathe und der Sohn von Maria [war], daß ihm jemals etwas geschehen könnte«.[36] Selbst nach einer Hausdurchsuchung im Juli 1933 reagiert er gelassen, kurz darauf fuhr er mit seiner Verlobten in den Sommerurlaub nach Binz an die Ostsee. Mit den Tillichs, die ihren Urlaub in dem dreizehn Kilometer entfernten Saßnitz verbrachten, traf man sich zum Essen und diskutierte über Gott und die Welt. Adorno riet weiter zur Ruhe, während Tillich nun mehr fest entschlossen war, das Land zu verlassen. Er hatte eine Reise durch Deutschland gemacht, mit vielen Freunden und Kollegen gesprochen, auf Anraten seiner Frau sogar einen der Auftritte Hitlers besucht. »Er kam«, so Hannah Tillich, »schaudernd nach Hause, entsetzt und beeindruckt von dem Dämon in Hitlers Augen. [...] Er ahnte die ungeheure Gefahr.«[37] Und was die Gefahr für ihn ganz persönlich betraf, so hatte ihn Horkheimer auf seine prekäre Situation aufmerksam gemacht: »Ich habe ihm eines Tages im Februar 1933 eine Reihe von Stellen aus seinen Schriften vorgelesen und gesagt, ich glaubte, wenn er Deutschland nicht verließe, würden sie ihn das Leben kosten.«[38] Damals war Tillich dazu noch nicht bereit, obwohl ihn ein anderes Ereignis bereits aufgerüttelt hatte.

Ende 1932 war eine seiner Vorlesungen von SA-Studenten gestürmt worden, die eine wilde Schlägerei veranstalteten. Richard Plaut, der in dem Hörsaal saß, berichtete später davon.[39] Der Ordinarius konnte sich durch eine Nebentür retten, Plauts Vater, Tillichs Freund und Arzt, leistete erste Hilfe. Am Abend traf man sich im Café Laumer. Tillich, so berichtet Richard Plaut, sei »tief erschüttert gewesen« und riet uns, »so rasch wie moeglich ins Ausland zu gehen«.[40] Er selbst aber zögerte noch ein Jahr. Selbst nach seiner vorläufigen Beurlaubung am 13. April machte er sich noch Hoffnungen, auf eine Stelle in Berlin berufen zu werden. Ende August waren dann aber die Würfel gefallen, er beantragte beim Berliner Ministerium eine Beurlaubung, um als *visiting Lecturer* an die Columbia University zu gehen. Am 26. Oktober verließen Paul, Hannah und Erdmuthe Tillich Deutschland – am Nachmittag des 3. November kamen sie in New York City an. Tillich konnte sich lange nicht damit abfinden, dass man ihn in Deutschland nicht mehr haben wollte. Gegen seine Entlassung legte er 1934 Widerspruch ein, er kämpfte um seine Rückkehr. Er war wohl auch bereit in die innere Emigration zu gehen und ein abgeschiedenes Leben als Privatgelehrter zu führen.

Und Adorno? Auch er hielt an einer Existenz in Deutschland fest, hoffte, eine Nische zu finden, um in ihr den Sturm zu überstehen. Diese Nische bot sich ihm im Juni 1934, als er sich schließlich in Oxford am Merton College im Fach Philosophie als *advanced student* immatrikulierte. Adorno lebte jetzt zwar in England, fuhr aber regelmäßig nach Deutschland, besuchte die Familie und machte Urlaub im Schwarzwald. Erst 1937 emigrierte er in die USA.

In ganz anderer Weise reagierte Max Horkheimer auf die politischen Ereignisse. Schon ein Jahr vor der Machtübertragung an Hitler hielt er sich größtenteils in Genf auf und kam nur noch gelegentlich nach Frankfurt. Und wenn er sich hier aufhielt, wohnte er in einem Hotel in der Nähe des Hauptbahnhofs. Horkheimer wusste, dass die Schweiz keine Sicherheit bot. Im Institut war man allgemein der Auffassung, dass der Faschismus sich ausbreiten und über kurz oder lang ganz Europa erfassen würde. Die Vereinigten Staaten waren darum für Horkheimer erste Wahl, er glaubte, dass er in Amerika vor Faschismus und Antisemitismus sicher sei – doch selbst das sollte sich schon bald als Irrtum herausstellen. Horkheimer verfügte über genügend finanzielle Mittel, schickte seine Mitarbeiter zur Sondierung in die Vereinigten Staaten. Im Mai 1934 machte er sich dann selbst mit seiner Frau Maidon auf die Reise über den Atlantik.

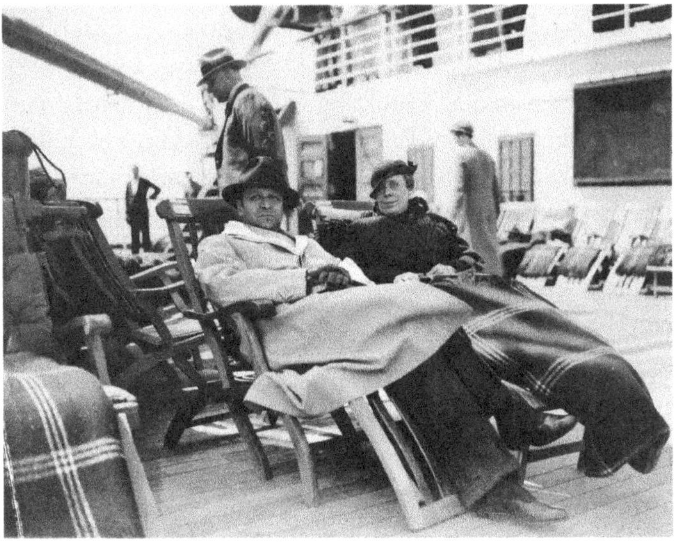

16 Max und Maidon Horkheimer auf der Überfahrt nach New York, Mai 1934.

Ein Jahr zuvor, am 13. März 1933, war ein Aufgebot der Kriminalpolizei in das Institut für Sozialforschung eingedrungen, hatte die Räume durchsucht und versiegelt. Das Gebäude wurde geschlossen. Wenig später wurde die vertragliche Verbindung der Universität mit dem Institut für Sozialforschung für nichtig erklärt.

Elias stellte später in einem Brief die interessante These auf, die Intellektuellen hätten Hitler und seinen Reden keinen Glauben geschenkt, weil er ihnen viel zu vulgär erschienen sei: »Man diskutierte schon gelegentlich den italienischen Faschismus, aber den Nationalsozialismus unter Hitler nahm man in den akademischen Kreisen, die ich kannte, als politische Bewegung nicht ganz ernst. Weil er vulgär, barbarisch und mit seinen schrillen Stimmen, seiner Philosophie für Halbgebildete, seinen schreienden Symbolen auf Menschen der alten Bildungstradition eigentlich recht fremdartig wirkte, … fiel es, soweit ich mich entsinnen kann, niemandem ein, ihn zum Thema soziologischer Veranstaltungen oder Untersuchungen zu machen.«[41]

TEIL 3

Ein langes Interregnum

Suchbewegungen

»Es war ein Leben, das ich sehr genoß«

Seit November 1935 arbeitete Norbert Elias jeden Tag in der Bibliothek des British Museum. Sobald er morgens erschien, brachte ihm ein Bibliotheksangesteller den Stapel Bücher, den er sich hatte zurücklegen lassen, an den Tisch, und dann fing er an zu schmökern. Wenn er auf einen interessanten Literaturhinweis stieß, ging er zum Katalog und bestellte das Buch. Mittags machte er eine Pause und aß in einem nahe gelegenen Café ein Sandwich. Bevor er an seinen Platz in der Bibliothek zurückkehrte, fütterte er für gewöhnlich den Taubenschwarm. »Es war ein Leben, das ich sehr genoß. Ich wußte, daß ich vorerst keine Zukunft hatte, aber ich konnte im Britischen Museum schmökern – oder genauer: im Katalog der Bibliothek.«[1]

Irgendwann entdeckte er ein Buch, das ihn sofort in den Bann zog, das viel mit ihm selbst zu tun hatte, aber auch mit der Studie im Zusammenhang stand, die er im Begriff zu schreiben war: *Über den Prozeß der Zivilisation*. Mehr aus »Zufall«,[2] wie er später betont, hatte er ein Etikettenbuch bestellt. Folgen wir seiner etwas vagen Erinnerung, dann war es eine Abhandlung von Antoine de Courtin, einem 1622 geborenen französischen Diplomaten und Schriftsteller, der aus Riom, der ehemaligen Hauptstadt des Herzogtums Auvergne, stammte und 1685 in Paris starb. Ein Mann mit Charme und geschliffenen Manieren, der sich als Gesandter in Schweden große Verdienste erwarb und sogar die Königin

Christine bezauberte. Courtin verfasste zahlreiche Abhandlungen, zum Beispiel über die *Faulheit oder die Kunst, Zeit gut zu nutzen* (1673) und über *Eifersucht oder Mittel zur Wahrung des Friedens in der Ehe* (1682). Seine erfolgreichste Arbeit aber war jene, auf die vermutlich auch Elias stieß: *Nouveau traité de la civilité qui se pratique en France parmi les honnêtes gens.* 1671 veröffentlicht, wurde das Buch immer wieder überarbeitet und erlebte zahlreiche Neuauflagen. 1708 erschien eine französisch-deutsche Ausgabe, die deutsche Übersetzung von Christian Friedrich Hunold unter dem Pseudonym Menantes, mit dem abgewandelten Titel *La Civilité Moderne. Oder die Höflichkeit der heutigen Welt.*

Bis zu diesem Zeitpunkt, versichert Elias, habe er von dem, was er schreiben wollte, nur eine »ziemlich vage«[3] Vorstellung gehabt. Erst im Spätherbst 1935 war er aus Paris, der ersten Station seiner Emigration, nach London gekommen. Bis hierher hatte er das Leben eines Emigranten geführt: in einem Hotel gewohnt, seine Zeit in den Cafés vom Montparnasse und in den vielen kleinen Restaurants zugebracht, in denen man damals gut und billig essen konnte. Er verfügte über einige Ersparnisse, hin und wieder schickten ihm die Eltern Geld, und von einer Amsterdamer Stiftung erhielt er ein kleines Stipendium. In der Regel kam er damit aus. »Man lebte einfach von Tag zu Tag und hoffte das Beste, solange das Geld reichte.«[4] Elias lebte mit seinem Freund zusammen, dem Bildhauer Maurice Herz, den er in Frankfurt kennengelernt hatte. Zum näheren Bekanntenkreis gehörte auch der Schriftsteller Ludwig Turek. Um sich aus der bedrückenden finanziellen Situation zu befreien, wollte man ein Unternehmen, eine kleine Fabrik für Holzspielzeug, aufbauen. Die Idee dazu hatte Elias selbst, der auch das Kapital zur Verfügung stellte, indem er auf seine Ersparnisse zurückgriff. Sie beschafften Maschinen und Werkzeuge, Herz entwarf Modelle, die Produktion lief an, aber der Verkauf blieb weit hinter den Erwartungen zurück, und so gab man die Unternehmung wieder auf. Für Elias ein Verlustgeschäft.

Beruflich gesehen, gab es für ihn keine Perspektive. An eine Stelle an einer französischen Universität war nicht zu denken, ohne eine abgeschlossene Habilitation und ohne eine einzige gewichtige Veröffentlichung war eine Bewerbung nahezu aussichtslos. Veröffentlicht hatte Elias bisher so gut wie nichts. Ein paar kleinere Texte für jüdische Zeitschriften geschrieben, für den jüdischen Wanderbund Blau-Weiß und für das *Israelische Gemeindeblatt* in Mannheim und Ludwigshafen – mit Wissenschaft hatte das nicht viel zu tun. Einzig auf seine 1929 erschienenen Redebeiträge zur Mannheim-Diskussion über *Die Bedeutung der Konkurrenz im Gebiete des Geistigen* auf dem 6. Deutschen Soziologentag in Zürich konnte er verweisen. Aber was war das schon? Elias, der auf die vierzig zuging, hatte viel Kraft in seine Habilitation gesteckt, erst bei Alfred Weber in Heidelberg, die er abgebrochen hatte, dann bei Karl Mannheim, bei dem er eine neue Habilitation in Angriff nahm, die er irgendwie, wir wissen nicht wie, beendet hatte, die ihn aber nicht zur ersehnten Venia Legendi führte. Gleichwohl ist es erstaunlich, wie wenig er veröffentlicht hatte. In Frankfurt war er zum Zuarbeiter geworden, der Mannheims Seminare und Vorlesungen vorbereitete und Doktorarbeiten betreute. Von seinen eigenen Forschungen hat er in dieser Zeit, soweit man weiß, nichts publiziert. Das Verhältnis zu Mannheim war zuletzt angespannt, vielleicht hatte der ehrgeizige Soziologe, der von Elias profitierte, von diesem einen substanzielleren Beitrag zu seiner Soziologie erwartet. Mit seinem Wortbeitrag in Zürich hatte Elias bei Mannheim Eindruck gemacht, darum hatte der, als es darum ging, in Frankfurt einen Assistenten einzustellen, auf ihn zurückgegriffen.

Im Pariser Exil wurde Elias offenbar bewusst, wie wichtig im akademischen Leben Veröffentlichungen sind. Er wollte ein großes Werk schreiben, das ihm Anerkennung und den Titel eines Professors einbringen sollte. Was er nicht bedachte, war indes, dass man nicht über ein großes Werk Professor wurde, sondern über andere Professoren, die man für das eigene Werk, für die eigenen Ideen und nicht zuletzt die eigene Person gewinnen und interessieren musste. Ein Faktor, den Elias erst spät erkannte und spät deshalb auch sein Erfolg.

In Paris sortierte er sein Material und dachte über kleinere Texte nach, die sich in Zeitschriften platzieren ließen. Vielleicht haben ihn dazu auch seine Bekanntschaften ermuntert. Er traf Franz Borkenau wieder, über ihn lernte er etwa den eloquenten Manès Sperber kennen, der ihm viel über Alfred Adlers Individualpsychologie erzählte – vor Jahren hatte sich Sperber wegen seiner kommunistischen Einstellung mit Adler überworfen. Die Berliner Gesellschaft für Individualpsychologie, der er angehörte, spaltete sich, Sperber führte die kommunistische Fraktion an, der er sich mehr verpflichtet fühlte als der Psychologie. Über einige Zwischenetappen landete er 1934 in Paris und wurde ein enger Mitarbeiter von Willi Münzenberg.

Elias schrieb in dieser Zeit zwei kleine Aufsätze: *Die Vertreibung der Hugenotten aus Frankreich*, den er in der Emigrantenzeitschrift *Der Ausweg* veröffentlichte, und *Kitschstil und Kitschzeitalter*, den er zur Publikation Klaus Mann übergab, der zu seinem Pariser Bekanntenkreis gehörte. Elias lobt in dem Aufsatz die höfische Gesellschaft, die, anders als die bürgerlich-industrielle, Maßstäbe und Sicherheiten geboten hätte. »Was ehemals stillschweigend und fast automatisch im Medium der stabileren ›guten Gesellschaft‹ tradiert worden war, das ›savoir vivre‹, die gute Haltung, der sichere Geschmack, das hörte mit der zunehmenden Verbürgerlichung des ganzen Gesellschaftskörpers auf.«[5] Die kleine Abhandlung erschien im August 1935 im letzten Heft der von Klaus Mann herausgegebenen Zeitschrift *Die Sammlung*, die danach aus finanziellen Gründen eingestellt werden musste.

Offenbar erhielt Elias schon im Februar 1935 von Klaus Mann einen Sonderdruck, den er stante pede an Max Horkheimer schickte, zusammen mit zwei Exkursen aus seiner verschollenen Habilitation, die er zur Veröffentlichung in der *Zeitschrift für Sozialforschung* anbot. Man wundert sich über diesen Kontakt, weil Elias immer behauptet hat, es hätte keinen gegeben. Nun erfahren wir, dass er sich offenbar sehr gut vorstellen konnte, einen Auszug aus seiner Habilitation in der Hauszeitschrift des Instituts zu veröffentlichen. Und Horkheimer bot ihm an, dass er sich Ende April mit einem seiner Mitarbeiter in Paris treffen könne. Es ist eher unwahrscheinlich, dass Elias diese allgemein und unverbindlich gehaltene Einladung wahrnahm. Was aber den »Sonderdruck« angeht, so hat sich Horkheimer trotz Zeitmangels einigermaßen ausführlich mit dem Aufsatz über *Kitschstil und Kitschzeitalter* beschäftigt, spricht von einer anregenden Lektüre,[6] belässt es im Weiteren nicht bei leeren Formeln, sondern lobt die Beobachtungen zur sozialen Stellung des Künstlers, kritisiert einige Punkte und betont am Ende sein großes Interesse an dem Problem.

Elias entfaltete in Paris eine ungekannte Aktivität, wurde initiativ. So schwierig die finanzielle Situation war, das Leben hier war ihm »sehr angenehm«.[7] Er ging aus sich heraus, traute sich was. Im Frühjahr 1935 machte er Gisèle Freund einen Heiratsantrag – er hatte ihr bei der Übersetzung ihrer Dissertation geholfen, sie standen im engen Kontakt, konnten über alles reden und sich miteinander amüsieren. Er dachte bei seinem Angebot wohl an eine partnerschaftliche Ehe, die ihm Schutz geboten hätte, um seine Homosexualität zu leben. Sosehr sie den Freund mochte, sie blieb lieber selbständig und lehnte ab.

Irgendwann in dieser Zeit bekam Elias Besuch von einem alten Freund, den er in Breslau im jüdischen Wanderbund Blau-Weiß kennengelernt und in Heidelberg wiedergetroffen hatte: Alfred Glücksmann, einem Mediziner, der schon 1933 nach England emigriert und jetzt an der University of Cambridge beschäftigt war. Glücksmann schwärmte von den Verhältnissen in England, die für Exilanten sehr viel besser seien als in Paris. Offenbar hat er Elias nicht nur überzeugt, sondern ihm ein Visum verschafft, und so konnte dieser im Spätherbst 1935 problemlos nach London übersiedeln. Für die Jahre von 1936 bis 1938 erhielt er von dem Academic Assistance Council ein Stipendium, das ihm ein relativ sorgloses Arbeiten erlaubte. Abgesehen von den besseren sozialen Bedingungen war sicher auch ein Grund, Paris zu verlassen und nach London zu gehen, Gisèle Freunds Absage und dass die Beziehung zu Maurice Herz kurz vor dem Aus stand.[8]

Denn sein großes Werk hätte er genauso gut in Paris schreiben können, der *Prozeß der Zivilisation* hat mehr mit Frankreich als mit England zu tun. In Paris hätte er, was die Quellenforschung angeht, ebenso gute, wenn nicht bessere Bedingungen gehabt. Zudem empfand Elias eine »tiefe Liebe für Frankreich«: »Ich liebte die französische Kultur und sprach damals ein fast makelloses Französisch fast akzentfrei – im Gegensatz zu England, wo ich meinen Akzent nie verloren habe. Ich liebte Frankreich, liebte Paris, aber darum war es um so betrüblicher, daß mich kein einziger Franzose nach Haus eingeladen hat.«[9]

Paris – London, beides waren Städte, die er mochte, die er liebte, aber er fühlte sich hier wie dort nicht wiedergeliebt. Als er in einem Interview gefragt wurde: »Haben Sie Deutschland vermißt?«, ging er darauf nicht ein, er hätte sonst über seine Heimatlosigkeit sprechen müssen. Er war aus seinem Kulturkreis ausgestoßen worden und fühlte sich fortan heimatlos.

Für den Wechsel nach London gab es weniger Gründe, als es zunächst den Anschein hat, das Stipendium des Academic Assistance Council wurde erst bewilligt, als er schon angekommen war. Bemerkenswert ist, was sein Biograph Adrian Jitschin erzählt: Elias habe in England versucht, seine gesamte Identität neu zu erfinden und sich der englischen Lebensweise anzupassen. Er bemühte sich nicht nur, die Sprache exakt zu erlernen, er wollte auch wie ein Engländer aussehen, übernahm die britische Mode – »großkarierte Sakkos, Jacketts mit Lederaufnähern« –, »weder seine deutsche Herkunft noch seine Zeit in Paris« sollte man ihm ansehen.[10]

Elias fühlte, um eine Wendung Sartres zu variieren, dass

er zugleich er »selbst und ein anderer ist«.[11] Und diese Struktur, das merkte er im Exil, ließ ihn immer wieder scheitern, insbesondere wenn er sich in Gesellschaft bewegte oder in Kontakt mit höhergestellten Personen kam, die er zumeist rundheraus ablehnte und nicht gelten lassen wollte. Nicht von ungefähr hatte er in Frankfurt vornehmlich Austausch mit Jüngeren gepflegt, während er Professoren und Lehrstuhlinhaber abschätzig beurteilte. Folglich mangelte es ihm an einflussreichen Kontakten, die er hätte nutzen können, oder sie kamen ihm, wie im Fall von Mannheim, abhanden. Insoweit mag die erwähnte Abhandlung Courtins auch aus ganz persönlichen Gründen für Elias ein Augenöffner gewesen sein.

Courtin hat kein philosophisches Buch über die Höflichkeit geschrieben, keine allgemein gehaltene Abhandlung, wie es damals üblich war, sondern ein ganz praktisches Lehrwerk, das sich an junge Männer richtete, die im Leben Erfolg haben und sozial aufsteigen wollten.[12] In erster Linie wird der Umgang mit höhergestellten Personen erörtert. Dafür gibt Courtin vier Grundregeln an: Man solle sich, erstens, »nach seinem Alter und Stande aufführen«. Zweitens sei es wichtig, sich ganz »nach Beschaffenheit der Person zu richten / mit welcher man es zu thun hat«, drittens sei »die Zeit wohl in Acht zu nehmen«, und viertens gelte es, »den Ort anzusehen / wo man einander trifft«.[13] Courtin geht in 29 Kapiteln systematisch vor, bespricht en détail, wie man das Haus einer höhergestellten Person zu betreten habe, was man in Gesellschaft sage bzw. besser nicht sage, welche Worte man gebrauchen solle, dass es sich nicht schicke, laut zu lachen. Courtin beschreibt, was an Haltung, Mimik und Gestik angemessen sei. Er geht auch darauf ein, wie lange man reden dürfe, um angenehm zu wirken, und dass man weniger reden und mehr zuhören solle, wobei es auf die Geste des Zuhörens ankomme. Zur Grundregel gehöre: Will man bei einem Höhergestellten Erfolg haben, so sollte man vor allem bescheiden sein. »Selbsterniedrigung und die Erhöhung des Gegenübers, darin liege die ›wahrhafte Höflichkeit‹.«[14] Courtin zu lesen, fand Elias »überaus spannend«.[15] Man möchte meinen aus doppeltem Grund: Courtin erklärte, woran er selber bisher gescheitert war, seine Misserfolge im geselligen Verkehr, und er machte ihn zugleich auf Material aufmerksam, das zum Grundstock seiner Studie *Über den Prozeß der Zivilisation* wurde.

Auseinandergelebt

Von der Bibliothek des British Museum bis zur London School of Economics geht man zu Fuß kaum eine Viertelstunde. Zwischen Elias und Mannheim gab es in ihrem englischen Exil keine langen Wege. Die jeweiligen Arbeitsdomizile lagen in unmittelbarer Nachbarschaft. Gleichwohl war, laut Elias, der Kontakt »nicht mehr eng«,[16] obschon er »immer noch auf gutem Fuß« mit dem anderen gestanden habe. Kann man das glauben? In seinen 1984 veröffentlichten *Notizen zum Lebenslauf* hat Elias, geschickt verpackt, seine Ressentiments gegen Mannheim niedergeschrieben. Ein Karrierist sei er gewesen, der »hart und rücksichtslos im Konkurrenzkampf sein konnte«.[17] Mit »Unerbittlichkeit« sei er vor allem gegenüber Personen aufgetreten, die »einen höheren Status beanspruchten«.[18] Es klingt wie eine Persiflage, wenn Elias schreibt: »Er meinte nichts Böses, wenn er andere aus dem Felde schlug. Er war sicher, daß er den Preis verdiente.« Ihn habe er letztlich nicht aus dem Feld geschlagen. Mannheim, so Elias von oben herab, hätte »Größeres leisten können, wäre ihm die Laufbahn weniger wichtig gewesen«.[19]

Elias hegte, das wird deutlich, einen tief sitzenden Groll. Die gegenseitigen persönlichen Sympathien hatten sich wohl schon in Frankfurt aufgebraucht. Als Mannheim im November 1934 – da waren beide schon im Exil – um ein Gutachten für Elias gebeten wurde, der sich um ein Stipendium beworben hatte, bescheinigte der diesem: »Drittklassig. Er hatte in Paris keine wirkliche Chance und war gezwungen, neben seiner wissenschaftlichen Arbeit auch gewerblicher Arbeit nachzugehen. Dennoch kommt [er] wohl für das akademische Berufsfeld nicht in Betracht.«[20] Es ist unwahrscheinlich, dass Elias Kenntnis von dem Gutachten hatte – akademische Gutachten unterlagen und unterliegen der Geheimhaltung. Jedenfalls konnte Mannheim darauf vertrauen, dass dieser nicht erfahren würde, dass er ihn als drittklassig eingestuft hatte. Ganz anders war die Tonlage, als Mannheim für seinen Freund und Kollegen Morris Ginsberg einen Artikel über die deutsche Soziologie zwischen 1918 und 1933 verfasste, in dem er sich lobend über Elias und speziell über seine Habilitation äußerte, die noch nicht einmal abgeschlossen war.

»We like him«

Der amerikanische Professor Earle Edward Eubank reiste im Sommer 1934 durch Europa, um prominente Soziologen zu interviewen.[21] Am 27. August 1933 war es gewesen, dass er den Entschluss gefasst hatte, ein Buch in Angriff zu nehmen, er hatte sich sogar die Uhrzeit seines Entschlusses notiert: 12 Uhr 48. Geplant waren zwei Bände, der eine sollte *The Making of Sociology* heißen und nach Ländern geordnet sein: England, Deutschland, Frankreich, Italien, Polen, Vereinigte Staaten usw. In dem anderen Band sollten die ›Macher‹ des Faches versammelt werden: *The Makers of Sociology*, so der Titel. Etwa vierzig Soziologen befanden sich in der engeren Wahl. Dieser ehrgeizige Entwurf musste im Laufe des Projekts immer weiter abgespeckt werden, erschienen ist das Buch nie, die Arbeiten zogen sich immer weiter hin, bis 1938 ein Konkurrenzprodukt auf den Markt kam, 1945 starb Eubank. In seinem Nachlass fanden sich vierzehn Kisten Material (Interviews, Gesprächsnotizen, Fotografien), die

Dirk Käsler gesichtet und in Auszügen in seinem Buch *Soziologische Abenteuer* dokumentiert hat.

Im März 1934 hatte Eubank noch voller Zuversicht die Interviewanfragen verschickt, und im Sommer machte er sich auf den Weg nach Europa, um die Geistesgrößen der Soziologie aufzusuchen. Dazu gehörten unter anderen Franz Oppenheimer, Werner Sombart, Ferdinand Tönnies, Maurice Halbwachs, Lucien Lévy-Bruhl, Eduard Spranger, Alfred Vierkandt, Alfred Weber, aus England standen Morris Ginsburg und Karl Mannheim auf der Liste. Mannheim war aus amerikanischer Sicht »eine Schlüsselfigur« der deutschen Soziologie, so Howard Becker, ein Kollege und Ratgeber Eubanks – »sehr objektiv in seinem Denken«, ihn müsse er unbedingt aufsuchen. Eubank wollte die Soziologen nach dem Stand ihrer Wissenschaft befragen, nach ihrer Einschätzung, wie sich in Zukunft Lehre und Forschung entwickeln würden. Anders als geplant, nahmen dann aber die politischen Verhältnisse in Deutschland großen Raum in den Gesprächen ein.

Am Abend des 1. Juli traf sich Eubank mit Karl Mannheim und dessen Frau Júlia Mannheim-Láng. In der Nacht zuvor hatte in Deutschland der »Röhm-Putsch« begonnen – erste Informationen über die Ereignisse kursierten anderntags in England, aber genaue Kenntnisse über die Sachlage und Hintergründe gab es noch nicht.[22] Eubank beschreibt das Ehepaar als äußerlich ruhig, aber »offensichtlich unter großer emotionaler Anspannung« stehend.[23] Er fragte nach ihrer Meinung über Hitler. Zu seiner Überraschung antworteten beide: »We like him.«[24] Eubank war verblüfft, das von Juden zu hören, die doch verfolgt und gezwungen worden waren, das Land zu verlassen. Er hakte nach. Nein, die Politik würden sie ablehnen, nicht aber den Menschen. Hitler sei in ihren Augen »ein ernsthafter, aufrichtiger Mann [...], der nichts für sich selber sucht, sondern sich mit ganzem Herzen darum bemüht, eine neue Regierung aufzubauen. Er ist aufrichtig, in einem Stück, und wir bewundern seine

Rechtschaffenheit und seine Hingabe.«[25] Die Mannheims hatten 1932 zusammen mit Tillichs Auftritte Hitlers besucht,[26] waren interessiert an der Person, an seiner Wirkung auf das Publikum, an der theatralischen und aufputschenden Inszenierung der Veranstaltungen. Im Januar 1933, als Hitler zum Reichkanzler ernannt wurde, empfand man, so Hannah Tillich, »ein Gefühl tiefster Hilflosigkeit«.[27]

Wie hilflos die deutschen Soziologen auf Hitler reagierten, zeigen Eubanks Gespräche im Sommer 1934 in erschreckender Weise. Nicht nur Mannheim zeigt sich von Hitler beeindruckt. Zusammen mit Alfred Vierkandt hörte Eubank eine Rundfunkrede des Reichspropagandaministers Goebbels und hört hinterher von Vierkandt ganz ähnliche Einschätzungen; er lobte die Bescheidenheit und den Patriotismus Hitlers, die Bücherverbrennungen und die Gewalt auf den Straßen spielte er herunter: das seien Exzesse, die Lage würde sich beruhigen.[28] Alfred Weber, den man gezwungen hatte, die Universität zu verlassen, äußert sich neutral und verständnisvoll über den neuen Staat, forderte Eubank sogar auf, von seiner Reglementierung nichts zu schreiben und ihn als emeritiert zu bezeichnen. Einzig bei dem siebzigjährigen Gelehrten Franz Oppenheimer spürt er so etwas wie Widerstand. Dieser zeigte sich verbittert über die politischen Zustände und sagte zum Abschied: »Sie werden den Geist nicht umbringen können.«[29] Ansonsten ergibt sich für den Interviewer ein einheitliches Bild: Alle Professoren der deutschen Soziologie stünden loyal zum neuen politischen System; doch nicht nur das, sie seien zu Eubanks Überraschung nahezu durchgängig beeindruckt von Hitler und loben Menschlichkeit und Führungsstärke. Die Naivität, die die deutschen Soziologen gegenüber Hitler und dem Nationalsozialismus an den Tag legten, ist erschreckend und wurde lange Zeit bemäntelt.

Adorno sucht Orientierung

Am 7. Oktober 1934 schreibt Adorno an den Freund Ernst Krenek: »Die Ereignisse in Deutschland, die ich großen Teils in Berlin, Unter den Linden, mitmachte (auch den 1. April 1933 –), haben mich zunächst sehr stumm gemacht und ganz auf meine Dinge zurückgeworfen.«[30] Mit dem 1. April verweist Adorno auf den vom Naziregime organisierten Boykott jüdischer Geschäfte und Gewerbetreibender. Seit dem Sommer befand er sich am Merton College in Oxford. Vom Frühjahr 1933 bis zum Herbst 1934, als Adorno quasi untergetaucht war und nach einer Möglichkeit gesucht hatte, sich irgendwie in Deutschland zu halten, hatte er es vermieden, mit seinen Freunden und Bekannten zu korrespondieren. Im Frühjahr 1934 brachte er einen Brief an Leo Löwenthal auf den Weg, der in der Genfer Zweigstelle des Instituts residierte, aber das war eine der wenigen Ausnahmen. Eine zweite Ausnahme betraf den brieflichen Kontakt mit Alban Berg. Im September 1933 teilt ihm Adorno mit, dass ihm die Venia Legendi entzogen werde und er wohl nicht mehr an die Universität zurückkönne. Anfangs hätten ihn die politischen Ereignisse betäubt, nun aber sei er wieder zu sich gekommen. Eine »Explosion« habe sich ereignet: »ich arbeite an einer Oper. Der Text, von mir selber, ist *fertig*, eine Dramatisierung von Mark Twains ›Tom Sawyer‹ (dies aber unter völliger Diskretion).«[31] Auf diese Diskretion war er angewiesen. Denn Horkheimer und Pollock warteten dringend auf ein Lebenszeichen von ihm. Wie hätten sie es da aufgenommen, dass Adorno in dieser zugespitzten Weltlage lieber an einem Singspiel arbeitete, das den Titel *Der Schatz des Indianer-Joe* tragen sollte? Das wenige, was sie von ihm hörten, beunruhigte sie. Wollte er wirklich in Deutschland bleiben? Und was sollte das Ganze in Oxford: ein Professor als *advanced student*?

Ende Oktober 1934 erkundigte sich Horkheimer aus New York erzürnt, warum Wiesengrund auf keine Karte und auf keinen Brief mehr antworte. Ein paar Wochen später, im Januar 1935, hatten sich die Wogen wieder geglättet, und Horkheimer rückte mit der Sprache heraus. Es sei, schreibt er vorsichtig, »der Irrtum entstanden, als hegten Sie Illusionen über Ihre zukünftige Existenz in Deutschland oder auch über eine anderweitige akademische Karriere«.[32] Das war freilich alles andere als ein Irrtum. Adorno war noch immer der Meinung, in Deutschland eine kleine, unscheinbare Position finden zu können, um den Sturm zu überstehen. Dieses Lavieren war Horkheimer nicht entgangen. Mit einer »anderweitigen akademischen Karriere« spielte er auf das Merton College an – eine zweite Habilitation ergab nur Sinn, wenn Adorno beabsichtigte, in England Karriere zu machen. Horkheimer forderte ihn auf, sich zu entscheiden, ob er eigene Wege gehen oder sich dem Institut verpflichten wolle. Um dies zu besprechen, solle er nach Amerika kommen. Adorno sträubte sich, führte Horkheimer vor Augen, dass in Deutschland seine »materielle Basis« sei,[33] er müsse regelmäßig Geld von den Eltern holen, weshalb er zwischen England und Deutschland pendele – eine ökonomische Notwendigkeit. Das ist nur die halbe Wahrheit, wie wir wissen, fuhr Adorno in dieser Zeit immer wieder auch zum Urlaub nach Deutschland und besuchte seine Verlobte in Berlin. Ausführlich berichtet er Horkheimer über seine Arbeit, neben musiktheoretischen Dingen beschäftige er sich mit Husserl und »dem Mannheimischen Soziologismus«.[34] Mit Mannheim stand Adorno in London offenbar in engem Kontakt. Er trug ihm, man liest es mit Überraschung, seine Kritik vor, die er zu publizieren gedachte, aber zuvor sollte der andere die Sache gutheißen. Ein merkwürdiges Ansinnen, das sich über zwei Jahre hinzog, ohne dass es zu einer Publikation kam. Horkheimer zeigte sich von diesen Projekten alles andere als überzeugt. Es handele sich hier, schreibt er ihm am 2. Januar 1935, nicht gerade um ein »Schlüsselproblem der gegenwärtigen Lage«. Adorno lavierte weiter, er wolle erst in Oxford den »degree« machen und dann (vielleicht) nach

Amerika kommen. Sollte ihm Horkheimer indes eine Zusage über eine feste Anstellung am Institut machen können, würde das alles ändern. Adorno gab sich durchaus fordernd, und noch etwas fällt auf: Er schimpfte auf andere Mitarbeiter des Instituts: Marcuse – »eigentlich ein Faschist«,[35] »Rusche (untragbar), Borkenau (pfui Teufel)«.[36] Adorno suchte nicht nur einen Platz im Institut, er sucht den exklusiven Platz neben dem Chef.

Einen Ort finden

Auch der andere hatte sich auf die Suche begeben müssen. Die ersten Tage in der Neuen Welt verliefen alles andere als glücklich. »Ich habe sehr viel Sehnsucht nach dem Guten drüben«, schreibt Horkheimer am 3. Mai 1934 in einer kurzen Mitteilung an Pollock gleich nach der Ankunft in New York. »Physisch bin ich sehr down, aber wenn ich das hier überhaupt aushalte, ist es bestimmt richtiger als Europa, denn dort scheint es ja immer dunkler zu werden.«[37] Auf der Überfahrt hatte er sich eine Angina zugezogen, hinzu kam das berüchtigte Klima New Yorks und die Gesamtheit dieses Melting Pot, was bei Horkheimer einen kleinen Kulturschock auslöste. Maidon zeigte sich von den Eindrücken völlig überwältigt. Einen Tag nach ihrer Ankunft schreibt sie, ebenfalls an Pollock: »New York ist eine Riesenstadt, man macht sich ungesehen überhaupt keinen Begriff davon, es ist einfach unglaublich, phantastisch, Paris, London ganz Europa ist ein Negerdorf.«[38] Doch die Reizüberflutung setzte den Horkheimers zu. Sie flüchteten aus ihrem Hotel und zogen in eine exklusive Unterkunft am Central Park, wo es ruhiger zuging und kühler war. Von dort aus erörtert er mit dem Kollegen brieflich die Frage, wo man sich niederlasse, in welcher Stadt, in welcher Region.[39] Pollock hatte einen neuen Mitarbeiter engagiert, den gebürtigen Amerikaner Julian Gumperz, der sich mit den Behörden und anderen örtlichen Gegebenheiten auskannte und schon einiges vorbereitet hatte. Aber die Entscheidungen traf Horkheimer – und für den war alles noch offen. Im Grunde käme doch nur New York infrage. Aber sollte man in Amerika überhaupt ein Institut gründen, so wie in Frankfurt? Oder sollten sich die Mitarbeiter nicht besser irgendwo als Privatgelehrte niederlassen und ihre Forschung betreiben? Horkheimer bevorzugte die isolierte Existenz eines Privatgelehrten; was er in erster Linie anstrebte, er spricht es gleich mehrfach in dem Brief an, ist die »Möglichkeit zurückgezogener wissenschaftlicher Arbeit«.[40] Ob diese Möglichkeit in New York gegeben wäre – Horkheimer ist sich da unsicher, die »Schwankungen zwischen Hitze und Kälte« seien in der lauten Stadt »sehr stark«. Wahrscheinlich müsste man in einem Vorort wohnen und pendeln – ein Albtraum. Außerdem war ihm in den wenigen Tagen hier in New York klar geworden, dass die wirtschaftliche und soziale Situation in den Vereinigten Staaten prekärer war, als er sich das von Genf aus gedacht hatte. Roosevelt war seit dem 4. März 1933 im Amt, die von ihm eingeleiteten Reformen des New Deal waren gerade erst in Kraft gesetzt worden und zeigten nur allmählich Wirkung. Die angespannte Situation beförderte in Teilen der Bevölkerung eine Stimmung, die sich gegen Immigranten und Exilanten richtete. Die Einstellung des »America First«, die eine lange Tradition in den USA hat, bekam in den dreißiger Jahren Aufschwung. Der starke Zuzug von Emigranten weckte die Angst vor Überfremdung und verstärkte rassistische und antisemitische Einstellungen. New York war, neben Los Angeles, bevorzugtes Zentrum, die meisten Flüchtlinge, die hier ankamen, waren Juden. Aufgrund des hohen jüdischen Bevölkerungsanteils fanden sie, relativ gesehen, gute Bedingungen vor, man fühlte sich schneller heimisch. Außerhalb der Stadt sah das oft ganz anders aus. Als die Horkheimers im August »vor der New Yorker Hitze nach Lake Placid« flüchteten, berichtet er dem Mäzen Felix Weil von den örtlichen Gegebenheiten: »Der Ort selbst vermittelt ein gutes Bild vom Landleben im Staate New York. Er besitzt zwei Häuser, in denen wirkliche Einwohner wohnen, dafür aber drei Postämter, zwei Telegraphenagenturen, ein Kino und eine ›Olympiahalle‹, welche die Erinnerung an die glorreiche Vergangenheit wachhält, – außerdem Hotels. Diese selbst spalten sich in judenfeind- und -freundliche, die letzteren voll, die ersteren aufgrund des göttlichen Zorns öde und verlassen.«[41] Am Horizont tauchte im Mai eine andere Alternative auf, wo man sich vielleicht niederlassen könnte: »Canada«. »Dort«, so Horkheimer an Pollock, »will ich einige Städte besuchen, um zu erfahren, ob die Bedingungen auf die Dauer dort nicht besser liegen.«[42]

Gumperz hatte schon Ende des Monats Kontakte zur Columbia University in New York hergestellt und die Bedingungen eruiert. Das Frankfurter Institut war den Amerikanern völlig unbekannt, interessant war für sie aber, dass die Wissenschaftler aus Deutschland eine bedeutende sozialwissenschaftliche Zeitschrift herausgaben und offenbar über erhebliche finanzielle Mittel verfügten. Gumperz ließ bei den Verhandlungen über einen möglichen Anschluss des Instituts durchblicken, dass man auch Angebote der Universitäten in Chicago und Princeton prüfe. Die Verantwortlichen von der Columbia überlegten nicht lange und erklärten sich bereit, Räumlichkeiten zu Verfügung zu stellen und einen Vertrag aufzusetzen. Für Horkheimers Geschmack war Gumperz zu weit vorgeprescht, er wollte nichts überstürzen und sich in keine Abhängigkeit begeben – Autonomie war ihm wichtiger als der Anschluss an einen akademischen Betrieb, den er mit Vorsicht betrachtete. Die Columbia hatte in der Zwischenzeit einen einstimmigen Fakultätsbeschluss für die Aufnahme des Frankfurter Instituts herbeigeführt, was Horkheimer nicht wenig beeindruckte, zumal man den Mitgliedern der Fakultät die Bände aus der Schriftenreihe des Instituts zur Kenntnis gebracht hatte. Diese ließen deutlich eine marxistische Orientierung erkennen: Grossmanns Studie über den Zusammenbruch des kapitalistischen Systems, Wittfogels Buch über Wirtschaft und Gesellschaft in China, Pollocks Untersuchung über die Planwirtschaft in der Sowjetunion – einzig die Aufsätze aus der *Zeitschrift für Sozialforschung* zeigten eine gewisse sozialwissenschaftliche Orientierung. Mit Soziologie, wie man sie in Amerika verstand, hatte das aber alles nichts zu tun. Der 1930 von Horkheimer verkündete neue Kurs hatte sich in den Publikationen noch nicht niedergeschlagen. Nichtsdestotrotz, schon Mitte Juli 1934 unterzeichnete Horkheimer einen zunächst auf vier Jahre befristeten Vertrag für das Haus 429 West 117th Street. Wenig später trafen Herbert Marcuse und Leo Löwenthal ein – Erich Fromm war bereits in der Stadt und hatte Horkheimer seine Aufwartung gemacht. Letztlich war er mit der Entscheidung, in die USA zu gehen, zufrieden. An Pollock schrieb er: »Im ganzen habe ich den Eindruck, daß für ruhige, wissenschaftliche Arbeit in den nächsten Jahren dieser Erdteil hier geeigneter ist, als Europa. Die Zeitungsnachrichten von drüben erschrecken mich jeden Tag.«[43]

Der Blick nach Deutschland

Als die Tillichs am 3. November 1933 mit fünfundzwanzig Gepäckstücken im Hafen von New York eintrafen und einen Tag später das Schiff verlassen durften, war die Freude, die Überfahrt hinter sich haben, groß. Sie bezogen eine Wohnung im Union Theological Seminary, einem großen gotischen Gebäude, in dem auch die Lehrveranstaltungen Tillichs stattfanden. Die Wohnung war nicht bezugsfertig, wie sie es erwartet hatten, dafür groß (acht bis zehn Zimmer), jedoch nur spärlich und provisorisch mit einigen Möbeln bestückt. Hannah Tillich erinnerte sich, wie sie an diesem kalten Novembertag in der Wohnung standen und wie eine schöne Frau mit einer Wärmflasche auf sie zukam. Es war die Frau von Reinhold Niebuhr, der die Tillichs aus Deutschland herausgebracht hatte. Niebuhr war einer der einflussreichsten amerikanischen Theologen, er entstammte einem deutsch-amerikanischen Pfarrhaus. Seit 1930 war er als ordentlicher Professor am Union Theological Seminary beschäftigt und hatte dafür gesorgt, dass der in den USA weitgehend unbekannte deutsche Kollege eine Gastprofessur erhielt. Später sprach er sich für eine Verlängerung aus, führte Tillich in die akademischen Kreise ein und organisierte ihm Veröffentlichungsmöglichkeiten.

Trotz dieser umfangreichen Unterstützung fühlte sich Tillich fremd – nicht nur »auf der Grenze von Heimat und Fremde«,[44] wie er in seinem autobiographischen Essay *Auf der Grenze* schreibt, sondern wirklich fremd – innerlich wie äußerlich. Er hätte sich nicht »für die Fremdheit entschieden«,[45] sondern habe seine Heimat verlassen wie Abraham, der von Gott den Befehl erhielt, ohne zu wissen, was auf ihn zukomme.

In Rundbriefen informierte er die deutschen Freunde über sein Leben in New York: dass es finanziell besser gehe und man eine Schwarze für den Haushalt engagiert habe, »eine Negerin, Estelle mit Namen, [...], ein sehr nettes Wesen«.[46] Doch, wie Hanna Tillich hinzufügte, mit etlichen Eigenheiten, außerdem schwer zu dirigieren, zumal mit geringen Sprachkenntnissen. Erdmuthe, die Tochter, protestierte, sie könne nicht allein bei Estelle bleiben: »sie sei zu schwarz«.[47] New York war auch für Familie Tillich ein Kulturschock. Um aus ihrer Wohngegend herauszukommen, müssten sie »durch das Negerviertel, in das unsere 122. *Street* in ihrem östlichen Teil einmündet«.[48] Zugleich: Die Stadt »ist grandios, fantastisch, unübersehbar«.[49] Er spricht von der »Großartigkeit des Ganzen«, zu New York gehöre aber auch die »architektonische Häßlichkeit des einzelnen«.[50] Nein, wohl fühlte er sich hier nicht. Die Tillichs hatten Sehnsucht nach Europa, wo alles ordentlicher, schöner, überschaubarer war. Italien kam ihnen in den Sinn, da könnte man doch vielleicht ein Haus kaufen und selbst von einer schmalen Pension leben. Tillich möchte Bücher schreiben, zurückgezogen wissenschaftlich arbeiten: »Mein Wunsch steht fest: drei Jahre völlig ruhiger Arbeit zur Zusammenfassung alles Gedachten und Erlebten; aber wo ist das möglich? Ich zweifle, daß hier … ich zweifle, daß dort … Wenn ich zu phantasieren hätte: Ein stiller Ort am südlichen Meer.«[51] Man kann solche Phantasien nachvollziehen, schwerer nachzuvollziehen ist Tillichs Wunsch, nach Deutschland zurückzukehren. Er war über die Lage im neuen deutschen Reich durch die Berichte von Freunden und der internationalen Presse im Bilde, wusste von dem Terror, mit dem die Nazis gerade im ersten Jahr ihre Herrschaft zu sichern suchten. Dass er sich trotzdem vorstellen konnte zurückzukehren, zeigt, wie bereit er war, die Realität auszublenden, und wie sehr er dazu neigte, die Nazis zu unterschätzen. Tillich steckte noch mitten in diesen Überlegungen und Träumereien, als er am 20. Dezember 1933 den Bescheid über die endgültige Entlassung aus dem Dienst erhielt. Er sei, so die Begründung, politisch nicht zuverlässig und habe die Erlaubnis verwirkt, ein öffentliches Amt zu bekleiden. Dass man ihm Illoyalität vorwarf, verletzte ihn zutiefst. Er hatte in der Vorstellung gelebt, dass man ihm nichts vorwerfen könne und er die Freiheit habe, selbst zu entscheiden. Jetzt aber sah er sich degradiert. Im Januar 1934 schrieb er an das Ministerium für Wissenschaft, Kunst und Volksbildung, um Widerspruch einzulegen, den er unter anderem damit begründet, dass er »als Theoretiker des religiösen Sozialismus von Anfang an den Kampf gegen den dogmatischen Marxismus der deutschen Arbeiterbewegung geführt und […] auf diese Weise den nationalsozialistischen Theoretikern einen Teil ihrer Begriffe geliefert« hätte.[52] Wenn dies seine wirkliche Überzeugung war und nicht bloß taktisches Manöver, wäre es nicht nur ein Beleg seiner Fehleinschätzung des Regimes, sondern auch ein Beleg seiner Selbstüberschätzung. Der Zuspruch, den er in Frankfurt gefunden hatte, die vollen Hörsäle, die zentrale Stellung, die er im akademischen wie im gesellschaftlichen Leben eingenommen hatte, die Auftritte in den Salons des Großbürgertums, die führende Rolle, die er bei den Religiösen Sozialisten gespielt hatte – das alles hatte ihn in dem Glauben bestärkt, einer der führenden Intellektuellen der Republik zu sein, der den politischen Parteien sagen konnte, wo es langgeht. Seine Arbeit *Die Sozialistische Entscheidung* war Ausdruck dieses Selbstbewusstseins, ein politisches Manifest, mit dem er das gemeinsame Ziel der sozialistischen Kräfte von links und rechts proklamierte. Die Einigkeit, die am Ende seines Plädoyers stand und die als tragfähige Grundlage dienen sollte, bestand in dem gemeinsamen Interesse der Linken und Rechten am Untergang der bürgerlichen Gesellschaft. Dazu hatte er in der Tat die Begriffe geliefert. Mehr als an alles andere glaubte Tillich an die heilsame Wirkung des Untergangs; wenn die bürgerliche Gesellschaft erst beseitigt wäre, werde alles gut, könne wirkliche Gemeinschaft, ein sinnhaftes Leben entstehen. Die ganze Kairos-Idee ist im Glauben an den Untergang verankert. Nun *war* die bürgerliche Gesellschaft 1933 untergegangen, aber nicht so, wie es sich Tillich vorgestellt und wie er es in seinem Manifest skizziert hatte. Die Möglichkeit des Rückfalls in die Barbarei, in eine Gewaltherrschaft hatte er dort durchaus vorgesehen, aber mehr als eine an die Linken und Rechten gerichtete Drohung. Der Untergangsprophet Tillich stand der realen politischen Konstellation Anfang der dreißiger Jahre völlig hilflos gegenüber. So hilflos, wie er jetzt seinen Widerspruch an das Ministerium formulierte. Bemerkenswert besonders der Schluss des Schreibens: Sollte das Urteil nicht revidiert werden, so möchte er erfahren, ob er – mit einer ausreichenden Pension bedacht – seine »großen Arbeiten über Dogmatik und Metaphysik in deutscher Sprache und auf deutschem Boden zum Abschluss bringen kann, oder ob ich gezwungen werden soll, unter Verzicht auf diese Pläne in den Dienst eines fremden Volkes und einer fremden Kultur zu treten«.[53] Kann man dahinter wirklich strategisches Kalkül vermuten? Eher schon politische Naivität,[54] denn es steht außer Zweifel, dass Tillich es ernst meinte, er klammerte sich an diese letzte Hoffnung, dass die Deutschen ihn nicht allein lassen würden in der »fremden Kultur«, dass er wieder »deutschen Boden« betreten, seine »großen Arbeiten« in »deutscher Sprache« beenden dürfe.

In seinem Rundbrief vom Februar 1934 schreibt er von »schwierigen Tagen und Wochen«.[55] Eine euphemistische Beschreibung. In Wirklichkeit hat ihn der negative Bescheid bis ins Mark getroffen – er war der erste nichtjüdische Hochschullehrer, den man aus dem Dienst entfernte. Er empfand dies als Schmach und Erniedrigung. Sehr viel näher kommt er seiner Gefühlslage in dem Brief an Lily Pincus: »Es ist der zweite Tod, den ich hier erlebe; der erste begann in der Champagne-Schlacht 1915. Der erste war unvorstellbar und drohender, dieser zweite ist feiner und bitterer.« Ein Abgrund. Dabei sei – und er beeilt sich, es hinzuzusetzen – »äußerlich [...] alles in Ordnung; guter Kolleganfang, feine Studenten, wachsende Beherrschung der Sprache, eine Fülle feiner Menschen, große Aufgaben, erträgliche Wirtschaftslage«.[56] Ein Bild, an dem so ziemlich alles schief ist. In Wirklichkeit war so gut wie nichts in Ordnung.

Vor allem das Erlernen der Sprache bereitete ihm große Probleme. Täglich kamen zwei Studenten, die ihn unterrichteten, aber seine Fortschritte waren minimal. Im Januar 1934 hielt er seinen ersten Vortrag – ein Desaster, kaum jemand verstand ihn. Er musste sich aber verständlich machen, um seine Vorlesungen und zahlreichen Vorträge zu absolvieren – die ersten Gastvorlesungen hielt er schon im Januar und Februar 1935 in Chicago. Offenbar gelang es ihm mit seiner persönlichen Ausstrahlung, seinem Charisma, dennoch beim Publikum zu landen und die Menschen für sich einzunehmen. Friedrich Wilhelm Graf hat den Publikumserfolg, den Tillichs Bücher und Vorträge schließlich in den USA hatten, in einer interessanten These mit dessen mangelnder Sprachmächtigkeit in Verbindung gebracht. Tillich sei seit der Ankunft in New York gezwungen gewesen, »sich den Leuten verständlich zu machen – in einer Sprache, derer er nicht mächtig ist. So schreibt und redet er nun sehr viel weniger umständlich und abstrakt, eben einfacher und um Klarheit bemühter als in den 1920er und frühen 1930er Jahren in Deutschland, wo er nicht wenige kaum lesbare, dunkle Texte veröffentlicht hat.«[57]

Schon mit seinem 1935 geschriebenen autobiographischen Essay *On the Boundary (Auf der Grenze)* wollte er sich einem größeren Publikum vorstellen. Er stilisiert sich als Denker, der seinen Platz auf der Grenze hat, denn die sei »der eigentlich fruchtbare Ort der Erkenntnis«.[58] Es sei immer sein Schicksal gewesen, »zwischen zwei Möglichkeiten der Existenz zu stehen«: »auf der Grenze von Stadt und Land«,[59] »auf der Grenze der sozialen Klassen«,[60] »auf der Grenze von Wirklichkeit und Phantasie«,[61] »auf der Grenze von Theologie und Philosophie«.[62] Er erzählt von seiner Kant- und Schelling-Lektüre, von der Begründung seiner Religionsphilosophie, von der Entdeckung der Existenzphilosophie Heideggers und natürlich auch vom Religiösen Sozialismus. Das alles war den Amerikanern weitgehend fremd, es war der Lebensweg eines deutschen Intellektuellen, eines Bildungsbürgers, der den Amerikanern mit seinen ganzen theologischen und philosophischen Interessen und Vorlieben ziemlich exotisch vorkommen musste. Dazu freilich hätten sie das Essay lesen müssen, was bei Weitem nicht der Fall war. Tillich verfehlte folglich, was er eigentlich beabsichtigte: sich beim amerikanischen Publikum interessant zu machen.

»Mit 47 Jahren in den Vereinigten Staaten ein neues Leben anzufangen, ohne die geringste Kenntnis der englischen Sprache zu haben, war recht schwierig«, schreibt er 1952 rückblickend in einer *Autobiographischen Betrachtung*. Am Union Theological Seminary wollte man die Gastprofessur aufgrund seiner mangelnden Sprachkenntnisse nach dem ersten Jahr nicht verlängern. Niebuhr überzeugte die Kommission vom Gegenteil. Tillichs Position blieb jedoch unsicher und war es noch 1936, als er seine große Europareise antrat. Er suchte nach einer festen Stelle als Hochschullehrer, entweder in den USA oder, was ihm wohl lieber gewesen wäre, auf dem alten Kontinent. Vom 11. April bis zum 19. September reiste er durch zahlreiche Länder Westeuropas: durch England, Frankreich, Belgien, die Niederlande und die Schweiz. Es galt, alte Bekannte zu besuchen, aber auch neue Kontakte zu knüpfen und nicht zuletzt seinen fünfzigsten Geburtstag mit Freunden in Ascona zu feiern. Während seiner Reise traf er Adorno, Walter Benjamin, Kurt Riezler, Karl Mannheim, Karl Barth und viele andere. Offiziell diente die Reise der Vorbereitung der ökumenischen Weltkonferenz in Oxford 1937. Vor allem aber war es eine Reise, die ihn aus der gefühlten Einsamkeit New Yorks herausführen sollte in eine ihm vertraute lebendige Welt, nach der er sich so sehr sehnte. Das Reisetagebuch, das er in dieser Zeit führte, zeigt, wie Tillich in diesen Monaten aufblühte. Er war in seinem Element, über jede Begegnung glücklich, alles, was er an Land und Leuten sah, begeisterte ihn. Bei derart starken positiven Emotionen, die diese Fahrt freisetzte, hätte man erwarten können, dass er sich nun gänzlich von Amerika abwenden und die sich ihm bietenden Möglichkeiten als Hochschullehrer in England ergreifen würde. In Wirklichkeit aber erkannte er auf dieser Reise, dass er hier nicht mehr hingehört, dass sein Platz in Amerika war, dort, wo ihn der »fremde Gott« hingestellt hatte, da musste er sich bewähren. So wird diese Reise nach Europa ein »Abschied von Europa«.[63]

In einem Aufsatz, den er kurz darauf schrieb, heißt es: »Europa hat seine Sternstunde verpaßt, seinen ›*Kairos*‹ (den richtigen Augenblick angesichts der Ewigkeit), und es versucht vergeblich, den zerstörerischen Folgen seines Scheiterns zu entkommen.«[64] Das galt natürlich insbesondere für Deutschland, das ihm jetzt unrettbar verloren schien, ein Land, das sich der Selbstzerstörung anheimgegeben habe. Sinnbildlich für Tillichs Abschied von Deutschland steht der im Tagebuch vom 21. Mai 1936 notierte Besuch in Holland: »Frühstück im Hotel mit Blick auf Rhein und weite Landschaft. Alte Wasserburg, sehr malerisch.« Der Blick geht »bis nach Deutschland«: »Ich sehe es ohne irgendein Gefühl von Sehnsucht: Tot, zerstört, Stacheldraht mit Gestapo. Danach durch herrliche Landschaft.« Selbst die deutsche Sprache wurde ihm jetzt fremd. Am 22. Mai notiert er: »Ich habe das Gefühl, dass ich in deutscher Sprache keine guten Vorträge mehr halten kann.«[65]

Als Tillich im September nach New York zurückkommt, hatte sein Freund Niebuhr alles geregelt, Tillichs Stelle am Union Theological Seminary war gesichert. Er begann mit einem neuen viersemestrigen Vorlesungszyklus, der das gesamte Gebiet der Systematischen Theologie umfassen sollte.

Das Frankfurter »Kränzchen« in New York

»Wo sind Sie? Wie geht es Ihnen?«, fragt Paul Tillich Anfang August 1934 in einem Brief an Max Horkheimer. Die Horkheimers wohnten nach wie vor im Grand View Hotel in Lake Placid – der Brief erreichte sie dort verspätet. Am 21. August schreibt er zurück und schlägt vor, im Herbst »gemeinsam über wissenschaftliche Fragen zu diskutieren und so etwas von unserem Frankfurt hier wieder lebendig zu machen«.[66] Die beiden Männer kamen nun des Öfteren zu Diskussionen zusammen, aber auch zu geselligen Abenden mit den Ehefrauen. Ein Jahr später, am 27. August 1935, schreibt Horkheimer an Paul und Gabrielle Oppenheim: »Von den New Yorker Bekannten stehen wir hauptsächlich mit Tillichs in enger Verbindung. Dies kommt nicht bloß daher, weil das Institutsbüro recht nah bei Tillich's Wohnung liegt, sondern auch weil Hannah und Paulus wirklich zwei ausgezeichnete Menschen sind.«[67]

An den Frankfurter Emigranten zeigte sich ein Phänomen, das allgemein bekannt ist: Emigranten trafen sich in der Regel mit Emigranten, so konnte man Deutsch reden, fühlte sich verstanden. Kontakte mit Amerikanern blieben auf das

17 Paul und Hannah Tillich in einem buddhistischen Kloster in Kyoto, Sommer 1960.

Berufsleben beschränkt. Versuche, diese Strukturen zu durchbrechen, endeten zumeist mit Enttäuschung. Hannah Tillich berichtet davon, dass man in New York »die glanzvolle, prickelnde Atmosphäre der Frankfurter Zeit wieder aufleben« lassen wollte.[68] So plante man eine gemeinsame Party mit den amerikanischen Freunden und den Freunden aus Deutschland, aber die Sache ging ziemlich daneben, sie scheiterte, wie Hannah Tillich erzählt, an vielen kleinen Details. So habe man kleine Tische mit Platzkarten aufgestellt, »statt der in Amerika herrschenden Gepflogenheit, sich unmittelbar vor dem Essen einen Tischpartner zu wählen oder einfach nur, wie bei einer Cocktailparty, herumzustehen. [...] Nichts stimmte so recht, und der Geist des Festes verpuffte irgendwie.« Es war »eine ziemlich gespenstische Party«.[69]

Frankfurt, das erfuhren die Tillichs zu ihrem Leidwesen, ließ sich nur schwer lebendig machen und eigentlich nur dann, wenn man unter sich war. Aber unter sich war man hier in New York nur noch höchst selten. Als das »Kränzchen«, das einst im Café Laumer tagte, ab Oktober 1937 unter Tillichs Regie wieder zusammenkam und sich alle vierzehn Tage und zum Teil auch wöchentlich traf, war der Kreis ein anderer geworden. Neben Tillich, Horkheimer, Pollack und Adorno kamen zu den Diskussionen jetzt auch amerikanische Freunde und Kollegen Tillichs, darunter Reinhold Niebuhr und der amerikanische Theologe Henry P. Van Dusen. Von Adorno wissen wir, dass er 1938 in diesem Rahmen einen Vortrag über Spengler und ein Jahr später einen über *Kierkegaards Lehre von der Liebe* hielt. Die Treffen fanden wechselnd in den Wohnungen der Teilnehmer statt. Folgt man Adorno, dann waren die Gastgeber »verpflichtet, in ordentlichen Quanten für Alkohol zu sorgen: denn wir haben alle mehr oder minder gern getrunken. Das trug zur angenehmen Atmosphäre bei.«[70]

Eine steile These

Zwei Kulturen

Mannheim hatte sich im Exil von den abstrakten wissenssoziologischen Fragen seines Hauptwerks *Ideologie und Utopie* abgewandt und beschäftigte sich mit dem Phänomen von Massendemokratie und Kulturkrise, das in die politische Soziologie gehörte. Diese Wende war einigermaßen überraschend.

Nach seiner Flucht aus Deutschland hielt er im Mai Vorträge in Leiden, Amsterdam und Utrecht. Schon im Juni wurde er von der London School of Economics als *Lecturer* eingestellt. Mannheim hatte das Glück, dass er mit Morris Ginsberg einen der einflussreichsten britischen Soziologen kannte. Gleich am Anfang seiner Frankfurter Zeit hatte er mit ihm Kontakt aufgenommen, seither tauschte man sich in fachlichen Fragen aus, es entstand ein freundschaftliches Verhältnis. Ginsberg hatte mit großem Interesse die Debatte um *Ideologie und Utopie* verfolgt, er schätzte Mannheim als Denker, vor allem schätzte er seinen Einsatz, die Soziologie als eigenständige universitäre Disziplin zu etablieren. Als die Nazis an die Macht kamen, reagierte Ginsberg umgehend: Er lud Mannheim ein und organisierte mit seinen Kollegen Unterstützung, nicht nur für den Freund, sondern allgemein für exilierte Forscher aus Deutschland. Die Initiative wurde von William Beveridge, dem Direktor der London School of Economics, koordiniert, der zusammen mit dem Ökonomen Lionel Robbins ein Modell zur Unterstützung politischer

Flüchtlinge ausarbeitete, das andere Einrichtungen in Großbritannien übernahmen: Alle fest angestellten Dozenten und Professoren waren angehalten, drei Prozent ihres Jahresgehaltes zu spenden, um Lehraufträge oder Forschungsarbeiten deutscher Exilanten zu finanzieren. Für die Prüfung der Anträge und die Zuteilung der Gelder wurde das Academic Assistance Council gegründet. Mannheims Lehrauftrag wurde über viele Jahre aus diesen Mitteln finanziert. Erst 1945, zwei Jahre vor seinem Tod, bekam er eine Stelle als Professor für Erziehungswissenschaft am Institute of Education der University of London.

Die Spendenbereitschaft der britischen Wissenschaftler ermöglichte vielen deutschen Forschern, weiter zu arbeiten und zu lehren. Ihre Aufnahme in den Lehrkörper wurde durchaus positiv gesehen, als eine Befruchtung, die neue Ideen und andere Methoden hervorbrachte. Nach den Vorstellungen Ginsbergs sollte Mannheim dabei helfen, die Soziologie in England zu etablieren, ihr Profil gegenüber den anderen Disziplinen zu schärfen und dabei die Erfahrungen aus Frankfurt zu nutzen. Man glaubte zunächst an einen für beide Seiten gewinnbringenden Austausch. Schon in Frankfurt hatte Mannheim die Position vertreten, dass der Geflüchtete durch seine gesellschaftliche Außenseiterrolle und den fremden Blick ein Gewinn für das Gastland werden könne, wenn er in die Lage versetzt wird, sein Wissen einzubringen und zu vermitteln. Mannheim selbst waren die Erwartungen, die man mit seiner Einstellung als *Lecturer* verknüpfte, durchaus recht. An Louis Wirth, einen befreundeten amerikanischen Soziologen, schrieb er am 26. Juli 1933, dass es hier in London seine Aufgabe sein solle, die Soziologie in England endgültig zu etablieren. »Es ist kaum vorstellbar, dass eine Weltmacht wie England zu einer Zeit, in der man nur mit Hilfe soziologischen Wissens Fortschritte machen kann, dieses Fach immer noch ablehnt. Sie werden es sicher verstehen, dass man lieber dorthin geht, wo man das Gefühl oder die Illusion hat, gebraucht zu werden, und wo man nicht einfach aus Mitleid für seine existenziellen Umstände berufen wird.«[1] Mannheim nahm die ihm zugedachte Aufgabe an, auch die des Flüchtlings und Fremden, die für ihn durchaus positiv besetzt war. Doch schon bald stieß er an seine Grenzen und war nicht in der Lage, die eigenen Erfahrungen infrage zu stellen oder zu relativieren. Zu schaffen machte ihm die Schwierigkeit, sich hier intellektuell verständlich zu machen, die eigenen Ideen zu vermitteln, was auch damit zusammenhing, dass sein Werk in England weitgehend unbekannt war. Eine englischsprachige Übersetzung von *Ideologie und Utopie* erschien erst 1936 in den USA, ergänzt durch ein Vorwort von Louis Wirth, welches in das Denken Mannheims einführt. Doch die Bemühungen, den wissenssoziologischen Ansatz in den amerikanischen Kontext zu übersetzen, zeigten wenig Erfolg, die Resonanz war niederschmetternd. Die wenigen, eher kritischen Rezensionen, die überhaupt erschienen, stammten von jüngeren deutschen Emigranten, und schon diese Tatsache, dass es sich um jüngere Wissenschaftler handelte, die über sein Werk urteilten, empfand Mannheim als Degradierung.[2]

Mit seinem theoretischen Ansatz, seinen aus der Philosophie kommenden Begriffen und Denkweisen hatte Mannheim schon in Frankfurt Probleme gehabt. Viele Studenten verstanden ihn einfach nicht. Gisèle Freund hatte das Gefühl, in seinen Vorlesungen »eine Art Geheimsprache«[3] zu hören, die nur den engsten Schülern vertraut war. In London stieß Mannheim nun auch bei den Kollegen weitgehend auf Unverständnis und Ablehnung – sie fanden keinen Zugang zu den Denkweisen des deutschen Soziologen, der aus einer anderen, philosophischen, geisteswissenschaftlichen Tradition kam. Er seinerseits warf den englischen Soziologen Selbstzufriedenheit vor, mangelnde Flexibilität im Denken, ihren Positivismus und ihre Empirie-Gläubigkeit. 1938 beklagt er sich bei Wirth über die fehlende »intellektuelle Unterstützung« durch die Kollegen, hier »hat man zu viel mit jenen zu kämpfen, die Angst haben, neuen Erkenntnissen ins Auge zu sehen und umzulernen. Vor allem gilt das für meinen Kollegen, den Sie inzwischen persönlich kennengelernt haben [Morris Ginsberg] … und der aus Angst um seine lebensfremde Art, Soziologie zu treiben, mich sogar loswerden wollte.«[4] Ginsberg hielt Mannheim vor, nicht zwischen Soziologie und Sozialphilosophie zu unterscheiden und sich der englischen Tradition des Fachs zu verschließen. Die Konflikte wurden nicht öffentlich ausgetragen, doch auf Tagungen wurden die Differenzen zwischen den beiden früheren Freunden offenkundig.

Mannheims Anspruch war ein völlig anderer gewesen. Für den Sammelband *Human Affairs* (1938) schrieb er einen Aufsatz *(Present Trends in the Building of Society)* und eine autobiographische Skizze, darin heißt es: »Professor Mannheims Aufenthalt in diesem Land hat ihm unmittelbar die dringende Notwendigkeit und die große Schwierigkeit klargemacht, eine Kultur in die Begriffe der anderen zu übersetzen. Die besten Eigenschaften in der englischen und der deutschen Kultur, so behauptet er, müssen zusammengeführt werden. Weder der ausschließlich empirische Ansatz der ersteren noch der ausschließlich theoretische Ansatz der zuletzt genannten erweisen sich auf lange Sicht als fruchtbar; es ist notwendig, beide zu integrieren.«[5]

Für den in Budapest geborenen Mannheim war England das zweite Exil, das zweite Mal musste er sich neu eingewöhnen. In Deutschland hatte er sich akzeptiert gefühlt, er hatte Karriere gemacht, war über das universitäre Milieu hinaus zu einer bekannten Persönlichkeit geworden, er schätzte die deutsche Kultur und Geistestradition. Aus alldem wurde er, so empfand er es, urplötzlich herauskatapultiert. Das zeigt auch die oben zitierte Aussage über Hitler: »We like him.«[6] So verblüfft Eubanks über diese Antwort gewesen war, im Kontext der damaligen Mannheim'schen Gedanken war sie nachvollziehbar. Mannheim glaubte offenbar, dass Hitler die chaotischen Weimarer Verhältnisse wieder in Ordnung bringen würde, dass er diese Aufgabe in relativ kurzer Zeit erledigt haben würde und die Diktatur nur eine temporäre Erscheinung wäre. Er könne also – so seine Kalkulation – in absehbarer Zeit nach Deutschland zurückkehren und seine Forschungen wieder aufnehmen. Für ihn war das Exil in England lediglich eine Unterbrechung, die er nutzen wollte, um sich Klarheit darüber zu verschaffen, wie sich die Verhältnisse hatten so entwickeln können. Sein Bestreben war es, sich mit der deutschen Krise auseinanderzusetzen, die er selbst, zumindest in dieser Zuspitzung, nicht hatte kommen sehen. Er wollte wissen, warum der Liberalismus mit seinen Freiheitsvorstellungen gescheitert war. Welche Rolle die demokratische Massengesellschaft spielte und wie sie sich nach dem Ersten Weltkrieg entwickelt hatte. Wie ist der Übergang zur Diktatur zu verstehen? Wann und wodurch entwickeln sich Demokratien zu autoritären Herrschaftsformen? Gibt es dafür Gesetzmäßigkeiten?

Diese Fragen diskutierte Mannheim in zwei Abhandlungen, die er 1934 in englischen Zeitschriften veröffentlichte. Ein Jahr später erschien auf Deutsch das Buch *Mensch und Gesellschaft in Zeiten des Umbaus*, das die beiden veröffentlichten Abhandlungen in erweiterter Form und einen dritten, bis dahin unveröffentlichten Text enthielt. Für seine Überlegungen fand Mannheim in den dreißiger Jahren jedoch kein größeres Publikum, schon gar nicht in England, heute aber gewinnen sie in der Diskussion über Demokratie und Diktatur sogar noch an Aktualität.

Über das Leben in interessanten Zeiten

Für Mannheim war die Diktatur kein Bruch, sondern eine Antwort auf Probleme, die von der Massendemokratie erzeugt wurden. Sie produziere unorganisiertes Wachstum, das sich irgendwann nicht mehr mit systemkonformen, demokratischen Mitteln bewältigen lasse. Dann trete die Diktatur auf den Plan und übernehme sozusagen die ›Geschäftsführung‹. Dass ist einer der Grundgedanken, die er in seinem Buch formulierte und die ihn zu der Annahme verleitete, die Diktatur sei ein notwendiges, aber nur temporäres Mittel, um die auseinanderdriftende Gesellschaft wieder zusammenzuführen, sie in Ordnung zu bringen. Um diese Transformation der Demokratie in eine Diktatur in Zukunft unnötig zu machen, plädiert er für den Umbau zu einer »geplanten Gesellschaft«. Ein solcher Umbau könne allerdings nur gelingen, wenn zuvor der Mensch selbst umgebaut und neu gedacht werde. Der Mensch hinke der technischen Entwicklung hinterher und müsse – innerlich wie äußerlich – um- und aufgerüstet werden. Im dritten Teil seines Buches entwickelt er eine Art Zukunftsvision, mit der er sich weit vorwagt.

Wir leben in Zeiten, so Mannheim, die für den Soziologen hochinteressant seien; die »unmittelbare Gegenwart« eröffne sich ihm als »Feld neuartiger Erfahrungen«. Er müsse nicht aus kargen Geschichtsquellen schöpfen, die einer Auslegung bedürften, um den verborgenen Zusammenhang zu entdecken, er könne Geschichte miterleben, freilich komme man auch dabei um eine Interpretation nicht herum; der Grad von Einbezogenheit sei gleichwohl ein sehr viel höherer.

Das, was der Mensch an Wandlungen erlebe, werde nicht als Zäsur kenntlich, sondern als Prozess der »Auflösung einer älteren Gesellschaftsform und als der Aufbauprozeß einer neuen«[7]. Wandlungen oder revolutionäre Prozesse hätten nie »den Charakter des radikalen Neubaus«, sondern den des »Umbaus«, bei dem sich Altes und Neues vereinen. Mannheim beschreibt das »Zeitalter des Umbaus«[8] durch »Spannungen«, die aus »dem Nebeneinanderwirken des ›laisser-faire‹-Prinzips und des neuen Prinzips der Regulierung« entstehen.[9] Beide Prinzipien hätten sich als Gefahren herausgestellt: Der Liberalismus der demokratischen Massengesellschaft greife nicht ein und überlasse die Gesellschaft sich selbst. Aber die noch viel größere Gefahr sieht er darin, dass der Liberalismus durch diktatorische Formen autoritärer Regulierung verdrängt werde.

In den Fokus rückt Mannheim die Kultur, sie sei nicht untergegangen, wie es andere behaupten, sie sei in den zwanziger Jahren jedoch systematisch zersetzt worden. Der Liberalismus sei das Treibmittel gewesen, da er nicht in der Lage gewesen sei, Maßstäbe und allgemeinverbindliche Werte zu setzen. Die Eliten, die früher für den kulturellen Selbstausdruck bestimmend gewesen seien, hätten in der Weimarer Republik keinen Einfluss mehr gehabt. Die Anzahl der Eliten hätte sich erhöht, während ihr Einfluss auf die Gestaltung der Gesellschaft gleichwohl zurückgegangen sei. »In der demokratischen Massengesellschaft kann keine Gruppe mehr sich so weit durchsetzen, daß sie die gesamte Prägung der Gesellschaft erreichen könnte.«[10] Dazu fehle den Eliten die Kraft, die Exklusivität. Die Stilprinzipien der Eliten würden von den Menschen in der demokratischen Massengesellschaft, getrieben von einem sich stetig steigernden »Reizhunger«, nicht mehr als verbindlich erkannt, sondern als »bloße Anregungen«[11] verstanden. Das Versagen des Liberalismus und der Eliten hätte den diktatorischen Gruppen Tür und Tor geöffnet. Sie stießen in der Weimarer Republik auf keinen Widerstand, »weil alle willensbildenden, geschmacksbildenden, urteilbildenden Elitezentren sich vorher schon gegenseitig aufgerieben haben«.[12] Die Intellektuellen und die kulturellen Eliten hätten ein Vakuum geschaffen, hätten das befördert, was in der Massengesellschaft ohnedies angelegt sei: »Richtungslosigkeit«.[13] Das Problem würde sich beheben lassen, wenn es verbindliche Selektionskriterien gäbe. Früher, in der adeligen Gesellschaft, hätte es eine Selektion über das Blut gegeben, dann über Besitz und schließlich über Leistung. Das alles sei in der demokratischen Massengesellschaft nur noch in Kombinationen wirksam: Man komme aufgrund einer oder mehrerer Prinzipien zu seiner Position. In der regulierten Gesellschaft käme es jedoch zu einem Rückfall, das Leistungsprinzip verlöre an Gewicht, und an seine Stelle trete das Blut.

Eine entscheidende Schwächung erfahren die Eliten in der modernen Demokratie durch »die *Proletarisierung der Intelligenz*«.[14] Die geistigen Berufe, aber auch der Geist selbst würden entwertet. In der Massengesellschaft gäbe es ein »Überangebot an Intellektuellen«,[15] was den Wert des Intellektuellen und des Geistigen senke. Alle diese Tendenzen stehen für das, was Mannheim als »unorganisiertes Wachstum« bezeichnet, was an einem bestimmten Punkt in Diktatur umschlage.[16] Da die Diktatur aus den »negativ wirkenden Kräften der Massendemokratie«[17] hervorgehe, ist sie für Mannheim kein »Heilmittel«. Sie ist für ihn viel mehr ein »gewaltsamer Versuch«, in die liberale Entwicklung zugunsten bestimmter Gruppen einzugreifen: »[...] eine in die Krise geratene Gesellschaft nur dadurch heilen zu wollen, daß man eine Diktatur über sie setzt, gleicht dem Verhalten eines Arztes, der ein krankes Kind dadurch zu heilen glaubt, daß er ihm das Weinen verbietet.«[18]

Die bürgerliche Kultur sei nicht rettungslos verloren, alle Entwicklungen und Tendenzen ließen sich umdrehen. Sein Zauberwort, das er im dritten Teil des Buches entwickelt, heißt »Planung«. Planung soll nicht diktatorisch und nicht von oben erfolgen, sondern auf der Grundlage eines neuen Denkens. Nur wenn sich ein neues Denken etabliere, könne Planung den starren Charakter verlieren. Das Neue am planenden Denken sei, dass es ein Denken »in Situationen« ist, dem es gelinge, unterschiedliche Dinge zusammenzubringen und aufeinander zu beziehen. Der Mensch müsse vom abstrakt spezialistischen Denken zum »findenden Denken«[19] kommen, das sich dem Instinkt überlasse.

Um zu dem neuen planenden Denken zu kommen, sei es zuvörderst notwendig, den Menschen umzubauen. Seine »Denk- und Willensfähigkeit«[20] bedürfte der Erneuerung, müsste an die »Gegenwartsproblematik« angepasst werden.

Die menschliche Natur sei nicht ein für alle Mal festgeschrieben, man könne in sie eingreifen und sie umstellen – wenn auch nicht in beliebiger Weise.[21] Es geht Mannheim nicht in erster Linie um »das Können, Wissen und die Fertigkeiten«, es geht ihm um das, was man bisher sich selbst überlassen habe, »die ›prinzipia media‹ der Charakterbildung«.[22] Der ganze Mensch solle umgebaut werden, »um mit seiner Hilfe die Gesellschaft auch in ihrer seelischen Tiefendimension umbauen zu können«.[23] Es gelte, »von der zugänglichen Oberfläche in die Hintergründe des seelischen Geschehens« zu gelangen.[24] Mannheim beruft sich auf Freud und Adler, die mittels ihrer Tiefenpsychologie in »verborgene Mechanismen eingedrungen seien, von denen aus seelische Fehlentwicklungen rückgängig gemacht werden können«.[25] Was bisher im Verborgenen als unbewusster Trieb wirke, »der Hemmungs- und Enthemmungsapparat des Individuums«, solle erkannt, durchschaut und in die Richtung eines Optimums gelenkt werden.[26] Der Mensch solle von innen her umgebaut, verändert werden, durchaus auch mit den Mitteln der Aufklärung. Darin sieht Mannheim den entscheidenden Unterschied zum Faschismus, der die Welt »auf der Stufe des Behaviorismus« verändern, die Menschen durch Propaganda und Zwang zur »Gefolgschaft« bewegen wolle.[27]

Mannheims Zukunftsvision einer geplanten Gesellschaft hat viele Berührungspunkte mit Aldous Huxleys kurz zuvor veröffentlichtem Roman *Brave New World.* Auch hier geht es um eine von Eliten (den Alpha-Plus-Menschen) geplante Weltgesellschaft, die ohne alle Störung funktioniert, weil die Menschen nach bestimmten Kriterien entworfen und eingepasst werden. Bei Huxley bedarf es manipulativer Mechanismen für den Bau und Umbau des Menschen. Bei Mannheim ist das ebenfalls nötig, weil der Umbau bis in die seelische Tiefendimension erfolgen müsse. Freilich entwarf Huxley eine Dystopie – Mannheim eine Utopie. Ob die beiden in diesen Jahren Kontakt hatten, ob Mannheim den

Roman kannte, darüber ist nichts in Erfahrung zu bringen. Die deutsche Übersetzung des Romans, die wie die englische Erstausgabe 1932 erschien, trug den für Mannheims Ideen interessanten Titel: *Welt – wohin?*

Dass sich Mannheim und Huxley in den späten dreißiger Jahren begegnet sind, ist nicht unwahrscheinlich. Der Romancier war zwar 1937 in die Vereinigten Staaten ausgewandert und lebte nun in Kalifornien, hielt aber Kontakt zum Moot-Kreis, einer lockeren Verbindung christlich gesinnter Intellektueller, die sich ab 1938 regelmäßig trafen. Spiritus Rector war J. H. Oldham, ein schottischer anglikanischer Theologe und Missionar, Mitarbeiter des Erzbischofs von Canterbury William Temple. Zu den Mitgliedern gehörten neben Aldous Huxley auch T. S. Eliot, D. H. Lawrence, der schottische Theologe John Baillie, der katholische Historiker und Privatgelehrte Christopher Dawson sowie der Lehrer, Kunsthistoriker und spätere Vizekanzler der Universität Oxford Walter Oakeshott. Mannheim kam auf Empfehlung von Paul Tillich und Adolph Lowe in diese Gruppe und spielte eine nicht unwichtige Rolle. Für ihn wurden die Treffen zur intellektuellen Heimat. Bei den Zusammenkünften hielt er zahlreiche Vorträge über die ihn aktuell beschäftigenden Themen – hochgelobt von T. S. Eliot, der Mannheim eine große intellektuelle Originalität bescheinigte.

Die »schärfsten Angriffe«

Was Mannheims Buch anging, so hüllten sich die einstigen Frankfurter Kollegen weitgehend in Schweigen. Horkheimer gab für die *Zeitschrift für Sozialforschung* eine kleine Besprechung in Auftrag, die er an Herbert Marcuse delegierte, der das Buch in groben Zügen referierte. Am Ende findet sich der Satz: »Eine eingehende Würdigung des M.'schen Buches behalten wir uns vor.«[28] Sie ist nie erfolgt. Einer hingegen protestierte lautstark und heftig, und das war, wenig überraschend, Adorno. »Ich habe sein Buch in der Fahne gelesen. Es ist ein Schmarren«, polterte er im Mai 1935 wieder einmal in einem Brief an Horkheimer. Nicht nur das Fehlen der »marxistischen Kategorien« wirft er dem Verfasser vor, er rückt ihn sogar in die Nähe eines Faschisten, der nur »kein Faszist sein kann« und deshalb mit »liberalen Begriffen« hantiere. Adorno regte sich maßlos auf, über den Inhalt des Buches indes keine Silbe. In der Korrespondenz mit Horkheimer wird er in der nächsten Zeit noch des Öfteren darauf zurückkommen, immer bedenkt er Werk und Autor mit Beleidigungen: es sei »unbeschreiblich schlecht«,[29] Mannheim »einfach dumm«.[30]

Diese Angriffe kann man nur psychologisch verstehen, als eine Profilneurose, sachlich gibt es dafür überhaupt keinen Grund. Auch Adorno hätten die Parallelen zwischen Pollocks Ideen einer planwirtschaftlichen Gesellschaft und Mannheims Vorstellung von einer geplanten Gesellschaft auffallen müssen. Zur Überwindung der Krise empfahl Pollock schon 1932 eine planwirtschaftliche Neuordnung. Ein Jahr später entwickelt er in seinem Aufsatz *Bemerkungen zur Wirtschaftskrise* Überlegungen, wie eine geplante Gesellschaft aussehen müsste, welche Instanzen und Regelungsmechanismen notwendig seien, um Systemkrisen bewältigen zu können und eine neue politische Ordnung zu schaffen. In den Grundzügen treffen sich die Ideen Pollocks mit den Vorstellungen, die Mannheim ungefähr zur gleichen Zeit entwirft.

Adornos Aufsatz über Mannheims Ideen zu einer geplanten Gesellschaft erschien nach vielen Auseinandersetzungen und Umarbeitungen erst 1953. In dieser Fassung kritisiert er »das Gerede von der Krise, in das Mannheim ohne Zögern« einstimme.[31] Die Kulturkrise führe Mannheim auf die Eliten und nicht auf die politische Ökonomie zurück. Ganz und gar nicht leuchtet Adorno der Begriff der »planenden Gesellschaft« ein, denn »gesellschaftliches ›Planen‹ zu empfehlen, ohne zum gesellschaftlichen Grund durchzudringen«, hält er für widersinnig.[32] Denn: Planung halte doch nur das »Funktionieren des Getriebes« aufrecht.[33] Das System planend »am Leben zu erhalten, führt in den totalitären Systemen jeglicher Gestalt dazu, die Widersprüche, die es zwangsläufig produziert, mit barbarischem Druck unter die Oberfläche des gesellschaftlichen Seins zu drängen«.[34] Adornos Kritik an der geplanten Gesellschaft war nur allzu berechtigt, nur kam sie zwei Jahrzehnte zu spät.

Urängste

Der blinde Fleck

Abschied vom Jazz, so lautete der bereits erwähnte Titel des Aufsatzes, den Adorno im Mai 1933 in der *Europäischen Revue* veröffentlichte. Die Zeitschrift verstand sich seit ihrer Gründung 1925 als ein unabhängiges Organ, doch jetzt hatte sie sich mit den neuen Machthabern arrangiert. In diesem Heft 5 verpflichtete sich die Redaktion, dem neuen Deutschland zu dienen und die deutsche Revolution in Europa zu fördern. Eingeleitet wurde es von einem Essay des Philosophen Leopold Ziegler, eines Vordenkers der konservativen Revolution.

Adorno feiert in seinem Beitrag »das Ende der Jazzmusik«.[1] Eingangs erwähnt er eine »Verordnung, die es dem Rundfunk verwehrt, ›Negerjazz‹ zu übertragen«. Diese Verordnung habe, so Adorno, »vielleicht einen neuen Rechtszustand geschaffen«, sei aber nicht nötig gewesen, denn »künstlerisch« sei der Jazz »längst in Auflösung« begriffen.[2] Bei der erwähnten Verordnung handelt es sich um die Ankündigung der Berliner Funkstunde vom März 1933, zukünftig werde alle »Negermusik« aus dem Programm genommen. Ein reichsweites Verbot erging im Oktober 1935 – und betraf allein den Rundfunk. Das Reichspropagandaministerium selbst erließ kein solches Verbot. Die Nazis standen dem Phänomen Jazz ambivalent gegenüber. Während seine Ursprünge rassistisch diffamiert wurden (»Negermusik«), wirkten Vitalität, Rhythmik, Dynamik und Optimismus, die die

Musik ausstrahlte, auf die Nazis mit ihrer Kraft-durch-Freude-Mentalität durchaus anziehend. Aus Propagandazwecken förderte man Ende der dreißiger Jahre die Gründung der Band Charlie and His Orchestra (auch »Mr. Goebbels Jazz Band« genannt). Damit war der Swing-Sound gemeint, der zur vorherrschenden Stilrichtung geworden und in Deutschland äußerst populär war. Jazz definierte sich in dieser Zeit als Tanzmusik, und die typische Musikerformation war die Big Band.

Das alles hatte, so sah es auch Adorno, »mit echter Negermusik« wenig zu tun.[3] Als authentisch galt einzig der afroamerikanisch inspirierte Hot Jazz, der die Synkope zum Prinzip erhob und in den großen amerikanischen Metropolen – New Orleans, Chicago, New York – gespielt wurde, doch in Deutschland kaum zu hören war.[4] Präsent und erfolgreich war diesseits des Atlantiks der sogenannte »symphonische Jazz«. Legendär wurde 1926 die Europa-Tournee von Paul Whiteman mit seinem 22 Mann starken Orchester. Am 25. Juni 1926 trat er mit seinem gezähmten und kultivierten Jazz vor einem begeisterten Publikum im Großen Schauspielhaus in Berlin auf. Sein Repertoire war auf den Massengeschmack abgestimmt: *Whispering*, *Valencia*, *In a Little Spanisch Town* und, der Höhepunkt der sensationellen Bühnenshow, die *Rhapsody in Blue*, die George Gershwin 1924 komponiert und an Whitman adressiert hatte. Diese »konzertierenden ›Jazz-Symphonie-Orchester‹«[5] stießen bei Adorno auf starke Ablehnung, hier werde die Maske, die sich der Jazz ansonsten aufsetzen würde, endgültig fallen gelassen und die industriellen Ursprünge der Musik sichtbar – Jazz als Ware, fabriziert von einer Kulturindustrie, einzig auf Unterhaltung und Konsum ausgerichtet.

Nicht ganz unerheblich für Adornos Argumentation ist der Umstand, dass das Aufkommen des Jazz ungefähr zeitgleich mit den Massenmedien Schallplatte und Rundfunk verlief. Während der Jazz in Form von Tanzmusik und parallel der Film (noch einmal verstärkt durch den Beginn des

Tonfilms ab 1929) einen spektakulären Aufschwung erlebten, geriet die klassische Konzertmusik in Bedrängnis, von der Neuen Musik, wie sie Adorno liebte, ganz zu schweigen. Der junge, mit Adorno in Konkurrenz stehende Musikkritiker Hans Heinz Stuckenschmidt stellt 1927 fest: »Es gibt im Augenblick nur zwei Formen der Kunstäußerung, die [...] eine breitere Publizität genießen: Film und Tanzmusik. Beide sind in ihrem Effekt völlig international und allen gesellschaftlichen Schichten gleichmäßig zugänglich. Beide gehören den suspekten Gattungen an, bewältigen aber nichtsdestoweniger alle Aufgaben, die früher an die hohe Kunst gestellt wurden.«[6]

Anfang der dreißiger Jahre hatte sich die Situation gewandelt. Und Adorno frohlockte, dass nun die große Zeit des Jazz vorbei sei, der »schäbig und abgebraucht« wirke, »eine verwesende Moderne von vorgestern«.[7] Er verengt den Blick auf die Musik, auf innermusikalische Gründe, die dazu geführt hätten, dass der Jazz sich selbst überlebt habe und ins Abseits geraten sei.

Diese These Adornos wurde damals durchaus auch von anderen Musikkritikern geteilt. Der deutsch-amerikanische Musikwissenschaftler Hans Theodor David veröffentlichte in der Zeitschrift *Melos*, ebenfalls unter dem Titel *Abschied vom Jazz*, allerdings drei Jahre früher als Adorno, einen Aufsatz, in dem er die Entwicklung zur Kunstform, die Professionalisierung, insbesondere aber auch den symphonischen Jazz für den Niedergang verantwortlich machte. Dass das Interesse am Jazz in dieser Zeit nachließ, hatte jedoch vor allem mit äußeren Faktoren zu tun, die Adorno mit keinem Wort erwähnt. Die Weltwirtschaftskrise führte dazu, dass die meisten amerikanischen Jazzclubs schließen mussten und kaum noch Schallplatten aufgenommen wurden – selbst Stars wie Duke Ellington und Louis Armstrong bekamen keine Verträge mehr und hielten sich mit Auftritten im Ausland über Wasser. Es war die Zeit der Depression, die vor dem Jazz nicht haltmachte.

Für Adorno war die Musik und das, was anfangs von ihr ausgegangen war, an ein Ende gekommen, entpuppte sich jetzt als das, was es immer schon gewesen sei: eine Mode. Es gehe »um Aufmachung und nicht um die Sache«.[8] Der »Gestus der Rebellion«, der dem Jazz anhaftete, hätte sich als bloße Ideologie erwiesen. Mit großer Genugtuung spricht Adorno vom »Untergang des Jazz«.[9] Wenig werde vom Jazz bleiben, so meint er, »es sei denn die Erinnerung an ein paar Stücke, die den Elan des Beginns hatten wie ›Kitten on the Keys‹, an den Gesang der Revellers und an eine Zeit, die mit einem Schlag zur Geschichte versteinerte«.[10]

Was stachelte Adorno diesmal derart an? Was regte ihn so auf, dass er in einer Zeit, in der es zum guten Ton gehörte, verächtlich von »Negermusik« zu sprechen, ausgerechnet mit einem Aufsatz öffentlich in Erscheinung trat, den man durchaus affirmativ lesen konnte?

Schon die Begriffe, die er in dem Text platzierte, lassen bei einem Intellektuellen, der seine Worte mit so viel Sorgfalt wählte, aufhorchen: »großstädtische Entartung«, »wurzellose Exotik«, »Asphaltharmonien«,[11] »Kulturbolschewismus«[12]. Das von Adorno proklamierte »Ende der Jazzmusik«[13] erinnert an die von Nietzsche im *Zarathustra* formulierte Maxime: »was fällt, das soll man auch noch stoßen!«[14] Wollte Adorno den Jazz stoßen? Oder wollte Adorno sich selbst befreien?

Er verfolgt eine durchgehende Argumentationslinie: Der Jazz sei eine einzige Täuschung, produziere »Scheineffekte«,[15] die den Warencharakter verhüllten,[16] eine »Ursprungsnähe« behaupteten, an der alles »unwahr«[17] sei; »die scheinbare Vielfalt rhythmischer Bildungen«[18] enthülle sich bei näherer Betrachtung als Stereotyp. Die »›Scheintakte‹, die im wesentlichen den angeblichen rhythmischen Reiz des Jazz« ausmachen sollen, seien nichts als ein Anschein von Freiheit:[19] »Denn gleichgültig, was man unter weißem und unter Negerjazz verstehen will, hier gibt es nichts zu retten.«[20] – Für Adorno ist es die Geschichte eines Betrugs. Am Jazz zeigt sich für ihn der »Fetischcharakter der Ware«, den er nun ins Zentrum seines Denkens stellte.

Bekanntlich ist der Jazz dann doch nicht untergegangen. Als Mitte der dreißiger Jahre die von Roosevelt eingeleiteten Reformen des New Deal erste Erfolge zeigten, erholte sich auch die Clubkultur in den USA, und die Jazzmusik erlebte einen phänomenalen Neuaufschwung. Adorno, der um diese Zeit in Oxford lebte und am Merton College mit einer Arbeit über Husserl seinen Ph. D. erwerben wollte, hielt sich häufig in London auf, wo er im Albemarle Court Hotel in der Nähe des Hyde Park wohnte.[21] Es ist anzunehmen, dass er in den Londoner Clubs Jazz live erlebte. Doch sind das nur Spekulationen.[22] Adornos diesbezügliche Kenntnisse, die zuvor nicht allzu weit reichten, werden sich in dieser Zeit verändert und erweitert haben. Dass er seinen Wissensstand in puncto Jazz später durchaus kritisch sah, zeigt eine Bemerkung in der 1963 verfassten Vorrede zu den *Moments musicaux:* »Der Mangel an Kenntnis der spezifisch amerikanischen Aspekte des Jazz, zumal der Standardisierung, ist ebenso empfindlich wie die Überholtheit einiger Charakteristika des Jazz der dreißiger Jahre in Europa.«[23]

Der Jazz ließ Adorno Mitte der dreißiger Jahre nicht los, die Wiedererweckung des Genres löste bei ihm einen Rundumschlag aus, der in der Adorno-Forschung lange Zeit mit einigem Unverständnis betrachtet wurde. Dass Adorno die Musik nicht mochte, war dabei nicht das Problem, es war die Art und Weise, wie er den Jazz völlig undifferenziert in Grund und Boden stampfte. Ob New Orleans Jazz, Hot Jazz, Swing oder Bebop – Adorno machte keine Ausnahme, alles war für ihn ein rotes Tuch. Und so ist seine Kritik eine Überzeichnung, die nicht untypisch ist für seine Art, Gegenstände ins Visier zu nehmen. In seiner Auseinandersetzung mit dem Jazz können wir sein Temperament hautnah miterleben, denn seine Urteile sind alles andere als wohlabgewogen und reflektiert, sie sind hoch emotional. Wenn Adorno über Jazz spricht, kann er nicht die Rolle des coolen

Theoretikers einnehmen – er tritt als Mensch hervor. Will man ihn wirklich ›sehen‹, sollte man diese Aufsätze lesen. Auffällig ist die »Verbissenheit«,[24] mit der er über Jahrzehnte an seinen Ansichten festhält. Nach dem Zweiten Weltkrieg wiederholte er seine Urteile und klopfte sie fest. In dem Aufsatz *Zeitlose Mode. Zum Jazz*, 1953 aus der Kontroverse mit Joachim-Ernst Berendt hervorgegangen, nahm er nichts zurück – im Gegenteil, er baute seine Argumentation jetzt dadurch aus, dass er den Jazz mit dem autoritären Charakter zusammenbringt.[25] Alles »Ungebärdige« am Jazz passe zum »sadomasochistischen Typus«,[26] den Adorno in der 1950 erschienenen Studie *The Authoritarian Personality* beschrieben hatte.

Zentral für Adornos Kritik am Jazz ist der 1936 unter dem Pseudonym Hektor Rottweiler in der *Zeitschrift für Sozialforschung* erschienene Aufsatz *Über Jazz*, eine polemische und zuweilen aggressive Auseinandersetzung mit dem Genre. Adorno ging es um mehr als die konkrete Musik, ihn interessierte die Ideologie, die Weltanschauung, die der Musik ein Image verpasste, das an der Realität völlig vorbeiging: »Jazz ist nicht, was er ›ist‹ [...], er ist, wozu man ihn braucht.«[27] Will man seine Ressentiments verstehen, muss man einige Jahre zurückgehen, in die Zeit seiner allerersten Berührung mit dem Jazz.

Eine alte Feindschaft

Adorno hatte in Wien gerade seine Koffer ausgepackt und, wie er Kracauer berichtet, »2 erhebliche Menschen kennen gelernt«[28] – Arnold Schönberg und Alma Mahler-Werfel. Da erschien im April 1925 eine Sondernummer der renommierten Zeitschrift *Musikblätter des Anbruch*. Das Thema: Jazz, eingeleitet und herausgegeben von dem Musikjournalisten Paul Stefan. Man muss es sich einmal vorstellen: Adorno war eigens nach Wien gekommen, um die Neue Musik und die beiden Oberhäupter der Atonalität kennenzulernen. Alban

Berg und dessen Lehrer Arnold Schönberg repräsentierten für ihn den Gipfel der Musikentwicklung. Und dann feiert das erste Heft, das er von der Zeitschrift für Neue Musik in die Finger bekommt, ausgerechnet den Jazz als die neue große Entdeckung. In der Einleitung äußert Paul Stefan geradezu enthusiastisch: »In einem sind wir uns einig, dass dieses böse Etwas, der Jazz, der Anfang einer Revolution sein kann.« Die Lobpreisungen des Schriftleiters der avantgardistischen Zeitschrift gingen weiter. Er erklärt, »daß uns ein wilder Jazz, in irgend einer Bar gespielt, ja meinetwegen selbst nur von der Schallplatte her bekannt, wichtiger scheint, als ein halbes Dutzend Dutzendabende im Konzertsaal. Und auch ernsthafter. Jazz ist uns Europäern eine Sache der Ferne und der Zukunft, lockend wie alles, was hinter den Bergen liegt und gar hinter dem Meer [...].« Jazz bedeute: »Abbild der Zeit: Chaos, Maschine, Lärm, höchste Steigerung der Extensität – Triumph des Geistes, der durch eine neue Melodie, neue Farbe spricht. / Sieg der Ironie, der Unfeierlichkeit, Ingrimm der Höchstegüterwahrer. / Überwindung biedermeierlicher Verlogenheit, die noch allzu gerne mit Romantik verwechselt wird; Befreiung also von der ›Gemütlichkeit‹. / Reichtum, Glück, Ahnung lichterer Musik.«[29] Was für ein Affront für den nach Wien gekommenen Adorno!

Die anderen Beiträger der Sondernummer schlugen in die gleiche Kerbe. Der ungarische Dirigent, Komponist und Schönberg-Schüler Alexander Jemnitz pries die »sprühende, unwiderstehliche motorische Energie«[30] der Jazzmusik und wagte sich mit der These vor, dass der spezielle Rhythmus ursprünglich die »Gemütswallungen der Negerstämme, die erotisch-kriegerischen Seelenregungen ihrer afrikanischen Urheimat«[31] symbolisiere. Der Jazz wurde in Deutschland (aber nicht nur in Deutschland) aus einer rassistischen Perspektive wahrgenommen, wobei der afrikanischen Kultur durchaus auch positive Eigenschaften zugeschrieben wurden wie Rhythmus, Vitalität, Spontaneität, Ursprünglichkeit, die man in der eigenen Kultur schmerzlich vermisste. Gegenüber der europäischen Kunstmusik erschien Jazz als authentischer Ausdruck einer ungebändigten Natur.[32]

Der amerikanische Pianist und Komponist Louis Gruenberg schwärmte ebenfalls vom Rhythmus, dem aufrührerischen Sinn und der Ursprünglichkeit, die er auf die Einwanderung der »Negersklaven« zurückführte. Das englische Wort Jazz, so meint er, käme von dem Wort hetzen. »Zweifellos ist es eine Zusammenziehung des Satzes: ›Jazz (hetzt) sie auf, Burschen‹, den man in gewöhnlichen Tanzlokalen oft hört, und entstammt den Tiefen von New-Orleans und anderen Städten des Südens mit starker Negerbevölkerung.«[33] Gruenberg musste allerdings zugeben, dass er den wirklichen Ursprung des Ausdrucks nie habe herausfinden können. Viele Jahre später soll sich Adorno in Oxford daran erinnern und die assoziative Etymologie noch einmal verschärfen. Wir werden darauf zurückkommen.

Die Beiträge in den *Musikblättern des Anbruch* machen deutlich, dass es beim Jazz nicht nur um eine musikalische, sondern um eine gesellschaftliche Erneuerung ging. Er wurde als rebellisch empfunden, als eine Musik, die mit der Tradition brechen und andere, eigene Wege gehen wollte, die dazu geeignet schien, eine in althergebrachter Würde erstarrte Gesellschaft in Bewegung zu bringen. Die westliche Kultur, die unter Erschöpfung und Kraftlosigkeit litt und sich von einem Übermaß an Geistigkeit und Intellektualität befreien wollte, erkannte im Jazz die Möglichkeit, durch die Befruchtung mit der vermeintlichen Natürlichkeit der schwarzen, afroamerikanischen Kultur eine neue Identität zu entwickeln. Für Louis Gruenberg ist Jazz »das einzige Element [...], das ursprünglichen Impulsen entstammt, unentwickelt ist und unserer Bearbeitung harrt. [...] Nicht weil der Jazz vom Neger stammt, ist er uns wichtig, sondern weil der Jazz heute eine gewisse Vitalität und Frische zeigt [...]. Ich bin überzeugt, daß die Kunst von heute sehr einer Aufmischung durch die Elemente des Jazz bedarf, als da sind:

Jugendfrische, Ursprünglichkeit, Lebenskraft und physische Genußfreudigkeit.«[34]

Mit solchen Sehnsüchten konnte Adorno wenig anfangen. Rebellion, Anti-Intellektualismus, das Zurück-zu-den-Ursprüngen, zum Rhythmus des Körpers – das war ihm alles suspekt, was beileibe nicht nur etwas mit seiner Person zu tun hatte. Aus guten Gründen kritisierte er in seinen Jazz-Aufsätzen »den Rückgriff auf falsche Ursprünge«:[35] »Der Glaube an den Jazz als eine Elementarkraft, an der etwa die angeblich dekadente europäische Musik sich regenerieren könnte, ist eine bloße Ideologie. Wieweit der Jazz überhaupt mit genuiner Negermusik zu tun hat, ist überaus fraglich.«[36] Die Unterstellung einer urtümlichen Natur sei nichts weiter als eine Romantisierung und Verklärung. Jazz war in Adornos Augen »reaktionär«[37] – die Musik Schönbergs dagegen Ausdruck einer zerrissenen Welt, in der es für Harmonie und Glückseligkeit keinen Platz mehr gibt.

Der zweiundzwanzigjährige Adorno hielt in Wien an der Hochkultur fest und wurde für seine Treue belohnt. Im Juni machte ihm die *Anbruch*-Chefredaktion überraschend das Angebot, die Position des Schriftleiters zu übernehmen und den vierundzwanzig Jahre älteren Paul Stefan zu ersetzen. An Kracauer schreibt Adorno von tagelangen Verhandlungen.[38] Am Ende musste die Chefredaktion ihr Angebot zurückziehen, weil sich der Leiter der Universal Edition, in der der *Anbruch* erschien, gegen eine Ablösung Stefans aussprach. »Gleichwohl liegt die Sache in der Luft«, schreibt Adorno an Kracauer. »Nun hat man mir eine leitende Stellung in der Internationalen Gesellschaft für neue Musik angetragen – alles ganz ohne daß ich mich darum gemüht hätte.«[39]

Doch Adorno wurde den Jazz nicht wieder los. Der mit ihm befreundete drei Jahre ältere Komponist Ernst Krenek brachte im Februar 1927 seine Jazzoper *Jonny spielt auf* im Leipziger Neuen Theater auf die Bühne. Nach der *Dreigroschenoper* von Weill/Brecht war Kreneks Zeitoper das erfolgreichste Bühnenstück der Weimarer Republik. Sie feierte den aus Amerika kommenden Jazz mit Lobeshymnen: »Es kommt die neue Welt übers Meer gefahren mit Glanz und erbt das alte Europa durch den Tanz«, heißt es im Schlusschor. Krenek benutzte allerdings den Jazz weniger als Musik denn als Symbol einer neuen Zeit,[40] die sich 1927, als die Weimarer Republik wirtschaftlich und politisch auf festeren Füßen stand, in der Tat ankündigte. Es war in ebendiesem Jahr, dass die Musikhochschule in Adornos Heimatstadt Frankfurt, das Hoch's Konservatorium, einen ersten Lehrbeauftragten für Jazz berief. Bernhard Sekles, Leiter des Konservatoriums und Adornos Lehrer, gehörte zu den frühen Förderern des Jazz. In ihm erkannte er die »Transfusion unverbrauchten Niggerblutes« in die deutsche Kultur.[41] Er war es, der sich für die neu zu schaffende Position aussprach.

Eingestellt wurde der ungarische Musikwissenschaftler und Komponist Mátyás Seiber, ein Schüler Zoltán Kodálys. Er hatte selbst als Mitglied einer Band auf einem Überseedampfer Jazz gespielt. In New York hatte er die einschlägigen Clubs besucht und sich an Jam-Sessions beteiligt.

In den dreißiger Jahren holte sich Adorno bei Seiber Rat, der ebenfalls nach England hatte emigrieren müssen. Die Erstveröffentlichung seines *»Über Jazz«*-Aufsatzes in der *Zeitschrift für Sozialforschung* enthält einen später nicht mehr abgedruckten Dank an diesen »für informatorische und kritische Mitwirkung«.[42] Bei allem, was man weiß, hat Seiber versucht, Adornos Ansichten zu »korrigieren«,[43] ihn von seinen Ressentiments abzubringen, vor allem aber hat er ihm empfohlen, doch mehr Jazz aus Amerika zu hören, insbesondere Hot Jazz.[44] Seiber selbst hatte 1928 in der Zeitschrift *Melos* einen Aufsatz über *Jazz als Erziehungsmittel* veröffentlicht. Er spricht dort von der »Gelöstheit und Freiheit«, die befördert werde.[45] Vom Rhythmus gehe ein Körpergefühl aus, das sich insbesondere auch auf die »improvisatorischen Fähigkeiten« auswirke. 1930 meldete sich Seiber noch einmal in gleicher Sache zu Wort. In dem wiederum in der Zeitschrift *Melos* erschienenen Aufsatz *Jazz-Instrumente, Jazz-*

Klang und Neue Musik äußert er sich nun, was die Zukunft des Jazz angeht, eher zurückhaltend bis skeptisch. Auch er glaubt, dass die Entwicklung des Genres an ein zumindest vorläufiges Ende gekommen sei: »Die anfänglich revolutionär aufbrausenden Kräfte des Jazz, die sich teils in den instrumentalen und klanglichen Extremen, teils in der rhythmischen und improvisatorischen Wildheit (›Hot‹-Stil) austobten, sind allmählich zu einem ruhigeren Leben zurückgeflutet. Der Jazz hat seine stürmische Jugend schon hinter sich. Er steht jetzt im reifen ›Mannesalter‹. Viel Überraschungen dürfen wir von ihm nicht mehr erwarten.«[46] Ein Urteil, dass Adorno in seinem drei Jahre später veröffentlichten Aufsatz im Kern übernimmt, aber entschieden zuspitzt, wenn er von »Auflösung« und »Untergang«[47] spricht.

Kastrationsängste

Als Adorno Anfang 1936 in Oxford an seinem Aufsatz *Über Jazz* saß, schrieb er an Krenek geheimnisvoll von einem »großen prinzipiellen Aufsatz über Jazz«.[48] »Ehe ich ihn niederschreibe, sende ich Ihnen evt. mein Exposé, das die Hauptthesen schon enthält.«[49] Seit Jahren hatte Adorno Material gesammelt und sich Notizen gemacht. Am 26. Januar 1936 schickte er Horkheimer das erwähnte Exposé und entschuldigt sich mit der Bemerkung, dass die Jazzuntersuchung »längst angesammelte Massen von Brennstoff bei mir entzündet hat«.[50] Horkheimer hatte das Projekt offenbar angeregt, hinzugezogen werden sollte zunächst auch Seiber, aber die Idee ließ man ziemlich schnell wieder fallen.

Bei allem, was wir wissen, war Adorno zum Zeitpunkt der Niederschrift in keiner guten Verfassung. Im Juni 1935 war seine Tante Agathe Calvelli-Adorno gestorben, ein halbes Jahr später der väterliche Freund und Förderer Alban Berg. In seinem englischen Exil, vertrieben aus seinem »Kulturkreis«, musste er die gerade erst in Gang gekommene Karriere vorerst abschreiben.[51] Die von ihm geliebte atonale Musik fand nicht nur keinen Zuspruch beim Publikum, sie wurde von den Machthabern in Deutschland als entartet gebrandmarkt: Schönberg, Krenek, Weill und Eisler wurden angefeindet und mussten emigrieren. Die Nazis hatten angekündigt, der ästhetischen Moderne den Garaus zu machen. Die »Abrechnung« mit der Kunst stand unmittelbar bevor und wurde von den Nazis schließlich in zwei aufsehenerregenden Ausstellungen geradezu zelebriert: im Juli 1937 in den Münchner Hofarkaden mit der Ausstellung *Entartete Kunst*, ein knappes Jahr später, im Mai 1938, in Düsseldorf mit der Ausstellung *Entartete Musik* – das Plakat zeigt Kreneks Jazzoper *Jonny spielt auf*. Da wurde Adornos Stimmungslage sicher nicht besser dadurch, dass nach dem Abgesang Anfang der dreißiger Jahre die Jazzmusik nun einen bedeutenden Aufschwung erlebte.

Vor diesem Hintergrund war es Adornos Absicht, den Jazz zu entmystifizieren, ihn zu enttarnen und ihn so zu zeigen, wie er ihn sah. Und das war eine höchst eigenwillige Sichtweise. Vorbild des Jazz sei der vor dem Krieg in den USA erfundene Stepptanz – eine Schrittbewegung, die mit dem Gehen zu tun habe,[52] wie eben auch der Grundrhythmus des Jazz vom Marsch bestimmt sei, »von Continuo und großer Trommel«.[53] Als weitere wirkmächtige Zutat nennt Adorno die Salonmusik. Diese Synthese sei es, die den Jazz so gefällig und zum »faschistischen Gebrauch«[54] geeignet mache. Der »Geh-Rhythmus« stehe überdies mit dem Koitus in Verbindung, wie überhaupt das »sexuelle Moment«[55] eine bedeutende Rolle spiele, ja den dominierenden Faktor bilde. Hierin liegt der entscheidende Unterschied zu dem früheren Aufsatz. Adorno – und das unterscheidet ihn vom psychoanalytischen Diskurs – deutet die Sexualität nicht als etwas Latentes, er konstatiert das Sexuelle als etwas, was stets da sei, das sexuelle Begehren werde dargestellt, wie es ist. »Anders als Psychoanalyse es gewohnt ist, möchte man, in ihren Begriffen, die symbolische Darstellung der sexuellen Vereinigung

18 Ein weißer, schwarz geschminkter Jonny aus der Zeitoper *Jonny spielt auf* (1927) von Ernst Krenek – ein Skandalerfolg und Kassenschlager.

den manifesten Trauminhalt des Jazz nennen, der durch die Anspielungen von Text und Musik eher verstärkt als zensiert werden soll.«[56] Man kann deshalb bei diesem Aufsatz nicht, wie teilweise geschehen,[57] von einer »Psychoanalysierung des Jazz« sprechen, sondern eher von einer Sexualisierung, die mit Versatzstücken aus der Werkzeugkiste der Psychoanalyse arbeitet. Jazz – darauf läuft Adornos Argumentation hinaus – sei nichts anderes als eine musikalische Kastrationsdrohung. Alles, was er am Jazz auszumachen meint: Normierung, Regelhaftigkeit, Stereotypie, genormte Rhythmen, laufe auf die Lust an der Unterwerfung hinaus. »Ziel des Jazz ist die mechanische Reproduktion eines regressiven Moments, eine Kastrationssymbolik, die zu bedeuten scheint: gib den Anspruch deiner Männlichkeit auf, laß dich kastrieren.«[58] Die Synkope führt Adorno zurück auf Impotenzängste, sie sei ein »bloßes Zu-früh-Kommen, so wie Angst zum verfrühten Orgasmus führt, wie Impotenz in zu frühem und unvollständigem Orgasmus sich ausdrückt«.[59]

Als Horkheimer im Sommer 1936 diese Passage las, kamen ihm Bedenken: »wegen ›shocking‹«.[60] Die Deutung sei zwar »erhellend«, er plädierte dennoch dafür, diese Stellen aus Rücksicht auf den amerikanischen Leser wegzulassen oder abzumildern. Die Sache ließ ihm offensichtlich keine Ruhe. Eine Woche später übermittelte er weitere Änderungswünsche: Die »amerikanischen Freunde« würden dringend darum bitten, »die Wirkung des Aufsatzes und in gewisser Hinsicht des ganzen Heftes nicht durch die allzu unvermittelte Anwendung Freud'scher Denkgewohnheiten zu beeinträchtigen«.[61] Adorno antwortet postwendend und zeigt sich kompromisslos: Der ganze Aufsatz sei »auf die Kastrationsthese hin komponiert«, wenn man diese Stellen streichen oder mildern würde, wäre der »eigentliche Sinn« verloren.[62]

Mit Freud hat das, wie gesagt, alles nichts zu tun. Verbindungen gibt es jedoch mit einem Schüler Freuds, dem ›wilden Analytiker‹ Georg Groddeck. Der Baden-Badener Sanatoriumsarzt vertrat die Auffassung, dass alle Wörter und Dinge, alle menschlichen Äußerungen sexuell unterfüttert seien bzw. sexuelle Konnotationen auslösen. Adorno hatte ganz offenbar Groddecks *Buch vom Es* und *Der Mensch als Symbol* gelesen. Am 29. Juni 1936 schreibt er Horkheimer, dass er »seine Ansicht über Groddeck revidiert«[63] habe. Da las er Groddecks 1933 veröffentlichtes Buch *Der Mensch als Symbol* wohl zum zweiten Mal und entdeckte darin »ganz erstaunliche Dinge«. Er bescheinigt dem Verfasser eine reiche und konkrete psychologische Intuition,[64] die er sich zunutze machte. Groddeck geht nämlich den Worten nach und versucht mit Hilfe der Etymologie sowie anhand verschiedener Nachschlagwerke die Bedeutungen und verdrängten Phantasien zu erforschen, die der Sprache als uneigentliche Rede gewissermaßen inhärent wären. Adorno nimmt sich daran ein Beispiel und argumentiert, um die Frage zu klären, »was unter Jazz zu verstehen sei«[65], etymologisch: »Ich erinnere mich deutlich, daß ich erschrak, als ich das Wort *Jazz* zum ersten Male las. Plausibel wäre, daß es vom deutschen Wort Hatz kommt und die Verfolgung eines Langsameren durch Bluthunde entwirft. Jedenfalls scheint das Schriftbild die gleiche Kastrationsdrohung zu enthalten, die das Jazzorchester mit dem aufgesperrten Flügeldeckel darstellt.«[66] In den *Oxforder Nachträgen* war er noch konkreter geworden: Jazz käme vom deutschen Wort »Hatz« – und das wiederum stehe in Beziehung zu »Pogrom«.[67] Heinz Steinert hat die Ableitung Adornos in das Reich der »Volksetymologie«[68] verwiesen: eine ziemlich freie Assoziation, verstehbar nur durch den Zusammenhang, den Adorno zuvor zwischen Jazz und Pogrom hergestellt habe. Etymologisch gäbe es nicht »die geringste Grundlage« »außer der erzwungenen Reimbarkeit bei falscher Aussprache«. Auch in dieser Hinsicht folgt er Groddecks Beispiel: »Das beste wird sein, man stellt die Aussagen der Etymologen nach eigenem Gutdünken zusammen, ohne sich um die Privatmeinung des Lexikographen zu kümmern«,[69] heißt es bei ihm. Er spricht von »Phantasiesprüngen«, die man auch bei Adorno beobachten kann.

Das Gehen, der Geh-Rhythmus und die hergestellte Verbindung zum Koitus dürften ebenso von Groddeck inspiriert sein wie auch das auffällige Bild des offenen Flügels als Kastrationsdrohung.[70] Auf Steinert, der Groddeck womöglich nicht gelesen hatte, wirkte das alles ziemlich konstruiert. Wie soll ein offener Flügel zur Kastrationsdrohung werden? Ja, jemand könne »von dem zuklappenden Deckel erschlagen« werden »oder ein ihm liebes Organ abgequetscht« bekommen.[71] »Das Bild« aber, so Steinert, »ist einfach nicht stimmig: Wie sollte man in diese Position kommen?« Als Horkheimer die Begriffe relativieren und verallgemeinern wollte, entgegnete Adorno: »die Synkope ist die Kastrationsangst als Erscheinung, nicht eine vage ›Folge‹ einer vagen Angst«.[72] Tatsächlich aber gelingt es Adorno an keiner Stelle, die Angst konkret zu machen. Was er hier schreibt, um es in den Worten Steinerts zu sagen, löst sich auf in »eine Serie von verblüffenden Phantasien über Jazz«.[73] Aber sind das wirklich nur Phantasien *über* Jazz? Oder wird der Jazz nicht auch zur Projektionsfläche für die ureigenen Ängste? Ist der Jazz nicht alles das, was Adorno als privilegiertes Einzelkind, das in »naiver Unkenntnis der wirklichen Welt«[74] lebte, fürchtet: Gemeinschaft, Körpergefühl, Rhythmus, Vergnügen am Spiel, Spontaneität?

Vom Kontinuum der Zeit

Gleitende Übergänge

Das Ende der Weimarer Republik war nicht das Ende von ›Weimar‹ in den Köpfen. Die Republik existierte nicht mehr, doch die »Weimarer Verhältnisse« waren und blieben noch für Jahre aktuell. Keiner der Intellektuellen, von denen hier erzählt wird, hat die Machtübertragung an die Nationalsozialisten als geschichtliche Zäsur empfunden, in keinem Werk ist sie zunächst in systematischer Weise zum Thema geworden, nicht bis Ende der dreißiger Jahre, als sich die Perspektive allmählich änderte. Das Szenario wurde nichtsdestotrotz als bedrohlich erkannt und empfunden: Der Faschismus breitete sich in den Ländern Europas aus. Das nationalsozialistische Deutschland und das faschistische Italien waren keine Einzelphänomene. In Spanien, Österreich, Ungarn, Rumänien kamen faschistische oder quasi-faschistische Regierungen an die Macht.[1] In vielen anderen Ländern gab es starke rechte Bewegungen, so in Dänemark, Schweden, Norwegen, Großbritannien, Frankreich. Die Situation in den Vereinigten Staaten unterschied sich kaum von der in Europa. Roosevelts Sozialreformen des New Deal wurde als Jew Deal angegriffen, als Pakt, hinter dem die Juden standen, die an die Macht und zur Weltherrschaft gelangen wollten. Rechtsradikale und faschistische Gruppierungen machten mobil und erreichten mit breiter medialer Unterstützung, dass Juden in den USA keinen freien Zugang mehr zu bestimmten Berufen hatten, dass Quotenregelungen für Ärzte und Juristen eingeführt wurden.

Paul Tillich nahm zwar gleich 1934 in einem Aufsatz den »totalen Staat« in den Blick, doch kratzt er darin allenfalls an der Oberfläche. Mit der Lehre vom totalen Staat, wie sie Carl Schmitt und Ernst Forsthoff 1932/33 entwickelt hatten, setzt sich Tillich ebenso wenig auseinander wie mit dem Mitte der zwanziger Jahre von Mussolini in die Debatte eingeführten Begriff des Totalitären. Der italienische Diktator erhob das Totalitäre zum Charakteristikum seiner faschistischen Bewegung. Für Tillich war es ein spezifisch deutscher Gedanke, der sich mit der nationalen Mythologie verknüpfte: Blut, Boden, Rasse. Der totalitäre Staat sei ein Produkt des »Spätkapitalismus«, der wiederum hätte sich in allen Teilen der Erde als existenzielle Bedrohung ausgedehnt und fördere die »geistige und seelische Desintegration der Massen«.[2] Überall mache sich »die Sehnsucht nach Sicherung, nach neuer Integration«[3] geltend. So oder so ähnlich hatte das Tillich zuvor schon formuliert. Über die totalitäre Staatsauffassung weiß er wenig Neues zu sagen, ganz zu schweigen von der Realität des nationalsozialistischen Deutschlands. Das System der Gewaltherrschaft, das sich mit dem totalitären Staat etablierte, der Terror, der bereits in der Zeit der »nationalen Erhebung« (1933/34) herrschte, der Antisemitismus, die Judenverfolgung – all das kommt bei ihm nicht vor.

Nicht anders war das im Kreis um Horkheimer. Herbert Marcuse veröffentlichte 1934 in der *Zeitschrift für Sozialforschung* seinen Aufsatz *Der Kampf gegen den Liberalismus in der totalitären Staatsauffassung* und spricht darin vom »total-autoritären Staat«,[4] der sich aus dem Liberalismus entwickelt habe, und betont das Kontinuum, wobei sich das alles »auf dem Boden derselben Gesellschaftsordnung«[5] vollziehe. Weiter: »Im Hinblick auf diese Einheit der ökonomischen Basis lässt sich sagen: es ist der Liberalismus selbst, der den total-autoritären Staat aus sich ›erzeugt‹: als seine eigene

Vollendung auf einer fortgeschrittenen Stufe der Entwicklung.« Ähnlich argumentiert Pollock in den 1933 erschienenen *Bemerkungen zur Wirtschaftskrise:* »Was zu Ende geht, ist nicht der Kapitalismus, sondern nur seine liberale Phase. Ökonomisch, politisch und kulturell wird es in Zukunft für die Mehrzahl der Menschen immer weniger Freiheiten geben.«[6]

Ende der dreißiger Jahre werden die Stimmen skeptischer. Was könne man tun, wie solle man reagieren? Im Mai 1938 fordert Adorno Kracauer auf, alles in Bewegung zu setzen, um sobald wie möglich nach Amerika zu kommen. »In Europa sieht es immer finsterer aus; die Meldungen über den neuesten Terror gegen die Juden haben uns alle in tiefste Beunruhigung versetzt; Pollock berichtet zugleich erhebliches Anwachsen des Antisemitismus in Frankreich.«[7] Es dauerte noch mehr als ein Jahr, bis Max Horkheimer mit seinem Aufsatz *Die Juden und Europa* das Schweigen der Frankfurter Intellektuellen zu Faschismus und Antisemitismus beendete.

»Unbeschreiblicher Wein und menschliche Gespräche«

Der Projektvorschlag, den Adorno im Sommer 1936 aus seinem englischen Exil Horkheimer unterbreitet, klingt wie eine unliebsame Pflichtaufgabe: »Man wird ja endlich doch das Fascismusproblem in Angriff nehmen müssen und dabei stellt sich sogleich das Problem der sozialpsychologischen ›Vermittlung‹. Die läßt sich aber an einem scheinbar ›harmlosen‹ Modell studieren, nämlich der Reklame.«[8] Sich systematisch mit dem Thema Faschismus zu beschäftigen war bisher aus dem Kreis der exilierten Frankfurter Philosophen und Soziologen keinem eingefallen. Nicht Terror und Antisemitismus sollten im Mittelpunkt dieser von Adorno angeregten Untersuchung stehen, sondern, man stutzt ein wenig über den Begriff, die Reklame. Über das Studium der Reklame, so argumentiert er, könne man wahrscheinlich zu den »tiefsten Einsichten« über den Faschismus gelangen. Er verweist diesbezüglich auf zwei Hitler-Biographien. Die eine hatte 1935 der linksliberale Journalist und Rechtsanwalt Rudolf Olden im Amsterdamer Querido Verlag unter dem Titel *Hitler der Eroberer. Die Entlarvung einer Legende* veröffentlicht; die andere war soeben erschienen und stammte von dem Journalisten Konrad Heiden. Aus diesen Büchern, die, wie Adorno anmerkt, ansonsten schlecht seien, ginge hervor, »daß die ganze Technik der pseudodemokratischen Wirkung der Diktatur der der Reklame unmittelbar abgelernt« sei.[9] In der Tat behandeln beide Büchern ganz wesentlich die Faszination, die von Hitler ausgeht, seine Rolle als Demagoge und seinen Sinn für Propaganda – nicht unbedingt für Reklame, wie Adorno es hier benennt. Er schlägt Horkheimer vor, eine »Kollektivuntersuchung in größerem Rahmen«[10] zu machen.

Gut einen Monat zuvor, am 15. Mai, hatte er nach Amerika berichtet, dass er ein paar Tage mit Tillich zusammen gewesen sei. Der habe im Manchester College »einen unmöglichen Vortrag in unmöglichem Englisch« gehalten.[11] Ansonsten seien die Tage so harmonisch gewesen, »wie es mit einem solchen Harmonisten nur sein kann«.[12] Persönlich aber hätte er einen negativen Eindruck: »Ich fand ihn zerfahren, geschäftig, theoretisch stehen geblieben und voll der ärgsten reaktionären Instinkte.«[13] Tillich befand sich auf seiner bereits erwähnten Europareise. Der desolate Eindruck, den Adorno schildert, wird nicht ganz falsch sein. Der Kollege, der sich in den USA nicht beheimatet fühlte, reagierte in Europa zunächst auf alles mit wahren Begeisterungsstürmen. Von England aus blickte er in diesen Tagen sehnsuchtsvoll über die offene Nordsee nach Deutschland: »Drüben, etwas schräg, südwest, ist Deutschland!« Erst später, als er in Holland Station machte, kamen ihm dann, es wurde oben zitiert, ganz andere Dinge in den Sinn.

Als Tillich am 8. Mai seinen Vortrag hielt, saß auch Adorno im Publikum. Anschließend: »Im Auto zu Teddy. Unbeschreiblicher Wein und menschliche Gespräche [...]. Spät ins Bett«, heißt es im Reisetagebuch. Am nächsten Tag traf man sich zum Tee bei Ludwig Burchard. Unter den Gästen neben dem Kunsthistoriker Hermann Usener auch der Hitler-Biograph Rudolf Olden mit Frau. Tillich spricht ihn auf sein Hitler-Buch an und auch auf das Heidens. Möglicherweise hörte Adorno hier zum ersten Mal etwas über die beiden Biographien und die zentrale Bedeutung der Propaganda, die er sich vielleicht schon bei dieser Gelegenheit als »Reklame« übersetzte. Reklame wird in der *Dialektik der Aufklärung* zu einem der wichtigen Begriffe in der von Adorno konzipierten Abhandlung über die Kulturindustrie.

Die Unterscheidung von Reklame und Propaganda ist für Adorno eine Mystifikation, in der Realität, so meint er, hängen beide Begriffe zusammen: »Das blinde und rapid sich ausbreitende Wiederholen designierter Worte verbindet die Reklame mit der totalitären Parole.«[14] Ob sich Adorno schon bei diesem Afternoon Tea an dem Gespräch über die Hitler-Biographien beteiligt hat, davon erfahren wir nichts. Aus dem Reisetagebuch Tillichs wissen wir nur, dass es kurze Zeit später zu einer »schweren Diskussion« über die *Frankfurter Zeitung* kam, die er mit der Bemerkung kommentiert: »Teddy sehr abstrakt und doktrinär.«[15]

Adorno wirft einen Stein ins Wasser

Anfang Oktober 1936 hielt sich Adorno für eine Woche in Paris auf und traf sich mit Walter Benjamin. Noch Tage nach seiner Rückkehr war er von den Gesprächen enthusiasmiert: »Die Weite der Perspektiven, die sie [die Woche] eröffnete, ist das genaue Äquivalent der menschlichen Nähe in welcher sie spielte.«[16] Die beiden nannten sich jetzt beim Vornamen, und so sprachen Walter und Teddy auch über Kracauer und Adornos Reklame-Projekt. Mit Sicherheit war es Adorno, der

Kracauer als den richtigen Mann für dieses Vorhaben ins Spiel brachte. Der frühere Frankfurter Kollege lebte mit seiner Frau in prekären Verhältnissen und suchte nach einer Möglichkeit, in die USA zu gelangen. Doch gab es da eine Schwierigkeit: Kracauer und Horkheimer waren nicht die besten Freunde. In Bezug auf das Institut und dessen Direktor hatte Kracauer einen Neidkomplex, und aus diesen seinen Ressentiments machte er keinen Hehl. Und Horkheimer waren die Vorbehalte nicht entgangen, er mied Kracauer. Ein Plan musste also her. Benjamin war bereit zu helfen.

Adorno stellte Kracauer als einen Fall für den Psychiater dar und berief sich dabei – en passant – auf Benjamin als die höhere, von Horkheimer anerkannte Instanz. Krakauer sei »ein hoffnungsloser schwieriger Fall und ich kann nur Benjamins Formel aufnehmen: man müßte ihn ›entmündigen‹, d. h. wenn man ihn retten will, im buchstäblichen und intellektuellen Sinn, so wird man es nur gegen ihn selber können«.[17] Das Versprechen: der ›Pflegefall‹ Krakauer werde »im Ernstfall geistig fügsam, nur allzu fügsam sein«.[18]

Reklame und/oder Propaganda

Doch die Unstimmigkeiten mit Kracauer begannen schon, als Adorno in Paris das Thema kundtat und – so erinnerte sich Kracauer mit Bestimmtheit – von Reklame und nicht von Propaganda sprach.[19] In der Korrespondenz mit Horkheimer benutzte Adorno unterschiedliche Formulierungen: Einmal ist von einer »Untersuchung über Propaganda«[20] die Rede, dann von einer Untersuchung über »Propaganda (*und* Reklame: ich bin der Ansicht, daß die vom System betriebene Scheidung der beiden Begriffe entlarvt werden muß)«[21] und schließlich von »Reklame und Propaganda«[22]. Kracauer selbst wählte für das Exposé den Titel *Masse und Propaganda. Eine Untersuchung über die fascistische Propaganda.*[23] Diese Formulierung behielt er auch gegenüber Horkheimer bei, der sich grundsätzlich einverstanden erklärte und für den Aufsatz eine Honorierung in Aussicht stellte. Ob es zu einer Veröffentlichung in der Zeitschrift kommen würde, ließ er offen. Kracauer hätte die Sache gern als Einfallstor benutzt, um eine längere feste Bindung an das Institut herzustellen, stieß damit jedoch auf taube Ohren. Um sich aus der Affäre zu ziehen, erhöhte man seitens des Instituts lieber das Autorenhonorar.

Einer der Ausgangspunkte für Kracauer war die politische und ökonomische Krise. Die totalitäre Propaganda mache sich die Krise zunutze, diese steigere die Empfänglichkeit der Massen und bahne der Propaganda ihren Weg.[24] Propaganda sei nicht nur ein manipulatives Herrschaftsmittel, sie übe Gewalt aus, führe »zur Veränderung der psycho-physischen Struktur der Menschen«.[25] Propaganda und Terror gehörten zusammen, seien zwei Mittel zur Herrschaftssicherung.[26] Propaganda im eigentlichen Sinn sei inhaltsleer, es sei der Machtwille, der letztlich zum Inhalt werde, zum »Inbegriff des Erstrebenswerten«.[27] Kracauer wollte einen streng wissenschaftlichen Text schreiben, und in der Tat stützt er sich auf viel Material, ausgiebig bezieht er sich auch auf die Hitler-Biographie Konrad Heidens, doch die Studie wirkt dennoch wie ein Torso, ihr fehlt Stringenz, sie ist eher eine Ansammlung von Gedanken über totalitäre Propaganda – im Grunde ein unfertiger Text.[28]

Im Dezember 1937 hatte Kracauer seinem Freund Adorno vermeldet, dass der größte Teil der Arbeit, über 100 Seiten, fertig und bereits in New York sei. Die Studie hieß jetzt *Die totalitäre Propaganda*. Die ersten Signale, die er aus New York empfing, waren positiv. Man müsse das Manuskript sicher kürzen, so ließ sich Horkheimer vernehmen, aber ansonsten zeigte er sich durchaus einverstanden und machte Kracauer Hoffnung, dass der Aufsatz vielleicht schon im kommenden ersten Heft des neuen Jahrgangs veröffentlicht werde. Doch es kam anders. Schnell wurde klar, dass Kürzungen, Straffungen und einige andere Veränderungen notwendig wären. Am 3. Mai 1938 informiert Adorno seinen Freund, dass er die Aufgabe übernommen habe, den Text vor dem Druck redaktionell zu überarbeiten, er spricht von einer »bevorstehenden Operation«.[29] Was Kracauer nicht wusste: Adorno war gerade damit beschäftigt, die Studie für das Institut zu begutachten, und sein Urteil fiel nicht allzu gut aus: »die Arbeit ist weder von eigentlich theoretischem Wert, noch ist sie im empirischen Material zureichend fundiert, drückt aber zuweilen in höchst brauchbaren Formulierungen bestimmte Erfahrungen und Beobachtungen aus, die über die outsiderhafte Position des Autors hinaus Geltung besitzen«.[30] Gleich eingangs stellt er fest, dass Kracauer, der nicht zum Institut gehöre, mit den dortigen Arbeitsmethoden nicht vertraut sei und auch als wissenschaftlicher Schriftsteller keine Erfahrung habe.

Lässt man die polemischen Auslassungen beiseite (»Kracauers Kategorienschatz ist von dem linksbürgerlichen Schriftsteller vom Schlage Stefan Zweigs weit weniger verschieden als die Prätention des Ausdrucks glauben macht«[31]), so ist Adornos Kritik durchaus zutreffend. Horkheimer und die Mitarbeiter des Instituts werden es ganz ähnlich gesehen haben. Im zweiten Teil des Gutachtens betont er die »Vorzüge der Arbeit«, und die liegen für ihn in der Beobachtung und den literarischen Formulierungen.[32] Die literarische Qualität gleiche aus, was ihr an »theoretischer Kraft abgeht«.[33] Adorno plädiert letztlich für eine Veröffentlichung, allerdings nur der »brauchbaren Teile«,[34] die aus dem »Kracauerschen Zusammenhang«[35] herausgelöst werden müssten. Dieser Aufgabe wolle er sich selbst unterziehen. Er spricht auch von Kracauers schwieriger Lage, der »großen und gewaltsamen Anstrengung«, die er für diese Studie auf sich genommen habe. Adorno versuchte mithin zu retten, was nicht zu retten war. Das konnte nicht gut gehen – und es ging nicht gut.

Ein Autor wird beseitigt

Adorno ging, entgegen seiner Ankündigung, wenig rücksichtsvoll vor, indem er eine Fassung erstellte, in der Kracauers Text im Grunde nicht mehr vorkam. Er benutzte zwar die von dem anderen recherchierten Quellen, schrieb ansonsten aber in seiner Sprache einen eigenen Text. Selbst den Titel tauscht er aus, es ist nicht mehr von der »totalitären Propaganda«, sondern von der »autoritären Propaganda«[36] die Rede. Adornos Lieblingsidee, die Reklame, spielt mit einem Mal eine dominierende Rolle: Der Faschismus schließe Propaganda und Idee zusammen, in Wirklichkeit aber handele es sich um Reklame, »Reklame für das, was im Ausverkauf der sacrosankten Gehalte um jeden Preis an den Mann gebracht werden soll«.[37] Kracauers Differenzierung zwischen Propaganda und Reklame ebnet Adorno ein, und so verfährt er auch an anderen Stellen; wo sich der andere abwägend verhält, treibt Adorno dem Text alle Vorsicht aus, spitzt ihn rhetorisch bis hin zur Formelhaftigkeit zu. Er spricht von »›Reproduktion der Dummheit‹«,[38] in der er nichts anderes als Reklame sieht. Adorno hat die Konsumgesellschaft vor Augen, wenn er über Propaganda spricht: »Die Propaganda produziert eine pseudo-ästhetische Scheinwelt.«[39] Wie in der Warenwelt gehe es auch in der Propaganda um eine Eigenschaft, die einem Produkt zugeschrieben werde, die es in Wirklichkeit nicht habe. Auf dieser Folie läuft Adornos Interpretation. Und so ist es kein Wunder, dass der Faschismus in seinem Text eine eher untergeordnete Rolle spielt, er wird zur autoritären Herrschaftsform und damit zur Fortsetzung der bürgerlich-kapitalistischen Gesellschaft, bediene sich prinzipiell derselben Mittel, nur eben in autoritärer Form.

Anfang Juni 1938 schloss Adorno seine Umarbeitung ab. Aus den 176 Seiten von Kracauer sind bei ihm 30 Seiten geworden. Wie er mit augenzwinkernder Ironie an Benjamin schreibt, habe er den Text ergänzt und erweitert. »Es gibt jetzt unter anderem ein Kapitel über den Führer darin, das ich für recht gelungen halte, und auch sonst so allerhand. Von Kracauer ist buchstäblich kein Satz außer den Hitlerzitaten erhalten geblieben. Er ahnt noch nicht, was ihm bevorsteht, und so muß ich Sie auch hier um Diskretion bitten.«[40] Kracauer reagierte auf den Insult strategisch-taktisch: Er verweigerte dem Text, der unter seinen Namen erscheinen sollte, die Druckgenehmigung, behielt aber seine Interessen im Blick, hoffte er doch nach wie vor, mit Unterstützung des Instituts zusammen mit seiner Frau in die USA übersiedeln zu können. Trotz der Schmach hielt er also still. Kracauers Kalkül ging letztlich auf, aber es brauchte noch vieler Helfer, bis er Ende April 1941 New York erreichte. Dort zahlte sich seine Arbeit über »totalitäre Propaganda« doch noch aus. Nicht dass er je eine Veröffentlichungsmöglichkeit fand, aber thematisch knüpfte er mit seinem Projekt *Von Caligari zu Hitler* direkt an die Studie an. Anhand von Filmen der zwanziger Jahre zeigt er, wie aus Krieg und Krisen und den entsprechenden Traumata der Epoche eine Prädisposition zu Faschismus und Nationalsozialismus entsteht, wie die Filme mitwirken an der Sehnsucht nach dem Führer, wie viel Wissen und Vorahnung in den Geschichten stecken, die im Kino erzählt werden.

Das Problem der Zivilisation

Ein Blickwechsel

Aus seiner Habilitationsschrift über die höfische Gesellschaft hatte Elias die Theorie der Zivilisation extrapoliert. Die höfische Kultur war für ihn Ausgangspunkt und Modell seiner Überlegungen,[1] sie war die »formschaffende Kraft«,[2] die mit ihrem Reglement Maßstäbe setze und Sicherheit böte. Was Elias in dieser Zeit bewegte, waren nicht die »Barbaren am Rande des Horizonts«,[3] es war die negative Bewertung des Zivilisationsbegriffs. Schon früh, in seiner Heidelberger Zeit, beschäftigte er sich mit dem Gegensatz von Kultur und Zivilisation, damit, dass in Deutschland die Kultur stets höher bewertetet und der Zivilisation eine relativ niedrige Bedeutung zugeschrieben werde, ganz anders als in Frankreich oder England. Thomas Mann, dem er im Sommer 1939 ein Exemplar seiner Studie schickte, bekräftigte nicht nur den Gegensatz von Kultur und Zivilisation, er war einer der bekannten Zivilisationsverächter. Elias zufolge machte auch der Kreis um Horkheimer diesbezüglich keine Ausnahme, die ganze Frankfurter Schule sah er in diesem Gegensatz befangen. In seiner 1977 gehaltenen *Rede anläßlich der Verleihung des Theodor-W.-Adorno-Preises* betont er, dass genau hier der Unterschied zu seiner Position liege. Horkheimer und Adorno hätten die »Gegenüberstellung von Kultur und Zivilisation« weder thematisiert noch hinterfragt, hätten damit eine »autoritäre Tradition« fortgeschrieben und gerechtfertigt.[4] Was er ihnen vorwirft, ist, was Harold Bloom eine »Fehllektüre«[5] nennt, die Elias »durch einen Akt der kreativen Korrektur« offenlegen und beseitigen wollte.

Zivilisation, wie sie sich in der westlichen Sphäre ausbreite, sieht Elias trotz aller Relativierungen als die fortgeschrittene Stufe: »Diese Zivilisation ist das unterscheidende und Überlegenheit gebende Kennzeichen des Okzidentalen.«[6] Von dieser Position aus sah er die Welt mit anderen Augen. Dazu gehörte, dass er nicht mehr das Bürgertum als treibende und umwälzende Kraft der Geschichte betrachtete, sondern den Adel, die weltlichen Oberschichten. Sie seien stilbildend, prägten die Ideen, entwürfen die Modelle, die das kulturelle Leben bestimmten und sich sukzessive, von oben nach unten, gesellschaftlich durchsetzten. Diese Perspektive präformiert gewissermaßen schon die Richtung, die Elias dem Zivilisationsprozess zuschreibt. Es geht ihm darum, einen Prozess der Disziplinierung und Verfeinerung zu beschreiben: von Sitten, Gebräuchen, Manieren. Im Buch ist die Theorie der Zivilisation eingebunden in eine Vielzahl von Geschichten, von Anekdoten, nicht zuletzt kleinen literarischen Exkursen aus Etikettenbüchern, die Elias wie Trouvaillen präsentiert.

Eine Geschichte ohne Anfang und ohne Endpunkt

Als 1918, pünktlich zum Ende des Ersten Weltkriegs, Oswald Spenglers Studie *Der Untergang des Abendlandes* erschien, hätte der Zeitpunkt nicht günstiger sein können. Der Titel brachte scheinbar sinnfällig die aktuelle Katastrophe auf den Punkt. Der Siegeszug, den das Buch in den kommenden Wochen und Monaten feierte, war nicht aufzuhalten. Dabei war das alles ein großes Missverständnis. Der Titel bezog sich keineswegs auf die Gegenwart; nicht die viel beschworene Urkatastrophe war gemeint, sondern ein über einen längeren Zeitraum sich vollziehender Niedergang, dem eine Blütezeit vorausgehe, die dann in eine Abstiegszeit münde – ein mehr oder weniger natürlicher Ablauf. Der Universalhistoriker Spengler deutet die Menschheitsgeschichte als einen organisch-zyklischen Prozess, vergleichbar einer Pflanze, die die Stadien des Keimens, Wachsens, Blühens und Vergehens durchläuft. Analog zu diesem Modell denkt er sich auch die Entwicklung der abendländischen Kultur und Zivilisation. Der Untergang des Abendlandes sei darum nicht aufzuhalten, sondern vorprogrammiert. Spengler widersprach damit dem vor dem Ersten Weltkrieg dominierenden Fortschrittsdenken.

Als Norbert Elias zwanzig Jahre später, im Frühjahr 1939, sein eigenes Opus magnum *Über den Prozeß der Zivilisation* in der Hand hielt, hätte der Zeitpunkt nicht ungünstiger sein können. Wenige Monate vor Ausbruch des Zweiten Weltkrieges, in einer politisch aufgeheizten Atmosphäre, war es ein Ding der Unmöglichkeit, für ein opulentes wissenschaftliches Werk von 836 Seiten einen Verlag zu finden. Nicht bloß der Umfang, auch die Theorie, die der Autor hier vorlegte, schien am Nerv der Zeit vorbeizugehen. Der Prozess der Zivilisation war auf dem besten Weg, in die Barbarei abzugleiten. Die Novemberpogrome 1938, in deren Folge 30 000 Juden in Konzentrationslagern inhaftiert wurden, lagen kein halbes Jahr zurück. Konnte man in dieser Situation von den Errungenschaften der Zivilisation sprechen? Ja, meint Elias 1984 in einer späten Rechtfertigung: »Das ganze Problem der Zivilisation war damals ja sehr akut geworden. Aber zugleich hatte ich das Gefühl, daß ich meiner wissenschaftlichen Aufgabe untreu würde, wenn ich es nicht in einer völlig distanzierten Weise darstellte. Ich wollte eine Theorie entwickeln, deren Reichweite über die Erklärung der gegenwärtigen Ereignisse hinausging. Es war gewiß nicht meine Aufgabe, anzuklagen, sondern ich wollte zeigen, daß man als Soziologe gültige und dauerhafte Erklärungen geben kann.«[7]

Dass der Prozess nicht linear verlaufe, dass er vielschichtig sei, hat er immer wieder betont: es gebe Einbrüche und Abweichungen, ja, es bestehe auch die Möglichkeit einer gänzlichen Rückentwicklung, eines Rückfalls in die Barbarei, den er sich jedoch nur als einen eng begrenzten, temporären Zustand vorstellte. Sein universalhistorischer Blick nimmt durchaus auf spezifische Ereignisse Bezug, die er jedoch verdichtet und in ein übergeordnetes Schema einpasst. Elias geht es um die Tendenz, um die Beschreibung, wie sich Verhaltensstandards durchsetzen und verallgemeinern. Der Abschnitt »Über die Wandlungen der Angriffslust« aus dem ersten Band macht das deutlich. Die Phänomene, die er hier anführt und in einen Zusammenhang mit dem Zivilisationsprozess bringt, stehen freilich quer zu den Gewaltexzessen, die sich unter der nationalsozialistischen Herrschaft abspielten. Als sich ein enthemmter Mob lustvoll der Gewalt hingab, saß Elias im Lesesaal der British Library und schrieb über Trieb- und Affektkontrolle in der modernen westlichen Zivilisation.

Folgen wir ihm in seiner zivilisationstheoretischen Perspektive, dann sind »aus dem zivilisierten Alltag [...] die gesellschaftlich verfemten Triebäußerungen, die Freude am Töten und am Zerstören«, zurückgedrängt worden.[8] Selbst im Krieg dürfe »der Einzelne nicht mehr unmittelbar seiner Lust Spielraum geben«.[9] Diese Affekte würden in der zivilisierten Gesellschaft »in ›verfeinerter‹, rationalisierter Form« einen »legitimen und genau umgrenzten Platz« finden,[10] so zum Beispiel im sportlichen Wettkampf, im Hören eines Radioberichts oder im Theater.[11] In der zivilisierten Gesellschaft werde alles, »was ursprünglich als aktive, oft aggressive Lustäußerung auftritt, in die passivere, gesittetere Lust am Zusehen, also in eine bloße Augenlust« verwandelt.[12]

Elias hat – darüber gibt es keinen Zweifel – den Prozess der Domestizierung und Disziplinierung des Trieb- und Affekthaushalts als positive Errungenschaft der Zivilisation, als einen Fortschritt in der sittlichen Entwicklung gesehen. Doch werde dieser Fortschritt durch Zwang erkauft. Der moderne Mensch schwöre der Gewalt ab, tue dies aber unter dem Druck von Tabus und Hemmungen. Ganz anders der mittelalterliche Mensch, der habe seine Lüste ungehemmt ausleben können und deshalb aber auch zur Gewalt geneigt. In diesem Einerseits-Anderseits, diesem Sowohl-als-auch wird das Dilemma der Zivilisationstheorie deutlich. Positive Entwicklungen werden von negativen Bedingungen begleitet. Die Vielschichtigkeit und Nichtlinearität hat Elias immer wieder betont. So positiv er die Effekte des okzidentalen Zivilisationsprozesses beurteilte, von einem Fortschritt in der Geschichte wollte er nicht sprechen, lediglich von einer Tendenz.[13]

Elias stand in der Tradition des Humanismus. Er war in der Zeit vor dem Ersten Weltkrieg nicht nur von der Bedeutung der ›guten Gesellschaft‹ überzeugt gewesen, sondern auch vom Fortschritt. Der Krieg war für ihn zweifellos ein Einbruch, ein Trauma gewesen, er selbst spricht von einer »Wasserscheide«.[14] An seinen Grundüberzeugungen aber hielt er fest.

Am Ende seines Werks kommt er doch noch auf die weltpolitische Lage zu sprechen; »die stete Kriegsgefahr«,[15] die »unausgetragenen Spannungen«[16] im zwischenstaatlichen und innerstaatlichen Bereich müssten überwunden werden, erst dann könne man sagen, »daß wir zivilisiert sind«:[17] »Die Zivilisation ist noch nicht abgeschlossen. Sie ist erst im Werden.«[18] Elias spricht darum auch von der »allmählichen ›Zivilisation‹«[19] oder von einer »Evolution«[20]. Wer von Zivilisation spreche, spreche »von der Überlegenheit des eigenen Verhaltens«.[21] Der Begriff der Zivilisation als ein Gradmesser, anhand dessen man ein bestimmtes Handeln und Verhalten als ›zivilisiert‹ beschreiben und beurteilen könne.

Heute sehen wir kritisch auf die Theorie der Zivilisation, viele Behauptungen und Thesen erscheinen seit der heftigen Debatte, die 1988 durch Hans Peter Duerrs Buch *Der Mythos vom Zivilisationsprozeß* ausgelöst wurde, in einem anderen Licht. Duerr konnte zeigen, dass es die Freizügigkeit und das unmittelbare Ausleben der Affekte, die Elias den archaischen und vorzivilisierten Gesellschaften unterstellte, so nicht gegeben hat. Scham und Schamempfinden sind keine neueren zivilisatorischen Errungenschaften, im Gegenteil, sie waren in vorzivilisierten Gesellschaften zum Teil sogar sehr viel subtiler ausgebildet.

Die Sehnsucht nach einem Werk

Drei Jahre hatte Elias im Lesesaal der British Library an dem Buch gearbeitet. »Ich tat nichts anderes«, sagte er in einem Interview. Er schottete sich ab, sein Fleiß kannte keine Grenzen, er wollte fertig werden. Nicht weil er befürchten musste, man werde ihm sein Stipendium streichen – er »hatte keinen festen Endtermin«:[22] »Jedes halbe Jahr führte ich ein Gespräch mit einem Mann vom Flüchtlingskomitee, der mich fragte, wie ich vorankam und wann das Buch fertig sein würde. Und als ich den ersten Band abgeschlossen hatte, mußte ich ihm sagen, daß ich inzwischen am zweiten Band schrieb. ›Gut‹, war seine Antwort, ›gut, wenn Sie meinen, daß es zwei Bände werden müssen, dann machen wir zwei Bände.‹«[23] Er hatte keine Stelle in Aussicht. Warum dann die Eile? Was ihn trieb, war der Glaube an den Erfolg seines Werks. Er war überzeugt, etwas Großes hervorzubringen, ein gewichtiges Werk, mit dem er endlich den erhofften Stand in der akademischen Welt erreichen würde.

Als das Manuskript dann die gewünschte opulente Form angenommen hatte, konnte Elias es nicht schnell genug gedruckt sehen. Er setzte alle Hebel in Bewegung, einen Verlag zu finden – als in England lebender Jude und Emigrant war das alles andere als einfach. Vor allem brauchte er Geld. Er konsultierte den Vater. Wenn das Buch erst gedruckt wäre, würde er sich einen Namen machen, Professor werden. Das leuchtete Hermann Elias ein, er war Unternehmer und wusste: Wenn man Erfolg haben wollte, musste man investieren und auch Risiken eingehen. In früheren Zeiten hätte er dem Sohn Geld geben können, jetzt aber waren alle seine Ersparnisse aufgebraucht. Das Einzige, was er noch hatte, waren sein Haus und die Mieteinnahmen. Um dem Sohn zu helfen, nahm er eine Hypothek auf.[24] Im September 1937 kamen die Eltern nach London, wollten aber trotz Zureden des Sohnes nicht in England bleiben. Da man das Geld aus dem Kredit nicht ins Ausland transferieren durfte, musste ein Verlag in Deutschland gefunden werden. Hermann Elias hörte von dem Berliner Fritz Karger, der Bücher jüdischer Exilanten druckte und dann in der Schweiz vertrieb. Gegen eine beträchtliche Vorauszahlung erklärte sich Karger Ende 1938 bereit, das Buch herzustellen. Die Fahnen wurden in Deutschland gedruckt, nach Basel gebracht, hier gebunden, die Angabe »Printed in Germany« wurde geschwärzt.

Die Hoffnungen, die Elias mit dem Buch verband, erfüllten sich zunächst nicht. Mit Beginn des Krieges, im September 1939, wurde er für acht Monate als *Enemy Alien* interniert. Sein Vater starb 1940 in Breslau, seine Mutter wurde am 30. August 1942 in das Getto Theresienstadt deportiert und in Treblinka ermordet.

TEIL 4

Andere Wege – neue Hoffnungen

Oklahoma – oder: Adorno entdeckt die empirische Sozialforschung

Auf nach Amerika

»Jeder ist willkommen«, so steht es auf dem Plakat. »Wer jetzt die Gelegenheit versäumt, versäumt sie für immer! Wer an seine Zukunft denkt, gehört zu uns!«[1] Für Kafkas Held Karl Roßmann aus dem Roman *Amerika* ist das »eine große Verlockung. ›Jeder war willkommen‹ [...]. Jeder, also auch Karl. Alles, was er bisher getan hatte, war vergessen [...]. Er durfte sich zu einer Arbeit melden, die keine Schande war.«[2] Karl Roßmann, der Vertriebene, der Anschlusssuchende, der im Land der Verheißungen Fuß zu fassen versucht und nach langer Odyssee vor diesem Plakat steht, das ihm Eintritt in das große Theater von Oklahoma offeriert. Ein scheinbar grenzenloses Theater, ein Ort der Sehnsucht, an dem jeder seinen Platz findet, an dem jeder Künstler werden kann, wenn er denn will. Die Geschichte des jungen Exilanten, der sich durch die Wirren der Welt kämpft und in einem bizarren Amerika, in einer Welt des Scheins versucht, eine neue Heimat zu finden, diese Geschichte fällt Adorno ein, als er an seine Arbeit am *Princeton Radio Research Project* denkt. Sie fällt ihm 1968 ein – dreißig Jahre später, als er an seinem Essay *Wissenschaftliche Erfahrungen in Amerika* sitzt, einem autobiographischen literarischen Text voller Anspielungen.

Am 16. Februar 1938 war Adorno an Bord der Champlain gegangen, begleitet von seiner Ehefrau Gretel, der Zielhafen hieß New York. Ein halbes Jahr vorher, im September 1937, hatte er Gretel Karplus nach langer Verlobungszeit in London geheiratet – Max Horkheimer war einer der Trauzeugen. Einen Monat später erreichte ihn ein Telegramm aus New York: die Übersiedlung nach Amerika rücke näher. Horkheimer offerierte Adorno eine halbe Stelle am Institut, die andere Hälfte würde ein neues Radioprojekt der Princeton University abdecken, an dem er zwei Jahre mitarbeiten sollte – 400 Dollar seien gesichert. Das war nicht wenig in der damaligen Zeit. Der Soziologe Christian Fleck hat die Summe auf das Jahr 2005 hochgerechnet und kommt auf ein Monatsgehalt von 5300 US-Dollar. Vielleicht dachte Adorno schon damals an Kafkas Helden, dem beim Betrachten des Plakats schnell auffällt, dass da »kein Wörtchen« von einer Bezahlung steht. »Wäre sie auch nur ein wenig erwähnenswert gewesen, das Plakat hätte sie gewiß genannt; es hätte das Verlockendste nicht vergessen.«[3] Im Telegramm war die Bezahlung nicht vergessen worden, und Adorno konnte damit zufrieden sein. Postwendend telegrafierte er zurück und erklärte sich mit allem einverstanden. Als er zusagte, so schreibt er in seinem Essay, wusste er »nicht einmal so recht, was ein Radioprojekt« sei.[4] Selbst der amerikanische Gebrauch des Wortes *project* sei ihm zu diesem Zeitpunkt nicht geläufig gewesen. Die Vorstellung, dass er, »vom Fach Philosoph«,[5] nun an einem Radioprojekt arbeiten solle, sei ihm etwas merkwürdig vorgekommen. Doch er hätte sich in der Angelegenheit ganz auf Freund Horkheimer verlassen.

Warum Adorno?

Tatsächlich kam das Angebot nicht ganz so überraschend, wie Adorno es hier darstellt. Anfang August 1937 hatte er sich mit dem Projektleiter, dem österreichischen Soziologen Paul F. Lazarsfeld, in Paris getroffen. Beide besuchten die Tagungen, die am Rande der Weltausstellung stattfanden: den 9. Internationalen Kongress für Philosophie, der Descartes und dessen 300 Jahre zuvor erschienenen *Discours de la Méthode* feierte, sowie den Kongress für die Einheit der Wissenschaft, den die Logischen Positivisten veranstalteten.

Adorno und Benjamin schickten launige, zum Teil höchst subjektive Berichte an Horkheimer nach New York: »Der Referent sieht aus wie ein Beamter in einem Paßbüro; er verliest seinen Vortrag, als ob es sich um die Reproduktion ihm kürzlich zugekommener Ausführungsbestimmungen zu einer unfreundlichen Verordnung handle.«[6] In den Gesprächen zwischen Lazarsfeld und Adorno war es offenbar noch nicht um eine Stelle gegangen. Man tauschte sich allgemein über die Soziologie in Amerika und über das Institut für Sozialforschung aus, auch über Lazarsfelds Kontakt zu Horkheimer – und da horchte Adorno auf, hatte er doch das Gefühl, sein Gegenüber könnte zum Konkurrenten um die Gunst des gemeinsamen Bekannten werden.[7] Keine völlig abwegige Befürchtung, denn das Institut musste sich in der empirischen Sozialforschung bewähren und entsprechende Projekte an Land ziehen, verfügte in dieser Hinsicht aber kaum über eigene Erfahrung. Die Studie über *Arbeiter und Angestellte am Vorabend des Dritten Reiches* lag in der Schublade, einzig auf die 1936 erschienene opulente Untersuchung über *Autorität und Familie* konnte man verweisen, für das amerikanische Publikum allerdings viel zu theoretisch und schon aufgrund ihrer eher essayistischen Darstellungsweise denkbar ungeeignet. Lazarsfeld hingegen war ein gut vernetzter Forscher, hatte sich in Amerika bereits einen Namen gemacht – und die Rockefeller Foundation hielt große Stücke auf den österreichischen Soziologen.

Lazarsfeld war zwei Jahre älter als Adorno. 1933 erschien die von ihm initiierte Studie über *Die Arbeitslosen von Marienthal*, die er zusammen mit Marie Jahoda, Hans Zeisel und einem fünfzehnköpfigen Forscherteam durchgeführt hatte. Das Besondere daran war der Mix von quantitativen und qualitativen Methoden, man hatte sich unterschiedlicher Erhebungsmethoden und unterschiedlicher Quellen bedient. Danach folgte in Wien eine Studie zur Rundfunkforschung. Ein Jahr später ging Lazarsfeld als Stipendiat in die USA – wo er blieb und zu einem der führenden amerikanischen Soziologen aufstieg. Einen Namen machte er sich in der Markt- und Konsumforschung.

In einem waren sich alle Beteiligten einig: Adorno sollte an dem Radioprojekt nicht als Lazarsfelds Assistent arbeiten, sondern relativ selbständig den musikalischen Teil verantworten. Etwas großspurig behauptet Adorno in einem Brief an Benjamin, dass er »eigentlich die theoretische Gesamtleitung« innehabe, »da der offizielle Direktor, der mich herbrachte, Lazarsfeld, wesentlich mit der Organisation der Arbeit befaßt ist«.[8] Davon konnte keine Rede sein. Adorno kannte sich bis dato weder in empirischer Sozialforschung aus, noch hatte er bis zu diesem Zeitpunkt Erfahrung in der Projektleitung. Im Grunde konnte er nur auf seine Aufsätze über Musik im *Anbruch* und in der *Zeitschrift für Sozialforschung* verweisen – Schriften, die sich an ein elitäres Publikum richteten und sich in Amerika ziemlich exotisch ausnahmen. Das galt natürlich auch für seine Untersuchung *Über Jazz*, die, so gesteht Adorno 1968 ein, »empfindlich an dem Mangel spezifisch amerikanischer Kenntnisse krankte«.[9]

In seinen Erinnerungen, die den Titel *Eine Episode der empirischen Sozialforschung* tragen, schreibt Lazarsfeld: »Ich wußte von den Arbeiten, die Theodor W. Adorno zur Musiksoziologie verfaßt hatte«,[10] und offenbar hatte er sich auch mit dem Aufsatz *Zur gesellschaftlichen Lage der Musik* (1932) näher beschäftigt. Adorno selbst wies ihn auf seine musiksoziologischen Arbeiten hin, insbesondere auf den Aufsatz *Über Jazz.* Lazarsfeld reagierte darauf, indem er Gerhard Wiebe, einen promovierten Psychologen und Experten für empirische Sozialforschung, einstellte, der mit Adorno zusammenarbeiten sollte und von dem er wusste, dass er »guten Jazz spielte«.[11] Das nützte allerdings wenig, innerhalb kürzester Zeit waren die beiden zerstritten.

Was Lazarsfeld bewog, Adorno einzustellen, ist unklar, denn für das Radioprojekt brachte der Frankfurter Philosoph im engeren Sinn keine verwertbaren Qualifikationen mit. Viel spricht dafür, dass es im Wesentlichen persönliche Gründe waren: »Es reizte mich, Adorno dahin zu bringen, daß er seine Ideen mit empirischer Forschung verband.«[12] Lazarsfeld kannte die Frankfurter Philosophen, wusste von ihren Vorbehalten gegenüber der empirischen Forschung, und natürlich wusste er auch, dass Adorno als Shootingstar des Instituts eine besondere Rolle spielte. Er hatte ihn zusammen mit Benjamin in Paris erlebt, hatte gehört, wie sie sich über die Zunft der Philosophen lustig machten und sich in den Diskussionen die Bälle zuspielten. Vielleicht war es eine willkommene Herausforderung, sich mit Adorno zu messen, der damals noch keinen großen Namen hatte, aber als eine Art Geheimtipp gelten konnte. Sicher ist, dass die Idee, Adorno einzustellen, »ursprünglich von Lazarsfeld«[13] ausging. Davon ging auch Horkheimer aus.[14] Adorno selbst vermutete, dass Lazarsfeld ihn vorgeschlagen habe, weil er auf seine, Adornos, »Beziehungen zum Institut eifersüchtig« gewesen sei und sich selbst »fester ans Institut« binden wollte.[15] Horkheimer wiederum kalkulierte noch einmal anders: Mit der Teilnahme an dem Projekt könne Adorno mit »wichtigen Universitätsstellen in ungezwungenen Kontakt« kommen,[16] und wenn er in Amerika bekannt würde, würde auch das Institut davon profitieren.[17] Eine komplizierte Gemengelage.

»Zum ersten Mal sah ich administrative research vor mir«

Ausgemacht war, dass Adorno im Rahmen des empirisch ausgerichteten Projekts Ideen zum Erfassen des realen Nutzungsverhaltens von Radiohörern und zu den Untersuchungsmethoden entwickeln sollte. Es mussten selbstredend verifizierbare Ideen sein. Der philosophischen Spekulation waren mithin enge Grenzen gesetzt. In den USA dachte man in dieser Hinsicht anders als in Europa, wie Horkheimer im Juni 1934 seinem Freund, dem emeritierten Professor Hans Cornelius, schrieb: »Gegenüber dem europäischen Bestreben, aus der Wissenschaft eine Göttin zu machen, die mit der Wirklichkeit möglichst wenig Beziehung unterhält, wird hier die Wissenschaft in allen ihren Zweigen nach wie vor als eines der Hilfsmittel bei der Verbesserung des menschlichen Lebens angesehen.«[18]

Noch im November 1937, gleich nachdem alle formalen Fragen geklärt waren, teilte Lazarsfeld seinem neuen Mitarbeiter einiges über das Projekt und dessen empirische Ausrichtung mit. Zudem versuchte er ihn auf die Fragestellungen festzulegen, die er selbst und seine Mitarbeiter für richtig und wichtig erachteten. Beigelegt war ein fünfzehnseitiges Memorandum, zu dem Adorno detailliert Stellung nehmen sollte. Der Brief traf zu einem Zeitpunkt ein, als Adorno gerade erst angefangen hatte, sich entsprechende Gedanken zu machen und Thesen zu formulieren. Überdies unterbrach er die Arbeit im Dezember und fuhr mit seiner Frau in den Urlaub an die italienische Riviera. Auch Benjamin kam für ein paar Tage nach Sanremo. Hier wohnte man in der Villa Verde, einem kleinen Hotel über dem Meer, das Benjamins Exfrau Dora Kellner gehörte. Die Gäste fühlten sich wohl und blieben ein paar Tage länger als geplant. Ende Januar – Horkheimer hatte Adorno schon gemahnt, die Sache mit Lazarsfeld nicht schleifen zu lassen – schrieb Adorno den überfälligen Brief.

Er eröffnet sein Statement mit der Versicherung, der empirischen Forschung aufgeschlossen gegenüberzustehen.[19] Nur sei er der Meinung, dass »›theoriefreie‹ Forschung eine Fiktion« sei, »zwischen Theorie und empirischer Forschung« bestehe stets eine Wechselbeziehung.[20] Allerdings müsse man die empirische Forschung so organisieren, »daß man nicht durch einen umständlichen Forschungsapparat Resultate gewinnt, die man sich vorher an den Fingern abzählen kann«.[21] Im Grunde – Lazarsfeld wird es mit einigem Bedenken gelesen haben – weist Adorno der empirischen Forschung einen Platz außerhalb des eigentlichen Forschungsprozesses zu: Der »research-Apparat« hätte für eine theoriegeleitete Forschung »die Bedeutung einer Kontrollinstanz«.[22] Selbstbewusst und dezidiert nimmt er zu allen Punkten des Memorandums Stellung. Sein Papier, so schreibt er an Horkheimer, sei »eine Art Gegenmemorandum«.[23] Noch bevor Adorno in New York von Bord ging, war die Kontroverse eröffnet.

Adorno las im Vorfeld die *Bemerkungen zur Rundfunkmusik,* die sein Freund Ernst Krenek für die *Zeitschrift für Sozialforschung* geschrieben hatte,[24] einen Aufsatz, der manche Ideen enthielt, von denen sich Adorno in den kommenden Wochen inspirieren ließ. Vor allem interessierte ihn, was Krenek zur technischen Seite sagte, zur Eigengesetzlichkeit des Radioapparats. Krenek sprach von einer »Verstumpfung und Verdumpfung des lebendigen Klanges«,[25] die selbst bei den »vollkommensten Apparaten« festzustellen seien. Da der Hörer die Klangfülle zudem selbst reduzieren könne, trete eine »klangliche Neutralisierung« ein; der Hörer erlebe die Musik »in einer entpersonalisierten, objektivierten Gestalt«.[26]

Adorno bezieht diese Gedanken auf die Sinfonie, die, so seine These, in der Radioübertragung alle Kraft verliere: »der Jubel der Neunten Symphonie ist kein Jubel mehr, wenn die Menschen einander nicht mehr erblicken. Ist also die Symphonie im Radio überhaupt noch Symphonie?«[27]

In seinem Memorandum *Fragen und Thesen* lässt Adorno seinen Radio-Gedanken freien Lauf. Er sprüht nur so vor Ideen und entwickelt Thesen am laufenden Band. Über so manche Überlegung schmunzelt man, zum Beispiel wenn er vorschlägt, man solle in dem Projekt die elementare Körperhaltung beim Rundfunkhören untersuchen:[28] »wird im Sitzen, Stehen, Herumgehen oder im Bett zugehört [...]? Wird während des Hörens geraucht oder nicht geraucht?«[29] Zu Letzterem gibt er seine Vermutung gleich mit: Ein hoher Prozentsatz der Hörer würde, so seine Annahme, rauchen.

»Die Geste des Rauchens steht im Gegensatz zu der des Konzerthörers; sie richtet sich gegen die Aura des Kunstwerks, dem Schall wird Rauch ins Gesicht geblasen. Die Geste des Rauchens ist eine der Ablenkung von der Sache oder jedenfalls eine von deren Entzauberung; wer raucht, fühlt sich. Zugleich kann aber auch das Rauchen die Konzentration fördern.«[30]

Es sind bemerkenswerte Thesen, die Adorno da im Januar 1938 formulierte. Sie zeigen, mit wie viel Phantasie und Emphase er die Sache anging. Dass er den Job nebenbei erledigt hätte, davon kann jedenfalls keine Rede sein. Auch nicht davon, dass er sich arrogant über alles hinweggesetzt hätte. Im Gegenteil, Adorno öffnete sich, und was er zum Radioprojekt schrieb, wirkt alles andere als dogmatisch.

Als er dreißig Jahre später erzählt, wie er zum ersten Mal die Räumlichkeiten des Radioprojekts besichtigte, wird deutlich, wie fremd ihm das Ganze anfangs war; fremd, aber durchaus auch interessant und verlockend. Schon die Anfahrt und das Ambiente vor Ort brachten ihn, der die Frankfurter Seminarräume und Vorlesungssäle gewöhnt war, ins Staunen, und so kommt er auf Kafkas »Naturtheater von Oklahoma«: »Das Princeton Radio Research Project hatte sein Zentrum damals weder in Princeton noch in New York, sondern Newark, New Jersey, und zwar, etwas improvisierender Weise, in einer unbenutzten Brauerei. Wenn ich dorthin fuhr, durch den Tunnel unter dem Hudson, kam ich mir ein wenig wie im Kafkaschen Naturtheater von Oklahoma vor.« Dass die »Wahl der Lokalität« für einen europäischen Akademiker schon etwas Besonderes hatte, gibt Adorno gerne zu – nicht abgesondert in einer Hochschule, sondern im öffentlichen Raum, in einem Industrie- und Gewerbeviertel. Für das, was er hinter den Türen vorfand, hatte er damals allerdings nicht viel Verständnis: »Ich ging, auf Anregung Lazarsfelds, von Zimmer zu Zimmer und unterhielt mich mit den Mitarbeitern, hörte Worte wie ›Likes and Dislikes Study‹, ›Success or Failure of a Programme‹ und ähnliches, worunter ich mir zunächst wenig vorstellen konnte. Doch begriff ich soviel, daß es sich um das Ansammeln von Daten handelte, die planenden Stellen im Bereich der Massenmedien, sei's unmittelbar der Industrie, sei's kulturellen Beiräten und ähnlichen Gremien zugute kommen sollten.«[31]

Adorno sah das Radioprojekt mit den Augen Karl Roßmanns, der nicht zu unterscheiden weiß, ob es sich um ein Theater oder ein Unternehmen handelt. »Zum ersten Mal sah ich administrative research vor mir«,[32] einen völlig ungewohnten, nämlich »unmittelbar praktisch orientierten Typus von Wissenschaft«.[33] Die Äußerung könnte aus einem Science-Fiction-Roman stammen, aber es ist Adorno, der 1968 zurückblickt. Er imaginiert sich in die Rolle des Staunenden, der sich darüber wundert, was hier unter dem Signum Wissenschaft geschieht – eine ihm bisher völlig unbekannte und fremde Welt.

Ob Adorno die Arbeit des Forschungsprojekts richtig eingeordnet hat, was Kritiker[34] bezweifeln, muss uns hier nicht weiter interessieren. Tatsache ist, dass er 1968(!) die Amerikaner und ihre Art, Wissenschaft zu betreiben, als eine mehr oder weniger groteske Angelegenheit darstellt, die mit ernsthafter Forschung wenig zu tun habe. Mit Hilfe »verdinglichter Methoden« hätte man die Verdinglichung in der Wirklichkeit aufbrechen und »›Kultur messen‹« wollen.[35] Seine damaligen Kollegen, die er nicht mit Namen nennt, tituliert er als unfähig, ihn zu verstehen, als unfähig, zu denken und sich zu artikulieren. Namentlich und mit augenzwinkernder Ironie erwähnt er nur zwei Damen, die ihm offensichtlich in dieser Zeit besonders nahegestanden haben: Rose Kohn und Eunice Cooper. Sie hätten nicht nur seine »zahllosen Entwürfe« getippt und korrigiert, sondern ihm auch »gut« zugesprochen.[36] Ansonsten fühlte er sich, folgt man dem Essay, in seinem Kampf gegen die empirische Sozialforschung »ein wenig verlassen. Die Ungewohntheit dessen, was mir vorschwebte, wirkte derart, daß ich bei Mitarbeitern eher auf Skepsis als auf Kooperation stieß.«[37]

Adornos erste Begegnung mit der empirischen Sozialforschung auf amerikanischem Boden war in seiner Darstellung ein Kampf Davids gegen Goliath – er gegen die Amerikaner und insbesondere gegen einen gewissen Österreicher. Nach einer Woche übermittelte Lazarsfeld seinen Mitdirektoren Hadley Cantril und Frank Stanton einen Bericht, der zeigt, dass man sich, zumindest in den oberen Etagen, lustig machte über den »deutschen Professor«, der abstrakt redete und den niemand so richtig verstand, den man aber gleichwohl zu schätzen wusste: »Er sieht genauso aus, wie man sich einen geistesabwesenden deutschen Professor vorstellt, und er benimmt sich fremdartig, daß ich mir selbst wie ein Mitglied der Mayflower-Gesellschaft vorkomme. Wenn man allerdings erst einmal sich mit ihm unterhält, äußert er enorm viele interessante Ideen. Wie jeder, der hier neu ankommt, versucht er, alles umzukrempeln, aber wenn man ihm zuhört, klingt das meiste ganz vernünftig.«[38]

Als es dann zum Konflikt zwischen Lazarsfeld und Adorno kam, stand die adornitische Sprache im Mittelpunkt, mit der er wie ein Fremdkörper wirkte und offenbar Anstoß erregte. In einem erzürnten Brief schreibt der Projektchef: »Sie gefallen sich darin, andere zu kritisieren, weil sie Neurotiker oder Fetischisten sind, aber es fällt Ihnen nicht auf, wieviel Vorschub Sie Ihrerseits solchen Angriffen leisten [...]: Sehen Sie denn nicht, daß die Art, in der Sie lateinische Wörter über den gesamten Text verstreuen, der perfekte Fetischismus ist? [...] Ich habe Sie immer wieder gebeten, eine solide Sprache zu benutzen, aber Sie waren psychisch offensichtlich nicht in der Lage, meinem Rat zu folgen.«[39] Er redete »unerhört gescheit, geballt, intensiv und dennoch preziös verschlüsselt und oft hermetisch«,[40] erinnerte sich sein Student Ernst Erich Noth an die Frankfurter Zeiten. Es war nicht so, dass Adorno in den USA nicht versucht hätte, sich verständlich zu machen. Eine andere, »eine solide Sprache zu benutzen« war in seinem Fall allerdings leichter gesagt als getan.

Für Lazarsfeld war Adorno eine Herausforderung, die auch mit der eigenen Vergangenheit zu tun hatte. Bevor er zum empirischen Soziologen wurde, war er in der austromarxistischen Bewegung aktiv gewesen und hatte sich als Mitglied der Sozialdemokratischen Arbeiterpartei Österreichs dem linken Spektrum zugehörig gefühlt; am Psychologischen Institut in Wien hatte er eine Zeitlang als Assistent Charlotte Bühlers gearbeitet. Wenn Adorno von Verdinglichung und Fetischismus sprach, dann wusste Lazarsfeld damit durchaus etwas anzufangen. In *Wissenschaftliche Erfahrungen in Amerika* wird Lazarsfeld nur am Rande erwähnt – scheinbar, denn tatsächlich teilt Adorno noch einmal kräftig aus: Er habe immer wieder beobachten können, »daß gebürtige Amerikaner sich aufgeschlossener, vor allem auch hilfsbereiter erwiesen als eingewanderte Europäer, die unter dem Druck von Vorurteilen und Konkurrenz, oft die Neigung zeigten, die Amerikaner zu überamerikanisieren, wohl auch leicht jeden neu hinzugekommenen Mit-Europäer als eine Art Störenfried ihres eigenen adjustment betrachteten.«[41] Damit war natürlich in erster Linie Lazarsfeld gemeint, der sich den Amerikanern angedient und versucht hätte, sie in ihrem Faible für die empirische Sozialforschung zu übertrumpfen. Für Adorno, den »neu hinzugekommenen Mit-Europäer«, blieb da nur die Rolle des Störenfrieds.

In einem hatte Adorno recht. Der Siegeszug der empirischen Sozialforschung, der in Deutschland nach 1945 über den Umweg Amerika einsetzte, wurde ganz wesentlich durch die Emigranten befördert. Diese waren, wie Lazarsfeld, zu Amerikanern geworden, die, durch private Wissenschaftsstiftungen wie die Rockefeller Foundation gefördert, eine Soziologie betrieben, die sich weitgehend von theoretischen Ansprüchen abkoppelte. Doch darin irrte Adorno: Die empirische Forschung hatten sie nicht in Amerika entdeckt, sie waren damit bereits vor ihrer Emigration hervorgetreten, fanden in Amerika nur ungleich bessere Bedingungen vor.

»Where ist the evidence?«

Das erste Treffen mit Lazarsfeld in den Arbeitsräumen des Radioprojekts fand am 26. Februar 1938 statt. Die Notizen, die sich Adorno nach dem Gespräch machte und die seine »Fragen und Thesen« ergänzen sollten, zeigen, dass er sich von dem, was er hörte und sah, keineswegs nur abgestoßen fühlte, auch wenn er die Begegnung später als Kulturschock inszenierte. Trotz aller Verständigungsprobleme arbeitete er sofort konstruktiv mit, schrieb Entwürfe und Memoranden. Gegenüber Erhebungen mittels Fragebogen war er weiterhin skeptisch, sinnvoller sei es, so sein Vorschlag, bei der Analyse des Nutzungsverhaltens die Korrespondenzen der Rundfunkanstalten auszuwerten.[42] Und was das Medium selbst anging, so sah er es keineswegs nur negativ; zu den positiven Momenten des Rundfunks gehöre »die ungeheure Verfeinerung und Präzision gewisser Funktionen des musikalischen Gehörs, die sich durch Rundfunk- und Jazzpraxis vor allem in Amerika angebahnt zu haben scheinen«.[43] Während sich die spezifisch sinnlichen Momente der Musik verfeinert hätten, befänden sich die konstruktiven Elemente im Zustand der Regression.[44]

Die Welt des Radios, die in Amerika mit den neuen Kommunikationsstrukturen eine neue Wirklichkeit geschaffen hatte, inspirierte Adorno, verkoppelte ihn gewissermaßen mit dem Leben. Nach langen Jahren der Ortlosigkeit gewann er mit dieser Arbeit wieder Bodenhaftung. An Benjamin schreibt er im März 1938 von der »unausdenkbaren Hast der ersten Wochen – die ich ganz dem Radio-Projekt zur Verfügung stellen muß«.[45] Adorno wurde gefordert, war gefragt – und das gefiel ihm. Stolz benutzte er das Briefpapier der Dienststelle: *Princeton University, Princeton New Jersey, School of Public and International Affairs, Office of Radio Research.*

1933 war er aus allen Zusammenhängen herausgefallen. In Oxford lebte er vornehmlich unter Emigranten, unter denen er, wie Tillich in seinem Reisetagebuch berichtet, alles andere als beliebt war, er galt als schroff und unnahbar. Nach allem, was man weiß, lebte er in England relativ isoliert – auch das war ein Grund, den Kontakt zur Familie nach Frankfurt nicht abreißen zu lassen. Das Radioprojekt brachte ihn endlich, nach den weitgehend isolierten Jahren des Exils, wieder mit Menschen zusammen, die praktische Fragen stellten und nach praktischen Antworten suchten, die ihn von seinen theoretischen Höhenflügen zurückholten, wenn sie fragten: *»Where ist the evidence?«*[46] Die Schlussformel in einem Brief vom 24. Januar 1938 lässt aufmerken, weil sie so gar nicht adornitisch hochgestochen daherkommt: »Ich muß Ihnen nicht erst sagen, daß das Radioprojekt bei mir gezündet hat.«[47] Adorno hatte wirklich Spaß an der Sache.

Aber natürlich ging es nicht nur um den Spaß. Benjamin gegenüber bewertet er im März 1938 das Radioprojekt als »eine Sache von außerordentlichen Möglichkeiten und größter Publizität«.[48] Sein Anspruch war, der eigentliche Kopf des ganzen Unternehmens zu sein. Um seinen Status zu rechtfertigen, legte er im Eiltempo Ausarbeitungen vor, darunter eine über elektrische Musikinstrumente, die »vom gleichen Ursprung« wie das Radio seien: »Das Prinzip der Radioröhre liegt beiden gleichermaßen zugrunde.«[49] Man müsse darüber nachdenken, beide Bereiche zusammenzubringen, so »daß man nicht mehr ›durchs Radio überträgt‹, sondern ›Radio spielt‹«.[50] Das Radio als Instrument – dadurch wäre alles vermeidbar, was er an der Radioübertragung kritisierte. Kurze Zeit später offerierte er einen 160-seitigen Text mit der Überschrift *Music in Radio*. Dass er auch mit diesem Text seine Vorstellungen nur schwer vermitteln konnte, machte ihm zu schaffen; seinen Ausführungen haftete, wie er später schreibt, der »Makel des Unbewiesenen«[51] an. Er suchte, auch mit Hilfe der Kollegen, nach Möglichkeiten, seine theoretischen Aussagen empirisch zu überprüfen, war ihm doch daran gelegen, dass man in seinem kritischen Ansatz eine Erweiterung der bisherigen Sichtweise sah. Im Oktober 1939 hielt er intern den Vortrag *On a social critique of radio music*. Er kritisierte, dass in der *administrative research* die Vorgehensweise rein technisch bestimmt sei, es lediglich darum gehe, die Wirkungen auf die Hörer »zu konstatieren und zu messen«.[52] Der Prozess sei, so Adorno, ein denkbar einfacher, man nehme einen Stimulus und betrachte die Reaktionsweisen. Im Anschluss daran wähle man die Techniken aus, die den gewünschten Effekt produzieren. Das war in seinen Augen bloße Konsumforschung. Ihm aber gehe es um »gute Musik« und wie man sie dem Hörer nahebringen könne, wobei zunächst geklärt werden müsse, was gute Musik sei und wie sich das Radio auf die Übertragung auswirke. Notwendig sei, das Verhältnis von Musik und Gesellschaft zu untersuchen, um nähere Aussagen darüber machen zu können, was Musik im Hörer auslöse. Adorno entwickelte ein Forschungsprogramm, das weit über den Rahmen des Radioprojekts hinausging – eine Kritik an der Kulturindustrie, in der die Musik von der Warenform beherrscht werde, einzig dazu bestimmt, der »Reklame von Waren« zu dienen.[53]

In seinen Vortrag nahm er Thesen auf, die er kurz zuvor in dem Aufsatz *Über den Fetischcharakter in der Musik und die Regression des Hörens* entwickelt hatte, in dem er den fetischistischen Hörer beschreibt, dem es »ganz gleichgültig« sei, »was er hört, selbst wie er hört«, »ihn interessiert nur noch, dass er hört«.[54] Die »musikalische Regression« trage zur »neurotischen Verdummung der Massen« bei, mehr noch: »Die neuen Hörer sind Kandidaten totalitärer Organisationen.«[55] Die »Freunde leichter Musik« seien, wie die Radioforschung festgestellt hätte, »entpolitisiert«[56] und anfällig für alle möglichen politischen Parolen.

Neu sind nicht die Aussagen über Musik als Warenform und die Regression des Hörens, neu ist sein Versuch, in empirischer Manier Hörertypen zu definieren. Diese Typologie differenziert er in dem Vortrag weiter aus. Er unterscheidet zwei Typen, den emotionalen und den rhythmischen Typ. Der emotionale Typ erwarte von der Musik, dass sie ihm

Entspannung und Harmonie biete, der rhythmische Typ genieße den Gehorsam, suche die Identifikation mit der Macht, unterdrücke seine Individualität. Er entspreche dem Typus des autoritär-masochistischen Charakters, den Fromm in den *Studien über Autorität und Familie* beschreibt.

Adorno widerlegte mit seinen Arbeiten den Vorwurf Lazarsfelds, er sei gegenüber dem Radio voreingenommen und nehme eine generell ablehnende Haltung ein. Wie später in den fünfziger und sechziger Jahren, wenn sich Adorno differenziert zum Fernsehen äußert und auf das ungeheure Potenzial bei der »Verbreitung aufklärender Informationen«[57] verweist, so richtet er bei seiner Radiokritik den Blick auf den »Gebrauch« des Mediums und verweist auf die Bedeutung der Bildung. 1940 entwickelte er für eine New Yorker Radiostation ein Musikerziehungsprogramm. An seine Eltern schreibt er, dass der Sender ihm die Leitung für dieses Programm übertragen habe: »Jeden Sonntag mittag eine halbe Stunde ganz zu meiner Verfügung, die beste Zeit, die es überhaupt gibt, mit einer Zuhörerschaft von buchstäblich hunderttausenden von jungen Leuten. Gezahlt wird, wenigstens zunächst, nichts dafür – es ist aber prestigemäßig und als publicity ein [...] ungeheurer Erfolg.«[58]

Lazarsfeld sprach sich dafür aus, dass Adornos *critical research* im Forschungsprozess eine Rolle spielen sollte. Die Konflikte wurden dadurch zwar nicht beigelegt, es kam immer wieder zu heftigen Auseinandersetzungen, aber immerhin nicht zum endgültigen Bruch. Als es um die Verlängerung des Vertrags und um die Publikation seiner Arbeiten ging, setzte sich Lazarsfeld für Adorno ein. Die Verlängerung wurde gleichwohl von den oberen Stellen abgelehnt. Adornos kritische Empirie erschien den Geldgebern interessant, aber zu weit von der Praxis entfernt.

Für Adorno war es trotzdem ein Erfolg. Er hatte die empirische Sozialforschung mit ihren Möglichkeiten und Grenzen erkannt: »Empirische Untersuchungen, auch im Bereich von Kulturphänomenen«, seien »nicht nur legitim sondern notwendig«.[59] Man dürfe sie nur »nicht hypostasieren und als Universalschlüssel betrachten. Vor allem müssen sie selbst in theoretische Erkenntnis terminieren. Theorie ist kein bloßes Vehikel, das überflüssig würde, sobald man die Daten einmal zur Verfügung hat.«[60] Das schrieb er 1968, zu ganz ähnlichen Schlüssen war er schon 1938 gekommen. Nur so ist zu erklären, dass er, was das Institut betrifft, auf Projekte setzte, die eine empirische Basis hatten und nicht (länger) im luftleeren Raum angesiedelt waren. Adorno war es, der sich im Institut für empirische Projekte über Faschismus, Antisemitismus und die autoritäre Persönlichkeit einsetzte – die berühmte F-Skala (Faschismus-Skala) zur Erfassung autoritärer Persönlichkeitseigenschaften war nicht seine Erfindung, aber auch hier war er federführend beteiligt.

»Erst in Amerika habe ich wahrhaft das Gewicht dessen erfahren, was Empirie heißt«,[61] schreibt Adorno zum versöhnlichen Schluss seines Essays aus dem Jahre 1968. Mit dem Radioprojekt betrat der Soziologe eine neue Bühne. Die Themen, die ihn dort umtrieben, weisen schon auf die fünfziger und sechziger Jahre hin, als die Fragen der Erziehung und Aufklärung im Zusammenhang mit den Massenmedien in den Mittelpunkt seines publizistischen Wirkens rückten. Das Radioprojekt markierte zugleich den Abschied von New York. Lakonisch schreibt er: »1941 kam meine Funktion am Princeton Radio Research Project […] zum Ende, und meine Frau und ich siedelten nach Californien über, wohin Horkheimer schon vorher gezogen war.«[62]

Amerikanische Erfahrungen

Auf der Fahrt nach Hollywood

Adorno blieb mehr als elf Jahre in Amerika, von Februar 1938 bis November 1949, es folgte noch ein einjähriger Besuch 1952/53. In dieser Zeit sah er nicht viel von Land und Leuten. Er lebte fast durchweg in New York oder Los Angeles.[1] In anderen Großstädten hielt er sich nur kurz auf – und sein Eindruck war nie der beste. Ob Miami, St. Louis oder Chicago, sie alle hinterließen bei ihm einen mehr oder weniger »grauslichen Eindruck«.[2]

In seiner New Yorker Zeit waren es einzig seine Urlaubsreisen, die ihn über den Verlust der europäischen Landschaft hinwegtrösteten. Regelmäßig fuhr er mit Gretel zur Erholung nach Bar Harbor auf Mount Desert Island. An der Küste von Maine herrschten, verglichen mit New York, im Sommer mäßige Temperaturen. Und es gab unvergleichliche Natur: zerklüftete Küsten, schöne Buchten und ausgedehnte Wälder – ein Wanderparadies, wie es Adorno liebte, direkt vor den Toren des Acadia National Park gelegen: »Es ist sans blague wunderschön, teils wie Cronberg, teils wie Binz, teils wie Südfrankreich, himmlischer Friede, herrliche Wege, Meer und Berg – ich habe selten etwas so Schönes gesehen. Uns beiden geht es ausgezeichnet. Wir erholen uns und arbeiten.«[3] Aber erst in Kalifornien fand Adorno seine Ideallandschaft, in der er den Süden Europas wiedererkannte, die Landschaften Italiens und Frankreichs.

19 Theodor W. Adorno, im Hintergrund seine Frau Gretel, 1940.

Das Stöhnen über die heißen New Yorker Sommer war durchgängig. Und so waren es auch klimatische Gründe, die 1940/41 zur Übersiedlung nach Kalifornien und zur Verlegung des Instituts führten. Vor allem Horkheimer, der gesundheitliche Probleme hatte, machte die Hitze zu schaffen. Von Ende Juni bis in den September hinein flüchteten er und Maidon stets aus der Stadt. Adorno hielt oft bis weit in den Juli die Stellung, arbeitete weiter an Projektentwürfen und Aufsätzen, assistiert von seiner Frau, die die Texte nach Diktat tippte, in diesen Jahren aber auch immer mehr an den Manuskripten mitarbeitete – sie wurde zum »einfühlsamen Zensor«[4]. Wenn Gretel Adorno wegen einer Migräne ausfiel, stockte der ganze Betrieb.

Am 15. November 1941 verließ das Paar New York in Richtung Los Angeles. Nun erst sahen sie Amerika, wenn meist auch nur aus dem Zugfenster. Zunächst ging es bis Cleveland, wo sie im Hotel übernachteten, dann weiter über Indiana nach Chicago. Hier folgte eine kleine Stadtbesichtigung mit dem schon zitierten »recht grauslichen Eindruck«[5], abends wurde die letzte Etappe der Reise im Schlafwagen in Angriff genommen. »Er ist nicht luxuriös, kein Pullmanzug«, berichtet Adorno den Eltern, »aber durchaus praktisch, komfortabel und angenehm, so daß ich die drei Nächte gut und Gretel erträglich, in richtigen Betten schliefen.«[6] Vor dem Fenster zogen die Stoppelfelder Nebraskas vorbei: »Wer nur all den Mais fressen mag?« Die Rocky Mountains passierten sie in der Nacht – und sahen nichts, bemerkten nicht einmal die Höhendifferenz. Am nächsten Tag ging es durch Utah in Richtung Nevada. Und dann kam endlich der Süden: mit Palmen und Orangenhainen.

An die Eltern: »Die Schönheit der Gegend ist so unvergleichlich, daß selbst ein so hartgesottener Europäer wie ich davor kapituliert. Die Proportion von Bergen und Meer erinnert zunächst stark an die französische Riviera, etwa bei San Remo oder Mentone, nur daß es nicht so aufgeteilt und ›privé‹ ist, sondern viel großliniger und offener. Die Gestalt der Berge selber aber erinnert mehr an die Toscana.«[7]

Alles war bereitet, als die Adornos in Kalifornien eintrafen. Max und Maidon Horkheimer standen am Bahnhof, hatten bereits ein Auto für die Freunde gekauft und für die erste Zeit ein Motel reserviert. Das angemietete Haus in Brentwood Heights war bezugsfertig und entsprach in etwa der gewünschten Aufteilung, die Adorno dem Freund im August aus Bar Harbor übermittelt hatte: »2 Schlafzimmer, Zugang zum Bad möglichst so, daß man nicht durch eines der Schlafzimmer hindurch muß; große Badewanne zum Ausstrecken; Livingroom groß genug für den Flügel, (lieber eventuell keinen abgetrennten diningroom, aber nicht dinette in der Küche); Gasherd, nicht elektrisch; Küche nicht zu klein; Garage.«[8]

20 In Hollywood: Max und Maidon Horkheimer neben Felix und Helen Weil, außen Friedrich Pollock (v. l. n. r), Nachtclub Ciro's, August 1945.

Mit dem Auto waren es zehn Minuten bis zum Anwesen der Horkheimers, die ihr neu erbautes Haus in Pacific Palisades im Juni 1941 bezogen hatten, einen luxuriösen Bau, von Palmen umstanden, alle Zimmer mit Blick zu dem mit Zitronenbäumen bepflanzten Garten. Zur Einweihungsfeier war auch der zukünftige Nachbar gekommen – Thomas Mann, der in seinem Tagebuch grantelnde Kommentare über das »Buffet-Dinner« abgab, von einer »historisch-politisch-philosophischen Gesprächsorgie recht quälender Art« sprach und ressentimentgeladen hinzusetzt: »Diese Juden haben einen Sinn für die Größe Hitlers, den ich nicht ertrage.«[9] Ebenfalls abschätzig, wenn auch etwas gemäßigter äußerte sich Horkheimer über den Nachbarn: »Einige Kultur kann man ihm quand-même nicht absprechen.«[10] Abschätzige Bemerkungen vertraute man den Tagebüchern und

Briefen an. Im nachbarschaftlichen Zusammenleben ging man distinguiert und durchaus freundlich miteinander um. Wenn die Manns verreist waren, passten die Horkheimers auf Haus und Garten auf. Und als sich Mann im Januar 1944 einbürgern ließ, stand ihm Horkheimer zur Seite. Nicht anders verhielt es sich mit Adorno, sein Rat und seine Textvorschläge beförderten 1943/44 nicht unwesentlich die Arbeit am *Doktor Faustus.* Thomas Mann wusste das zu würdigen, nicht aber Erika und Katja Mann, die Adornos Rolle herunterzuspielen suchten.

In der kalifornischen Emigrantenkolonie brodelte es nur so vor Rivalitäten und Eifersüchteleien, und des Öfteren kam es auch hier zu handfesten Zusammenstößen und Zerwürfnissen. Es gab nicht wenige, die den Kontakt mit anderen prominenten Exilanten zu vermeiden suchten, etwa Franz Werfel und Alma Mahler-Werfel, die sich ein Haus in Beverly Hills gekauft hatten und sich von Empfängen, so gut es ging, fernhielten, was ihnen aber nur bedingt gelang: Immer wieder waren sie zu Gast im Haus von Thomas Mann und in Feuchtwangers Villa Aurora. Allein und zurückgezogen in der »ewigen Sommerfrische« lebte einzig Alfred Döblin, neidvollen Blicks auf seine Mitemigranten Thomas Mann und Werfel. Und doch blieben sie bei aller Missgunst und Eifersucht zusammen, trafen sich, führten Debatten, so in dem berühmten Salon von Salka Viertel, die seit 1928 mit ihrem Mann, dem Regisseur Berthold Viertel, in Hollywood lebte, erfolgreich Drehbücher schrieb, was nicht zuletzt ihrer Freundin Greta Garbo zugutekam. Bei ihr ließen sie sich alle blicken: Lion Feuchtwanger, Ludwig Marcuse, Heinrich und Thomas Mann, Bertolt Brecht, Hanns Eisler, Max Reinhardt und natürlich auch Horkheimer und Adorno. Die Empfänge folgten einer gewissen Routine, man kannte die jeweiligen Vorlieben und Abneigungen. Wenn der Zigarre rauchende Brecht in seiner maßgeschneiderten grauen Arbeiterjacke auftauchte, wusste man, es würde Zoff geben. Die britisch-amerikanische Schauspielerin Elsa Lanchester, bekannt geworden durch ihre Rolle in *Frankensteins Braut* (1935), äußerte sich über den Theatermacher folgendermaßen: »Wenn Brecht der kommunistischen Partei angehört hätte, wäre er ein Antikommunist gewesen ... sobald er einem Land zugehörte, war er anti das Land ... Und er war halt kein bequemer Gast – nirgendwo. Ich glaube, daß er ein beruflicher ›Anti‹ war.«[11] Anti natürlich auch gegen den Horkheimer-Kreis: »das frankfurter soziologische institut (das mich zu dem TUIROMAN inspirierte) hat jetzt seine brüchig gewordene finanzielle grundlage konsolidiert« und würde sich von »new yorker juden« ein Projekt zum Antisemitismus finanzieren lassen.[12] In die gleiche Kerbe schlägt Hannah Arendt. In einem Brief an Gershom Scholem vom 4. November 1943 heißt es: »Sie haben immer noch Geld, aber sie sind mehr und mehr der Meinung, dass sie sich damit einen ruhigen Lebensabend sichern muessen. [...] Wiesengrund und Horkheimer leben in Californien im grossen Stil. Das Institut hier ist rein administrativ.«[13]

Hannah Arendt lag mit ihren Beobachtungen so falsch nicht. Die finanzielle Situation des Instituts hatte sich seit 1939 drastisch verschlechtert. Die Gehälter der Mitarbeiter waren gekürzt oder ganz gestrichen worden. Selbst Benjamin bekam 1939 zu hören, dass der Tag kommen werde, an dem man ihm mitteilen müsse, dass sein Forschungsauftrag nicht verlängert werde. Im engeren Kreis diskutierte man, wie man bestimmte missliebige Personen am besten loswerden könne. Gleichzeitig versuchte man, über Forschungsprojekte an Gelder zu kommen. Es wurden Themen konzipiert, mit denen man sich gezielt ins amerikanische Leben einschalten wollte, wie das im April 1940 von Adorno entworfene Antisemitismusprojekt, das – wie viele andere Vorschläge – abgelehnt wurde.

Mit der Übersiedlung nach Kalifornien versuchte Horkheimer, das Institut in der bisherigen Form abzuwickeln und sich vom »Betrieb«, wie er es nannte, loszusagen. Das Ränkespiel, das er veranstaltete, um seine zum Teil lang gedienten Mitarbeiter loszuwerden, gehört zum schwärzesten Kapitel der Kritischen Theorie. Einer, der mit hehren Ansprüchen angetreten war, erwies sich, als es darauf ankam, als schwacher Charakter, unfähig, als – um es mit dem Buchtitel von Rolf Wiggershaus zu sagen – »Unternehmer in Sachen ›Kritische Theorie‹«[14] Entscheidungen zu treffen. Wenn es unangenehm wurde, schickte er Pollock vor. Der, der gerne ›Diktator‹ sein und die Richtung vorgeben wollte, hatte alle Lust am Institut verloren, wollte nur noch mit Adorno zusammen sein großes Buch schreiben. Seit den zwanziger Jahren träumte er von dem großen Wurf – und nun hatte er sich in Kalifornien eine hervorragende Ausgangsposition gesichert: Das Klima war mild, das Haus purer Luxus – und es war, laut Hannah Arendt, noch Geld da. Moralisch sprach er sich frei: Von jüdisch-puritanischer Lustfeindlichkeit hatte er schon in jungen Jahren nichts wissen wollen – im Luxus sah er die Vorwegnahme einer besseren Welt, die irgendwann allen zuteil werden sollte. Wer konnte etwas dagegen haben?

Eine autoritäre Weltperiode

In Kalifornien entdeckte Adorno nicht nur einige der schönen Seiten Amerikas, hier gäbe es auch noch »menschenähnliche Wesen« und nicht nur »Gasolinstationen und hot dogs«.[15] An die Eltern, die sich in letzter Minute aus Deutschland retten konnten und im Januar 1940 die Vereinigten Staaten erreichten, schrieb er gleichwohl: »Seid aufs herzlichste auf diesem zwar häßlichen von Drugstores, Hot dogs und Autos bewohnten, aber im Augenblick noch einigermaßen sicheren Boden willkommen!«[16]

Der sichere Boden! Nie vergaß er zu erwähnen, dass Amerika das Land war, das ihn »vor der Katastrophe«[17] gerettet hatte. Doch wirklich befreit und sicher fühlte er sich hier nie – wie sollte er auch. Im Februar 1938, dem Monat seiner Übersiedelung, schreibt er: »Daß der Gedanke ans Vergaß[!]t werden uns wieder sehr beschäftigt, ist wohl nicht allzu erstaunlich.«[18] Gerade hatte Hitler den Oberbefehl über die gesamte deutsche Wehrmacht übernommen, kurz zuvor, am 25. Januar, war der neue Schutzhafterlass in Kraft getreten: Alle »volks- und staatsfeindlichen Personen« konnten nun jederzeit inhaftiert und in ein Konzentrationslager verbracht werden. »Es ist kaum mehr daran zu zweifeln, daß in Deutschland die noch vorhandenen Juden ausgerottet werden. [...] Und es wird wieder einmal nichts geschehen: die anderen sind ihres Hitlers wert«,[19] so seine Einschätzung einen Tag vor seiner Überfahrt nach New York. Im Sommer hörte Adorno, dass ein Vetter seines Vaters in Dachau ermordet worden war. »Wie diese Dinge auf uns lasten bedarf keines Wortes.«[20]

Dass sich Adorno in Amerika keineswegs sicher fühlte, lag an seiner politischen Einschätzung, dass der Faschismus keine »Sondererscheinung des deutschen Nationalcharakters« sei. »Er ist eine universale Tendenz« und werde sich, davon war er überzeugt, auch in Amerika durchsetzen.[21] Deutschland sei das autoritäre Modell eines Kapitalismus, der über kurz oder lang die Welt beherrsche. Die Voraussetzungen seien in Amerika, so Adorno im Februar 1940, ebenso gegeben wie in Deutschland, und »bei der barbarischen Halbzivilisation dieses Landes werden sich Formen entwickeln, die den deutschen an Grauen in nichts nachstehen«.[22]

Das war keineswegs eine Einzelmeinung, so dachten viele Zeitgenossen. Man erwartete eine von Europa ausgehende »autoritäre Weltperiode«.[23] Dass der Faschismus in Amerika vor der Tür stehe und man Vorkehrungen treffen müsse, um das Institut zu retten, war noch Ende 1941 ein Thema in den Briefen zwischen Adorno und Horkheimer. Diese Befürchtungen wurden immer mitgedacht: »Nach allem, was ich heute weiß, spricht gegen die Übersiedlung nur das politische Bedenken, daß es hier vielleicht schlimmer wird, als im

Osten. Alles Andere ist hier besser«, so Horkheimer im September 1940, als er sich noch in Hollywood befand und es abzuwägen galt, ob sie das Institut nach Los Angeles verlegen sollten.

Die Diskussionen über den Nationalsozialismus setzten 1938/39 im Institut für Sozialforschung ein und hielten bis 1942 an. Er wurde als ein autoritäres Modell diskutiert, mit dem Hitler die Krise des Kapitalismus durch staatliche Regulation in den Griff bekommen wollte. Terror, Judenverfolgung und Antisemitismus wurden zunächst als Randphänomene eines repressiven Staates betrachtet.[24] Der Nationalsozialismus sollte gegenüber dem traditionellen Kapitalismus als neue Qualität beschrieben werden. Der »autoritäre Staat«,[25] so die Annahme, habe sich aus »jeder Abhängigkeit vom privaten Kapital« befreit und gewinne dadurch neue Handlungsmacht, die ihn in die Lage versetze, die Krisen des Kapitalismus zu beherrschen. »Die privaten Kapitalisten sind abgeschafft«, so die gewagte These Horkheimers. »Coupons werden einzig noch von Staatspapieren abgeschnitten.«[26]

Streit über den neuen Kapitalismus

Schon Anfang der dreißiger Jahre hatte Pollock diese Veränderungen des liberalen Kapitalismus hin zu einem staatlich gelenkten Monopolkapitalismus zum Thema gemacht. Nicht der Kapitalismus würde zu Ende gehen, sondern nur »seine liberale Phase«.[27] Er spricht von der »Neuorganisation des staatlichen Machtapparats auf diktatorischer Grundlage«[28] und prophezeit, dass es zukünftig »immer weniger Freiheiten geben«[29] werde. Zugunsten großer, systemrelevanter Wirtschaftseinheiten würden die »Grundrechte der liberalistischen Wirtschaftsverfassung auf weite Strecken preisgegeben«, faktisch bestehe ein »Anspruch auf Staatshilfe in schwierigen Situationen, zumindest für die grossen Wirtschaftssubjekte«.[30] Der Staatskapitalismus, den Pollock Anfang der dreißiger Jahre beschreibt, kommt uns heute merkwürdig bekannt vor.

Zehn Jahre später legte Pollock noch einmal nach und verschärfte seine Aussagen. Das neue Stadium des »Staatskapitalismus« sei dadurch charakterisiert, dass die Politik zur dominanten Macht aufsteige und mit ihr eine neue Herrschaftsschicht. Nicht mehr die Kapitalisten seien die Entscheidungsträger, sondern bürokratische Eliten aus Verwaltung, Staat, Parteien und Unternehmen. Der neue Kapitalismus, der mit staatlichen Eingriffen die Wirtschaft zu lenken suche, würde sich im Weltmaßstab in verschiedenen Varianten durchsetzen: in autoritärer Form, wobei er auf die nationalsozialistische und die sowjetische Ökonomie verwies, und in einer liberalen Variante, für die Roosevelts New Deal stehe.[31]

Eine ganz andere Auffassung vertrat der zum Institut gehörende Rechtssoziologe Franz Neumann. In seiner 1942 veröffentlichten Untersuchung *Behemoth. Struktur und Praxis des Nationalsozialismus* hielt er am Primat der Ökonomie fest und beschrieb den Nationalsozialismus als totalitären Monopolkapitalismus. Für Neumann ist der Nationalsozialismus kein starker, autoritärer Staat, sondern eine völlig ungeordnete, regellose Herrschaft. Das aus der jüdischen Mythologie stammende Ungeheuer Behemoth dient dafür als das Sinnbild – Thomas Hobbes hatte selbigen Behemoth bereits als Symbol der Gesetzlosigkeit und des Chaos beschrieben und dem Leviathan gegenübergestellt, der für den starken Staat und das staatliche Gewaltmonopol steht. Bemerkenswert ist, dass auch in Neumanns umfänglicher Studie von rund 500 Seiten die Verfolgung und Vernichtung der Juden zunächst nicht von zentraler Bedeutung ist, was sich erst 1944 mit der zweiten Auflage änderte.

Horkheimer, der die Abhandlung Pollocks mitinitiiert hatte, stand natürlich hinter der Position seines Freundes, auch Löwenthal bekannte sich dazu. Adorno jedoch ging zunächst auf Distanz. Was ihn störte, war die Form, in der Pollock seine These darbot. Adorno hatte einige Seiten des Manuskripts gelesen und war entsetzt. Er fürchtete um den guten Ruf des Instituts, war ihm der Aufsatz doch zu »thesenhaft«,[32] »›von oben her‹ formuliert, daß es der Eindringlichkeit völlig enträt«.[33] Er nannte den Text »eine Umkehrung von Kafka«: »Kafka hat die Hierarchie der Büros als Hölle dargestellt. Hier verwandelt sich die Hölle in eine Hierarchie von Büros.«[34]

Nach Adornos Empfinden fehlte es dem Aufsatz an Dramatik, womit er nicht ganz unrecht hatte. Bei Pollock konnte man schwerlich einen bevorstehenden Untergang ablesen, es war eher die Vision einer geplanten Gesellschaft, die, wie oben bereits gesagt, dem nahekam, was Mannheim ungefähr zur selben Zeit in seinem Buch *Mensch und Gesellschaft im Zeitalter des Umbaus* entwickelte. Zielte Mannheim jedoch auf ein neues Denken, einen neuen Menschen, der den Strukturen angepasst werden sollte, wollte Pollock den Umbau der ökonomischen Strukturen und Entscheidungsprozesse. Er skizzierte eine Gesellschaft, in der sich das »kapitalistische Gesamtinteresse über eine planwirtschaftliche Politik«[35] verständige. Die »selbständige Unternehmertätigkeit« solle vollkommen abgeschafft und durch zentrale Planstellen ersetzt werden, so könnten Konjunkturschwankungen beseitigt und das Wachstum reguliert werden. Es geht Pollock nicht mehr um »partielle Eingriffe«, sondern um eine »totale Regelung«.[36] An der Spitze stehe eine Elite, die »Planzentrale«, die über die Geschicke der Gesellschaft zu entscheiden habe. Die neue planwirtschaftliche Gesellschaft könne nur von einer Regierung geführt werden, die von den Klassen unabhängig sei.

Eine solche Instanz, die über den Interessengegensätzen steht, hatte auch Mannheim in *Ideologie und Utopie* im Blick: Die »relativ klassenlose Schicht«[37] war für ihn »die sozial freischwebende Intelligenz«. Nur sie verfüge über das »Wachsein«,[38] um gesamtgesellschaftliche Prozesse rational erfassen und politisch ausbalancieren zu können. Die Ideen der Frankfurter Philosophen berühren sich und haben mehr miteinander zu tun, als es die Theoretiker wahrhaben wollten.

Adorno wurde dieser Parallelen nicht gewahr, war aber in der Sache mit Pollock einig. Im Staatskapitalismus sei der von Marx angenommene Antagonismus als ökonomischer Krisenfaktor außer Kraft gesetzt. Dementsprechend gehe es jetzt nicht mehr um die Ökonomie, um Kapital und Arbeit, sondern – so wird man nun bei Adorno und Horkheimer immer häufiger lesen – um Vernunft und Herrschaft. Die Gegensätze wurden mithin in eine höhere Sphäre transformiert.

Wenn der Klassenantagonismus keine Rolle mehr spielt, was aber tritt dann an seine Stelle? Horkheimer entwickelte dazu die Theorie des Rackets. Unter Rackets versteht er organisierte Gruppen – Clans, mafiöse Verbindungen, Banden, aber auch bürokratische Eliten –, die miteinander konkurrieren, eine gewaltvermittelte Struktur von Herrschaft begründen und das wieder in Kraft setzen, worauf Kapitalismus im eigentlichen Sinn beruhe: Raub, Unterwerfung, Aneignung. Markt sei dafür eine euphemistische Umschreibung – Tauschakte seien Akte der Gewalt, es gehe darum, den anderen zu übervorteilen: »billig erwerben, teuer verkaufen«.[39] Auf dieser Basis kämen die konkurrierenden Rackets zu Geld und Macht und versuchten, andere Gruppen zu unterwerfen. Wir werden darauf zurückkommen.

Das »zurückgebliebene« Europa

Durchgesetzt hatte sich am Institut die Auffassung vom Staatskapitalismus. Mit ihm konnte man die innovatorischen Kräfte national und international beschreiben, einen Kapitalismus, der die Marktwirtschaft überleben könne, der »einen Fortschritt« bedeute, »ein neues Atemholen für die

Herrschaft«.[40] Es sei die autoritäre Regierungskunst, die die Individuen jetzt mit »Zeitung, Kino, Radio« voneinander isoliere.[41] »Mit dem Staatskapitalismus kann die Macht neu sich befestigen.«[42] Die Bürokratie herrsche in dieser Gesellschaft über die Vereinzelten, eine Welt, in der der Mensch als Individuum entbehrlich geworden sei. Auf dieser Grundlage eines sich perpetuierenden Systems, das sich gegen alle Einsprüche immunisiert habe, konnten Horkheimer und Adorno die *Dialektik der Aufklärung* schreiben. Dem autoritären Staat prophezeien sie ein langes Leben. »Der Staatskapitalismus als jüngste Phase hat mehr Kräfte in sich, die wirtschaftlich zurückgebliebenen Territorien der Erde zu organisieren, als die vorhergehende, deren maßgebende Repräsentanten ihre verminderte Kraft und Initiative zur Schau stellen.«[43]

Erst mit der *Dialektik der Aufklärung* rücken die Kritischen Theoretiker Amerika ins Zentrum der Aufmerksamkeit, viele der dort beschriebenen Tendenzen sind von der amerikanischen Wirklichkeit inspiriert. Amerika bekomme nun den Status, so Adorno, »die fortgeschrittenste Beobachtungsposition«[44] zu bieten. Die Vereinigten Staaten werden als »Extrem« gesehen, im Weltmaßstab würden sie eine Spitzenposition einnehmen, denn hier zeige sich der Kapitalismus gleichsam »in vollkommener Reinheit«, »ohne vorkapitalistische Restbestände«.[45] Die Kritischen Theoretiker begreifen sich nicht mehr nur als Exilanten, sie sehen sich nun in einem Land, in dem sie als Intellektuelle eine »privilegierte Erkenntnisposition«[46] einnehmen. Der Blick auf Amerika und damit auf eine fortgeschrittene Moderne zeige, so die Annahme, jene Zukunft, die sich in allen Ländern durchsetzen werde, auch und vor allem im zurückgebliebenen Europa. Mit Hilfe des amerikanischen Materials beschreiben sie eine Gesellschaft, in der es keine antagonistischen Widersprüche gibt, in der sich die Menschen bruchlos einer Massenkultur einpassen. »Der Einzelne wird gegenüber den ökonomischen Mächten vollends annulliert.«[47]

Ob Verdinglichung, Kulturindustrie, Tauschgesellschaft, Warenfetischismus – in Amerika konnte man die Phänomene des neuen Kapitalismus in aller Deutlichkeit beobachten. »Aufklärung als Massenbetrug« war die in Amerika gewonnene Perspektive einer hemmungslosen, konsumgesteuerten Welt, die »zur unersättlichen Uniformität getrieben« werde.[48] Insbesondere im Kapitel über die Kulturindustrie sind die Eindrücke von einem Amerika zusammengetragen, in dem alles zur Ware geworden ist. Ob es sich nun um Kunst, Musik, Film, Sport oder Erotik handelt – alles sei den Tauschgesetzen unterworfen und werde in die Konsumsphäre transponiert. Die Warenwelt wird als eine Welt des Betrugs und der falschen Versprechungen geschildert. »Immerwährend betrügt die Kulturindustrie ihre Konsumenten um das, was sie immerwährend verspricht.«[49] Für Adorno und Horkheimer ist die Kulturindustrie ein totalisierendes System, der Mensch kann sich ihm nicht entziehen, weder durch Aktivität noch durch Passivität. Es gibt keine Form des Widerstands, der Verweigerung. Immer neue Reize produzieren immer neue psychische Abhängigkeiten. Die Kulturindustrie gaukelt den Menschen ein Glück vor, das unerfüllt bleibt. Darin sehen Adorno und Horkheimer den »Massenbetrug«, das, was den Menschen versprochen wird, wird ihnen vorenthalten. Es sind Surrogate, mit denen sie sich zufriedengeben müssen – Surrogate, die vom wirklichen Genuss absperren und den Menschen in eine permanente Erwartungshaltung versetzen. Das Konzept der Kulturindustrie basiert auf den manipulativen Mechanismen der Warenwelt, die soziale Unterwerfung fordert. In der Kulturindustrie sehen Adorno und Horkheimer ein Steuerungssystem, das die Menschen einpasst, sie, wie es David Riesman später in *Die einsame Masse* gesagt hat, von außen und innen lenkt, um Verhaltenskonformität zu erzeugen.

Adorno und Horkheimer wollten mit ihrer Kritik eine Beschreibung der amerikanischen Zustände liefern, die aber keine Kritik an Amerika, sondern am fortgeschrittenen Kapitalismus sein sollte. Insofern war auch Europa mitgemeint – und hier, in Europa, funktionierte dieses Schreckbild vom Triumph einer universalen Kulturindustrie und stieß nach dem Zweiten Weltkrieg auf ein starkes Echo. Die Autoren indes, die im kalifornischen Exil über die amerikanischen Zustände schrieben, veränderten, als sie in die alte Welt zurückkehrten, ihren Blick auf Amerika rückwirkend in drastischer Weise. Adorno ist dafür vielleicht das beste Beispiel.

Amerika ist anders

Adornos Amerikabild ist von einem bemerkenswerten Wechsel bestimmt. Angesichts des Grauens, das der europäische Totalitarismus, insbesondere der nationalsozialistische Terror in Deutschland hinterließ, setzte sich der Rückkehrer jetzt für die amerikanische Demokratie und Lebensweise ein, die er zum Maßstab und Vorbild erklärte.

Er spricht von »realer Humanität«,[50] die er in diesem Land erfahren habe. Die demokratischen Formen, so schreibt er im Rückblick auf seine Jahre im Exil, seien »in Amerika ins Leben eingesickert«,[51] während sie in Deutschland »formale Spielregeln« bis heute geblieben sind. In Amerika sei dem Menschen die Demokratie »unendlich viel näher«.[52]

Bei vielen Gelegenheiten trat Adorno als Botschafter auf, der den Deutschen die ihnen fremde Kultur und Lebensweise nahezubringen suchte. Dabei führte er seine amerikanischen Erfahrungen ins Feld, um gegen die Vorurteile in den Köpfen anzuarbeiten. Der Vortrag über *Kultur und Culture* ist aus einem solchen Anlass entstanden. Das erste Mal hielt er ihn am 7. Juni 1957 im Münchner Amerika-Haus. Gleich anfangs verweist er auf den unterschiedlichen Kulturbegriff: In Deutschland sei Kultur eine vom Leben getrennte »Geisteskultur«.[53] Für den Amerikaner bezeichne Kultur »ein bestimmtes Verhältnis zwischen den Menschen und in der Wirklichkeit«.[54]

Adorno nimmt sich die Klischees im Amerikabild der Europäer vor und entwirft ein von allen Widersprüchen und Hässlichkeiten gereinigtes, geradezu idyllisches Bild von den dortigen Zuständen. Der unbeschwerte Materialismus würde sich schon an den großen Supermärkten zeigen, die »etwas vom Schlaraffenland« hätten, sie vermittelten das Gefühl, dass es »keinen Mangel mehr« gebe, sie signalisierten im Unterbewussten »die schrankenlose, die vollkommene Erfüllung materieller Bedürfnisse«.[55] Eine Utopie, die wir in uns trügen und an die auch die Europäer glaubten. Nur ließen wir diesen Traum von einer Welt des Überflusses nicht zu, wir verachteten materialistische Einstellungen, fühlten uns erhaben und schwärmten von der Geisteskultur. Bei uns würde sich Kultur daran zeigen, dass man »die Namen Bach und Beethoven« korrekt ausspreche. Doch bezahle die deutsche Geisteskultur ihre Abspaltung vom Leben damit, dass Kultur auch noch den furchtbarsten Henkern des Nationalsozialismus zugeschrieben werden könne, »wir haben lernen müssen [...], daß man gleichzeitig ein Henker sein und eine Bruckner-Symphonie verstehen kann«.[56]

Für die Amerikaner sei Kultur ein Stück erfüllte Utopie,[57] der Mangel »an Angst und Bedrohung« gehöre ebenso dazu wie das Zurücktreten des Mangels an Gütern. Die Bilder, die Adorno in diesem Zusammenhang herbeizitiert, vom amerikanischen Kind, das »ununterbrochen einen sogenannten ›ice cone‹ essen kann«,[58] haben gewiss nichts mit Amerika zu tun, ebenso wenig wie das, was er über die amerikanische Lebenswelt zu berichten weiß: ihr wohne »ein Moment der Friedlichkeit und des Unaggressiven« inne, »das uns in Europa fast vollkommen verlorengegangen« sei.[59] Und natürlich kommt Adorno auch auf das *keep smiling* zu sprechen, das Lächeln, das »jedes Ladenmädchen« präsentiere, präsentieren muss, aber der äußere Zwang, der Menschen zur Freundlichkeit bringe, könne zu einer »gewissen Humanität« im Verhältnis zu anderen Menschen führen[60] und selbst jene verändern, die sonst stets »ein bösartiges, vermüffeltes Gesicht«

machten und damit signalisierten, dass andere Menschen für sie nicht existent seien.[61] Selbst das Profitstreben kommt bei Adorno jetzt im Endeffekt gut weg, die Spuren des Tausches würden zwar »noch bis in die sublimsten menschlichen Beziehungen« reichen, es läge jedoch auch in der Logik des »Tauschbetriebs«, »daß alle für alle da sind«.[62]

Man muss dieses leuchtende Amerikabild mit der Nachkriegsgeschichte, mit der Aufarbeitung der nationalsozialistischen Vergangenheit in Verbindung bringen – Adorno wollte mit seinen Vorträgen und seinen publizistischen Aktivitäten Einfluss nehmen auf das Amerikabild der Deutschen, das von Vorbehalten und Misstrauen geprägt war, die weit in die Geschichte zurückreichen, er wollte ein positives Beispiel aufzeigen. Hier tritt der Pädagoge und Erzieher hervor – eine Rolle, die Adorno in der Tat in den fünfziger und sechziger Jahren übernahm. Über diese diplomatischen Momente hinaus wird noch etwas anderes deutlich: die Sehnsucht, die in ihm steckte, sein Traum von einer Welt, in der Milch und Honig fließen, in der man von Arbeit befreit ist. Adorno liebte dieses ›Amerika‹, das er sich da zusammenträumte, zusammenphantasierte, eine Art Amorbach, das Städtchen seiner Kindheit, aber im Großen, als Ort, wo es noch menschlich zugeht.

In der Zeit des Exils suchte er in Amerika nach diesen Erfahrungen, und er wurde hin und wieder fündig. Als Adorno im März 1942 zum Blutspenden ging, schwärmte er in einem Brief an die Eltern von der amerikanischen »Humanität und Freundlichkeit«, die »bei einer europäischen Amtsstelle schlechterdings unvorstellbar« sei.[63] Man lerne hier »einen wirklich demokratischen Geist von Hilfsbereitschaft und Kooperation kennen [...], der eine große Überraschung darstellt und der wirklich etwas mit substantieller Demokratie zu tun hat«.[64] In seinen autobiographischen Texten zeichnet Adorno das Bild einer glückseligen Gemeinschaft: »Dem amerikanischen Leben eignet, trotz der vielbeklagten Hast, ein Moment von Friedlichkeit, Gutartigkeit und Großzügigkeit.«[65] Stellt man seine Äußerungen über die amerikanische Kulturindustrie daneben, so ergibt sich ein kaum zu überbrückender Kontrast. In der *Dialektik der Aufklärung* wird uns Amerika als eine Welt des Betrugs, des Schwindels, der Verrohung und der Leere gezeigt, in der die Menschen nur noch als Marionetten vorkommen, »von Friedlichkeit, Gutartigkeit und Großzügigkeit« keine Spur. Hier zeigen sich vielleicht am deutlichsten die zwei Seiten Adornos: eine seinem Wesen eigene Zartheit, die er zeitlebens durch einen apodiktischen Gestus und eine gedrechselte Sprache zu verdecken suchte.

Das Hornberger Schießen mit Hannah Arendt

Aufatmen

»SIND GERETTET WOHNEN 317 WEST 95 = HANNAH.«[1] So lautete das Telegramm, das Hannah Arendt am 23. Mai 1941 aus New York an ihren Ex-Mann Günther Anders schickte, dem die Flucht über Frankreich in die USA schon 1936 gelungen war. Auch er lebte zunächst in New York, schlug sich mit journalistischen Gelegenheitsarbeiten und als Fabrikarbeiter durch. 1939 zog er nach Los Angeles und nahm Kontakt mit dem Institut für Sozialforschung auf. Über Adorno erhielt er hin und wieder einen Auftrag, der aber nicht zum Leben reichte. Horkheimer aber äußerte sich abfällig über den »hungernden Günther Stern«[2], dem er nur »ein kleines Honorar« bewilligte. Um über die Runden zu kommen, nahm Anders zusätzlich einen Job im Kostümfundus der Hollywood-Studios an und schrieb Artikel für die deutsch-jüdische Exilzeitung *Aufbau*. Eine prekäre Existenz. Trotz aller Schwierigkeiten, die er selbst hatte, unterstützte er Hannah Arendt bei ihrer Flucht und verschaffte ihr die Bürgschaftspapiere (Affidavits), die notwendig waren, um ein Visum beantragen zu können. Darüber hinaus half er, der immer knapp bei Kasse war, mit Geldsendungen, was ihr ein mulmiges Gefühl verursachte: »Ich mache mir nur Sorgen, woher Du das alles nimmst und wie groß Deine Pleite sein mag.«[3] Aber nur so war die Odyssee durchzustehen. Und sie zahlte ihm das Geld dann auch ziemlich schnell wieder zurück.

Im Mai 1940 war sie als ›feindliche Ausländerin‹ in dem berüchtigten Lager Gurs nördlich der Pyrenäen interniert worden. Im Juni gelang ihr die Flucht. Zusammen mit Heinrich Blücher, den sie im Januar 1940 geheiratet hatte, lebte sie zunächst in der Nähe von Toulouse. Doch in diesen Wochen überrannte die Wehrmacht in einer Art Blitzkrieg die französischen Verteidigungslinien. Am 14. Juni fand eine große Parade der deutschen Truppen in Paris vor dem Arc de Triomphe statt. Frankreich war gefallen. Am 22. Juni mussten die Franzosen in einen Waffenstillstand einwilligen. Das Land wurde geteilt, der Nord- und der Westteil kamen unter deutsche Militärverwaltung, der Süden, mit Vichy als Regierungssitz, blieb unbesetzt. Marschall Philippe Pétain übernahm als französischer Staatschef von Deutschlands Gnaden. Er kollaborierte mit den Nazis, setzte die Verfassung außer Kraft, schränkte Freiheiten und Bürgerrechte ein. Die Juden verloren ihren Schutzstatus, viele wurden verhaftet, interniert oder nach Deutschland deportiert. Die Lage spitzte sich bedrohlich zu. Arendt und Blücher, von Paris abgeschnitten, schlugen sich bis Marseille durch, um ihre Ausreisevisa zu bekommen, nahmen den Fluchtweg zu Fuß über die Pyrenäen, fuhren per Zug nach Lissabon, warteten viele Wochen, bis sie im Mai 1941 das Schiff nach Amerika besteigen konnten. Wenig später, als die Gestapo im Süden Frankreichs freie Hand hatte, waren Arendt und Blücher zum Glück schon in New York.

Pollock anrufen

Endlich in Freiheit, war Hannah Arendt ganz in ihrem Element. Als es telefonisch mit der Verbindung nicht klappte, schrieb sie zwei Tage nach ihrem Telegramm einen Brief an Anders, in dem sie berichtet, dass sie die Public Library von innen gesehen habe und sich nun schon viel besser fühle; dass ihre Wohnung zu teuer sei, sie aber für die weitere Suche noch keine Zeit gefunden habe. Als sie im Hafen von New York eingelaufen waren, hatte das Paar Arendt/Blücher gerade einmal fünfundzwanzig Dollar in der Tasche und die Sicherheit eines kleinen (wohl monatlichen) Stipendiums von fünfundsiebzig Dollar, schreibt Arendts Biographin.[4] Man brauchte einen Job, der etwas Geld einbringen würde. Für den *Aufbau* wollte sie nicht schreiben, das »Emigrantenpack« hänge ihr »noch von Paris zum Halse heraus«.[5] Journalismus? Sie war unsicher. Wichtig wäre es, Leute kennenzulernen und die Fühler auszustrecken. Gleich in den ersten Tagen begann sie damit. »Ich hätte gern ein bisschen Ruhe, aber die politische Lage ist nicht danach. Kann man halt auch nicht ändern.«[6]

Das mit der Ruhe war freilich nicht so ernst gemeint, im Gegenteil, sie brauchte die Unruhe. Der fürsorgliche Anders wusste das und hatte eine lange Liste mit Namen, Adressen und Telefonnummern zusammengestellt, mit Bekannten und Freunden, zu denen sie Kontakt aufnehmen sollte und die ihr vielleicht bei Job- und Wohnungssuche helfen konnten. »Du hast meine Ankunft so vorbereitet, als wäre ich – ich weiß nicht wer.«[7] Diese Liste arbeitete sie in wenigen Tagen ab. Wann immer es ging, telefonierte sie und stellte einen direkten Kontakt her. »Tillich war reizend am Telephon, sehe ich Dienstag.«[8] Aber ob Tillich helfen konnte, da war sie nicht so sicher. »Wir hatten ausgezeichneten Kontakt – bilde ich mir ein! – und ich hoffe, dass er versuchen wird etwas zu unternehmen.«[9] Tillich schickte sie zu einer Flüchtlingshilfe, die ihr eine Stelle bei einer amerikanischen Familie vermittelte.

Hannah Arendt klapperte alle ab, die sie aus früheren Zeiten kannte. Sie traf den Gestaltpsychologen Max Wertheimer, den sie über ihren Ex-Mann von Frankfurt her kannte, doch jetzt war sie die »verflossene Frau« – kein gutes Omen. »Wertheimer hat zu allem sonstigen Unglück auch noch politische Ansichten«,[10] er wird »keinen Finger für mich rühren«,[11] schreibt sie dem Verflossenen. Mit Riezler, dem ehemaligen Kurator der Frankfurter Universität, jetzt Professor für Philosophie an der New School for Social Research, stand es auch nicht besser, er konnte und wollte sich nicht für sie verwenden. Im Juni standen nur noch wenige Namen auf der Liste. Einer, der sie besonders interessierte, war Pollock vom Institut für Sozialforschung. »Ich sollte Pollock und Riezler anrufen, beide in Sachen Antisemitismus.« Von wem der Tipp gekommen war, ist nicht bekannt. Aber sie rief Ersteren an und vereinbarte für den 11. Juni ein Treffen in seinem Büro in der Columbia University. Das traf sich insoweit gut, weil sie ein Manuskript bei Adorno abzugeben hatte. Benjamin hatte es ihr kurz vor seinem Suizid überlassen. Es waren seine Thesen *Über den Begriff der Geschichte*, jener orakelhafte Text, in dem Benjamin unter dem Eindruck des beginnenden Krieges, des Hitler-Stalin-Paktes sowie seiner eigenen prekären Existenz über eine andere Vorstellung von Geschichte nachdenkt, Kritik an den Fortschrittsideologien übt, von verlorenen Hoffnungen spricht und von der Katastrophe, die keine Ausnahme mehr darstelle, sondern die Regel. Das an Hannah Arendt übergebene Manuskript bestand aus neun Blättern, zurechtgeschnittenen Streifen desjenigen Papiers, in das die *Schweizer Zeitung am Sonntag* und *Les Cahiers du Sud* eingewickelt gewesen waren, die Benjamin per Post bezog. Auf diese Papierstreifen hatte er in kleiner, aber gut lesbarer Schrift seine Thesen geschrieben, versehen mit Streichungen, Korrekturen, Einfügungen.[12]

Neben der Abschrift für Hannah Arendt ist noch eine französischsprachige Fassung überliefert, außerdem ein Konvolut verschiedener Textstufen und -varianten, die deutlich machen, dass dieses Projekt als *work in progress* angelegt war, unabgeschlossen und unabschließbar.

Die tragische Geschichte seines Suizids ist oft erzählt worden: Das Institut für Sozialforschung hatte dafür gesorgt, dass Benjamin ein Emergency-Visum bekam, das für besonders gefährdete Flüchtlinge gedacht war, denen eine

Abschiebung nach Deutschland drohte. Zusammen mit der Fotografin Henny Gurland und ihrem Sohn Joseph machte er sich Ende September von Marseille aus zu Fuß auf den Weg über die Berge in das nordspanische Portbou. Hier angelangt, hätte er mit dem Zug weiter nach Lissabon fahren sollen. Als sie aufbrachen, hatte Benjamin eine schwarze Aktentasche dabei, darin vermutlich das Manuskript *Über den Begriff der Geschichte*. Eigentlich war der Fußweg über die Berge nach Portbou nicht besonders beschwerlich, schreibt Hannah Arendt, die mit Blücher kurze Zeit später problemlos die Grenze passierte. Für den achtundvierzigjährigen Benjamin jedoch stellte das 500 Meter hohe Felsplateau eine echte Herausforderung dar, er war herzkrank, war erschöpft von den Schmerzen, zermürbt von den Strapazen des Exils. In Portbou meldete er sich bei der Polizei, legte seine Papiere in dem Glauben vor, alles beisammenzuhaben, und erfuhr, dass Spanien neuerdings zur Durchreise ein französisches Ausreisevisum verlangte. Am nächsten Tag sollte er nach Frankreich zurückgebracht und den deutschen Besatzern übergeben werden. Es war klar, was das bedeutete. Im Hotel *Fonda de Francia* nahm er in der Nacht vom 25. auf den 26. September 1940 eine Überdosis Morphium. Kurze Zeit später verzichteten die spanischen Behörden auf das französische Ausreisevisum. Hannah Arendt hat in ihrem Essay über Benjamin, in den sechziger Jahren im *Merkur* veröffentlicht, darauf hingewiesen, dass sich Benjamin nicht gerade zuversichtlich und mit großen Hoffnungen auf den Weg nach Amerika aufgemacht hätte. Was sollte er, der Paris über alles liebte, in der Fremde? Es habe ihn »nichts nach Amerika« gezogen. Dort würde man ihn wohl, hatte er selbst gesagt, als ›letzten Europäer‹ durch die Lande karren.[13]

Ein Bewerbungsgespräch

Hannah Arendt und Blücher hatten Benjamin in Paris kennengelernt. Im Juni trafen sie sich zufällig in Lourdes wieder. Das letzte Mal sahen sie ihn im September, als sie in Marseille die Visa abholten, da übergab er ihnen auch die Thesen. Sollte er nicht überleben, hatten sie den Auftrag, das Manuskript Adorno zu übergeben. »Es war kein angenehmer Gang für Hannah Arendt in New York im Juni 1941«, heißt es bei Martin Mittelmeier.[14] Angenehm schon deshalb nicht, weil, wie man in intellektuellen Kreisen wusste, Arendt und Adorno sich nicht ausstehen konnten. Erinnern wir uns an den Satz von oben: »Ich sollte Pollock und Riezler anrufen, beide in Sachen Antisemitismus.« Von Adorno ist nicht die Rede. Das ist auffällig, weil es Adorno war, der zu dieser Zeit über Antisemitismus forschte und entsprechende Projektanträge schrieb. Er wäre also der richtige Mann gewesen. Pollock war im Institut der Ökonom, zuständig für die Verwaltung – insoweit natürlich auch ein Ansprechpartner, aber es war Adornos Spezialgebiet. Und noch etwas ist verbürgt: Hannah Arendt ging zur Columbia University offenbar in sehr eleganter Kleidung, einem grauen Kostüm, »so elegant erkenne selbst ich mich nicht wieder«.[15] »Es passt wie für mich sorgfältigst gearbeitet und ich stolziere damit höchst erbaut herum und versuche Eindruck zu machen.«[16] So geht man zu einem Bewerbungsgespräch.

In der *Zeitschrift für Sozialforschung*, die 1941 unter dem Titel *Studies in Philosophy and Social Science* fortgesetzt wurde, veröffentlichte das Institut im April/Mai unter den »Notes on Institute Activities« das »Research Project on Anti-Semitism«. Hannah Arendt muss von dem Projektentwurf gehört haben, gelesen hat sie ihn wohl erst Ende Juni. Sie war brennend interessiert, mehr davon zu erfahren. Auch sie plante eine Untersuchung über Antisemitismus, hatte schon im französischen Exil Recherchen unternommen, aber spruchreif war die Sache bei ihr noch nicht. Vielleicht konnte man sich ja zusammentun, sie war nicht abgeneigt – und Pollock offenbar auch nicht. An Anders schreibt sie sofort nach dem Treffen: »Ich war bei Pollock, der sich für Antisemitismus heftig interessierte und mich mit der Abfassung eines kleinen Memorandums über das Judeninstitut in Ffm betraute.« Dieses »ominöse Institut« war eine von der NSDAP gegründete Einrichtung zur Erforschung des Judentums. Das an der Bockenheimer Landstraße gelegene Etablissement wurde 1941 auf Initiative Alfred Rosenbergs zur ›Hohen Schule‹ erklärt und sollte rassenideologische Forschungen betreiben – Fakten liefern, um die Vernichtung der Juden zu rechtfertigen. Hannah Arendt machte sich sofort an die Arbeit: »es muss bis Freitag fertig sein. Ich sitze also bereits in der Library«.[17] Das Memorandum hat sich erhalten, es handelt sich wohl um den Text *Jewish History – the death end of German History.*[18] Arendt war begeistert, dass man sie einbezog, ihre Mitarbeit an dem Projekt offenbar gewünscht war.

21 Hannah Arendt.

Jetzt erst kam Adorno ins Spiel, quasi im Nachsatz: »Bei Wiesengrund war ich auch, wegen eines letzten Manuskripts von Benji, das ich besitze.«[19] Adorno war von Benjamin als Nachlassverwalter eingesetzt worden, und Hannah Arendt sollte das ihr anvertraute Manuskript übergeben. Das tat sie denn auch. Einen Tag später, am 12. Juni, schreibt Adorno an Horkheimer. Dem Brief beigefügt war Benjamins Text in einer Abschrift von Gretel Adorno. Benjamin selbst habe sich in einem Brief, so Adorno, gegen eine Veröffentlichung ausgesprochen. »Das Unfertige, Entwurfhafte des Ganzen liegt auf der Hand. Eine gewisse Naivität in den Partien, in denen von Marxismus und Politik die Rede ist, läßt sich diesmal nicht verkennen.«[20] Gleichwohl sprach sich Adorno dafür aus, das Manuskript zu publizieren. Ein Jahr später, 1942, erscheint ein Benjamin-Gedenkbuch mit den Thesen *Über den Begriff der Geschichte* – hektographiert und in Kleinstauflage. 1950 wird der Text in der *Neuen Rundschau* einem größeren Publikum zugänglich gemacht. Die abweichende französischsprachige Fassung war schon 1946 in den *Temps Modernes* erschienen.

Hannah Arendt hat sich in diesen Jahren mehrfach über den Umgang des Instituts mit Benjamin beschwert. Entgegen allen Versprechungen würde man sich nicht genügend für den Philosophen einsetzen. Sie warf Adorno und Horkheimer vor, die Texte nicht originalgetreu zu drucken, sondern in den Inhalt und die darin zum Ausdruck kommenden politischen Haltungen einzugreifen. Das kam ihr bekannt vor. Benjamin hatte ihr über so manchen Ärger mit dem Institut berichtet, hatte von Diskussionen erzählt, in denen man seine Texte einer Kritik unterzog und Veränderungen forderte. Das hat kein Autor gerne, und bei Benjamin war das nicht anders. Er wird ihr auch von Horkheimers Ankündigung erzählt haben, dass das Institut ihm bald nichts mehr zahlen könne.

Die meisten Vorwürfe Arendts erwiesen sich allerdings als haltlos. Insbesondere Adorno stellte Benjamin auf einen Sockel und war bereit, so ziemlich alles zur Ehre des Philosophen zu tun. Dass ausgerechnet er zur Hauptzielscheibe der Kritik Arendts wurde, ist auf den ersten Blick nur schwer zu verstehen. Könnte es damit zu tun haben, dass sie selbst sich durch das Institut brüskiert fühlte? Sie hatte sich vorgewagt, hätte offenbar gern in »Sachen Antisemitismus« zusammengearbeitet, wurde aber zurückgewiesen. Anschließend schimpfte sie über die Selbstherrlichkeit der Frankfurter Philosophen, die in saturierten Verhältnissen leben würden.

Nach dem Treffen mit Adorno am 11. Juni schreibt sie an Anders: »Er war mir nicht angenehmer, aber seine Wagnerarbeit ist nicht schlecht.«[21] Mit anderen Worten: Ins Haus will sie Adorno immer noch nicht lassen, aber sie ist doch ein wenig milder gestimmt, sachlich-fachlich traute sie ihm einiges zu. Zehn Tage später aber stand die Geschichte plötzlich vor dem Scheitern: »Pollock und Institut: war erst sehr interessiert, aber desinteressierte sich völlig – offensichtlich auf Grund von Wiesengrunds Einspruch, der sich dort anscheinend (nach dem was er mir sagte) zum Antisemitismus-Referenten gemacht hat. Ihr Referat oder Research-Projekt habe ich gelesen. Ist ziemlich lamentabel.«[22] Ende Juni war offenbar noch nichts entschieden. Noch hatte sie nicht alle Hoffnung aufgegeben. Pollock war ihr sympathisch, ein Mann, der sich ganz unakademisch und geradlinig gab und, wie allgemein bekannt, kein besonderer Freund Adornos war. Vielleicht würde er sich ja gegen Adorno durchsetzen? Doch Anfang Juli musste sie alle Hoffnungen begraben. Die Geschichte, aus der eine interessante Allianz hätte werden können, war zu Ende, bevor sie richtig begonnen hatte: »Meine Sache hier mit Pollock ist ausgegangen wie das Hornberger Schießen – und ich bin nicht mal sicher, ob das nicht noch ein Glück ist. Ich glaube nicht, dass ich mich da ohne sehr sehr große Schwierigkeiten verständlich machen könnte. Aber ich brauche mir nicht den Kopf zu zerbrechen: Das tut Wiesengrund m. E. für mich.«[23] Die alten Feindbilder waren wieder aufgerichtet. Hannah Arendt war sicher, Opfer einer

Intrige geworden zu sein; sie neigte auch in anderen Fällen dazu, an Komplotte und Verschwörungstheorien zu glauben.

Recht hatte sie vermutlich mit der Annahme, dass sie sich mit ihren politischen Ansichten in diesem Kreis nicht gut hätte verständlich machen können. Sie sei »ein bißchen zu revolutionär«,[24] schrieb sie einmal an Dolf Sternberger. In den Kreisen der Intellektuellen galt sie als eine, die kein Blatt vor dem Mund nimmt und sich in Diskussionen nicht bescheiden zurückhält. Mit ihrem sprudelnden Temperament provozierte sie Widerspruch und mischte so manche Runde auf, wonach den Herren vom Institut der Sinn nicht stehen konnte. Adorno bereitete gerade seine Übersiedlung nach Kalifornien vor. Von der Politik hatte er sich genauso zurückgezogen wie Horkheimer; sie wollten in Hollywood fernab vom Weltgetriebe ihr großes Buch schreiben. Die Projekte über Antisemitismus, für das sie Gelder beim American Jewish Committee eingeworben hatten, und die *Studies in Prejudice* waren für sie wissenschaftliche Vorhaben, die das wirtschaftliche Überleben des Instituts sichern sollten, weshalb sie von allen Komplikationen frei zu halten waren. Sie waren überzeugt, allein der Umstand, dass sie als Juden im Auftrag einer jüdischen Organisation über Antisemitismus forschten, würde Zweifel an der Glaubwürdigkeit der Studie befördern. Auf politische Forderungen wollte man sich da besser nicht einlassen. Gegenüber den Financiers und deren Interessen galt es, Distanz zu wahren. »Wir wollen uns der Kontrolle entziehen, unabhängig bleiben, selbst den Inhalt und den Umfang unserer Produktion bestimmen!«,[25] gab Horkheimer Anfang der vierziger Jahre als Devise aus.

Politik als Leidenschaft

Für Hannah Arendt war eine solche Abstinenz und Neutralität ein Ding der Unmöglichkeit, akademische Forschung stand bei ihr immer in Verbindung mit politischem Handeln. Politik zog sie an. Schon Anfang der dreißiger Jahre wollte sie weg von diesem selbstreferenziellen Denken des akademischen Betriebs. Karl Jaspers hatte diese Neigung bei seiner Schülerin früh erkannt und befürchtet, dass sie der reinen Wissenschaft abhandenkommen könnte. Im November 1931 schreibt er ihr: »Fast glaube ich eine antiakademische Stimmung [...] bei Ihnen wahrzunehmen.«[26] Eine Wahrnehmung, die Folgen hatte. Denn für den Lehrer ist ihre *Rahel* ein Text, der in erster Linie zur »Klärung und Befreiung«[27] der Autorin geschrieben wurde, voller subjektiver und moralischer Urteile. Wissenschaft sah für ihn anders aus. Vor ihrer Flucht 1933 tippte Arendt die *Berliner Fassung* »in großer Eile«,[28] ließ den Text unter anderem an Jaspers schicken und wollte nichts mehr damit zu tun haben. In der Emigration besuchte sie mit Heinrich Blücher ein Seminar Alexandre Kojèves an der École des Hautes Études, damals eine Attraktion: Da ging man hin, da traf man Gleichgesinnte. Ansonsten aber kehrte sie der Wissenschaft den Rücken. Sie machte in verschiedenen Organisationen jüdische Politik, mischte sich ganz praktisch ein, half Juden bei der Auswanderung nach Palästina. Der jüdischen Mentalität, der Politik auszuweichen, sich passiv zu verhalten und sich zum Opfer zu machen, wollte sie etwas entgegensetzen. Mit diesem Anspruch war sie auch nach New York gekommen. Es dauerte nicht lange, da entfachte sie mit ihren Kolumnen im *Aufbau* eine Kampagne für eine jüdische Armee, die gegen Hitler kämpfen sollte. Politik wurde zu ihrem Lebenselixier.

Arendt ging eigene Wege, hatte allerdings ein paar feste Begleiter wie Jaspers und Sternberger, die sie trotz mancher Meinungsverschiedenheiten stützten und ihr nach dem Krieg eine Bühne bereiteten. Die Redaktion der Zeitschrift *Die Wandlung*, die unter anderem von Jaspers und Sternberger herausgegeben wurde, forderte sie gleich 1946 zur Mitarbeit auf. Arendt schlug zahlreiche Aufsätze vor; *Organisierte Schuld* und *Über den Imperialismus* wurden angenommen und zum Druck befördert. Bei anderen Essays konnten sich die Herausgeber nicht einigen. Sternberger hatte jedoch die Idee, die von Arendt geschickten Essays in einem Buch zusammenzufassen. Der Verleger Lambert Schneider war einverstanden, und so entstand, nach der Dissertation über den *Liebesbegriff bei Augustin*, ihre zweite Buchveröffentlichung: *Sechs Essays*, in viertausend Exemplaren aufgelegt. »Ein herrliches Buch!«, schreibt Jaspers im Mai 1948, als der Band gerade erschienen war.[29]

Am Anfang des Bandes steht eine »Zueignung an Karl Jaspers«. Hannah Arendt macht deutlich, sie spreche hier nicht lediglich als Autorin, sondern als Jüdin deutscher Sprache, für die es nach allem, was geschehen war, nicht leicht sei, in Deutschland zu publizieren. »Die letzten Jahre haben uns Dinge gelehrt, die wir keineswegs aus unserer Geschichte als etwas sich Wiederholendes belegen könnten; wir sind mit einem entschlossenen Versuch der Ausrottung noch nie konfrontiert worden, und wir haben natürlich mit einer solchen Möglichkeit auch nie im Ernst gerechnet.«[30] Wir lebten in einer neuen Welt, schreibt sie, in einer Welt des »Mißtrauens zwischen den Völkern und den Einzelnen«.[31] Für Juden sei es unmöglich, »einem Deutschen, der uns begegnet, nicht mit der Frage aufzuwarten: Was hast Du in den zwölf Jahren von 1933 bis 1945 getan?« Die Rechtfertigung der Existenz, der »lauernde Verdacht« gehöre heutzutage zur Realität. Zwischen dem deutschen und dem jüdischen Volk klaffe ein Riss: Auf der einen Seite steht das deutsche Volk, das von den Nazis zum Komplizen gemacht worden sei, »auf der anderen Seite steht der in den Gaskammern erzeugte blinde Haß des gesamten jüdischen Volkes«.[32] Weder der einzelne Deutsche noch der einzelne Jude könne sich dieser Konstellation entziehen. Ihr, so schreibt sie am Schluss der Zueignung, scheine es »gerechtfertigt, dies Buch in Deutschland erscheinen zu lassen«. Menschen müssten »miteinander reden können, und sei es unter den Bedingungen der Sintflut«.[33]

Viele Überlegungen, die später Eingang in ihr Totalitarismus-Buch fanden, sind in den Essays präsent. So werden die Thesen zum Bündnis zwischen Mob und Elite, die im dritten Teil ihres Buches über totale Herrschaft entwickelt werden, bereits in dem Aufsatz *Über den Imperialismus* abgehandelt. Wenn Hannah Arendt schreibt, dass die Unterwelt ein inniges Bündnis mit der guten Gesellschaft eingehe,[34] um eine Gewaltherrschaft auszuüben, dann erinnert das an Horkheimers Rackettheorie. Auch Rackets bilden sich unter den Bedingungen totaler Herrschaft aus, sind organisierte Gruppen, die sich mit der bürokratischen Elite verbünden. Bei Hannah Arendt setzt sich der Mob »aus den Abfällen sämtlicher Klassen«[35] zusammen, es sei ein »Bündnis zwischen den Allzu-Reichen und den Allzu-Armen«.[36] Die Initiative in diesem bemerkenswerten Bündnis übernehme der Mob, er glaube an Rasse und mache sich »Hoffnungen auf überirdische Profite«.[37] Mit seinem Zynismus wirke der Mob zerstörerisch auf Werte und Moral. Die gute Gesellschaft mit ihrem »Nachgeben in allen moralischen Fragen«[38] bewundere den Mob für diese Haltung.

Vom anarchischen Zynismus ist auch in Horkheimers Rackettheorie die Rede, die Rackets hätten weder Ideale, noch verfolgten sie irgendwelche gesellschaftlichen Zielsetzungen, ihr einziger Zweck sei Herrschaft und Machterhalt. Diese Koinzidenzen zwischen Horkheimer und Arendt sind so zufällig nicht. Horkheimers Rackettheorie wird in dem Essay *Vernunft und Selbsterhaltung* zum Thema. Sein Aufsatz erschien zuerst 1942 in englischer Übersetzung unter dem Titel *The End of Reason* in der in New York erscheinenden Zeitschrift des Instituts *(Studies in Philosophy and Social Science)*, die Hannah Arendt aufmerksam verfolgte. Parallel wurde der Aufsatz aber auch in deutscher Sprache in dem Band *Walter Benjamin zum Gedächtnis* abgedruckt. Drei Jahre später veröffentlichte Arendt – nehmen wir einmal an, inspiriert von der Rackettheorie Horkheimers – im *New Yorker* den Aufsatz *Über den Imperialismus*.

Die *Sechs Essays* sind alles andere als ein kompaktes Buch, ein roter Faden fehlt, und insoweit war es auch schwer, einen ansprechenden Titel zu finden. Neben den Aufsätzen über *Organisierte Schuld* und *Imperialismus* stand ein Essay über die *Existenzphilosophie*, einer über die Konzeption des Parias als einer jüdischen Volksfigur (von Heine bis Chaplin), ein weiterer Aufsatz behandelt die Rolle der Juden in Zweigs *Die Welt von Gestern* und schließlich einer niemand geringeren als Kafka selbst. Es war ein Querschnitt, in dem sich die weit gefächerten Interessen der Autorin spiegeln. Diese Vielfalt, dieses Potpourri von Gedanken und Denkweisen, von historischen, philosophischen, politischen und literarischen Bezügen, war nicht untypisch für ihre Arbeitsweise. Ihr Hauptwerk *Elemente und Ursprünge totaler Herrschaft,* 1951 in den USA erschienen, 1955 in deutscher Fassung, ist schwer einem Genre zuzuordnen. Es handelt sich weder um eine Geschichtsschreibung noch um eine politische Theorie oder Philosophie. Es ist ein Werk, so hat es Dan Diner beschrieben, über »historisches Urteilen«: »Nicht die distanzierte Beschreibung vergangener Geschehnisse ist Arendts Sache, sondern die qualifizierende historische Begründung. Geschichte wird weniger erzählt, denn argumentiert.«[39] Es gehört zu ihrem Stil, dass auch biographische Perspektiven eine Rolle spielen. Die *Sechs Essays* zeigen eine engagierte, eine urteilende Autorin, die die Gegenstände nicht seziert und bloßlegt, sondern sie aus der Fülle des Tatsächlichen, aus einem ethisch-moralischen Erkenntnisinteresse heraus wahrnimmt. Hannah Arendt versteckt sich nicht, sie macht sich beim Schreiben sichtbar.

In Sachen Antisemitismus

1941, als sie mit Pollock noch verhandelte, wollte sie eine große Arbeit über Antisemitismus schreiben. Diese Perspektive hat sich in den folgenden Jahren verändert, die inhaltliche Anordnung der verschiedenen Teile schwankte ebenso wie der Titel des Buches. »Elemente der Schande«, lautete einer der Arbeitstitel, dann »Die drei Säulen der Hölle«, erwogen wurde auch »Eine Geschichte der totalen Herrschaft«. In der Form, in der das Buch dann unter dem Titel *Elemente und Ursprünge totaler Herrschaft* gedruckt wurde, bestand es gewissermaßen aus drei Büchern: I Antisemitismus, II Imperialismus und III Totale Herrschaft. Arendts Biographin Elisabeth Young-Bruehl gibt an, sie habe mit der Niederschrift 1945/46 begonnen.[40] 1949, kurz bevor Arendt erstmals wieder nach Europa reiste, sei das Werk fertig gewesen. In dieser Zeit machte sie, so ist anzunehmen, mit dem »Konkurrenzunternehmen« Bekanntschaft, der *Dialektik der Aufklärung*. Das Buch erschien 1944 in mimeografischer Form unter dem Titel *Philosophische Fragmente*, drei Jahre später als gedrucktes Buch. Zumindest die Ausgabe von 1947 hat Hannah Arendt sicher gekannt und in ihre Überlegungen einbezogen. Auch sie geht von einem historischen Faktum aus, von einem Zivilisationsbruch, und stellt die Frage, wie es dazu kommen konnte. »Warum die Menschheit«, so formulieren Adorno und Horkheimer, »anstatt in einen wahrhaften menschlichen Zustand einzutreten, in eine neue Art von Barbarei versinkt.«[41] Beide Publikationen und ihre Autoren suchen in einer Revision der Geschichtsschreibung nach Antworten. Beide, auch das eint sie, sehen im Totalitarismus eine neue Herrschaftsform, die im Aufstieg von Faschismus und Bolschewismus zum Ausdruck komme. Zur Erklärung dieser Phänomene schlagen sie jedoch völlig andere Wege ein. Arendt erklärt den Triumph der totalen Herrschaft aus einer realhistorischen Perspektive; Hintergrund für die Entstehung des Totalitarismus sei der Zerfall der Nationalstaaten und der Aufstieg der modernen Massengesellschaft, die zu Entfremdungsprozessen geführt und alle tradierten Bindungen aufgelöst hätten. Adorno und Horkheimer nehmen die gescheiterten Hoffnungen der Aufklärung in den Blick. Sie fragen, warum sich die Menschen nicht aus ihrer selbstverschuldeten Unmündigkeit gelöst und stattdessen den Weg zurück gewählt hätten, und kommen zu dem Schluss, dass es selbstzerstörerische Tendenzen in der Aufklärung gebe. Es existiere ein unentrinnbarer Zwang zur Herrschaft: Wenn das bürgerliche Subjekt seine Freiheit realisieren wolle, müsse es die äußere Natur durch Technik unterwerfen und die innere Natur kontrollieren. Zur Selbstbehauptung des Subjekts bedürfe es einer instrumentellen Vernunft. Gleichzeitig hoffen und plädieren sie für eine radikale Fortsetzung der Aufklärung, denn im eigentlichen Sinn sei das aufklärende Denken der Herrschaft »überhaupt entgegengesetzt«.[42]

Es gibt noch einen weiteren wichtigen Berührungspunkt, der zumindest in der Ausgangsfrage Gemeinsamkeiten aufweist: den Antisemitismus. Beide suchen nach einer Erklärung für den Hass gegen die Juden. Wie hat sich aus der langen Tradition der Judenfeindschaft der moderne Antisemitismus entwickelt? In der *Dialektik der Aufklärung* stehen die »Elemente des Antisemitismus« zum Ende hin. Das ist nicht als Rangskala zu lesen. Adorno und Horkheimer ordnen den Antisemitismus in ihre gesellschaftstheoretischen Überlegungen ein, für sie ist er kein äußeres Phänomen, sondern das Produkt der Gesellschaft.

Bei der gesellschaftlichen Relevanz des Antisemitismus in den dreißiger Jahren kann man sich natürlich wundern, dass dieses Thema im Institut für Sozialforschung so lange keine Rolle gespielt hatte. Erst in den vierziger Jahren änderte sich das Bewusstsein der Protagonisten. Im Herbst 1940 bereitet Adorno die Pilotstudie[43] über Antisemitismus vor und entwickelt »noch ganz unformulierte«[44] Gedanken über eine Theorie des Antisemitismus, die er einem Brief an Horkheimer beilegt. Mit rationalistischen Argumenten ließe sich der Hass gegen die Juden nicht erklären, man müsse andere Wege gehen. Er entwickelte eine bemerkenswerte Theorie: Im Antisemitismus würden sich archaische Züge zeigen, die Juden seien, so vermutet er, eigentlich Nomaden gewesen, und das »Festhalten am Nomadentum« in »einer seßhaften

Welt« hätte sie in die Außenseiterposition gebracht: »Die Juden sind die heimlichen Zigeuner der Geschichte.«[45] Sie hätten sich nicht »›zivilisieren‹« lassen und nicht dem »Primat der Arbeit« unterworfen. »Das wird ihnen nicht verziehen und deshalb sind sie der Stein des Anstoßes in der Klassengesellschaft.«[46]

Was das Institut angeht, so rückten die Juden nun von der Außenseiterposition in den Mittelpunkt des Interesses. Es fand eine bemerkenswerte Verschiebung der Perspektive statt. Adorno nahm das mit einiger Verblüffung wahr: »Oftmals kommt es mir vor, als wäre all das, was wir unterm Aspekt des Proletariats zu sehen gewohnt waren, heute in furchtbarer Konzentration auf die Juden übergegangen. Ich frage mich, ob wir nicht, ganz gleich wie es mit dem Projekt wird, die Dinge, die wir eigentlich sagen wollen, im Zusammenhang mit den Juden sagen sollten, die den Gegenpunkt zur Konzentration der Macht darstellen.«[47] In den Projektentwürfen kommt es zu einer 180-Grad-Drehung. Wollte man zuvor über den Nationalsozialismus den Antisemitismus verstehen, so ist es jetzt genau umgekehrt, »wer den Nationalsozialismus verstehen will«, müsse zunächst »den Antisemitismus verstehen«.[48] Nur über seine genaue Kenntnis komme man dem »Wesen des totalitären Staates« nahe. Der neue Antisemitismus, heißt es an einer Stelle, sei »der Sendbote der totalitären Ordnung«.[49]

Arendts Abhandlung *Elemente und Ursprünge totaler Herrschaft* beginnt mit dem Antisemitismus, das heißt eigentlich mit dem religiösen Judenhass und der Judenfeindschaft; den modernen Antisemitismus greift sie in den beiden anderen Teilen auf. Arendt geht von einer Judenfeindschaft aus, die an Erfahrungen und reale Gegebenheiten gebunden sei, die den Hass auslösten. Es gibt für sie keine lineare Entwicklung, aber einen Prozess, in dem das Judesein zu immer abstrakteren Zuschreibungen führe. Die konkrete Person verliere an Bedeutung, ›Jude‹ wird zum Kollektivphänomen. In diesem »gesellschaftlichen Antisemitismus« sei im beginnenden

19. Jahrhundert »zum ersten Mal die Rede von dem Juden [...], nämlich ›von keinem jüdischen Individuo, sondern vom Juden überhaupt, vom Juden überall und nirgends‹«.[50] Im späten 19. Jahrhundert sei durch rassenkundliche und biologische Theorien der Abstraktionsprozess beschleunigt worden. Es bedürfe nun keiner Erfahrung mehr, um den Judenhass auszulösen. Der Antisemitismus habe sich von subjektiven Wahrnehmungen und Zuschreibungen gelöst, der Jude sei zum Prinzip geworden. »Juden hörten für ihre Umwelt wie für ihr eigenes Bewußtsein auf, Menschen einer bestimmten Herkunft, einer bestimmten Religion zu sein, und wurden statt dessen Menschen mit bestimmten Eigenschaften, die man jüdisch nannte.«[51]

Arendt spricht von einer antisemitischen Ideologie[52] und knüpfte an das an, was sie in Frankfurt bei Mannheim gelernt hatte, dass es eine Ideologie gebe, gegen die jede »›enthüllende‹ Absicht«[53] zwecklos sei. Mannheim spricht vom »totalen Ideologiebegriff«.[54] Bei einem partikularen Ideologiebegriff könnten wir den Gegner der Lüge überführen, wir könnten die Verhüllung sichtbar machen und die Ideologie entlarven. Bei einem totalen Ideologiebegriff sei die gesamte Bewusstseinsstruktur betroffen, man könne solche Ideen nicht mehr als wahr oder falsch erkennen. Für Arendt ist die antisemitische Ideologie eine totale Ideologie im Sinne Mannheims, weil der Judenhass abstrakt und erfahrungslos geworden sei, ohne die Möglichkeit, die falschen Vorstellungen mit der Wirklichkeit zu konfrontieren. Es entstehe das, was Hannah Arendt als »fiktive Welt« beschreibt, die den Tatsachen entgegengesetzt sei.[55] Fiktionen seien aber nicht nur bloße Phantasmen, sie enthalten »ein Element des Plausiblen«. Erst durch diese Plausibilität könne die fiktive Welt in einer »nichttotalitären Umgebung« etabliert werden.[56] Um die »Stimmigkeit einer fiktiven Welt«[57] zu stützen, müssten Fakten produziert werden. Diese müssten aus der »erfahrbaren Realität« der Menschen kommen und so verwendet werden, »daß sie fortan von aller überprüfbaren Erfahrung getrennt bleiben«. Darin genau bestehe »die Kunst des totalitären Führers«, heute würden wir sagen, des Populisten: Er müsse nur die richtigen Elemente für seine Fiktion herausfinden und gegen die Welt der Tatsachen immunisieren. »Dies geschieht dadurch, daß man Erfahrungselemente isoliert und verallgemeinert, also sie dem Bereich der Urteilskraft [...] entzieht, um dann die so vom gesunden Menschenverstand unabhängig gewordene, aus ihrem allgemeinen Zusammenhang gerissen in das ihr logisch inhärente Extrem zu treiben.«[58] Im Ergebnis sei diese fiktive Welt sehr viel stimmiger und plausibler als die wirkliche Welt, die voller Brüche und Unwägbarkeiten stecke. Mit anderen Worten: Weil die fiktive Welt getrennt vom Handeln existiere und keine Erfahrung in sie eindringen könne, sei sie glaubhafter als die wirkliche Welt. Die Fiktionen wirken auf die reale Welt ein, sie verändern sie, produzieren ihre eigene Realität, in der Menschen Schutz finden. Erinnert sei hier an Adorno, der in diesem Zusammenhang gesagt hat, dass »im Faschismus nicht nur die Entfremdung sondern auch ihr Gegenteil anwächst«.[59]

Hannah Arendt hatte sich mit *Elemente und Ursprünge totaler Herrschaft* scheinbar weit von ihrer *Rahel* entfernt und war ihr doch ganz nah. »Ich brauche die Rahel dringendst!«,[60] schreibt sie gleich nach ihrer Ankunft in New York an Günther Anders. In Paris hatte sie die unvollständige *Berliner Fassung*, wie sie an Jaspers schreibt, auf Druck von Blücher und Benjamin zu Ende geschrieben. Im Sommer 1938 sei das gewesen. In einem Lebenslauf gibt sie an, dass sie sich in der Zeit von 1937 bis zu den Novemberpogromen 1938 von aller praktischen Tätigkeit zurückgezogen habe. »Ich schrieb in dieser Zeit meine Arbeit über Rahel Varnhagen zu Ende und arbeitete danach an einer Geschichte des Antisemitismus.«[61] Die Rahel-Biographie und die ersten Arbeiten zu dem späteren Buch *Elemente und Ursprünge totaler Herrschaft* hingen eng zusammen. Als sie die Biographie in Angriff nahm, war ihr Ausgangspunkt die

Kritik an der Assimilation, die die Juden in eine schizophrene Situation brächte: Sie wollten Juden bleiben und sich doch vom Juden unterscheiden. In Paris, Ende der dreißiger Jahre, hatte sich die Situation und auch ihr Motiv verändert, die Verfolgung der Juden, der Antisemitismus, war jetzt der Blickwinkel, aus dem sie die letzten beiden Kapitel schrieb. Der Ton ist denn auch ein deutlich anderer als noch in der *Berliner Fassung.* Die *Pariser Fassung* wurde, so schreibt es Barbara Hahn, »zu einer Art Vorarbeit für die große Totalitarismus-Studie«.[62] Dass sie im Mai 1941, als sie über ein Projekt zum Antisemitismus nachdachte, »die Rahel dringendst« benötigte, hing vielleicht auch damit zusammen, dass sie von dieser Basis aus ihre Studie entwickeln wollte. Erst als Hannah Arendts Buch über den Totalitarismus herauskam und Erfolg hatte, versuchte sie, die *Rahel* zu veröffentlichen. Die Reaktionen von Verlegern und Lektoren machen deutlich, wie groß die Widerstände in den fünfziger Jahren waren, die Geschichte einer Jüdin auf den Markt zu bringen.

Auch ihr Mentor Karl Jaspers zeigte sich im Sommer 1952 nach einer Lektüre des Manuskripts voller Bedenken: »Ihr Buch kann die Stimmung erwecken, als ob ein Mensch als Jude eigentlich nicht recht leben könne.«[63] Heute, so seine Annahme, würde Hannah Arendt gegenüber Rahel gerechter urteilen und sie »nicht allein unter der jüdischen Frage sehen«, sondern als Menschen, »in dessen Dasein das jüdische Problem eine sehr große, aber keineswegs allein eine Rolle gespielt hat«.[64] Jaspers bezweifelte, ob Probleme, wie sie in der *Rahel* verhandelt werden, »heute in Deutschland viele Käufer interessieren«.[65] Jaspers sollte mit seinem Zweifel nicht allein bleiben. Hannah Arendt überarbeitete in der ersten Jahreshälfte 1956 die *Pariser Fassung*, es entstand eine *New Yorker Version*,[66] die nicht achtzehn, sondern dreizehn Kapitel sowie zahlreiche Umstellungen und Umarbeitungen aufweist. Nach einigem Hin und Her erschien die erste Buchausgabe in englischer Übersetzung im Januar 1958 in

London unter dem Titel *Rahel Varnhagen* und mit dem Untertitel *The Life of a Jewess.*

In Deutschland ging das nicht so glatt über die Bühne. Insbesondere der Untertitel bereitete dem Verlag und dem Lektor Hans Rößner Sorgen, einem ehemaligen SS-Obersturmbannführer, jetzt zuständig für das Geistige im Hause Piper. Arendts Vorschlag für den Untertitel lautete *Eine Lebensgeschichte aus dem Beginn der Assimilation der deutschen Juden.* Das war sachlich richtig, aber zu lang, zu komplex. Der Verlag hatte noch andere und aus seiner Sicht weitaus gewichtigere Bedenken. Man stieß sich an der Wendung »Assimilation der deutschen Juden«, damit sei das Buch für eine breite Leserschaft nicht attraktiv. Man wolle schließlich ein großes Interesse sicherstellen.[67] Arendt schreibt am 12. Januar 1959 aus New York, dass »›das Wort ›Jude‹ [...] doch irgendwie« im Titel erscheinen müsse. »Sonst ist es eine Irreführung des Lesers.«[68] Daraufhin griff Klaus Piper selbst in die Diskussion ein. Er sah zwar bei dem Wort »›Jude‹« im Untertitel ein mögliches »›Risiko‹«, aber eines, das er nicht scheuen würde. Nur sei eben Arendts Vorschlag »›zu trocken, zu akademisch‹«.[69] Nach erneuter Lektüre schlug er einen Kompromiss vor: *Lebensgeschichte einer deutschen Jüdin aus der Romantik.* Die Autorin zeigte sich einverstanden, und das Buch konnte in Druck gehen. Als es aus der Druckerpresse kam und ausgeliefert wurde, stand da allerdings schlicht und irreführend auf dem Einband: *Eine Lebensgeschichte.*

Im Aufbruch

Tillichs Seele

Mit beißender Ironie erinnert sich der Essayist und Feuilletonist Hans Sahl an Paul Tillich, den er 1941 im amerikanischen Exil kennenlernte: »Ich war mit Paulus, wie man ihn nannte, befreundet, weil er ein liebenswerter Mensch war, ein weltlicher Pastor, der gern gut aß, gut trank, gute Bücher las und gern mit schönen Mädchen tanzte, ein wenig linkisch zwar, obwohl auch das vielleicht angelernt war, denn die Weltfremdheit war sein Charme, sein Charisma, das ihn berühmt gemacht hatte.« Sahl überzog den ehemaligen Freund mit Spott und Häme, demaskierte ihn als Blender und Spieler, der sich in der Welt des Scheins bewege und dem nichts heilig sei: »Er gehörte zu jenen Theologen, die das Wort ›modern‹ gern im Munde führen und sich vor allem an die Atheisten wenden, um ihnen zu zeigen, daß sie ebenso atheistisch sein können wie sie, nur eben mit dem kleinen Unterschied, daß sie nebenbei auch an Gott glauben, was jedoch kein Hinderungsgrund sein dürfte, mit ihnen zu verkehren, denn ansonsten waren sie mit diesem Materialismus, mit allen seinen Spielarten und Verführungen vertraut, standen mit Marx, Freud, Schönberg, Kandinsky auf gutem Fuße und wußten mit allen Wölfen zu heulen, je atonaler, desto besser.«[1]

Sahl, 1902 geboren, Sohn einer großbürgerlichen jüdischen Kaufmannsfamilie, hatte nach dem Ersten Weltkrieg Kunst, Literatur und Philosophie studiert, war neben Siegfried Kracauer Ende der zwanziger Jahre zu einem der bedeutendsten Film- und Theaterkritiker der Weimarer Republik aufgestiegen. Er sympathisierte mit der Linken, schloss sich den Kommunisten an. 1933 musste er fliehen – über Prag, Zürich, Paris, Lissabon ging es nach New York. Hier wurde er zum glühenden Kritiker des stalinistischen Kommunismus, zu seinen Genossen ging er auf Distanz, wurde zum Renegaten. Es begann, was er »Exil im Exil« nannte. Nichtsdestotrotz war er nicht einsam, pflegte Kontakte zu Hermann Broch, Erika Mann, Fritz von Unruh und Hermann Kesten. Eine sehr ambivalente Beziehung verband ihn mit Bertolt Brecht, den er bewunderte, von dem er sich aber auch abgestoßen fühlte.

Brecht wiederum stand in der Zeit um 1943 Tillich besonders nah – es war die Zeit, als sich ein Ende des Krieges abzuzeichnen begann, »eine Periode des erwachenden Optimismus und Patriotismus«[2]. Unter den deutschsprachigen Exilanten wurde hitzig gestritten: Was solle aus Deutschland werden, wenn Hitler, wie auch immer, weg ist? Vor allem aber stritt man darüber, wer an dem Desaster schuld sei: die Nazis! – Darauf konnte man sich schnell einigen. Aber war nicht auch das deutsche Volk schuld, in Gänze oder in Teilen? Und wie stand es mit den Alliierten? Waren sie mit ihrer Beschwichtigungspolitik, ihrem Appeasement nicht auch schuld? Die deutschen Hitler-Gegner im Exil waren sich gänzlich uneinig.

Es gab Vertreter der Kollektivschuldthese. Schon früh hatte sich, in besonders grober Weise, der Schriftsteller Emil Ludwig diese These zu eigen gemacht. Am amerikanischen Unabhängigkeitstag, dem 4. Juli 1942, hielt er in Los Angeles auf der Konferenz *Win the War – Win the Peace* einen Vortrag, der die Exilanten aufschreckte. Ludwig wollte nicht differenzieren in ein gutes und ein böses Deutschland. »Hitler is Germany«, so seine Losung. Ludwig forderte die Alliierten auf, Deutschland mit zwei Armeen zu besetzen, eine sollte aus Soldaten bestehen, die andere aus Lehrern. Er plädierte für eine systematische Umerziehung, außerdem müsse man den Deutschen, was nach dem Vertrag von Versailles nicht geschehen sei, die Möglichkeit nehmen, je wieder Krieg zu führen. Das deutsche Volk sei leidenschaftlich verliebt in Auseinandersetzungen, man müsse es vollständig entwaffnen, nur dann gäbe es Frieden in der Welt.

Auf die zwei Tage später in der *New York Times* abgedruckte Rede Ludwigs reagierte Paul Tillich in der Exilzeitschrift *Aufbau*. Er forderte dazu auf, sich von Ludwig öffentlich zu distanzieren. Die Art, wie dieser seine Thesen verbreite, sei der »antisemitischen Propaganda entnommen, nur dieses Mal nicht gegen die Juden, sondern gegen die Deutschen gerichtet«.[3] Man könne doch nicht »ein Übel, das sich zu einer bestimmten Zeit und in bestimmten Gruppen eines Volkes zeigt«, dem »ganzen Volk« zuschieben. Sein Aufruf löste heftiges Für und Wider aus. Vor allem der Vergleich mit dem Antisemitismus stieß auf Bedenken. Hannah Arendt stand klar auf Tillichs Seite und polemisierte gegen Ludwig,[4] den sie als einen Opportunisten charakterisierte, der die großen Männer verehre und die Sieger vergöttere, so wie schon im Ersten Weltkrieg, als er aufseiten der deutschen Imperialisten gestanden, und in den dreißiger Jahren, als er die italienischen Faschisten bewundert hätte.

Ludwigs Thesen waren inspiriert von den Ansichten, die Robert Gilbert 1. Baron Vansittart in Großbritannien vertrat. Er sah die Deutschen als aggressives Kriegervolk, das man umerziehen müsse. Im Grunde aber seien die Deutschen unverbesserlich, darum sei die Unterscheidung zwischen Nazideutschland und Deutschland nichts weiter als »sentimentale Germanophilie«.[5] So argumentierte er in seinem Buch *Lessons of my Life*, das im Oktober 1943 erschien. Vansittart verdächtigte auch die deutschsprachigen Exilanten der Germanophilie, sie trügen nur nach außen hin ihre Gegnerschaft zur Schau. Ein Jahr später, im Sommer 1944, stellte der Amerikaner Henry Morgenthau seinen Plan zur

Entmachtung und Entindustrialisierung Deutschlands vor, der sich mit Vansittarts Ideen berührte.

»Was soll aus Deutschland werden?«, fragte Thomas Mann in seiner Rundfunkrede vom 29. September 1943.[6] Immer mehr exilierte Intellektuelle meldeten sich im Herbst zu Wort, entwickelten eigene Vorstellungen von der Zukunft, einige forderten sogar die Bildung einer Exilregierung. In der Sowjetunion hatte sich ein Nationalkomitee Freies Deutschland konstituiert, auch in anderen Ländern gab es ähnliche Initiativen. Im September entstand in New York ein Free Germany Committee, an dessen Spitze Paul Tillich und Bertolt Brecht standen. Sie wollten Verhandlungen mit Thomas Mann aufnehmen, der in Amerika das ›andere Deutschland‹ repräsentierte. Mit Thomas Mann an der Spitze der Bewegung hätte man eine respektable Figur gewonnen, die die unterschiedlichsten Strömungen zusammenführen könnte. Aber Mann war gegenüber diesem Ansinnen, sich politisch zu exponieren, äußerst skeptisch. An Agnes Meyer, die Publizistin und Gattin des Verlegers der *Washington Post*, hatte er schon im Juli 1943 geschrieben: »Nur unter stärkstem Druck würde ich mich jemals dazu verstehen, eine politische Rolle zu spielen und mir dabei bewußt sein, das schwerste Opfer zu bringen.«[7] Auch der Formel vom anderen Deutschland stand er skeptisch gegenüber. Seine Kinder Erika und Klaus Mann hatten 1940 versucht, diese schon etwas ältere Idee populär zu machen. *The Other Germany* heißt ihr Buch, das aus einer Vortragsreise quer durch die USA hervorgegangen war. Auch viele Exilanten glaubten an dieses andere Deutschland. Sie sahen nicht zuletzt sich selbst als Repräsentanten der eigentlichen, wahren deutschen Kultur. 1943 hofften alle, die Deutschen würden sich gegen Hitler erheben. Thomas Mann forderte in einer Rundfunkrede seine Landsleute auf, es den Italienern gleichzutun, die den Faschismus aus eigener Kraft beseitigt hätten. Die Phantasie vom anderen Deutschland war verlockend. Bertolt Brecht veröffentlichte 1943 einen Aufsatz ebenfalls unter der

Überschrift *The Other Germany*. Hitler hätte, bevor er andere Länder verwüstete, das eigene Land verwüstet und unterdrückt – die Deutschen seien mithin dessen erstes Opfer. Er lehnte eine kollektive Bestrafung ab, eine Umerziehung sei außerdem völlig unrealistisch, man könne nicht ein ganzes Volk ändern.

Thomas Mann sah die Deutschen nicht als Opfer, er sah sie in der Verantwortung; sie hätten Schuld auf sich geladen und müssten nun durch die Siegermächte zur Rechenschaft gezogen werden. Diesen Standpunkt vertrat er auf einer Zusammenkunft am 1. August 1943 im Salon Salka Viertels. Sein Bruder Heinrich war anwesend, außerdem Bertolt Brecht, Lion Feuchtwanger und viele andere. Man hatte sich versammelt, um eine unterstützende Erklärung für das Nationalkomitee Freies Deutschland in der Sowjetunion zu formulieren. Doch am nächsten Tag rief Mann bei Feuchtwanger an und zog seine Unterschrift zurück. Dabei soll der von Brecht kolportierte Satz gefallen sein: »solch ein volk muß gezüchtigt werden!«[8] Ob dieser Satz so geäußert wurde, ja ob Feuchtwanger ihn so weitererzählt hat, ist unklar. Brecht jedenfalls hat ihn in sein *Journal* geschrieben und daraus ein Gedicht gemacht: *Als der Nobelpreisträger Thomas Mann den Amerikanern und Engländern das Recht zusprach, das deutsche Volk für die Verbrechen des Hitlerregimes zehn Jahre lang zu züchtigen*.

Thomas Mann rang sich zu der öffentlichen Äußerung durch, dass es nicht zwei Deutschland gäbe, sondern nur eines, so formulierte er es nach der bedingungslosen Kapitulation in seiner Rede *Deutschland und die Deutschen* vom 29. Mai 1945. Er war enttäuscht von den eigenen Landsleuten – insbesondere von den Kulturträgern und Intellektuellen, die Sympathien für die Nationalsozialisten entwickelt hatten –, und er wollte sie nicht aus der Verantwortung entlassen. »Es gibt unter deutschen Links-Sozialisten eine Art von patriotischer Mode, darauf zu bestehen, daß Deutschland ›nichts geschehen darf‹. Das ist gar nicht mein Gefühl«, schreibt er am 9. August 1943 an Agnes Meyer, kurz nachdem er seine Unterschrift zurückgezogen hatte. Vielleicht keine »Züchtigung«, aber eine harte Strafe hielt Thomas Mann durchaus für angemessen.

Brecht forcierte zusammen mit Tillich die Gründung des Council for a Democratic Germany, der an die Stelle des Free Germany Committee treten sollte. Der Theologe übernahm die Präsidentschaft und stellte bei der Gründung am 17. Juni 1944 auch das Programm vor.[9] Eine der Hauptforderungen war, Deutschland nicht zu teilen.[10] Ferner, dass im Grunde alle hoheitlichen Befugnisse in deutscher Hand bleiben, selbst die Entnazifizierung sollten sie eigenverantwortlich übernehmen. Deutschland und Hitler wurden in dem Programm klar unterschieden. Eine Beziehung zwischen dem Nationalsozialismus und der deutschen Gesellschaft wurde in keiner Weise hergestellt. Nicht einmal auf eine klare Verurteilung der Judenpogrome konnte man sich einigen.

Ein problematischer Zusammenschluss von heterogenen politischen Kräften, so sah es auch Hans Sahl, der sich weigerte, mitzumachen oder gar eine Funktion zu übernehmen. Vielmehr warnte er Tillich, dass Brecht und die Kommunisten ihn als Aushängeschild für die eigene Politik benutzen würden. Die ganze Sache sei ein Coup Stalins. Zwischen Sahl und Tillich kam es zu heftigen Diskussionen. Jeder wollte den anderen überzeugen. Irgendwann entschloss sich Sahl, einen letzten Versuch zu wagen, um Tillich vielleicht doch noch zu überzeugen. Er lud ihn zum Essen ein. »Ich sagte ihm, daß ich für ihn kochen würde. Kohlrouladen. Er liebte Kohlrouladen. Schwer zu machen, aber im Kampf mit Stalin um die Seele Tillichs scheute ich keine Anstrengung und ließ mich von Lotte Goslar telephonisch über die Zubereitung von Kohlrouladen belehren. Nach dem Essen reichte ich Zigarren, Whisky, etwas Süßes. Man streckte sich, man reckte sich, und da kam der große Augenblick. Paulus entnahm seiner Brusttasche den Gründungsaufruf des Verbandes für ein demokratisches Deutschland und bat mich zum letzten Mal, ihn zu unterschreiben. [...] Ich nahm den Gründungsaufruf und zerriß ihn. Paulus aber war ein guter Mensch, mit einem Sinn für Massenauftritte, die er oft genug auf der Kanzel ausprobiert hatte. ›Du irrst dich, wenn du glaubst, daß ich mich ausnutzen lasse‹, sagte er, ›ich weiß ganz genau, was ich tue. Wir sind heute in einer ähnlichen Lage wie damals die französische Aristokratie kurz vor Ausbruch der Französischen Revolution. Wir können uns ihr entweder zur Verfügung stellen oder zum zweiten Mal emigrieren. Aber wohin. Außerdem, das Urteil ist bereits gefallen, die Geschichte hat gegen uns entschieden.‹ Er stand auf. ›Danke für die Kohlrouladen. Du hast dich sehr angestrengt. In jeder Beziehung.‹ Ich brachte ihm den Mantel. Er gab mir die Hand und ging langsam hinaus.«[11]

Welt und Unterwelt

Im Herbst 1942 mobilisierte Horkheimer alle festen und freien Mitarbeiter für seine neue Projektidee. Mit der Rackettheorie, glaubte er, sei der monopolistische Kapitalismus in ein neues Stadium eingetreten, ein besonders verhängnisvolles, dramatisches. Aus dem ökonomischen Prinzip entwickele sich in den fortgeschrittenen Gesellschaften eine »Gangsterherrschaft«, in der die Macht von Clans, Verbänden und undurchsichtigen bürokratischen Einheiten ausgeübt würde. Herrschaft kehre damit »zu ihrem eigenen Wesen zurück«, zu Gewalt und Inhumanität.[12] Sämtliche Mitarbeiter wurden aufgefordert, Material für diese These zu sammeln. Am 15. September meldet Adorno, er habe »die Racketsache energisch aufgenommen«.[13] In der griechischen Kulturgeschichte habe er eine Menge Belege gefunden und eine Liste verschiedener Kategorien erstellt. Von der Antike bis zum Monopolkapitalismus sollte die Geschichte der Rackets aufgearbeitet und in einem großen Abriss, einer »Soziologie des Rackets«, dargestellt werden. Ein kollektives Projekt, wie in den dreißiger Jahren die *Studien über Autorität und Familie* sollte es werden. Es blieb jedoch weitgehend bei Vorarbeiten, Ansätzen, Fragmenten und Notizen, der große Wurf kam letztlich nicht zustande.[14]

In einem Brief an Leo Löwenthal rekapitulierte Horkheimer im Oktober 1942 den Stand der Dinge und die Aufgabenverteilung:[15] Der Jurist Otto Kirchheimer sollte über die Rackets in der Arbeiterbewegung schreiben und die Unterschiede zwischen Industriemonopolen und Gewerkschaften herausarbeiten. Sein Kollege, der Politologe Franz Neumann, dessen *Behemoth* gerade erschienen war, arbeitete bereits an einer Studie über »politische Organisationsformen, die nicht wie Rackets angelegt sind«.[16] Arkadij Gurland, Politologe und Experte für die Geschichte der Arbeiterbewegung, über »Industrie-Rackets«[17] unter den Bedingungen des Totalitarismus – er sollte statistisches Material über die amerikanischen Verhältnisse recherchieren. Darüber hinaus war eine Studie über die Jugend-Rackets geplant. Löwenthal wurde aufgefordert, Wittfogel anzusprechen, der »soll uns wenigstens einige Zeilen über die speziellen Prüfungen liefern, die zum Eintritt in die chinesische Bürokratie berechtigten«.[18] Sogar Grossmann, der in den letzten Jahren abseits des Instituts stand, wurde einbezogen und stellt sofort eine These auf, über die er zu schreiben gedachte. Er sieht in der ursprünglichen Akkumulation das »Modell dafür, wie der Mehrwert schon immer unter den beteiligten Gruppen verteilt wurde«.[19] Auch Pollock, Marcuse und Felix Weil wurden zur Mitarbeit aufgefordert. Löwenthal sollte die Arbeiten koordinieren und dafür sorgen, dass die Manuskripte bis Mitte Dezember vorlagen. Jeder Mitarbeiter sollte sich beim Schreiben an Horkheimers Thesen über den *Geist der Rackets* orientieren. Es handelte sich hierbei um eine Notiz, die im Zusammenhang mit der Arbeit an der *Dialektik der Aufklärung* entstanden ist.

Die Rackettheorie ist schon im Winter 1941/42 das Thema in dem bereits angesprochenen Aufsatz *Vernunft und Selbst-*

erhaltung, den man als eine Art Ideensammlung zur *Dialektik der Aufklärung* verstehen kann. Mit dem Zerfall der Vernunft, so die zentrale These, zerfällt auch das Individuum. Ein wesentliches Moment sind für Horkheimer die Bedingungen der Massenkultur. Wir leben in einer Gesellschaft, schreibt er in dem oben zitierten Brief an Löwenthal, in dem »Produktions- und Konsumtionssphäre« eng verkoppelt seien.[20] Es gäbe keine Freiräume, keine Unterschiede zwischen Beruf und Freizeit mehr. »In seiner Freizeit unterliegt der Mensch genau denselben Mechanismen, denen er auch im Beruf gehorcht.«[21] So wie in der Arbeit alles geregelt sei, so seien auch die Konsumgewohnheiten reglementiert, der Mensch sei »sowohl außerhalb als auch innerhalb des Betriebs zur Maschine geworden«.[22] Nichtsdestotrotz seien in der Massenkultur »Fluchtimpulse« zu beobachten, doch Fluchtwege gäbe es nicht mehr, dem Menschen bliebe nur noch »der Schlaf oder der Wahnsinn«.[23]

Das Individuum sei um sein wahres Wesen betrogen und nur durch eine wesentliche Sorge bestimmt: seine eigene abstrakte Erhaltung. Alles andere werde zunehmend gegenstandslos. Was man von diesem Individuum fordere, sei die Fähigkeit zur Anpassung an mechanische Aufgaben und Prozesse, wobei es in seinem gesellschaftlichen Sein von allen Hintergründen abgeschnitten sei; die Familie, die zum Kernbestand der bürgerlichen Gesellschaft gehörte, sei weitgehend bedeutungslos geworden. Wenn der Mensch in Kommunikation mit anderen Menschen treten wolle, so sei er dazu verdammt, »den Spruchbändern von Radio, Film, Magazin« nachzureden.[24]

Horkheimer entwirft, so könnte man meinen, eine Dystopie. Doch die zitierten Phänomene und Mechanismen zeigen eine Welt, wie wir sie kennen, nur etwas drastischer und pointierter formuliert, als es üblicherweise geschieht. Seine Beschreibungen besitzen Wiedererkennungswert, sind Erfahrungen des alltäglichen Lebens, einer entfremdeten Wirklichkeit, in der der Mensch zum Vehikel geworden ist: »Das

Individuum hat nicht mehr die Zukunft zu überblicken, es muß bloß bereit dazu sein, sich einzufügen, jedem Wink zu genügen, jeden Hebel zu bedienen, immer Verschiedenes und immer dasselbe zu tun.«[25] Eine Welt »von Apparaturen, Maschinen, Handgriffen« steht dem Menschen gegenüber, sie bedroht ihn mit physischer Vernichtung.

Der Kampf um Selbsterhaltung erfordert Widerstandskraft und Entschlossenheit.[26] In einer Gesellschaft, in der die Rackets herrschen, sei die Körperstärke von Bedeutung. Was jedoch die Gesellschaft mehr noch als Muskelkraft brauche, sei »Geistesgegenwart«. Horkheimer beschreibt einen Typus des elastischen, flexiblen Menschen, der uns heute überall begegnet und als Ideal gepriesen wird. Wenn das Individuum »sich erhalten will, muß es [...] überall zupacken können, in jedem Team mitmachen, zu allem geschickt sein [...], muß es unmittelbar seine physische Existenz verteidigen, beim Arbeiten, Essen, Schlafen seinen Platz behaupten, Püffe und Schläge nehmen und austeilen, unter der rauhsten Disziplin noch durchkommen«. Das Individuum müsse sich zusammenziehen: »immer und überall von derselben Wachsamkeit und Bereitschaft, immer und überall auf unmittelbar Praktisches gerichtet«.[27] War der Mensch früher Anhängsel der Maschine, so sei er jetzt Anhängsel überhaupt. Vieles, was Horkheimer in diesem Essay beschreibt, erinnert an Chaplins *Modern Times* (1936). Das Humane ist in einer zunehmend absurden Welt und Wirklichkeit zum Störfaktor geworden, der ausgeschaltet und überwunden werden muss.

Das Individuum, so die These, sei in den Rackets nur als Teil einer Organisation, einer Gruppe, eines Verbandes überlebensfähig. Die Rackets treten an die Stelle der Klassen, es gebe keinen Antagonismus mehr, kein revolutionäres Subjekt, sondern nur einen Kampf um Macht und Machterhalt. Außerhalb der Rackets sei das Individuum, so Horkheimer, schutzlos und ohnmächtig. Geschichtlich habe es sich gezeigt: »der Mensch, sofern er keinem Racket angehörte, war draußen in einem radikalen Sinn, der Mensch als solcher war verloren«.[28] *Vernunft und Selbsterhaltung* ist ein radikaler, ein kompromissloser, ein provozierender Aufsatz, in dem Horkheimer aufs Ganze geht und die Selbstzerstörung der Vernunft bis an ihr Ende verfolgt, an dem nichts anderes mehr übrig bleibt »als der Rückfall in die Barbarei oder der Anfang der Geschichte«.[29]

Dieser dramatische Schluss hatte viel zu tun mit dem, was sich in der Welt und insbesondere auf den Kriegsschauplätzen zu dieser Zeit abspielte. Wie der Briefwechsel mit Adorno zeigt, verfolgte man mit großer Betroffenheit die sich zuspitzende Brutalisierung und Barbarisierung. Man war geschockt von den Ereignissen. Als Horkheimer im Winter 1941/42 sein Essay schrieb, hatten die Nazis die Umsetzung der ›Endlösung‹ beschlossen. Am 20. Januar 1942 fand die Wannseekonferenz statt, auf der die Deportation der europäischen Juden in die Vernichtungslager koordiniert wurde. Die Situation auf den Schlachtfeldern sah verheerend aus. Der Krieg wurde immer brutaler und mit immer größeren Verlusten geführt. 1942 gab es noch keine Hoffnung auf ein Ende. Doch spürte jeder, dass der Krieg in eine entscheidende Phase getreten war. Im August wird die 6. Armee unter General Friedrich Paulus Stalingrad erreichen. Im November schließen sowjetische Truppen nach verlustreichen Kämpfen die deutsche Armee ein.

Fragmentarische Menschlichkeit

Horkheimers Überlegungen zum »Rückfall in die Barbarei« waren nicht so weit hergeholt. Bemerkenswert ist die Hoffnung auf einen »Anfang der Geschichte«, zu der der Aufsatz selbst keinen Anhaltspunkt bietet. An dieser Stelle aber hakte Paul Tillich ein. Er hatte das Essay in dem Gedächtnisband für Walter Benjamin gelesen und war, obwohl er nicht in allen Punkten zustimmte, von den Gedanken Horkheimers elektrisiert. Er glaubte, dass man damit in Amerika ein Publikum erreichen und eine breite Diskussion über die Zukunft dieser Gesellschaft anstoßen könne. In einem ausführlichen Brief vom 15. Juli 1942 stellt er viele Fragen, unter anderem die nach der »Vernunft, die ihre eigene Zerstörung beschreibt«. Wenn sie das kann, so Tillich, müsse sie doch »irgendwo unzerstörbar sein«. Und »woher kommt der Glaube, daß der Universalmechanismus in den Anfang der Geschichte umschlagen *kann*?«[30]

Tillich eröffnet seine briefliche Stellungnahme mit einigen Korrekturen, die sich vor allem auf den theologiegeschichtlichen Hintergrund beziehen, dann aber folgt ein eindeutiges Bekenntnis: er stimme »fast allem Faktischen« zu »und erst recht der Gesamtschau«. Was genau war die Gesamtschau? Horkheimer hat sie in seinem Antwortbrief an Tillich vom 12. August 1942 deutlich benannt. Der Text – und er bezieht sich dabei auch auf die *Philosophischen Fragmente*, also die *Dialektik der Aufklärung* – sei ein Versuch, Klarheit zu schaffen »vor dem wahrscheinlich baldigen Untergang«.[31] Vielleicht ist an der von Hans Sahl kolportierten Anekdote ja doch etwas dran. Über Brecht und Tillich schreibt er, dass sie »ihre Nächte im ›Dickicht der Städte‹« verbringen würden und sich einig seien »über den Untergang der bürgerlichen Gesellschaft«.[32] Die Sympathie, die Tillich der Untergangsgeschichte seines Freundes entgegenbringt, ist jedenfalls bemerkenswert. Für seinen Geschmack sei die Geschichte jedoch so, wie Horkheimer sie erzählt, zu eindimensional, berücksichtige nicht den vorhandenen »Widerstand gegen die Entmenschlichung«. Folge man Horkheimer, gäbe es »keine Menschen mehr […] sondern nur noch Maschinenteile und keine Vernunft sondern nur noch kluge Mittel für vernunftwidrige Zwecke«.[33] Das aber sei nur die Hauptlinie der Geschichte, wie sie sich heute darstellt. Es existierten aber auch weniger markante Nebenlinien. Für Tillich gibt es das Prinzip Hoffnung, er nennt es »fragmentarische Menschlichkeit«, die immer auch vorhanden und stark genug sei, die unmenschlichen Strukturen sichtbar zu machen und zu überwinden.

So viele Differenzen es im Einzelnen gab, beide teilten die Auffassung, zur Elite zu gehören, zu jenen, so Tillich, »esoterischen Gruppen«, an die die Griechen glaubten, kleinen Gruppen, »die die geistige Tradition durch die Jahrhunderte tragen und rein halten«.[34] Von der Idee der »freien Bewegungen kleiner Gruppen« fühlte sich auch Horkheimer angezogen, auch wenn er die Hoffnung nicht teilte, dass diese Gruppen »die Zukunft tragen«.[35] Doch klingt es etwas verräterisch, wenn Horkheimer im pastoralen Ton, mit viel Understatement und Pathos den Anspruch zurückweist. »Wir dürfen nicht mehr hoffen, als daß, wenn der Tag einmal anbrechen sollte, das, was wir geschrieben haben, als ein sehr kleines Sternchen erkannt wird, das kaum wahrnehmbar in der grauenhaften Nacht der Gegenwart geschienen hat.«[36]

Der Schwerpunkt des Unrechts

Die Tonlage, die Horkheimer gegenüber Tillich anschlägt, lässt die reale Situation des Instituts nicht erkennen, die sich in den letzten zwei Jahren durchaus gebessert hatte. Als 1940 die finanziellen Mittel zur Neige gingen, korrigierte man nachdrücklich die Laufrichtung. Man führte ein Doppelleben: machte weiter Theorie und versuchte parallel, Forschungsgelder einzuwerben für Projekte, die empirisch ausgerichtet und nicht auf die europäische, sondern auf die amerikanische Wirklichkeit abgestellt waren. Horkheimer baute die Kontakte zu potenziellen Geldgebern auf und übernahm die Verhandlungen, Adorno schrieb, zusammen mit seiner Frau Gretel, Antrag auf Antrag. Einige Zeit stand man in Kontakt mit der Rockefeller Foundation, rechnete sich Chancen für ein Antisemitismus-Projekt aus, doch am Ende erhielt man eine Absage. Niemand traute den Philosophen aus Frankfurt eine empirische Studie zu, die für den Auftraggeber brauchbare Ergebnisse liefert. Es gab eine Reihe von Hindernissen, die vor allem mit ihren theoretischen Denkweisen zu tun hatten, ihren Versuchen, das ›Subjektive‹ in einen gesellschaftlichen Zusammenhang zu bringen. Den Amerikanern war das Verständnis von Theorie als etwas Selbständigem, das sich nicht durch empirische Forschungen beweisen oder widerlegen lässt, fremd.[37] Ein besonderes Problem ergab sich dadurch, dass sie als Europäer und Juden antisemitische Einstellungen bei Amerikanern untersuchen wollten. Gleichwohl hielt man aus Überzeugung am Thema fest, das jetzt als Kernkomplex galt, der bei allen Unterschieden zu Europa auch in Amerika eine immer stärkere Rolle spielen würde. Adorno hatte 1941 vorgeschlagen, das von ihm entworfene Antisemitismusprojekt unabhängig von der Bewilligung von Fördergeldern in Angriff zu nehmen. In einem Brief an Horkheimer schreibt er, der Antisemitismus sei schließlich der »Schwerpunkt des Unrechts, und unsere Art Physiognomik muß sich der Welt dort zukehren, wo sie ihr grauenvollstes Gesicht zeigt«.[38] Die Erforschung des neuen Antisemitismus, der sich überall ausbreite und sich vom alten Judenhass unterscheide, sei die Hauptaufgabe des Instituts. Er selbst, schreibt Adorno, würde »Jahre daran geben«, ein solches Projekt zu realisieren.[39]

Es waren schließlich zwei jüdische Interessenverbände, die mit ihrer finanziellen Unterstützung die ersten Antisemitismusprojekte ermöglichten: das Jewish Labor Committee und vor allem das American Jewish Committee, das in den vierziger Jahren eine Vielzahl von Projekten zum Antisemitismus und zur Vorurteilsforschung förderte. Horkheimer wurde im August 1944 zum Leiter der Forschungsabteilung ernannt. Damit saß er an einer wichtigen Schaltstelle und konnte nicht länger in Kalifornien bleiben, sondern musste sich nun überwiegend in New York aufhalten. Unter seiner Aufsicht stand das in Berkeley angesiedelte Projekt zum autoritären Charakter. Die Ergebnisse wurden 1950 in der fast tausendseitigen Studie *The Authoritarian Personality* veröffentlicht, die Horkheimer zusammen mit Samuel H. Flowerman in den *Studies in Prejudice* herausgab.

Der faschistische Charakter

1944 startete das vom American Jewish Committee finanzierte Projekt über Vorurteile und autoritäre Persönlichkeitsmuster. Zum engeren Forscherteam gehörten neben Adorno der Sozialpsychologe R. Nevitt Sanford, der Psychiater Daniel J. Levinson und die Psychologin Else Frenkel-Brunswik. Den Kern des Teams bildeten also die Forscher der Berkeley Public Opinion Study Group. Adorno, der neben Sanford die Stelle eines zweiten Direktors innehatte, fuhr alle vierzehn Tage zu Besprechungen nach Berkeley.

22 Theodor W. Adorno, um 1950.

»Im Mittelpunkt des Interesses stand das *potentiell faschistische* Individuum, ein Individuum, dessen Struktur es besonders empfänglich für antidemokratische Propaganda macht. Wir sagen ›potentiell‹, denn wir haben uns nicht mit Personen befaßt, die erklärtermaßen Faschisten waren oder bekannten faschistischen Organisationen angehörten.«[40] Ziel war es, das faschistische Potenzial in den Vereinigten Staaten abzustecken. Anhand von Fragebogen wurden typische Einstellungen analysiert und mithilfe der berühmten F-Scala (Faschismus-Scala) untersucht. Dazu entwickelte man eine Reihe von Variablen, um typische Denkmuster und Verhaltensweisen einer autoritären Persönlichkeit zu beschreiben – Menschen, die in starrer Weise auf Konventionen beharren, unterwürfig gegenüber Autoritäten sind, die ein auffällig aggressives Verhalten zeigen, sich von Machtdenken leiten lassen, abergläubisch sind, destruktiv und zynisch auf Situationen reagieren. Diese könnten, wenn entsprechende Ereignisse eintreten und eine kohärente ideologische Plattform vorhanden sei, zu Faschisten werden und sich entsprechenden Bewegungen anschließen. Die Probanden kamen aus den Großstädten der Westküste und gehörten der weißen nichtjüdischen Mittelschicht an. Weitgehend unberücksichtigt blieb das politische und kulturelle Klima, in dem Verhaltensmuster entstehen und verstärkt werden; man beschränkte sich bewusst – das war der kleinste gemeinsame Nenner – auf die individuellen Reaktionen der Probanden. Adorno hat in einer eigenen Stellungnahme seine Auffassung bekräftigt, »daß Vorurteile letztlich durch gesellschaftliche Faktoren erzeugt werden, die unvergleichlich viel schwerer wiegen als die ›Psyche‹ irgendeines involvierten Individuums«.[41] Durch die Verengung auf das Individuum, so die Kritik an dem Projekt, würde der Faschismus als individuelle Einstellung behandelt und damit gewissermaßen verharmlost. Zum kleinsten gemeinsamen Nenner gehörte auch der Bezug auf die Psychoanalyse, wobei die kulturtheoretischen und metapsychologischen Schriften Freuds ausgeklammert wurden, im Zentrum standen die klassischen charaktertypologischen Arbeiten wie die zum masochistischen und analen Charakter, zur Ichspaltung und das 1923 eingeführte dynamische Strukturmodell der Psyche. Darüber hinaus beruft sich Adorno auf die Forschungen Otto Fenichels und Ernst Simmels, während der zweifellos größere Einfluss Erich Fromms unerwähnt bleibt. Fromm hatte sich schon in den dreißiger Jahren mit dem autoritären Charakter auseinandergesetzt und den Begriff mit Hilfe der Psychoanalyse entfaltet. An vielen Stellen, an denen sich die Verfasser der Studie auf Freud berufen, wäre eher Fromm zu nennen gewesen

Im Vorwort zu *The Authoritarian Personality* schreibt Horkheimer, dass das Hauptthema der Arbeit »ein relativ neuer Begriff« sei: »das Aufkommen einer ›anthropologischen‹ Spezies, die wir als den autoritären Menschentyp bezeichnen. Im Gegensatz zu dem Fanatiker des älteren Stils scheint er die Vorstellungen und Fertigkeiten, die für eine hochindustrialisierte Gesellschaft typisch sind, mit irrationalen oder antirationalen Überzeugungen zu verbinden. Er ist gleichzeitig aufgeklärt und abergläubisch, stolz auf seinen Individualismus und ständig in Sorge, nicht wie alle anderen zu sein, ängstlich auf seine Unabhängigkeit bedacht und sehr geneigt, sich blind der Macht und Autorität zu unterwerfen.«[42]

Der »autoritäre Menschentyp« ist aktueller denn je. Bei allen Überlegungen, die man sich heute zu diesem Thema macht, wird die Studie zitiert und herangezogen, sie ist zum Klassiker der soziologischen Forschung geworden. Fraglich ist, ob man den autoritären Charakter auch heute noch mit dem klassischen psychoanalytischen Instrumentarium deuten kann.[43] Fraglich ist ferner, ob man faschistische Einstellungen im Sinne der F-Skala überhaupt »messen« und »durch Quantifizierung« bestimmen und erhärten kann, wie es die Autoren der Studie intendierten.

Zurück zum Kernkomplex

Adorno hat in seiner Beschreibung des Untersuchungsgegenstandes den eher allgemeinen Bezug wieder auf den Kernkomplex zurückgeführt: auf den Antisemitismus. Für ihn ist der Antisemitismus kein Problem, das man unter dem Begriff des autoritären Charakters subsumieren kann, es bedürfe vielmehr einer gesonderten Betrachtung. Antisemitismus sei nicht einfach ein Vorurteil, sondern habe mit »der Gesamtstruktur der Gesellschaft«[44] zu tun. Es bedürfe deshalb eines anderen Herangehens. Man hätte es, so schreibt er 1947, nicht mehr mit dem »alten Judenhass« zu tun, sondern mit einem Typus des Menschen, der bereit sei, ohne dabei Hass und emotionale Regung zu zeigen, »mechanisch ideologische Muster«[45] zu übernehmen und entsprechend zu agieren. Dieser neue Typus koppele sich von konkreten Erfahrungen ab: »Wenn die Massen das reaktionäre Ticket annehmen, das den Punkt gegen die Juden enthält, gehorchen sie sozialen Mechanismen, bei denen die Erfahrungen der Einzelnen mit Juden keine Rolle spielen. Es hat sich tatsächlich gezeigt, daß der Antisemitismus in judenreinen Gegenden nicht weniger Chancen hat als selbst in Hollywood.«[46] Adorno unterscheidet zwischen einem Antisemitismus, der auf einer Gefühlsbasis beruht und sich relativ spontan äußert, und einem »totalitären Antisemitismus«: »Unter der totalitären Herrschaft ist Antisemitismus nicht mehr Sache primärer Feindschaft von seiten des Volks oder wahrhaft spontaner Handlungen. Es ist eine administrative Maßnahme, die sich die herrschenden Vorurteile und, noch mehr, psychologische Dispositionen zunutze macht.«[47] Es komme mithin nicht so sehr auf den Hass an, sondern auf einen Menschentypus, der sich aus ideologischen Motiven heraus einer Bewegung anschließt, die die Vernichtung plant. Unter Bedingungen der Massengesellschaft entstünden Ich-schwache Charaktere, die über nicht genügend Widerstand und Abwehrkräfte verfügen und von »oben gemodelt«[48] werden können. Das sei möglich, weil Eigenschaften wie »Unabhängigkeit und Resistenz« nicht mehr vorhanden seien, »das alte Konzept vom Individuum« habe in der Massengesellschaft keine Existenzberechtigung mehr.[49] Das Ziel sei soziale Anpassung, und um die zu erreichen, »schwört das vorurteilsgeleitete Individuum der Idee seiner eigenen Individualität ab«.[50]

»Vielleicht entsteht etwas Neues, vielleicht etwas sehr Großes und Gutes«

Kurz vor dem Ende des Zweiten Weltkriegs, am 28. Januar 1945, traf sich das ›Kränzchen‹ aus alten Frankfurter Tagen ein letztes Mal – irgendwo in New York, wo, wissen wir nicht. Vielleicht in einem *Coffee House* wie einst im Café Laumer? Es waren auch nicht alle dabei, die Ende der zwanziger Jahre zum Kreis gehört hatten. Adorno fehlte, die Gründe kennen wir nicht. Er hätte diesem letzten Treffen sicher Impulse verliehen, schon allein deshalb, weil er sich mehr als alle anderen im Exil verändert hatte. Amerika habe ihn, sagt er später, verwandelt, befreit von kulturgläubiger Naivität. Mannheim, im englischen Exil, hatte sich in der Zwischenzeit anderweitig orientiert. Und Elias, der inhaltlich viel mit diesem Kreis zu tun hatte, ging lieber seine eigenen Wege. Erschienen waren Max Horkheimer, Friedrich Pollok, Adolph Lowe und Paul Tillich. Im Tillich-Nachlass gibt es ein Protokoll der Zusammenkunft.[51] Man hatte ein Thema verabredet, ein großes: »Theorie und Praxis«. Doch hochtheoretisch ging es nicht zu, Theorie und Praxis wurden von den Teilnehmern auf die eigene Existenz, den eigenen Lebensweg bezogen. Was war aus den Zielen und Perspektiven geworden, die man in den zwanziger Jahren verfolgt hatte, als man zukunftsfreudig in die Offensive ging? Wie sah man die Welt jetzt, wo die alte Ordnung zusammengebrochen war und das Neue noch nicht sichtbar? Wohin wollte man gehen? Im Hintergrund der Diskussion stand das politische Engagement. Auslöser dafür war Paul Tillichs Tätigkeit als Vorsitzender des Council for a Democratic Germany, die von allen anderen im ›Kränzchen‹ kritisch gesehen wurde.

Die Stimmung war gedrückt. Noch konnte keiner über das sich abzeichnende Ende des Krieges – nach alldem, was an Grausamkeiten passiert war – so recht froh sein. Dass die nächste Phase der Menschheit besser verlaufe – den Glauben habe man verloren, so Horkheimer. An der Macht teilzunehmen, politisch zu arbeiten würde bedeuten, dass das andere zugrunde gehe: die Lust an der Theorie. Und en passant verweist er auf die *Dialektik der Aufklärung*, die man weiterentwickeln wolle.[52]

Adolph Lowe blickte zurück: Zunächst hätte man gedacht, am richtigen Ort das Richtige zu tun. »Heute zweifeln wir, ob wir jemals am richtigen Ort standen« – er bezieht Tillich mit in seine Äußerung ein. »Alles, was man getan hat, ist fragwürdig geworden.«[53] Tillich, der mit seinen religiös-sozialistischen Ideen in den zwanziger Jahren Aufbruchsstimmung verbreitet habe, sei zurückgekehrt zu einer »strengeren dogmatisch-christlichen Haltung«, er sei spirituell geworden. Damals habe er geglaubt, eine »fundamentale Wendung in der christlichen Theologie« herbeiführen zu können, heute beschränke sich seine Hoffnung darauf, »den Amerikanern eine gut ausgearbeitete Theologie zu geben«.[54] Auch Horkheimer kommt auf die zwanziger Jahre zurück, die Zeit, als man leidenschaftlich über Theorien diskutiert und dabei noch einen sehr verengten Blick auf die politischen Verhältnisse und gesellschaftlichen Entwicklungen hatte: »entweder gibt es eine totale gesellschaftliche Veränderung oder der Fascismus kommt […], entweder findet Deutschland eine positive Lösung, oder die Menschheit geht zu Grunde«.[55] Man sei in einem »Entweder-Oder«-Denken[56] befangen gewesen und hätte sich nur radikale Alternativen vorstellen können. Die Schwierigkeit heute: »Wir haben keinen Standpunkt!«[57] Was wir jetzt als

Intellektuelle tun, »läuft darauf hinaus, den Gang dieser Welt zu stützen.«[58]

Es waren sehr persönliche Fragen und Bekenntnisse, die bei diesem Treffen zur Sprache kamen. Was wird man tun, wenn der Krieg demnächst zu Ende ist: in den Vereinigten Staaten bleiben oder nach Deutschland zurückkehren? Eine Entscheidung hatte von den Anwesenden noch keiner getroffen. Tillich und Lowe entschieden sich schließlich ganz für Amerika. Bei Tillich lag es auch daran, dass er nach vielen Anfangsschwierigkeiten Fuß gefasst und zu einem gefragten Vortragsredner, aber auch zu einem engagierten Pfarrer und Seelsorger geworden war.

Vorerst aber hatten alle ein mulmiges Gefühl, wenn sie an Deutschland dachten. Insoweit war dieses Treffen nicht nur ein Versuch, Bilanz zu ziehen, sondern auch mit der Hoffnung verknüpft, laut über die eigene Zukunft und die Zukunft dieser Welt nachzudenken, die gerade im Umbruch war. »Vielleicht«, so Horkheimer, »entsteht etwas Neues, vielleicht etwas sehr Großes und Gutes.«[59]

EPILOG

Die sensitiven Geister

Wir sind es gewohnt, die späten Jahre der Weimarer Republik als End- und Untergangszeit zu sehen, als Zeit vor der Katastrophe. Für die Akteure dieser Geschichte hingegen, für Paul Tillich, Theodor W. Adorno, Max Horkheimer, Karl Mannheim, Norbert Elias und Hannah Arendt, war es eine Zeit des Aufbruchs, des Neuanfangs. Sie glaubten, dass die Zeit reif war, reif für ein anderes Denken. Sie suchten nach neuen Wegen, nach einem neuen Verhältnis zur Wissenschaft, die damals noch weitgehend unter dem Einfluss der Philosophie stand. In den »sensitivsten Geistern«[1], so Tillich, komme dieses Denken, dieses Bewusstsein für das Neue zuerst zur Erscheinung. Und wen er zu diesen »sensitivsten Geistern« zählte, wer dazugehörte, ist nicht schwer zu erraten, es sind die Intellektuellen, denen Tillich eine besondere Empfindsamkeit zuschreibt. So sah es auch Karl Mannheim, der parallel dazu den Begriff der »freischwebenden Intelligenz«[2] prägte, eine heterogene Gruppe, die eine »experimentierende, eine soziale Sensibilität« besitze, die »auf die Dynamik und Ganzheit« der Gesellschaft ausgerichtet sei. Moderne Geistigkeit sei nicht mehr an einen Stand gebunden, sie sei freischwebend, »dynamisch, elastisch, stets in Umwälzung begriffen und mit Problemen belastet«.[3]

Man dachte groß von den Möglichkeiten des Geistes und der Intellektuellen. Groß dachte man auch von der Soziologie, die sich anschickte, anstelle der Philosophie zur Königsdisziplin zu werden. Dass die Soziologie eine Wissenschaft der Aufklärung sei, darin bestand ein Konsensus, den sie alle teilten. Die primäre Aufgabe der Soziologie sei, so Mannheim, »Freilegung. Freilegung der Wirklichkeit, der wirklichen Phänomene«.[4] Soziologie solle enthüllen, Verkleidungen erkennen und sie beseitigen, denn »unsere ganze alltägliche Wirklichkeit ist eigentlich verstellt«.[5] Eine Perspektive, die Adorno durchaus teilte, nur spricht er nicht von einer verstellten Wirklichkeit, sondern vom Warenfetischismus, von der Warenform, die alle Lebensbereiche durchdringe und umforme. Die Menschen würden um ihr eigentliches Sein betrogen. Mit soziologischem Denken sollte dieser Betrug entschleiert werden. Im Kapitel über die Kulturindustrie in der *Dialektik der Aufklärung* werden die Mechanismen eines solchen »Massenbetrugs« zum Thema gemacht: »Immerwährend betrügt die Kulturindustrie ihre Konsumenten um das, was sie immerwährend verspricht.«[6]

Das soziologische Denken schien der Schlüssel zur Welt der Tatsachen zu sein. Max Weber nannte die Soziologie bekanntlich eine Wirklichkeitswissenschaft, eine Wissenschaft, die herausführt aus dem Elfenbeinturm und Zugänge zu den Phänomenen der Moderne frei legt.

Der Aufstieg der Soziologie zur Wissenschaft der Moderne manifestierte sich in dieser Gruppe. Der Blick richtete sich emphatisch auf die Wirklichkeit. Elias definiert den Wissenschaftler als »Mythenjäger«, der mittels »Tatsachenbeobachtung« Bilder, Glaubensvorstellungen, mythische Spekulationen durch Theorien ersetzen soll.[7] Auch Hannah Arendt hat mit *Rahel Varnhagen. Lebensgeschichte einer deutschen Jüdin* einen Mythos aufgeklärt und durch Theorie ersetzt. Am Beispiel der Salonnière hat sie die Assimilation als das entmystifiziert, was sie war und ist: eine Lüge, mit der die Juden leben mussten. »In einer im großen Ganzen judenfeindlichen Gesellschaft […] kann man sich nur assimilieren, wenn man sich an den Antisemitismus assimiliert.«[8] Mit *Rahel Varnhagen* ging Hannah Arendt neue Wege, die abseits der Wissenschaft lagen. Für Hermann Broch war die Biographie »ein Experiment, ein hochinteressanter, völlig neuer Typus«.[9] Nicht von ungefähr liest man den Text heute als Vorarbeit zur Totalitarismus-Studie.[10]

Der Mensch, so Tillich, ist nicht gebunden »an das, was er vorfindet«, er steht unter der Forderung, »daß durch ihn unbedingt Neues werden soll«.[11] Alle suchten nach dem Neuen und stellten tradierte Denkgewohnheiten und Weltbilder infrage, man wollte, so formuliert es Mannheim, heran an die Wirklichkeit und untersuchen, »wie Menschen wirklich denken [...], nicht wie Denken in den Lehrbüchern der Logik erscheint«.[12]

1930 formulierte Max Horkheimer in seiner Antrittsvorlesung als Direktor des Instituts für Sozialforschung seine Vorstellungen von einer neuen Wissenschaft. Die Trennung von Philosophie und Tatsachenforschung sollte aufgehoben werden. Man wollte die wirklich wichtigen Themen in den Blick nehmen, die nach dem Zusammenhang zwischen dem wirtschaftlichen Leben und der psychischen Entwicklung der Individuen fragen. Und dabei sollte es nicht nur um die geistigen Gehalte gehen, sondern um all das, was zum Leben dazugehört: Mode, Vergnügung, Lebensstil. Das Institut stellte die Spezialisierung in den Einzelwissenschaften infrage. Der damals noch recht neue Gedanke der Interdisziplinarität stand im Vordergrund. Wissenschaftler aus verschiedenen Fachgebieten sollten gemeinsam an Projekten arbeiten und ihre Methoden anwenden. Ende der zwanziger Jahre nahm man die Psychoanalyse mit auf, die erfolgreich in der Therapie war, aber in der akademischen Welt auf Ablehnung stieß.

Theorie und Praxis sollten sich gegenseitig bedingen, sie waren das Spannungsfeld, in dem das Institut arbeitete, auch in den Jahren des Exils. Die dreißiger Jahre brachten erste Erfolge: 1936 erschien die voluminöse Studie über *Autorität und Familie*, die damals, den Zeitumständen geschuldet, kaum Beachtung fand, während sie in den fünfziger und vor allem in den sechziger Jahren zum Klassiker einer neuen studentischen Generation aufstieg. Mit den Beiträgen von Max Horkheimer, Erich Fromm und Herbert Marcuse verlieh sie den pädagogischen Konzepten einer antiautoritären Erziehung entscheidende Impulse. Schon in Horkheimers Antrittsvorlesung ist von empirisch ausgerichteten Studien und von Enqueteverfahren die Rede, die man anwenden wolle, um sich »im stetigen Zusammenhang mit dem wirklichen Leben«[13] zu halten. In diesem Zusammenhang verweist Horkheimer auch auf die amerikanische Sozialforschung, von ihr könne man lernen, sie habe »wichtige Vorarbeiten geleistet«.[14] Bis es dazu kommt, werden noch einige Jahre vergehen.

Erst in den vierziger Jahren knüpfte das Institut an diesen Themenkomplex an. In der großen Untersuchung über den autoritären Charakter, die nach langer Verzögerung 1950 in der Reihe *Studies in Prejudice* erschien, forschte eine breite Phalanx von Wissenschaftlern nach den Gründen für antisemitische und faschistische Einstellungen, suchte nach individuellen Prädispositionen. Wie kommt es, dass sich bestimmte Personen für diese Ideen begeistern und sich faschistischen Bewegungen anschließen? Was macht diese Personen für antidemokratische Propaganda anfällig? Warum sind Individuen bereit, ihre eigenen Interessen nicht nur zu ignorieren, sondern ihnen sogar zuwiderzuhandeln? In dieser Studie wurden Fragen gestellt, die uns heute, in einer Zeit, in der der Rechtspopulismus und Antisemitismus erneut auf dem Vormarsch sind, wieder umtreiben.

Die Untersuchung über *Authoritarian Personality* wurde zum Vorbild für eine Studie, die Horkheimer, Adorno und Pollock nach der Rückkehr aus dem amerikanischen Exil in Angriff nahmen: »Gruppenexperiment« hieß das Projekt. Thema waren die kollektiven Mentalitäten der westdeutschen Bevölkerung, ihre Haltungen zum NS-Regime und zur neuen Demokratie. Man veränderte die Methode, praktizierte keine standardisierten Einzelbefragungen mehr, sondern etablierte ein Gruppendiskussionsverfahren.

Es galt, die antidemokratischen Mentalitäten zu erforschen. Besonders Adorno widmete sich in den fünfziger und sechziger Jahren diesem Thema. Nach dem Zusammenbruch der historischen Kontinuitäten ging es um die Aufarbeitung der Vergangenheit, um die Erforschung individueller Prädispositionen, die zum faschistischen Charakter führen – einen Charakter, der sich vom Judenhass ablöst und »mechanisch ideologische Muster«[15] (Adorno) übernimmt. Hannah Arendt hatte in den sechziger Jahren diesen Typus in Adolf Eichmann erkannt und sprach von der »Banalität des Bösen«. Adorno, der in den Medien, vor allem im Rundfunk, präsent war, entwickelte pädagogische Konzepte und Ideen, die darauf gerichtet waren, den Menschen zu »entbarbarisieren« und zur »Mündigkeit« zu erziehen.

Was bis heute beeindruckt an diesem Intellektuellenkreis, ist die große Aktualität der diskutierten Themen (Populismus, Rassismus, Antisemitismus, Entstehung von Gewalt und Hass, Demokratiefeindlichkeit) und die fortdauernde Relevanz vieler hier erstmals formulierter Denkansätze.

ANHANG

Anmerkungen

PROLOG

1 Die Beschreibung bezieht sich auf: Hannah Tillich: Ich allein bin, S. 143–144.
2 Graf: Die Party, S. 114 ff.
3 Vgl. Schivelbusch: Intellektuellendämmerung, S. 130.
4 Hannah Tillich: Ich allein bin, S. 144.
5 Ebd.
6 Hansi Schoen an Adorno, 21. Oktober 1963, in: Adorno / Scholem: Briefwechsel, S. 133–134.
7 Wilhelm und Marion Pauck: Paul Tillich, S. 130.
8 Vgl. Graf: Die Party, S. 115.
9 Noth: Erinnerungen eines Deutschen, S. 194.
10 Adorno: Erinnerungen an Paul Tillich, S. 29.
11 Noth: Erinnerungen eines Deutschen, S. 194.
12 Pauck: Paul Tillich, S. 75.
13 Tillich: Der junge Hegel, S. 126.
14 Graf: Paul Tillich im Exil, S. 17–18.
15 Zitiert nach Graf: Die Party, S. 115.
16 Pauck: Paul Tillich, S. 130.
17 Zitiert nach Graf: Die Party, S. 115.
18 Hansi Schoen an Adorno, 21. Oktober 1963, in: Adorno / Scholem: Briefwechsel, S. 133–134.
19 Horkheimer: Dämmerung, S. 327.
20 Adorno: Offener Brief an Max Horkheimer, S. 160.
21 Wiegenstein: Nach über fünfzig Jahren, S. 194.
22 Elias: Autobiographisches und Interviews, S. 272.
23 Elias: Adorno-Rede, S. 40.
24 Schivelbusch: Intellektuellendämmerung, S. 135.
25 Hannah Tillich behauptet in ihren 1973 veröffentlichten Memoiren gar Ungeheuerliches: Albert Speer und ein Industrieller namens Erwin, der früher Autorennen gefahren war und

dann mit den Nazis zu sympathisieren begann, hätten am Kostümfest teilgenommen. In beide sei sie leidenschaftlich verliebt gewesen. Über Speer schreibt sie: »er küßte wundervoll. In den frühen Morgenstunden nach unserem Kostümball küßten wir uns zum letzten Mal. Als alle gegangen waren, saßen er und seine Angebetete und Paulus [Paul Tillich] und ich noch einen ernüchternden Augenblick lang zusammen. Wir tanzten eine letzte Runde und küßten uns.« (Hannah Tillich: Ich allein bin, S. 144.) Hannah Tillich, die Frau des Theologen, outet sich als Albert Speers Geliebte? Eine verwegene Behauptung und wohl ein kalkulierter Tabubruch. Acht Jahre nach dem Tod Paul Tillichs schreibt sie ein Buch aus der Schlüssellochperspektive mit der Absicht, den obsessiven Erotiker Tillich vor aller Öffentlichkeit bloßzustellen. »Ich habe kein Buch über Paulus [Paul Tillich] geschrieben. Ich habe ein Buch über *mich* geschrieben«, soll sie gesagt haben. (Ich allein bin, Nachwort, S. 248.) In der Tat ist es ein Buch über Hannah Tillich und ihre Liebschaften. Interessant war der Zeitpunkt, an dem sie ihre Memoiren zu schreiben begann, er fiel mit dem Aufstieg Albert Speers zum Medienstar zusammen. Als man Speer am 1. Oktober 1966 aus der Haft entlassen hatte, wurde er zum Liebling der Medien, man riss sich geradezu um Interviews mit ihm – und Speer bediente alle mit der Geschichte eines von Hitler verführten hochintelligenten Mannes, der getäuscht worden sei. 1969 erschien Speers Erinnerungsbuch in Deutschland, ein Jahr später eine Übersetzung in den USA. Der Hype um Speer hatte seinen Höhepunkt erreicht. Ist es Zufall, dass Hannah Tillich genau in dieser Zeit damit beginnt, exhibitionistisch ihr Leben auszubreiten und derartige Legenden in die Welt zu setzen? Es sind, so Hannah Arendt, »die Bekenntnisse einer sehr unschönen Seele, die im wesentlichen daran interessiert ist, der Welt zu sagen, mit wievielen Herren sie geschlafen hat« (Arendt / Sternberger: Briefwechsel, S. 351). Wenn es sich dann noch um zwei prominente Nazis handelt, ist die Aufmerksamkeit groß – und sie war groß. Aber, und das ist denn doch bemerkenswert, nicht wegen der beiden Nazis, die man weitgehend ignorierte oder in einen gänzlich anderen Zusammenhang stellte (Schivelbusch, Intellektuellendämmerung, S. 13), sondern wegen Paul Tillich, der Lichtgestalt, die man entzaubert sah – das war offenbar der größere Skandal.

26 Elias: Autobiographisches und Interviews, S. 231.

27 Mannheim: Ideologie und Utopie, S. 3.

28 Habermas: Die Zeit hat einen doppelten Boden, in: Müller-Doohm: Adorno-Portraits, S. 16.
29 Adorno: Erinnerungen an Paul Tillich, S. 35.
30 Schüßler / Sturm: Paul Tillich, S. 296.

TEIL 1

Ein wandelndes System von Antennen

1 Horkheimer: Hans Cornelius. Zu seinem 60. Geburtstag, S. 153.
2 Zitiert nach Sturm: Historische Einleitung, Ergänzungsband, XV, in: Tillich: Vorlesungen über Geschichtsphilosophie und Sozialpädagogik, S. XXXII.
3 Raulff: Kreis ohne Meister, S. 440.
4 Becker: Hochschulreform, S. 9.
5 Ebd.
6 Ebd., S. 4.
7 Zitiert nach Gostmann / Koolwaay: »Der Tag war da: so stand der Stern«, S. 18.
8 Medicus: Zu Paul Tillichs Berufung nach Frankfurt, in: Tillich: Impressionen und Reflexionen, S. 564.
9 Graf: »Old harmony«?, S. 348.
10 Dotzler-Möllering: Tillichs Begegnung mit dem Ausdruckstanz, in: Tillich: Impressionen und Reflexionen, S. 560–561.
11 Pauck: Paul Tillich, S. 74.
12 Ebd., S. 75.
13 Sturm: Historische Einleitung, Ergänzungsband, XV, in: Tillich: Vorlesungen über Geschichtsphilosophie und Pädagogik, S. L.
14 Ebd.
15 Lukács: Geschichte und Klassenbewußtsein, S. 183.
16 Adorno: Erinnerungen an Paul Tillich, S. 24.
17 Adorno an Alban Berg, 14. Mai 1928, in: Adorno / Berg: Briefwechsel, S. 173.
18 Max Born, zitiert nach Schivelbusch: Intellektuellendämmerung, S. 135.
19 Adorno: Erinnerungen an Paul Tillich, S. 24–25.
20 Ebd., S. 25.
21 Ebd.

Ein Mann mit Talenten – Theodor W. Adorno

1 Adorno an Kracauer, 3. September 1927, in: Adorno / Kracauer: Briefwechsel, S. 154.
2 Adorno: Offener Brief an Max Horkheimer, S. 156.
3 Ebd.
4 Adorno: Minima Moralia, S. 17.
5 Adorno an Löwenthal, 16. Juli 1924, in: Löwenthal: Mitmachen wollte ich nie, S. 247.
6 Adorno an Berg, 14. Mai 1928, in: Adorno / Berg: Briefwechsel, S. 170.
7 Adorno: Worte ohne Lieder, in: Ders.: Eine Bildmonographie, S. 98.
8 Ebd., S. 99.
9 Adorno an Thomas Mann, 5. Juli 1948, in: Adorno / Mann: Briefwechsel, S. 33.
10 Adorno an Lenk, 5. September 1967, in: Adorno / Lenk: Briefwechsel, S. 39.
11 Wollschläger, zitiert nach Müller-Doohm: Adorno-Portraits, S. 127.
12 Adorno an Kracauer, 8. März 1925, in: Adorno / Kracauer: Briefwechsel, S. 21.
13 Ebd., 10. April 1925, ebd., S. 38.
14 Ebd.
15 Ebd., 17. Juni 1925, ebd., S. 79.
16 Ebd., 10. April 1925, ebd., S. 39.
17 Adorno: Im Gedächtnis an Alban Berg, in: Ders.: Musikalische Schriften V, S. 502.
18 Berg an Adorno, 28. Januar 1926, in: Adorno / Berg: Briefwechsel, S. 66.
19 Adorno: Dreigroschenoper. Frankfurter Opern- und Konzetkritiken, S. 137.
20 Adorno, Zur Dreigroschenoper, S. 540.
21 Adorno an Berg, 14. Mai 1928, in: Adorno / Berg: Briefwechsel, S. 170.
22 Ebd.
23 Ebd., 9. Oktober 1929, S. 231.

Theologe und Bohemien – Paul Tillich

1 Sturm: Historische Einleitung, Ergänzungsband, XV, in: Tillich: Vorlesungen über Geschichtsphilosophie und Sozialpädagogik, S. XXXII.
2 Tillich: Autobiographische Betrachtungen, S. 62.
3 Diese Wendung stammt von Sloterdijk: Kritik der zynischen Vernunft, 2. Bd., S. 721.
4 Vgl. Graf: Tillichs Durchbruch, S. 37.
5 George: Der siebente Ring, S. 188.
6 Tillich: Kairos – Theonomie – Das Dämonische, S. 312.
7 Tillich: Eine geschichtliche Diagnose. Eindrücke von einer Europareise, S. 239.
8 Tillich: Das Dämonische, S. 70.
9 Tillich: Systematische Theologie II, S. 69.
10 Tillich: Ein Lebensbild in Dokumenten, S. 158.
11 Hannah Tillich: Ich allein bin, S. 107.
12 Ebd., S. 109.
13 Gadamer über Tillich, in: Tillich: Ein Lebensbild in Dokumenten, S. 165.
14 Ebd., S. 166.
15 Ebd., S. 167.
16 Horkheimer: Letzte Spur von Theologie – Paul Tillichs Vermächtnis (1966), S. 269.
17 Arendt an Fränkel, 19. Februar 1950, in: Dies.: Wie ich einmal ohne dich leben soll, mag ich mir nicht vorstellen, S. 299.
18 Adorno: Erinnerungen an Paul Tillich, S. 25.
19 Sternberger: Ein Nachruf für Paul Tillich, Frankfurter Zeitung, 25. Oktober 1965.
20 Tillich: Die religiöse Lage der Gegenwart, S. 12.
21 Ebd., S. 14.
22 Adorno: Erinnerungen an Paul Tillich, S. 28.
23 Kissler: »Wo bin ich denn behaust?« Rudolf Borchardt und die Erfindung des Ich, S. 115.
24 Tillich: Ein Lebensbild in Dokumenten, S. 176.
25 Hannah Tillich: Ich allein bin, S. 132.
26 Ebd.
27 Ebd., S. 134.
28 Ebd., S. 135.

»Nie so werden!« – Max Horkheimer

1 Horkheimer: L'île heureuse, S. 302.
2 Karl Korn: Lange Lehrzeit, S. 133.
3 Roesler: Festung der Wissenschaft, in: NZZ, 3. 11. 2012.
4 Zitiert nach ebd.
5 Horkheimer an Adorno, 21. Mai 1948, Adorno / Horkheimer: Briefwechsel, Bd. III, S. 242.
6 Horkheimer: Vorwort, in: Ders.: Autorität und Familie, S. VIII.
7 Horkheimer: Autorität und Familie, S. 332.
8 Ebd.
9 Ebd., S. 331.
10 Ebd., S. 332–333.
11 Ebd., S. 339.
12 Horkheimer: Das Schlimme erwarten und doch das Gute versuchen, S. 442.
13 Wiggershaus: Max Horkheimer, S. 9.
14 Vgl. ebd., S. 21.
15 Horkheimer: L'île heureuse, S. 300.
16 Ebd., S. 294.
17 Horkheimer: Vier Tagebuchblätter, S. 159–160.
18 Horkheimer: Vorlesungen über die Philosophie der Gegenwart, S. 302.
19 Gadamer: Philosophische Lehrjahre, S. 30.
20 Horkheimer an Rosa Riekher, 30. November 1921, in: Horkheimer: Gesammelte Schriften, Bd. 15, S. 77.
21 Vgl. Wiggershaus: Max Horkheimer, S. 59.
22 Horkheimer: Philosophisches Tagebuch, S. 247.
23 Ebd., S. 248.
24 Ebd., S. 249.

Eine geistige Revolution – Karl Mannheim

1 Elias: Notizen zum Lebenslauf, S. 42.
2 Ebd., S. 45.
3 Jonas: Erinnerungen, S. 125.
4 Mannheim: Ideologie und Utopie, S. 230.
5 Mannheim: Die Bedeutung der Konkurrenz im Gebiete des Geistigen, S. 40.
6 Mannheim: Ideologie und Utopie, S. 5.
7 Ebd.
8 Ebd., S. 7.

9 Lepenies: Drei Kulturen, S. 387.
10 Mannheim: Konservatismus, S. 47.
11 Elias: Diskussion über »Die Bedeutung der Konkurrenz im Gebiete des Geistigen«, S. 110.
12 Elias: Notizen zum Lebenslauf, S. 38–39.
13 Weber: Diskussion über »Die Bedeutung der Konkurrenz im Gebiete des Geistigen«, S. 89.
14 Ebd.
15 Ebd., S. 90.
16 Elias: Notizen zum Lebenslauf, S. 53.
17 Weber: Diskussion über »Die Bedeutung der Konkurrenz im Gebiete des Geistigen«, S. 91–92.
18 Mannheim: Ideologie und Utopie, S. 7.
19 Vgl. ebd., S. 8.
20 Ebd., S. 135.
21 Ebd.
22 Ebd., S. 140.
23 Mannheim: Heidelberger Briefe, S. 73.
24 Ebd., S. 84.
25 Ebd., S. 91.
26 Ebd., S. 75.
27 Ebd.
28 Ebd., S. 51.

Ein »völliger Außenseiter« – Norbert Elias

1 Elias: Notizen zum Lebenslauf, S. 15.
2 Ebd., S. 17.
3 Ebd.
4 Ebd., S. 16.
5 Ebd.
6 Ebd., S. 18.
7 Ebd.
8 Elias: Über den Prozeß der Zivilisation, Bd. 2, S. 377.
9 Scheler: Die Stellung des Menschen im Kosmos, S. 10.
10 Scheler: Mensch und Geschichte, S. 15.
11 Ebd.
12 Scheler: Zur Idee des Menschen, S. 186.
13 Elias: Autobiographisches und Interviews, S. 159.
14 Elias: Notizen zum Lebenslauf, S. 21.
15 Ebd., S. 37.
16 Elias: Kitschstil und Kitschzeitalter, S. 153.

17 Schweppenhäuser: Kritische Theorie, S. 168.
18 Elias: Mozart, S. 14.
19 Elias: Notizen zum Lebenslauf, S. 23.
20 Elias: Autobiographisches und Interviews, S. 200–201.
21 Ebd., S. 57.
22 Ebd., S. 202.
23 Ebd.
24 Ebd., S. 199.
25 Ebd., S. 191.
26 Ebd., S. 203.
27 Ebd., S. 195.
28 Golo Mann, zitiert nach Irmtrud Wojak: Fritz Bauer, S. 94.
29 Elias: Autobiographisches und Interviews, S. 200.
30 Elias: Mozart, S. 50.
31 Elias: Adorno-Rede, S. 40.
32 Elias: Autobiographisches und Interviews, S. 157.
33 Blomert: Der jüdische Intellektuelle und die Liebe zur höfischen Kultur, S. 404.

Entschlossene Hungerleider – Hannah Arendt und Günther Stern

1 Heidegger an Arendt, 21. 2. 1925, in: Heidegger / Arendt: Briefe 1925–1975, S. 14.
2 Ebd., S. 19.
3 Arendt: Martin Heidegger ist achtzig Jahre alt, S 168–169.
4 Arendt: Schatten, in: Heidegger / Arendt: Briefe 1925–1975, S. 23.
5 Ebd., S. 25.
6 Heidegger an Arendt, 14. September 1925, in: ebd., S. 48.
7 Heidegger an Arendt, 2. August 1925, in: ebd., S. 43.
8 Heidegger an Arendt, 23. August 1925, in: ebd., S. 44.
9 Jaspers an Arendt, 20. März 1930, in: Jaspers / Arendt: Briefwechsel, S. 46.
10 Arendt an Jaspers, 24. März 1930, in: ebd., S. 47.
11 Arendt: Rahel Varnhagen, S. 37.
12 Ebd., S. 47 und 51.
13 Günter Gaus im Gespräch mit Hannah Arendt, Sendung vom 28. Oktober 1964, zitiert nach Young-Bruehl: Hannah Arendt, S. 46.
14 Jonas: Erinnerungen, S. 85.
15 Stern: Psychologie der frühen Kindheit, S. 11.

16 Arendt: Martin Heidegger ist achtzig Jahre alt, S. 182.
17 Kracauer: Ginster, S. 22.
18 Korn: Lange Lehrzeit, S. 115.
19 Ebd.
20 Ebd., S. 116.
21 Young-Bruehl: Hannah Arendt, S. 135.
22 Jonas: Erinnerungen, S. 282.
23 Ebd.
24 Zitiert nach Christian Dries: Nachwort, in: Anders: Die Weltfremdheit des Menschen, S. 439.
25 Anders: Weltfremdheit, S. 11.
26 Ebd., S. 48.
27 Mannheim: Allgemeine Soziologie, S. 21.
28 Tillich: Entfremdung und Versöhnung im modernen Denken, S. 184.
29 Vgl. ebd., S. 183.
30 Tillich: Goldstein: Der Aufbau des Organismus, S. 111.
31 Ebd., S. 112.
32 Horkheimer: Max Scheler (1928), S. 157.
33 Ebd., S., 203.
34 Ebd.
35 Ebd., S. 205.
36 Scheler: Zur Idee des Menschen, S. 347.
37 Arendt: Vita activa, S. 132.
38 Ebd., S. 139.
39 Anders: Die Antiquiertheit des Homo faber, S. 372.

TEIL 2

Sommer 1930

1 Zweig: Die Welt von Gestern, S. 57.
2 Noth: Erinnerungen eines Deutschen, S. 194.
3 Sternberger: Ein Nachruf auf Paul Tillich, Frankfurter Zeitung, 25. Oktober 1965.
4 Vgl. Honegger: Jüdinnen in der frühen deutschsprachigen Soziologie, S. 180.
5 Ebd., S. 186.
6 Mannheim: Ideologie und Utopie, S. 7.
7 Elias: Autobiographisches und Interviews, S. 49.
8 Sallis-Feudenthal: Ich habe mein Land gefunden, S. 106.
9 Ebd., S. 108–109.

10 Freund: Da hab' ich einfach 'ne Fünf riskiert. Interview mit Liselotte Steinbrügge. In: taz, 22. Dezember 1990.
11 Seglow: Work at a research programme, o. S.
12 Vgl. Greffrath: »Wie im Märchenbuch: ganz allein …«. Gespräch mit Hans Gerth, S. 61.
13 Endreß / Srubar (Hrsg.): Karl Mannheims Analyse der Moderne, S. 49.
14 Ebd., S. 27–30.
15 Ebd., S. 22.
16 Tillich: Ideologie und Utopie, S. 259.
17 So die Aufforderung Mannheims, vgl. ders.: Ideologie und Utopie, S. 51.
18 Tillich: Sozialismus, S. 143.
19 Ebd.
20 Ebd.
21 Ebd., S. 144.
22 Ebd., S. 143.
23 Sternberger: Nachruf auf Paul Tillich, Frankfurter Zeitung, 25. Oktober 1965.
24 Mautz: Der Urfreund, S. 39.
25 Ebd., S. 37.
26 Ebd., S. 40.
27 Marcuse: Zur Wahrheitsproblematik der soziologischen Methode, S. 356.
28 Ebd., S. 361.
29 Ebd.
30 Tillich: Ideologie und Utopie, S. 259.
31 Mannheim: Ideologie und Utopie, S. 49.
32 Arendt: Philosophie und Soziologie, S. 129.
33 Stern: Über die sogenannte ›Seinsverbundenheit‹, S. 149.
34 Mannheim: Ideologie und Utopie, S. 135.
35 Ebd.
36 Ebd., S. 136.
37 Ebd., S. 138.
38 Ebd., S. 76–77.
39 Curtius: Soziologie – und ihre Grenzen, S. 727.
40 Mannheim: Zur Problematik der Soziologie in Deutschland, S. 820.
41 Ebd.
42 Ebd., S. 822.
43 Mannheim: Ideologie und Utopie, S. 37.
44 Mannheim: Die Gegenwartsaufgabe der Soziologie, S. 19.
45 Horkheimer: Die gegenwärtige Lage der Sozialphilosophie, S. 43.

46 Ebd.
47 Horkheimer / Adorno: Dialektik der Aufklärung, S. 25.
48 Ebd., S. 21.
49 Elias: Autobiographisches und Interviews, S. 232.
50 Ebd., S. 233.
51 Mannheim: Ideologie und Utopie, S. 71.
52 Ebd., S. 73.
53 Brief vom 8. Februar 1937, in: Adorno / Horkheimer: Briefwechsel, Bd. I, S. 285.
54 Zitiert nach Jaspers an Arendt, 16. 11. 1963, in: Arendt / Jaspers: Briefwechsel, S. 567.
55 Vgl. Boeckmann: Trachodon und Teddie: Über Gretel Adorno, S. 339.
56 Horkheimer: Ein neuer Ideologiebegriff?, S. 282.
57 Ebd., S. 283.
58 Ebd., S. 282.
59 Ebd., S. 292.
60 Ebd., S. 293.
61 Vgl. Tillich: Ideologie und Utopie. Zum gleichnamigen Buch von Karl Mannheim, S. 258.
62 Ebd., S. 259.
63 Adorno an Kracauer, 1. April 1930, in: Adorno / Kracauer: Briefwechsel, S. 195.
64 Vgl. Müller-Doohm: Adorno. Eine Biographie, S. 236.
65 Adorno: Die Aktualität der Philosophie, S. 341.
66 Horkheimer, zitiert nach Wiggershaus: Die Frankfurter Schule, S. 182.
67 Tillich: Autobiographische Betrachtungen, S. 65.
68 Adorno: Kierkegaard, S. 19.
69 Adorno an Kracauer, 1. April 1930, in: Adorno / Kracauer: Briefwechsel, S. 195.
70 Kierkegaard: Wiederholung, S. 130.
71 Adorno: Zweimal Chaplin, S. 362.
72 Adorno an Kracauer, 13. Mai 1930, in: Adorno / Kracauer: Briefwechsel, S. 211.
73 Adorno an Kracauer, 26. Mai 1930, in: ebd., S. 220.
74 Zinfert: Lili Kracauer, S. 79.
75 Adorno an Kracauer, 4. März 1930, in: Adorno / Kracauer: Briefwechsel, S. 195.
76 Adorno an Kracauer, 12. Mai 1930, in: ebd., S. 207.
77 Kracauer: Chaplin: »The Gold Rush«, in: Kracauer: Werke 6.1, S. 269–270.
78 Ebd.

79 Ebd.
80 Bergson: Über das Lachen, S. 36.
81 Ebd.
82 Adorno: Der wunderliche Realist, S. 397.
83 Kracauer: »Lichter der Großstadt«, S. 472.
84 Kracauer: Chaplin kommt an!, S. 469.
85 Benjamin: Rückblick auf Chaplin, S. 157.
86 Benjamin: Das Kunstwerk im Zeitalter seiner technischen Reproduzierbarkeit, S. 496–497.
87 Adorno an Benjamin, 18. März 1936, in: Adorno / Benjamin: Briefwechsel, S. 171.
88 Ebd., S. 171–172.
89 Ebd., S. 172.
90 Horkheimer / Adorno: Dialektik der Aufklärung, S. 166.
91 Ebd., S. 148.
92 Adorno an die Eltern, 26. März 1947, in: Adorno: Briefe an die Eltern, S. 395.
93 Adorno an die Eltern, 26. März 1947, in: ebd., S. 396.
94 Ebd.
95 Kracauer: Chaplin: »The Gold Rush«, in: Kracauer: Werke 6.1, S. 269–270.
96 Adorno: Zweimal Chaplin, S. 365.
97 Ebd., S. 364.
98 Schmid Noerr: Adornos Erschauern. Variationen über den Händedruck, S. 237.
99 Adorno: Zweimal Chaplin, S. 365–366.
100 Vgl. Schmid Noerr: Adornos Erschauern. Variationen über den Händedruck, S. 236–238.
101 Adorno / Horkheimer: Dialektik der Aufklärung, S. 166.

Krisenstimmung

1 Kessler: Das Tagebuch, Neunter Band, 1926–1937, S. 375.
2 Ebd.
3 Ebd.
4 Ebd., S. 376.
5 Ebd., S. 375.
6 Ebd., S. 376.
7 Ebd., S. 377.
8 Kracauer an Adorno, 24. August 1930, in: Adorno / Kracauer: Briefwechsel, S. 246.

9 Benjamin an Scholem, 20. Juli 1931, in: Benjamin / Scholem: Briefwechsel, S. 47.
10 Elias: Autobiographisches und Interviews, S. 235.
11 Greffrath: Die Hoffnung auf kleine Katastrophen, S. 155.
12 Mannheim: Ideologie und Utopie, S. 76.
13 Grossmann: Das Akkumulations- und Zusammenbruchsgesetz, S. 1.
14 Ebd., S. 4.
15 Ebd., S. 601.
16 Ebd., S. 4.
17 Ebd., S. 140.
18 Pollock, zitiert nach Wiggershaus: Die Frankfurter Schule, S. 136.
19 Ulmen: The Science of Society, S. 20.
20 Greffrath: Die hydraulische Gesellschaft und das Gespenst der asiatischen Restauration, S. 311.
21 Ebd., S. 314.
22 Horkheimer: Vorwort, in: Zeitschrift für Sozialforschung, Jg. 1, 1932, S. I.
23 Ebd.
24 Horkheimer: Bemerkungen über Wissenschaft und Krise, S. 6.

Sehnsucht nach einer neuen Sinngebung

1 Horkheimer: Philosophisches Tagebuch, S. 254.
2 Horkheimer: Die gegenwärtige Lage der Sozialphilosophie, S. 42.
3 Ebd.
4 Ebd., S. 38.
5 Ebd.
6 Ebd., S. 41.
7 Ebd., S. 42.
8 Ebd.
9 Ebd., S. 40.
10 Ebd., S. 44.
11 Horkheimer: Vorwort, in: Ders.: Autorität und Familie, S. X.
12 Fromm: Arbeiter und Angestellte, S. 52.
13 Horkheimer an Karl August und Olga Wittfogel, in: Horkheimer: Briefwechsel 1913–1936, S. 418.
14 Vgl. Bonß: Kritische Theorie und empirische Sozialforschung, S. 8–9.
15 Vgl. ebd., S. 36.

16 Fromm: Arbeiter und Angestellte, S. 53.
17 Fromm: Furcht vor der Freiheit, S. 107.
18 Ebd.
19 Ebd., S. 108.
20 Fromm: Sozialpsychologischer Teil, in: Horkheimer: Autorität und Familie, S. 121.
21 Ebd., S. 116.
22 Vgl. ebd., S. 122.
23 Vgl. Schröter: Neue Details, S. 1–7.
24 Fromm: Über Methode und Aufgabe einer analytischen Sozialpsychologie, S. 35.
25 Vgl. Später: Siegfried Kracauer, S. 77.
26 Fromm: Christusdogma, S. 9.
27 Vgl. Funk: Erich Fromms Wertschätzung des Chassidismus, S. 19.
28 Fromm: Sozialpsychologischer Teil, in: Horkheimer: Autorität und Familie, S. 79.
29 Ebd., S. 116.
30 Horkheimer: Das Schlimme erwarten, S. 454.
31 Ebd., S. 453.
32 Ebd., S. 453–454.
33 Jay: Dialektische Phantasie, S. 115.
34 Zitiert nach Rothe: Zur Erinnerung an Karl Landauer, S. 43.
35 Adorno an Horkheimer, 17. August 1941, in: Adorno / Horkheimer: Briefwechsel, Bd. II, S. 193.
36 Schröter: Neue Details, S. 2.
37 Fromm: Die Entwicklung des Christusdogmas, S. 13.
38 Fromm: Arbeiter und Angestellte am Vorabend des Dritten Reiches, S. 52.
39 Horkheimer: Egoismus und Freiheitsbewegung, S. 460.
40 Löwenthal: Mitmachen wollte ich nie, S. 61.
41 Bock: Dialektische Psychologie, S. 164.
42 Fromm: Über Methode und Aufgabe, S. 50.
43 Ebd.
44 Ebd.
45 Adorno an Fromm, 16. November 1937, in: Adorno / Horkheimer: Briefwechsel, Bd. I, S. 540.
46 Ebd.
47 Ebd., S. 541.
48 Ebd.
49 Ebd., S. 543.
50 Horkheimer an Pollock, zitiert nach Wiggershaus: Die Frankfurter Schule, S. 298.

51 Adorno: Über den Fetischcharakter in der Musik, S. 332. Vgl. dazu auch: Ziege: Die Kritik des ›Weiblichen‹ bei T. W. Adorno, S. 129–140.

Der Zerfall aller Sicherheit

1 Lindner: Habilitationsakte Benjamin, S. 324–341.
2 Elias: Adorno-Rede, S. 38.
3 Ebd., S. 39.
4 Berg an Adorno, 26. Januar 1931, in: Adorno / Berg: Briefwechsel, S. 258.
5 Adorno an Berg, 16. Januar. 1931, in: ebd., S. 253.
6 Claussen: Adorno. Ein letztes Genie, S. 138.
7 Ebd.
8 Schivelbusch: Intellektuellendämmerung, S. 10.
9 Ebd., S. 133.
10 Haselberg: Wiesengrund-Adorno, S. 129.
11 Ebd.
12 Arbeitskreis I. G. Farben, S. 45.
13 Hedwig Kracauer, zitiert nach Adorno / Kracauer: Briefwechsel, S. 278 (Anmerkung).
14 Adorno an Kracauer, 29. Mai 1931, in: ebd., S. 274.
15 Ebd., S. 275.
16 Ebd.
17 Kracauer an Adorno, 7. Juni 1931, in: ebd., S. 281.
18 Tillich: Gutachten über die Arbeit von Dr. Wiesengrund, S. 338.
19 Ebd., S. 339.
20 So kommentiert Adorno selbst im Brief an Kracauer, 25. Juli 1930, in: Adorno / Kracauer: Briefwechsel, S. 235.
21 Horkheimer: Bemerkungen in Sachen der Habilitation Dr. Wiesengrund, S. 112.
22 Haselberg: Wiesengrund-Adorno, S. 125.
23 Adorno: Die Aktualität der Philosophie, S. 325.
24 Ebd., S. 334.
25 Ebd., S. 340.
26 Ebd.
27 Ebd., S. 344.

Der Zugang zur Wahrheit
ist jetzt im Profanen

1 Adorno an Horkheimer, 26. Mai 1948, in: Adorno / Horkheimer: Briefwechsel, Bd. III, S. 225.
2 Ebd., S. 224.
3 Adorno / Horkheimer: Dialektik der Aufklärung, S. 13.
4 Adorno an Horkheimer, 2. Juni 1949, in: Adorno / Horkheimer: Briefwechsel, Bd. III, S. 268.
5 Adorno an Kracauer, 24. April 1929, in: Adorno / Kracauer: Briefwechsel, S. 184.
6 Adorno an Kracauer, 20. Mai 1927, in: ebd., S. 148.
7 Horkheimer: Bemerkungen in Sachen der Habilitation Dr. Wiesengrund, S. 112.
8 Adorno an Kracauer, 25. Juli 1930, in: Adorno / Kracauer: Briefwechsel, S. 235.
9 Horkheimer: Bemerkungen in Sachen der Habilitation Dr. Wiesengrund, S. 112.
10 Ebd.
11 Adorno: Die Aktualität der Philosophie, S. 341.
12 Horkheimer: Diskussionsprotokolle, Krise der Wissenschaft, S. 351.
13 Ebd., S. 358–359.
14 Horkheimer, zitiert nach Wiggershaus: Die Frankfurter Schule, S. 182.
15 Vgl. Horkheimer an Adorno, 16. November 1934, in: Horkheimer / Adorno: Briefwechsel, Bd. I, S. 28.
16 Ebd.
17 Horkheimer an Rosa Riekher, 15./16. März 1921, in: Horkheimer: Briefwechsel, Bd. 15, S. 66.
18 Schmid Noerr: Nachwort des Herausgebers, in: Dialektik der Aufklärung, Bd. 5, S. 426.
19 Adorno an Horkheimer, 25. Februar 1935, in: Adorno / Horkheimer Briefwechsel, Bd. I, S. 56.
20 Adorno an Horkheimer, in: ebd., S. 65.
21 Horkheimer an Adorno, in: ebd., S. 250.
22 Kracauer: Die Bibel auf Deutsch, S. 176.
23 Ebd.
24 Ebd., S. 177.
25 Ebd., S. 178.
26 Ebd., S. 179.
27 Ebd., S. 180.
28 Ebd. S. 180–181.

29 Ebd., S. 186.
30 Diskussion über die Aufgabe des Protestantismus, in: Horkheimer: Gesammelte Schriften, Bd. 11, S. 356.
31 Ebd., S. 350.
32 Ebd.
33 Ebd.
34 Ebd., S. 379.
35 Vgl. Frick, in: ebd. S. 353.
36 Tillich: Kairos II, S. 37.
37 Ebd., S. 38.
38 Ebd., S. 40.
39 Ebd.
40 Ebd.
41 Ebd., S. 41.
42 Ebd., S. 39.
43 Tillich, in: Diskussion über die Aufgabe des Protestantismus, in: Horkheimer: Gesammelte Schriften, Bd. 11, S. 401.
44 Tillich: Das Dämonische, S. 69.
45 Ebd.
46 Diskussion über die Aufgabe des Protestantismus, in: Horkheimer: Gesammelte Schriften, Bd. 11, S. 365.
47 Ebd.
48 Ebd.
49 Horkheimer: Dämmerung, S. 369.
50 Diskussion über die Aufgabe des Protestantismus, in: Horkheimer: Gesammelte Schriften, Bd. 11, S. 366.
51 Ebd.
52 Ebd.
53 Ebd., S. 383.
54 Adorno, in: ebd., S. 368.
55 Pollock, in: ebd., S. 380.
56 Ebd., S. 381.
57 Pollock: Die gegenwärtige Lage des Kapitalismus, S. 9.
58 Ebd., S. 15.
59 Ebd., S. 16.
60 Ebd.
61 Ebd.
62 Ebd., S. 17.
63 Ebd., S. 27.
64 Hannah Tillich: Ich allein bin, S. 134.
65 Hans Freiherr von Soden in: Diskussion über die Aufgabe des Protestantismus, in: Horkheimer: Gesammelte Schriften, Bd. 11, S. 372.

66 Horkheimer, in: ebd., S. 383.
67 Horkheimer: Die gegenwärtige Lage der Sozialphilosophie, S. 43.
68 Ebd.
69 Tillich: Auf der Grenze, S. 49.
70 Ebd.
71 Ebd.
72 Ebd., S. 66.
73 Ebd.
74 Frick, in: Diskussion über die Aufgabe des Protestantismus, in: Horkheimer: Gesammelte Schriften, Bd. 11, S. 405.
75 Adorno, in: ebd.
76 Hannah Tillich: Ich allein bin, S. 126.

Das Schicksal Deutschlands

1 Blasius: Reichsgründungsfeiern in der Krise der Weimarer Republik, S. 255–276.
2 Vgl. Sturm: Historische Einleitung, S. XXXII, sowie Graf: Tillichs Theologie der ›Allversöhnung‹, S. 386.
3 Tillich: Der junge Hegel und das Schicksal Deutschlands, S. 125.
4 Ebd.
5 Ebd., S. 149.
6 Ebd., S. 133.
7 Ebd., S. 148.
8 Ebd., S. 149.
9 Ebd.
10 Ebd., S. 150.
11 Tillich: Das Dämonische, S. 46.
12 Tillich: Sozialismus, S. 139.
13 Ebd., S. 147.
14 Ebd., S. 142.
15 Ebd.
16 Ebd., S. 149.
17 Pauck: Paul Tillich, S. 121.
18 Ebd.
19 Tillich: Christentum als Ideologie, S. 179.
20 Tillich: Die sozialistische Entscheidung, S. 12.
21 Ebd., S. 21.
22 Ebd., S. 18.
23 Ebd.
24 Ebd., S. 19.
25 Ebd., S. 24.

26 Ebd.
27 Ebd., S. 49.
28 Ebd.
29 Ebd., S. 112.
30 Heinrich: Vorbemerkung zur Neuauflage, in: Paul Tillich: Die sozialistische Entscheidung, S. 9.
31 Graf: Paul Tillich im Exil, S. 17.
32 Vgl. Graf: Tillichs Theologie der ›Allversöhnung‹, S. 395 ff.
33 Horkheimer: Vernunft und Selbsterhaltung, S. 332.
34 Ebd., S. 334–335.
35 Tillich: Bemerkungen zu Vernunft und Selbsterhaltung, in: Horkheimer: Briefwechsel, Bd. 17, S. 323.

Die letzte Momentaufnahme der Frankfurter Intelligenz

1 Arendt an Jaspers, 2. November 1931, in: Arendt / Jaspers: Briefwechsel 1926–1969, S. 50.
2 Adorno: Zur gesellschaftlichen Lage der Musik, S. 103.
3 Vgl. Young-Bruehl: Hannah Arendt, S. 133.
4 Vgl. ebd.
5 Arendt an Jaspers, 23. Oktober 1965, in: Arendt / Jaspers: Briefwechsel 1926–1969, S. 650.
6 Young-Bruehl: Hannah Arendt, S. 132.
7 Ebd.
8 Arendt an Jaspers, in: Arendt / Jaspers: Briefwechsel 1926–1969, S. 53.
9 Arendt an Gershom Scholem, 29. Mai 1939, zitiert nach Barbara Hahn: »Einfach Rahel Varnhagen. Eine Biographie«. Nachwort, in: Hannah Arendt: Rahel Varnhagen. Lebensgeschichte einer deutschen Jüdin, Bd. 2, S. 871–905.
10 Goebbels: Tagebücher, 31. Januar 1933, S. 276.
11 Rubinstein: Die französische Emigration, S. 44.
12 Ebd.
13 Ebd., S. 46.
14 Ebd.
15 Ebd.
16 Ebd.
17 Ebd.
18 Zitiert nach Jitschin: Das Leben des jungen Norbert Elias, S. 401.
19 Zitiert nach Raith: Lebenserfahrung und historische Distanz, S. 35.

20 Vgl. Jitschin: Das Leben des jungen Norbert Elias, S. 428.
21 Benjamin: Pariser Brief [II], S. 500–501.
22 Freund: Memoiren des Auges, S. 11.
23 Ebd., S. 10–11.
24 Elias: Autobiographisches und Interviews, S. 246.
25 Vgl. Jitschin: Das Leben des jungen Norbert Elias, S. 382.
26 Jitschin: Das Leben des jungen Norbert Elias, erschienen 2021.
27 Elias: Autobiographisches und Interviews, S. 236.
28 Vg. Jitschin: Das Leben des jungen Norbert Elias, S. 380.
29 Elias: Autobiographisches und Interviews, S. 236.
30 Zitiert nach Jitschin: Das Leben des jungen Norbert Elias, S. 351.
31 Elias: Autobiographisches und Interviews, S. 243.
32 Ebd., S. 248.
33 Kracauer: Rund um den Reichstag, S. 395.
34 Adorno an Kracauer, 15. April 1933, in: Adorno / Kracauer: Briefwechsel, S. 308.
35 Löwenthal: Mitmachen wollte ich nie, S. 76.
36 Ebd.
37 Hannah Tillich: Ich allein bin, S. 141.
38 Horkheimer: Erinnerungen an Paul Tillich, S. 16–17.
39 Vgl. Graf: Paul Tillich im Exil, S. 12.
40 Ebd., S. 13, Anm. 3.
41 Papcke: Weltferne Wissenschaft, S. 188, Anm. 89.

TEIL 3

Suchbewegungen

1 Elias: Autobiographisches und Interviews, S. 249.
2 Ebd.
3 Ebd.
4 Ebd., S. 245.
5 Elias: Frühschriften, S. 156.
6 Max Horkheimer an Norbert Elias, 21. Februar 1935, in: Horkheimer: Briefwechsel, Bd. 15, S. 322.
7 Elias: Autobiographisches und Interviews, S. 248.
8 Vgl. Jitschin: Das Leben des jungen Norbert Elias, S. 464.
9 Elias: Autobiographisches und Interviews, S. 245.
10 Jitschin: Das Leben des jungen Norbert Elias, S. 465.
11 Diese Aussage Sartres über Genet trifft auch auf Elias zu. Vgl. Sartre: Saint Genet, S. 12.
12 Vgl. Ruth Florac: L'esprit de conduite, S. 33.

13 Ebd., S. 19.
14 Ebd., S. 34.
15 Elias: Autobiographisches und Interviews, S. 249.
16 Elias: Autobiographisches und Interviews, S. 259.
17 Ebd., S. 38.
18 Ebd., S. 46.
19 Ebd., S. 39.
20 Zitiert nach Jitschin: Das Leben des jungen Norbert Elias, S. 466–467.
21 Käsler: Soziologische Abenteuer, S. 7.
22 Ebd., S. 49.
23 Ebd.
24 Ebd., S. 50.
25 Ebd.
26 Hannah Tillich: Ich allein bin, S. 146.
27 Ebd., S. 144.
28 Käsler: Die frühe deutsche Soziologie, S. 95.
29 Ebd., S. 93.
30 Adorno an Krenek, in: Adorno / Krenek: Briefwechsel, S. 59.
31 Adorno an Berg, 8. September 1933, in: Adorno / Berg: Briefwechsel, S. 275–276.
32 Horkheimer an Adorno, 2. Januar 1935, in: Adorno / Horkheimer: Briefwechsel, Bd. 1, S. 50.
33 Adorno an Horkheimer, 2. November 1932, in: ebd., S. 24.
34 Ebd., S. 39.
35 Ebd., S. 65.
36 Ebd., S. 68.
37 Horkheimer, zitiert nach Wiggershaus: Max Horkheimer, S. 79.
38 Maidon Horkheimer, zitiert nach Wiggershaus: Max Horkheimer, S. 80.
39 Vgl. Wiggershaus: Horkheimer, S. 81.
40 Ebd.
41 Horkheimer an Weil, 4. August 1934, in: Horkheimer: Briefwechsel, Bd. 15, S. 210–211.
42 Horkheimer an Pollock, 27. Mai 1934, in: ebd., S. 125.
43 Ebd.
44 Tillich: Auf der Grenze, S. 54.
45 Ebd., S. 55.
46 Tillich: Rundbrief vom 9. November 1933, in: Ders.: Ein Lebensbild, S. 205.
47 Hannah Tillich: Ich allein bin, S. 160.
48 Tillich: Rundbrief vom 9. November 1933, in: Ders.: Ein Lebensbild, S. 204.

49 Ebd.
50 Ebd.
51 Tillich an Lily Pincus, in: ebd., S. 219.
52 Graf: Paul Tillich im Exil, S. 29.
53 Pauck: Paul Tillich, S. 157.
54 Vgl. Graf: Paul Tillich im Exil, S. 30.
55 Tillich: Ein Lebensbild, S. 212.
56 Ebd., S. 219.
57 Graf: Paul Tillich im Exil, S. 44–45.
58 Tillich: Auf der Grenze, S. 13.
59 Ebd., S. 14.
60 Ebd., S. 16.
61 Ebd., S. 19.
62 Ebd., S. 31.
63 Sturm: Tillichs New Yorker Vorlesungszyklus, S. 285.
64 Tillich: Eine geschichtliche Diagnose, S. 238.
65 Tillich: Reisetagebuch, 21. Mai 1936 (Andover-Harvard Theological Library, Tillich Nachlass).
66 Horkheimer an Tillich, 21. August 1934, in: Horkheimer: Gesammelte Schriften, Bd. 15: Briefwechsel: 1913–1936, S. 220.
67 Horkheimer an Paul und Gabrielle Oppenheim, in: Horkheimer: Gesammelte Schriften, Bd. 15: Briefwechsel: 1913–1936, S. 398.
68 Hannah Tillich: Ich allein bin, S. 163.
69 Ebd.
70 Adorno: Erinnerungen an Paul Tillich, S. 35.

Eine steile These

1 Kettler / Meja / Stehr: Schattenseiten einer erfolgreichen Emigration, S. 172.
2 Vgl. ebd., S. 173.
3 Freund: Norbert Elias als Lehrer, o. S.
4 Zitiert nach Kettler / Meja / Stehr: Schattenseiten einer erfolgreichen Emigration, S. 175.
5 Ebd.
6 Käsler: Soziologische Abenteuer, S. 50.
7 Mannheim: Mensch und Gesellschaft, S. 1.
8 Ebd., S. 2.
9 Ebd.
10 Ebd., S. 64.
11 Ebd., S. 65.

12 Ebd., S. 66.
13 Ebd.
14 Ebd., S. 76.
15 Ebd., S. 77.
16 Ebd., S. 83.
17 Ebd., S. 85.
18 Ebd., S. 86.
19 Ebd., S. 203.
20 Ebd., S. 93.
21 Vgl. ebd., S. 164.
22 Ebd., S. 168.
23 Ebd.
24 Ebd., S. 184.
25 Ebd.
26 Ebd., S. 186.
27 Ebd., S. 182.
28 Marcuse: Mensch und Gesellschaft, S. 271.
29 Adorno an Horkheimer, 15. Dezember 1936, in: Adorno / Horkheimer: Briefwechsel, Bd. I, S. 264.
30 Ebd.
31 Adorno: Das Bewußtsein der Wissenssoziologie, S. 35.
32 Ebd., S. 49.
33 Ebd., S. 50.
34 Ebd.

Urängste

1 Adorno: Abschied vom Jazz, S. 795.
2 Ebd.
3 Ebd.
4 Vgl. Plass: Die Theorie des Zufrühkommens, S. 193–194.
5 Adorno: Abschied vom Jazz, S. 796.
6 Vgl. Erdl / Nassauer: Kippfigur, S. 189.
7 Adorno: Abschied vom Jazz, S. 797.
8 Adorno: Zeitlose Mode, S. 125.
9 Adorno: Abschied vom Jazz, S. 797.
10 Ebd., S. 799.
11 Ebd., S. 795.
12 Ebd., S. 796.
13 Ebd., S. 795.
14 Nietzsche: Also sprach Zarathustra, S. 53 (Tafel 20).
15 Adorno: Abschied vom Jazz, S. 798.

16 Vgl. ebd., S. 797.
17 Ebd.
18 Ebd.
19 Ebd., S. 798.
20 Ebd., S. 795.
21 Vgl. Müller-Doohm: Adorno, S. 287.
22 Wilcock: Adorno, Jazz and Racism, S. 69.
23 Adorno: Vorrede: Musikalische Schriften IV, S. 11.
24 Claussen: Adorno. Ein letztes Genie, S. 237.
25 Ziege: Antisemitismus, S. 146.
26 Ebd., S. 124.
27 Adorno: Über Jazz, S. 77.
28 Adorno an Kracauer, 10. April 1925, in: Adorno / Kracauer: Briefwechsel, S. 39.
29 Paul Stefan: »Jazz? …«, S. 187.
30 Jemnitz: Der Jazz als Form und Inhalt, S. 191.
31 Ebd., S. 192.
32 Adorno: Zeitlose Mode, S. 124.
33 Gruenberg: Der Jazz als Ausgangspunkt, S. 197.
34 Ebd.
35 Adorno: Über Jazz, S. 82.
36 Ebd.
37 Steinert: Die Entdeckung der Kulturindustrie, S. 73.
38 Adorno an Kracauer, o. D., in: Adorno / Kracauer: Briefwechsel, S. 80.
39 Ebd., S. 81.
40 Vgl. Jost: Jazz in Deutschland, S. 362.
41 Zitiert nach Erdl / Nassauer: Kippfigur, S. 188.
42 Adorno: Über Jazz, S. 235.
43 Müller-Doohm: Adorno, S. 308.
44 Vgl. Chadwick: Mátyás Seiber's Collaboration, S. 259.
45 Seiber: Jazz als Erziehungsmittel, S. 282.
46 Seiber: Jazz-Instrumente, Jazz-Klang und Neue Musik, S. 126.
47 Adorno: Abschied vom Jazz, S. 797.
48 Adorno an Krenek, 7. Februar 1936, in: Adorno / Krenek: Briefwechsel, S. 193.
49 Ebd.
50 Adorno an Horkheimer, in: Adorno / Horkheimer: Briefwechsel, Bd. I, S. 111.
51 Vgl. Steinert: Die Entdeckung der Kulturindustrie, S. 114.
52 Adorno: Über Jazz, S. 92.
53 Ebd.
54 Ebd.

55 Ebd., S. 94.
56 Ebd.
57 Vgl. Plass: Die Theorie des Zufrühkommens, S. 206.
58 Adorno: Zeitlose Mode, S. 133.
59 Adorno: Über Jazz, S. 98.
60 Horkheimer an Adorno, 6. Juni 1936, in: Adorno / Horkheimer: Briefwechsel, Bd. I, S. 154.
61 Horkheimer an Adorno, 15. Juni 1936, in: ebd., S. 159.
62 Adorno an Horkheimer, 25. Juni 1936, in: ebd., S. 170.
63 Adorno an Horkheimer, in: ebd., S. 175.
64 Ebd.
65 Adorno: Über Jazz, S. 74.
66 Ebd., S. 102.
67 Ebd. (Oxforder Nachträge), S. 102.
68 Steinert: Die Entdeckung der Kulturindustrie, S. 113.
69 Groddeck: Der Mensch als Symbol, S. 17.
70 Vgl. Groddeck: Das Buch vom Es, S. 100 u. 162.
71 Steinert: Die Entdeckung der Kulturindustrie, S. 106.
72 Adorno an Horkheimer, 25. Juni 1936, in: Adorno / Horkheimer: Briefwechsel, Bd. I, S. 169.
73 Steinert: Die Entdeckung der Kulturindustrie, S. 112.
74 Löwenthal: Mitmachen wollte ich nie, S. 75.

Vom Kontinuum der Zeit

1 Dubiel, zitiert nach Löwenthal: Mitmachen wollte ich nie, S. 102.
2 Tillich: Der totale Staat, S. 124.
3 Ebd., S. 125.
4 Marcuse: Kampf gegen den Liberalismus, S. 174.
5 Ebd.
6 Pollock: Bemerkungen zur Wirtschaftskrise, S. 350.
7 Adorno an Kracauer, 3. Mai 1938, in: Adorno / Kracauer: Briefwechsel, S. 385.
8 Adorno an Horkheimer, 25. Juni 1936, in: Adorno / Horkheimer: Briefwechsel, Bd. I, S. 165–166.
9 Ebd., S. 166.
10 Ebd.
11 Adorno an Horkheimer, 15. Mai 1936, in: Adorno / Horkheimer: Briefwechsel, Bd. I, S. 145.
12 Ebd., S. 144.
13 Ebd.

14 Horkheimer / Adorno: Dialektik der Aufklärung, S. 194.
15 Tillich: Reisetagebuch, 11. April bis 19. September 1936, Eintrag vom 8. Mai.
16 Adorno an Benjamin, 15. Oktober 1936, in: Adorno / Benjamin: Briefwechsel, S. 197.
17 Adorno an Horkheimer, 12. Oktober 1936, in: Adorno / Horkheimer: Briefwechsel, Bd. I, S. 185.
18 Ebd.
19 Kracauer an Adorno, 9. November 1936, in: Adorno / Kracauer: Briefwechsel., S. 324.
20 Adorno an Horkheimer, 12. Oktober 1936, in: Adorno / Horkheimer: Briefwechsel, Bd. I, S. 185.
21 Adorno an Horkheimer, 23. November 1936, in: ebd., S. 222.
22 Ebd., S. 224.
23 Kracauer: Totalitäre Propaganda, S. 231.
24 Ebd., S. 116.
25 Ebd.
26 Ebd., S. 133.
27 Ebd., S. 152.
28 Vgl. Später: Kracauer, S. 381.
29 Adorno an Kracauer, 3. Mai 1938, in: Adorno / Kracauer: Briefwechsel, S. 384.
30 Adorno, Gutachten, in: Kracauer: Totalitäre Propaganda, S. 262.
31 Ebd., S. 263.
32 Ebd.
33 Ebd.
34 Ebd., S. 264.
35 Ebd.
36 Adorno: Siegfried Kracauer, in: Kracauer: Totalitäre Propaganda, S. 266.
37 Ebd., S. 270.
38 Ebd., S. 266.
39 Ebd.
40 Adorno an Benjamin, 8. Juni 1938, in: Adorno / Benjamin: Briefwechsel, Bd. I, S. 332.

Das Problem der Zivilisation

1 Vgl. Blomert: Der jüdische Intellektuelle, S. 395–406.
2 Elias: Kitsch und Kitschzeitalter, S. 153.
3 Elias: Autobiographisches und Interviews, S. 235.
4 Elias: Adorno-Rede, S. 55.

5 Bloom: Einfluss-Angst, S. 30.
6 Elias: Über den Prozess der Zivilisation, Bd. 2, S. 347.
7 Elias: Autobiographisches und Interviews, S. 254.
8 Elias: Über den Prozeß der Zivilisation, Bd. 1, S. 279.
9 Ebd.
10 Ebd.
11 Ebd., S. 280.
12 Ebd.
13 Kenneth Anders hat dagegen eingewandt: »Fortschritt ist auch dann noch ein Fortschritt, wenn er nur in der Tendenz feststellbar ist und über verschiedene Umwege erlangt wird.« In: Ders.: Fortgeschrittener Humanismus, S. 60.
14 Elias: Autobiographisches und Interviews, S. 269.
15 Elias: Über den Prozeß der Zivilisation, Bd. 2, S. 451.
16 Ebd., S. 452.
17 Ebd., S. 453.
18 Ebd., S. 454.
19 Ebd., Bd. 1, S. LXXIII.
20 Ebd., S. 63.
21 Ebd., S. 64.
22 Elias: Autobiographisches und Interviews, S. 251.
23 Ebd.
24 Vgl. Jitschin: Das Leben des jungen Norbert Elias, S. 488 bis 489.

TEIL 4

Oklahoma – oder: Adorno entdeckt die empirische Sozialforschung

1 Kafka: Das Naturtheater von Oklahoma, S. 205.
2 Ebd.
3 Ebd., S. 206.
4 Adorno: Wissenschaftliche Erfahrungen, S. 114.
5 Ebd.
6 Adorno: Kongreß für Einheit der Wissenschaft, in: Adorno / Horkheimer: Briefwechsel, Bd. I, S. 566 (Anhang).
7 Adorno an Horkheimer, 2. November 1937, in: ebd.: Briefwechsel, Bd. I, S. 463.
8 Adorno an Benjamin, 7. März 1938, in: Adorno / Benjamin: Briefwechsel, S. 313.
9 Adorno: Wissenschaftliche Erfahrungen in Amerika, S. 115.

10 Lazarsfeld: Eine Episode, S. 199.
11 Ebd., S. 200.
12 Ebd.
13 Adorno an Horkheimer, 2. November 1937, in: Adorno / Horkheimer: Briefwechsel, Bd. I, S. 463.
14 Horkheimer an Adorno, 20. Oktober 1937, in: ebd., S. 441.
15 Adorno an Horkheimer, 2. November 1937, in: ebd., S. 463.
16 Horkheimer an Adorno, 20. Oktober 1937, in: ebd., S. 441.
17 Ebd., S. 442.
18 Horkheimer an Cornelius, 15. Juni 1934, in: Horkheimer: Briefwechsel, Bd. 15, S. 129.
19 Adorno an Lazarsfeld, 24. Januar 1938, in: Adorno / Horkheimer: Briefwechsel, Bd. II, S. 427 (Anhang).
20 Ebd.
21 Ebd.
22 Ebd., S. 428.
23 Adorno an Horkheimer, 28. Januar 1938, in: ebd., S. 17.
24 Krenek: Bemerkungen zur Rundfunkmusik, S. 148–165.
25 Ebd., S. 160.
26 Ebd.
27 Adorno: 3. Memorandum: Fragen und Thesen, in: Adorno / Horkheimer: Briefwechsel, Bd. II, S. 505 (Anhang).
28 Ebd., S. 520.
29 Ebd.
30 Ebd., S. 521.
31 Adorno: Wissenschaftliche Erfahrungen in Amerika, S. 117.
32 Ebd.
33 Ebd., S. 118.
34 Fleck: Transatlantische Bereicherungen, S. 291.
35 Adorno: Wissenschaftliche Erfahrungen in Amerika, S. 123.
36 Ebd., S. 124.
37 Ebd., S. 123.
38 Lazarsfeld: Eine Episode, S. 176.
39 Zitiert nach Müller-Doohm: Adorno, S. 381.
40 Noth: Erinnerungen eines Deutschen, S. 194.
41 Adorno: Wissenschaftliche Erfahrungen in Amerika, S. 126.
42 Adorno: Ergänzungen zu Fragen und Thesen (Januar 1938), in: Adorno / Horkheimer: Briefwechsel, Bd. II, S. 524.
43 Ebd., S. 531.
44 Ebd.
45 Adorno an Benjamin, 7. März 1938, in: Adorno / Benjamin: Briefwechsel, S. 312–313.
46 Adorno: Wissenschaftliche Erfahrungen, S. 115.

47 Adorno an Lazarsfeld, 24. Januar 1938, in: Adorno / Horkheimer: Briefwechsel, Bd. II, S. 435.
48 Adorno an Benjamin, 7. März 1938, in: Adorno / Benjamin: Briefwechsel, S. 313.
49 Adorno: Memorandum an Lazarsfeld, in: Adorno / Horkheimer: Briefwechsel, Bd. II, S. 538 (Anhang).
50 Ebd.
51 Adorno: Wissenschaftliche Erfahrungen, S. 115.
52 Ebd., S. 118.
53 Adorno: Über den Fetischcharakter in der Musik, S. 330.
54 Ebd., S. 348.
55 Ebd., S. 350.
56 Ebd., S. 349.
57 Adorno: Fernsehen und Bildung, S. 52.
58 Adorno an die Eltern, 7. März 1940, in: Adorno: Briefe an die Eltern, S. 69.
59 Adorno: Wissenschaftliche Erfahrungen, S. 129.
60 Ebd.
61 Adorno: Wissenschaftliche Erfahrungen, S. 148.
62 Ebd., S. 131.

Amerikanische Erfahrungen

1 Vgl. Offe: Selbstbetrachtung, S. 91 ff.
2 Adorno an die Eltern, 20. März 1940, in: Adorno: Briefe an die Eltern, S. 80.
3 Adorno an Horkheimer, 8. Juli 1938, in: Adorno / Horkheimer: Briefwechsel, Bd. II, S. 36–37.
4 Boeckmann: Trachodon und Teddie, S. 339.
5 Adorno an die Eltern, 30. November 1941, in: Adorno: Briefe an die Eltern, S. 107.
6 Ebd.
7 Ebd., S. 108.
8 Adorno an Horkheimer, 17. August 1941, in: Adorno / Horkheimer: Briefwechsel, Bd. II, S. 191.
9 Notiz vom 12. Juli 1941, in: Mann: Tagebücher (1940–1943), S. 293.
10 Horkheimer an Adorno, 20. Juli 1941, in: Adorno / Horkheimer: Briefwechsel, Bd. II, S. 168.
11 Zitiert nach Lyon und Fuegi: Bertolt Brecht, S. 248.
12 Brecht: Arbeitsjournal, S. 339.
13 Arendt an Scholem, in: Arendt / Scholem: Briefwechsel, S. 38.

14 Wiggershaus: Max Horkheimer: Unternehmer in Sachen ›Kritische Theorie‹.
15 Adorno an die Eltern, 30. November 1941, in: Adorno: Briefe an die Eltern, S. 108.
16 Ebd., S. 55.
17 Adorno: Wissenschaftliche Erfahrungen, S. 114.
18 Adorno an Horkheimer, 8. Februar 1938, in: Adorno / Horkheimer: Briefwechsel, Bd. II, S. 27.
19 Ebd., S. 29.
20 23. Juli 1938, in: ebd., S. 38.
21 Adorno an die Eltern, 12. Februar 1940, in: Adorno: Briefe an die Eltern, S. 65.
22 Ebd., S. 66.
23 Horkheimer: Autoritärer Staat, S. 69.
24 Vgl. ebd., S. 53.
25 Horkheimer sprach vom »autoritären Staat«; ein problematischer Begriff, der aus dem Kontext der Studien über *Autorität und Familie* stammt und der kaum dazu geeignet war, die verschiedenen Formen staatlicher Lenkung und totalitärer Repression zu beschreiben.
26 Ebd., S. 52.
27 Pollock: Bemerkungen zur Wirtschaftskrise, S. 350.
28 Ebd., S. 352.
29 Ebd., S. 350.
30 Ebd., S. 345.
31 Vgl. Ziege: Antisemitismus, S. 106.
32 Adorno an Horkheimer, 8. Juni 1941, in: Adorno / Horkheimer: Briefwechsel, Bd. II, S. 139.
33 Ebd.
34 Ebd.
35 Pollock: Bemerkungen zur Wirtschaftskrise, S. 349.
36 Ebd., S. 248.
37 Mannheim: Ideologie und Utopie, S. 135.
38 Ebd.
39 Vgl. Rendueles: Kanaillen-Kapitalismus, S. 24.
40 Horkheimer: Autoritärer Staat, S. 43.
41 Ebd., S. 54.
42 Ebd., S. 64.
43 Ebd., S. 67.
44 Adorno: Wissenschaftliche Erfahrungen in Amerika, S. 147.
45 Ebd., S. 146.
46 Offe: Selbstbetrachtung, S. 105.
47 Horkheimer / Adorno: Dialektik der Aufklärung, S. 20.

48 Ebd., S. 148.
49 Ebd., S. 165.
50 Adorno: Wissenschaftliche Erfahrungen, S. 145.
51 Ebd.
52 Ebd.
53 Adorno: Kultur und Culture, S. 160.
54 Ebd., S. 161.
55 Ebd., S. 162.
56 Ebd., S. 160.
57 Ebd., S. 163.
58 Ebd.
59 Ebd.
60 Ebd., S. 166.
61 Ebd.
62 Ebd., S. 164.
63 Adorno an die Eltern, 26. März 1942, in: Adorno: Briefe an die Eltern, S. 132.
64 Ebd.
65 Adorno: Wissenschaftliche Erfahrungen, S. 145.

Das Hornberger Schießen mit Hannah Arendt

1 Arendt an Anders: in: Arendt / Anders: Briefe, S. 23.
2 Horkheimer an Adorno, 4. August 1941, in: Adorno / Horkheimer: Briefwechsel, Bd. II, S. 179.
3 Arendt an Anders, 25. Mai 1941, in: Arendt / Anders: Briefe, S. 23.
4 Young-Bruehl: Hannah Arendt, S. 238.
5 Arendt an Anders, 31. Mai 1941, in: Arendt / Anders: Briefe, S. 28.
6 Arendt an Anders, 25. Mai 1941, in: ebd., S. 24.
7 Arendt an Anders, 4. Juni 1941, in: ebd., S. 35.
8 Arendt an Anders, 31. Mai 1941, in: ebd., S. 27.
9 Arendt an Anders, 4. Juni 1941, in: ebd., S. 35.
10 Arendt an Anders, 25. Juni 1941, in: ebd., S. 41.
11 Ebd., S. 40.
12 Faksimile des Hannah-Arendt-Manuskripts. In: Walter Benjamin: Über den Begriff der Geschichte, S. 7–15.
13 Arendt: Menschen in finsteren Zeiten, S. 308.
14 Mittelmeier: Freiheit und Finsternis, S. 13.
15 Arendt an Anders, 11. Mai 1941, in: Arendt / Anders: Briefe, S. 35.

16 Ebd.
17 Arendt an Anders, 11. Juni 1941, in: ebd., S. 36.
18 Vgl. ebd. (Anhang).
19 Arendt an Anders, 11. Juni 1941, in: ebd., S. 36.
20 Adorno an Horkheimer, 12. Juni 1941, in: Adorno / Horkheimer: Briefwechsel, Bd. II, S. 144.
21 Arendt an Anders, 11. Juni 1941, in: Arendt / Anders: Briefe, S. 36.
22 Arendt an Anders, 25. Juni 1941, in: ebd., S. 40.
23 Arendt an Anders, Juli 1941, in: ebd., S. 43–44.
24 Arendt an Sternberger, in: Arendt / Sternberger: Briefwechsel, S. 213.
25 Horkheimer an Adorno, 23. Juni 1941, in: Adorno / Horkheimer: Briefwechsel, Bd. II, S, 150.
26 Jaspers an Arendt, 16. November 1931, in: Arendt / Jaspers: Briefwechsel, S. 50.
27 Jaspers an Arendt, 23. August 1952, in: ebd., S. 228.
28 Hahn: Nachwort, in: Hannah Arendt: Rahel Varnhagen, S. 871.
29 Jaspers an Arendt, 22. Mai 1948, in: Arendt / Anders: Briefe, S. 146.
30 Arendt: Sechs Essays, S. 11.
31 Ebd., S. 12.
32 Ebd., S. 13.
33 Ebd., S. 14.
34 Vgl. Arendt: Über den Imperialismus, S. 19.
35 Ebd.
36 Ebd., S. 16.
37 Ebd., S. 18.
38 Ebd., S. 19.
39 Diner: Kaleidoskopisches Denken, Docupedia-Zeitgeschichte, 30. Mai 2011.
40 Young-Bruehl: Hannah Arendt, S. 285.
41 Horkheimer / Adorno: Dialektik der Aufklärung, S. 16.
42 Ebd., S. 64.
43 Research Project on Antisemitism, in: ZFS/SPSS 9 (1941), S. 124–143.
44 Adorno an Horkheimer, 18. September 1940, in: Adorno / Horkheimer: Briefwechsel, Bd. II, S. 99.
45 Ebd., S. 101.
46 Ebd., S. 102.
47 Adorno an Horkheimer, 5. August 1940, in: ebd., S. 84.
48 Adorno: Nationalsozialismus und Antisemitismus, in: ebd., S. 541 (Anhang).

49 Ebd.
50 Arendt: Elemente und Ursprünge, S. 157.
51 Ebd., S. 165.
52 Vgl. Schulze / Wessel / Rensmann: Radikalisierung oder ›Verschwinden‹, S. 102.
53 Mannheim: Ideologie und Utopie, S, 71.
54 Vgl. ebd., S. 70–71.
55 Arendt: Elemente und Ursprünge, S. 763.
56 Ebd.
57 Ebd.
58 Ebd.
59 Adorno an Horkheimer, 18. August 1941, in: Adorno / Horkheimer: Briefwechsel, Bd. II, S. 196.
60 Arendt an Anders, 18. August 1941, in: Arendt / Anders: Briefe, S. 196.
61 Arendt: Curriculum Vitae, in: ebd., S. 31.
62 Hahn: Nachwort, in: Hannah Arendt: Rahel Varnhagen, S. 877.
63 Jaspers an Arendt, 23. August 1952, in: Arendt / Anders: Briefe, S. 230.
64 Ebd., S. 229.
65 Ebd., S. 232.
66 Hahn: Nachwort, in: Hannah Arendt: Rahel Varnhagen, S. 876.
67 Ebd., S. 882.
68 Zitiert nach ebd.
69 Ebd.

Im Aufbruch

1 Sahl: Das Exil im Exil, S. 148.
2 Bahr: Der Schriftstellerkongreß 1943, S. 41.
3 Tillich: Was soll mit Deutschland geschehen?, S. 278.
4 Hannah Arendt / Heinz Pol: Für und gegen Paul Tillich, in: Aufbau VIII, 31. Juli 1942, S. 6.
5 Lehnert: Bert Brecht und Thomas Mann, S. 62.
6 Bahr: Der Schriftstellerkongreß 1943, S. 41.
7 Lehnert: Bert Brecht und Thomas Mann, S. 62.
8 Ebd., S. 68.
9 Tillich: Programm für ein demokratisches Deutschland, S. 313 bis 315.
10 Ebd., S. 315.
11 Sahl: Das Exil im Exil, S. 151–152.
12 Horkheimer: Vernunft und Selbsterhaltung, S. 332.

13 Adorno an Horkheimer, in: Adorno / Horkheimer: Briefwechsel, Bd. II, S. 288.
14 Im Nachlass Max Horkheimer findet sich dazu umfangreiches Material. Einer der wenigen, der zu diesem Komplex etwas veröffentlicht hat, ist Otto Kirchheimer, *In Quest of Sovereignty*, erschienen im *Journal of Politics* im Mai 1944.
15 Horkheimer an Löwenthal, 14. Oktober 1942, in: Horkheimer: Briefwechsel, Bd. 17, S. 348–349.
16 Ebd., S. 348.
17 Ebd., S. 349.
18 Ebd., S. 349.
19 Ebd.
20 Ebd., S. 347.
21 Ebd.
22 Ebd.
23 Ebd., S. 348.
24 Horkheimer: Vernunft und Selbsterhaltung, S. 337.
25 Ebd.
26 Ebd.
27 Ebd., S. 336–337.
28 Horkheimer: Die Rackets und der Geist, S. 291.
29 Horkheimer: Vernunft und Selbsterhaltung, S. 350.
30 Tillich: Bemerkungen zu Vernunft und Selbsterhaltung, in: Horkheimer: Briefwechsel, Bd. 17: 1941–1948, S. 327.
31 Horkheimer an Tillich, 12. August 1942, in: ebd., S. 314.
32 Sahl: Das Exil im Exil, S. 151.
33 Tillich: Bemerkungen zu Vernunft und Selbsterhaltung, S. 327.
34 Ebd.
35 Ebd.
36 Horkheimer an Tillich, 12. August 1942, in: Horkheimer: Briefwechsel, Bd. 17, S. 314.
37 Vgl. Adorno: Wissenschaftliche Erfahrungen, S. 140.
38 Adorno an Horkheimer, 2. Oktober 1941, in: Adorno / Horkheimer: Briefwechsel, Bd. II, S. 255.
39 Ebd., S. 256.
40 Adorno: Studien zum autoritären Charakter, S. 1.
41 Adorno: Bemerkungen zu ›The Authoritarian Personality‹, S. 25.
42 Horkheimer: Vorwort, in: Horkheimer: Gesammelte Schriften, Bd. 5, S. 415.
43 Vgl. dazu Stahl, Andreas / Henkelmann, Katrin u. a. (Hrsg.): Konformistische Rebellen.
44 Adorno: Bemerkungen, S. 43.
45 Ebd., S. 67.

46 Horkheimer / Adorno: Dialektik der Aufklärung, S. 232.
47 Adorno: Bemerkungen, S. 38–39.
48 Ebd., S. 70.
49 Ebd., S. 68.
50 Ebd.
51 Sturm / Erdmann (Hrsg.): Paul Tillich und Max Horkheimer im Dialog, S. 275–304.
52 Vgl. ebd., S. 296.
53 Ebd.
54 Ebd., S. 297.
55 Ebd.
56 Ebd., S. 298.
57 Ebd., S. 301.
58 Ebd., S. 303.
59 Ebd., S. 296.

EPILOG

1 Tillich: Kairos – Theonomie – Das Dämonische, S. 312.
2 Mannheim: Ideologie und Utopie, S. 135.
3 Ebd., S. 136.
4 Mannheim: Gegenwartsaufgaben der Soziologie, S. 19.
5 Ebd.
6 Horkheimer / Adorno: Dialektik der Aufklärung, S. 165.
7 Elias: Was ist Soziologie, S. 53–54.
8 Arendt: Rahel Varnhagen, S. 306.
9 Hermann Broch, zitiert nach Barbara Hahn: »Einfach Rahel Varnhagen. Eine Biographie«, Nachwort, S. 876.
10 Vgl. ebd., S. 877.
11 Tillich: Sozialistische Entscheidung, S. 228.
12 Mannheim: Ideologie und Utopie, S. 3.
13 Horkheimer: Die gegenwärtige Lage der Sozialphilosophie, S. 44.
14 Ebd., S. 45.
15 Adorno: Bemerkungen zu »The Authoritarian Personality«, S. 67.

Literatur

A

Adorno, Theodor W. / Berg, Alban: Briefwechsel 1925–1935. Hrsg. von Henri Lonitz. Frankfurt am Main 1997.

Adorno, Theodor W. / Horkheimer, Max: Briefwechsel 1927–1969. Band I: 1927–1937. Hrsg. von Christoph Gödde und Henri Lonitz. Frankfurt am Main 2003.

Adorno, Theodor W. / Horkheimer, Max: Briefwechsel. Bd. II: 1938–1944. Hrsg. von Christoph Gödde und Henri Lonitz. Frankfurt am Main 2004.

Adorno, Theodor W. / Horkheimer, Max: Briefwechsel. Bd. III: 1945–1949. Hrsg. von Christoph Gödde und Henri Lonitz. Frankfurt am Main 2005.

Adorno, Theodor W. / Horkheimer, Max: Briefwechsel. Bd. IV: 1950–1969. Hrsg. von Christoph Gödde und Henri Lonitz. Frankfurt am Main 2006.

Adorno, Theodor W.: Abschied vom Jazz. In: Ders.: Musikalische Schriften V. Gesammelte Schriften, Bd. 18. Hrsg. von Rolf Tiedemann. Frankfurt am Main 2003, S. 795–799.

Adorno, Theodor W.: Amorbach. In: Ders.: Kulturkritik und Gesellschaft I. Prismen. Ohne Leitbild. Gesammelte Schriften, Bd. 10,1. Hrsg. von Rolf Tiedemann. Frankfurt am Main 2003, S. 302–309.

Adorno, Theodor W.: Auf die Frage: Was ist deutsch. In: Ders.: Stichworte. Kritische Modelle 2. Frankfurt am Main 1969, S. 102–112.

Adorno, Theodor W.: Bemerkungen zu »The Authoritarian Personality« und weitere Texte. Hrsg. von Eva-Maria Ziege. Berlin 2020.

Adorno, Theodor W.: Briefe an die Eltern: 1939–1951. Hrsg. von Christoph Gödde und Henri Lonitz. Frankfurt am Main 2003.

Adorno, Theodor W.: Das Bewußtsein der Wissenssoziologie. In: Ders.: Prismen. Kulturkritik und Gesellschaft. Frankfurt am Main 1976, S. 32–50.

Adorno, Theodor W.: Der wunderliche Realist. Über Siegfried Kracauer. In: Ders.: Noten zur Literatur. Gesammelte Schriften,

Bd. 11. Hrsg. von Rolf Tiedemann. Frankfurt am Main 2003, S. 388–408.

Adorno, Theodor W.: Die Aktualität der Philosophie. In: Ders.: Philosophische Frühschriften. Gesammelte Schriften, Bd. 1. Frankfurt am Mai 2003, S. 325–344.

Adorno, Theodor W.: Dreigroschenoper. Frankfurter Opern- und Konzertkritiken. In: Ders.: Musikalische Schriften VI. Gesammelte Schriften, Bd. 19. Hrsg. von Rolf Tiedemann. Frankfurt am Main 2003, S. 137–138.

Adorno, Theodor W.: Erinnerungen an Paul Tillich. In: Werk und Wirken Paul Tillichs. Ein Gedenkbuch. Stuttgart 1967, S. 24–38.

Adorno, Theodor W.: Erziehung zur Mündigkeit. Vorträge und Gespräche mit Hellmut Becker 1959–1969. Hrsg. von Gerd Kadelbach. Frankfurt am Main 1972.

Adorno, Theodor W.: Im Gedächtnis an Alban Berg. In: Ders.: Musikalische Schriften V. Gesammelte Schriften 18. Hrsg. von Rolf Tiedemann. Frankfurt am Main 2003, S. 487–512.

Adorno, Theodor W.: Kierkegaard. Konstruktion des Ästhetischen. In: Ders.: Gesammelte Schriften, Bd. 2. Hrsg. von Rolf Tiedemann. Frankfurt am Main 1979.

Adorno, Theodor W.: Kultur und Culture (7. 6. 1957). In: Theodor W. Adorno: Vorträge 1949–1968. Berlin 2019, S. 156–176.

Adorno, Theodor W.: Minima Moralia. Reflexionen aus dem beschädigten Leben. Frankfurt am Main 1979.

Adorno, Theodor W.: Musikalische Briefwechsel. Band I: Theodor W. Adorno / Ernst Krenek: Briefwechsel 1929–1964. Hrsg. von Claudia Maurer Zenck. Frankfurt am Main 2020.

Adorno, Theodor W.: Offener Brief an Max Horkheimer. In: Ders.: Vermischte Schriften I. Gesammelte Schriften 20.1. Hrsg. von Rolf Tiedemann. Frankfurt am Main 2003, S. 155–163.

Adorno, Theodor W.: Oxforder Nachträge. In: Ders.: Musikalische Schriften IV. Moments musicaux, Impromptus. Frankfurt am Main 2015, S. 100–108.

Adorno, Theodor W.: Studien zum autoritären Charakter. Übersetzt von Milli Weinbrenner. Vorrede von Ludwig Friedeburg. Frankfurt am Main 1995.

Adorno, Theodor W.: Über den Fetischcharakter in der Musik und die Regression des Hörens. In: Zeitschrift für Sozialforschung, Jg. 7, 1938, S. 321–356.

Adorno, Theodor W.: Über Jazz. In: Ders.: Musikalische Schriften IV. Moments musicaux, Impromptus. Frankfurt am Main 2015, S. 74 bis 100.

Adorno, Theodor W.: Wissenschaftliche Erfahrungen in Amerika.

In: Stichworte. Kritische Modelle 2. Frankfurt am Main 1969, S. 113–148.

Adorno, Theodor W.: Zeitlose Mode. Zum Jazz. In: Ders.: Kulturkritik und Gesellschaft I. Prismen. Ohne Leitbild. Gesammelte Schriften, Bd. 10,1. Hrsg. von Rolf Tiedemann. Frankfurt am Main 2003, S. 144–161.

Adorno, Theodor W.: Zur Dreigroschenoper. In: Musikalische Schriften V. Gesammelte Schriften, Bd. 18. Hrsg. von Rolf Tiedemann. Frankfurt am Main 2003, S. 535–540.

Adorno, Theodor W.: Zur gesellschaftlichen Lage der Musik. In: Zeitschrift für Sozialforschung, Jg. 1, 1932, S. 103–124, 2. Teil: S. 356–378.

Adorno, Theodor W.: Zweimal Chaplin. In: Ders.: Kulturkritik und Gesellschaft I. Prismen. Ohne Leitbild. Gesammelte Schriften, Bd. 10,1. Hrsg. von Rolf Tiedemann. Frankfurt am Main 2003, S. 362–366.

Adorno. Eine Bildmonographie. Herausgegeben vom Theodor W. Adorno Archiv. Frankfurt am Main 2003.

Adorno in Frankfurt: Ein Kaleidoskop mit Texten und Bildern. Hrsg. von Wolfram Schütte. Frankfurt am Main 2003.

Anders, Kenneth: Die unvermeidliche Universalgeschichte. Studien über Norbert Elias und das Teleologieproblem. Opladen 2000.

Anders, Kenneth: Fortgeschrittener Humanismus oder humanistischer Fortschritt? Norbert Elias und das Teleologieproblem. In: Zivilisationstheorie in der Bilanz. Beiträge zum 100. Geburtstag von Norbert Elias. Hrsg. von Anette Treibel, Reinhard Blomert und Helmut Kuzmics. Wiesbaden 2000, S. 53–67.

Anders: Die Antiquiertheit des Homo faber in: Ders.: Die Weltfremdheit des Menschen. Schriften zur philosophischen Anthropologie. München 2018.

Arbeitskreis I. G. Farben: Von Anilin bis Zwangsarbeit. Der Weg eines Monopols durch die Geschichte. Zur Entstehung und Entwicklung der deutschen chemischen Industrie. Eine Dokumentation des Arbeitskreises I. G. Farben der Bundesfachtagung der Chemiefachschaften. 2., korrig. Aufl. Aachen 2007, S. 45.

Arendt, Hannah / Anders, Günther: Schreib doch mal *hard facts* über Dich. Briefe 1939 bis 1975. Texte und Dokumente. Hrsg. von Kerstin Putz. München 2016.

Arendt, Hannah / Jaspers, Karl: Briefwechsel 1926–1969. Hrsg. von Lotte Köhler und Hans Saner. München, Zürich 1993.

Arendt, Hannah / Sternberger, Dolf: »Ich bin Dir halt ein bißchen zu revolutionär«: Briefwechsel 1946 bis 1975. Hrsg. von Udo Bermbach. Berlin 2019.

Arendt, Hannah: »Wie ich einmal ohne Dich leben soll, mag ich mir nicht vorstellen«. Briefwechsel mit den Freundinnen Charlotte Beradt, Rose Feitelson, Hilde Fränkel, Anne Weil und Helen Wolff. Hrsg. von Ingeborg Nordmann und Ursula Ludz. München 2017.

Arendt, Hannah: Elemente und Ursprünge totaler Herrschaft. Antisemitismus, Imperialismus, totale Herrschaft. München 2017.

Arendt, Hannah: Martin Heidegger ist achtzig Jahre alt. In: Merkur, Oktober 1969, 23. Jg., Heft 258, S. 893–902.

Arendt, Hannah: Menschen in finsteren Zeiten. Hrsg. von Ursula Ludz. München 2012.

Arendt, Hannah: Philosophie und Soziologie. Anlässlich Karl Mannheims *Ideologie und Utopie* (1930). In: Hannah Arendt / Günther Anders: Schreib doch mal *hard facts* über Dich. Briefe 1939 bis 1975. Texte und Dokumente. Hrsg. von Kerstin Putz. München 2016, S. 129–147.

Arendt, Hannah: Rahel Varnhagen. Lebensgeschichte einer deutschen Jüdin / The Life of a Jewish Woman. Hrsg. von Barbara Hahn. Unter Mitarbeit von Johanna Egger und Friederike Wein. Kritische Gesamtausgabe, Bd. 2, Göttingen 2021.

Arendt, Hannah: Sechs Essays. Die verborgene Tradition. Hrsg. von Barbara Hahn unter Mitarbeit von Barbara Breysach und Christian Pischel. Kritische Gesamtausgabe, Bd. 3., Göttingen 2019.

Arendt, Hannah: Vita activa oder Vom tätigen Leben. München 1960.

B

Bahr, Erhard: Der Schriftstellerkongreß 1943 an der Universität von Kalifornien. In: John M. Spalek und Joseph Strelka (Hrsg.): Deutsche Exilliteratur seit 1933, Bd. 1: Kalifornien, Teil 1. Bern und München 1976, S. 40–61.

Barboza, Amalia: Das utopische Bewusstsein in zwei Frankfurter Soziologien: Wissenssoziologie versus Kritische Theorie. In: Soziologie in Frankfurt. Eine Zwischenbilanz. Hrsg. von Felicia Herrschaft und Klaus Lichtblau. Wiesbaden 2010, S. 161–178.

Barboza, Amalia: Die verpassten Chancen einer Kooperation zwischen der ›Frankfurter Schule‹ und Karl Mannheims Soziologischem Seminar. In: Richard Faber und Eva-Maria Ziege: Das Feld der Frankfurter Kultur- und Sozialwissenschaften vor 1945. Würzburg 2007, S. 63.

Bauschulte, Manfred / Krech, Volkhard: Saulus-Situationen. Zum Verhältnis von Kritischer Theorie und Religiösem Sozialismus. In: Das Feld der Frankfurter Kultur- und Sozialwissenschaften vor

1945. Hrsg. von Richard Faber und Eva-Maria Ziege. Würzburg 2007, S. 49–62.

Benjamin, Walter: Das Kunstwerk im Zeitalter seiner technischen Reproduzierbarkeit. In: Ders.: Gesammelte Schriften, Bd. I,2: Abhandlungen. Hrsg. von Rolf Tiedemann und Hermann Schweppenhäuser (Werkausgabe, Bd. 2). Frankfurt am Main 1980, S. 471–508.

Benjamin, Walter: Gesammelte Briefe, Bd. IV: 1931–1934. Hrsg. von Christoph Gödde und Henri Lonitz. Frankfurt am Main 1998.

Benjamin, Walter: Pariser Briefe II. In: Ders.: Gesammelte Schriften, Bd. III: Kritiken und Rezensionen. Hrsg. von Hella Tiedemann-Bartels (Werkausgabe, Bd. 9). Frankfurt am Main 1980, S. 495 bis 507.

Benjamin, Walter: Rückblick auf Chaplin. In: Ders.: Gesammelte Schriften, Bd. III: Kritiken und Rezensionen. Hrsg. von Hella Tiedemann-Bartels (Werkausgabe, Bd. 8). Frankfurt am Main 1980, S. 157–159.

Benjamin, Walter: Über den Begriff der Geschichte. Hrsg. von Gérard Raulet. Berlin 2010.

Berendt, Joachim-Ernst: Für und Wider den Jazz. In: Merkur, 1953, 7. Jg., H. 67, S. 887–893.

Bergson, Henri: Das Lachen. Übersetzung von Julius Frankenberger und Walter Fränzel. Jena 1914.

Blasius, Dirk: Reichsgründungsfeiern in der Krise der Weimarer Republik – Positionierung führender Staatsrechtslehrer. In: Der Staat, Vol. 56, No. 2. Berlin 2017, S. 255–276.

Blomert, Reinhard: Der jüdische Intellektuelle und die Liebe zur höfischen Kultur. In: Merkur, 2004, 58. Jg., H. 661, S. 395–406.

Bloom, Harold: Einfluss-Angst. Eine Theorie der Dichtung. Aus dem amerikanischen Englisch von Angelika Schweikhart. Basel, Frankfurt am Main 1995.

Bock, Wolfgang: Dialektische Psychologie. Adornos Rezeption der Psychoanalyse. Wiesbaden 2018.

Boeckmann, Staci von: Trachodon und Teddie: Über Gretel Adorno. In: Adorno-Portraits. Erinnerungen von Zeitgenossen. Hrsg. von Stefan Müller-Doohm. Frankfurt am Main 2007, S. 335–352.

Bonß, Wolfgang: Kritische Theorie und empirische Sozialforschung. Anmerkungen zu einem Fallbeispiel. In: Erich Fromm: Arbeiter und Angestellte am Vorabend des Dritten Reiches. Eine sozialpsychologische Untersuchung. Aus dem amerikanischen Englisch von Wolfgang Bonß unter Mitarbeit von Cornelia Rülke und Rosemarie Thrul. München 1983, S. 7–46.

Brecht, Bertolt: Arbeitsjournal 1938–1942 / 1942–1955. Hrsg. von Werner Hecht. Frankfurt am Main 1973.

C

Chadwick, Nick: Mátyás Seiber's Collaboration in Adorno's Jazz Project 1931. In: British Library Journal, XXI, 1995, S. 259–288.

Christophersen, Alf (Hrsg.): Paul Tillich im Dialog mit dem Kultur- und Religionsphilosophen Fedor Stepun. Eine Korrespondenz im Zeichen von Bolschewismus und Nationalsozialismus. Mit einer Einleitung von Alf Chrisophersen. In: Journal for the History of Modern Theology / Zeitschrift für Neuere Theologiegeschichte, 18. Bd., 2011, S. 102–172.

Christophersen, Alf / Schulze Claudia: Chronologie eines Eklats. Hannah Arendt und Paul Tillich. In: Zeitschrift für Neuere Theologiegeschichte, Band 9, Heft 1, 2002, S. 98–130.

Christophersen, Alf / Schulze Claudia: Hannah Arendt – Paul Tillich. Briefwechsel, Band 9, Heft 1, Berlin 2002, S. 131–156.

Claussen, Detlev: Theodor W. Adorno. Ein letztes Genie. Frankfurt am Main 2003.

Curtius, Ernst Robert: Soziologie – und ihre Grenzen. In: Neue Schweizer Rundschau, 1929, H. 10, S. 727–736.

D

Danz, Christian: Die Religion in der Kultur. Karl Barth und Paul Tillich über die Grundlagen einer Theologie der Kultur. In: Paul Tillichs Theologie der Kultur. Aspekte, Probleme, Perspektiven. Hrsg. von Christian Danz und Werner Schüßler. Berlin, Boston 2011, S. 211–227.

Danz, Christian: Religion und Politik. Einführung in das Thema. In: Religion und Politik. Hrsg. von Christian Danz, Werner Schüßler und Erdmann Sturm. Berlin 2009, S. 7–13.

David, Hans Theodor: Abschied vom Jazz. In: Melos 9 (1930), S. 413 bis 417.

Diner, Dan: Kaleidoskopisches Denken. Überschreibungen und autobiographische Codierungen in Hannah Arendts Hauptwerk, Version: 1.0, in: Docupedia-Zeitgeschichte, 30. 5. 2011, URL: http://docupedia.de/zg/Arendt.2C_ElementeundUrspr.C3.BCnge totalerHerrschaft

Diskussion über die Aufgabe des Protestantismus in der säkularen Zivilisation (1931). In: Max Horkheimer, Gesammelte Schriften, Bd. 11: Nachgelassene Schriften 1914–1931. Hrsg. von Gunzelin Schmid Noerr. Frankfurt am Main 1987, S. 345–405.

Dotzler-Möllering, Leonie: Tillichs Begegnung mit dem Ausdruckstanz. In: Paul Tillich: Impressionen und Reflexionen. Ein Lebensbild in Aufsätzen, Reden und Stellungnahmen. Gesammelte Werke, Bd. XIII. Hrsg. von Renate Albrecht. Stuttgart 1972, S. 559–562.

Duerr, Hans Peter: Nacktheit und Scham. Der Mythos vom Zivilisationsprozeß. Bd. 1, Frankfurt am Main 1988.

Dyk, Silke van / Alexandra Schauer: »… daß die offizielle Soziologie versagt hat«. Zur Soziologie im Nationalsozialismus, der Geschichte ihrer Aufarbeitung und der Rolle der DGS. 2., überarbeitete und ergänzte Auflage. Gestaltet von Lena Haubner und herausgegeben von der Deutschen Gesellschaft für Soziologie. Wiesbaden 2015.

E

Eichener, Volker / Baumgart, Ralf: Norbert Elias zur Einführung. 3., vollständig überarb. Aufl. Hamburg 2013.

Elias, Norbert: Die höfische Gesellschaft. Untersuchungen zur Soziologie des Königtums und der höfischen Aristokratie. Mit einer Einleitung: Soziologie und Geschichtswissenschaft. Frankfurt am Main 1983.

Elias, Norbert: Diskussion über »Die Bedeutung der Konkurrenz im Gebiete des Geistigen«. In: Verhandlungen des 6. Deutschen Soziologentages vom 17. bis 19. September 1928 in Zürich: Vorträge und Diskussionen in der Hauptversammlung und in den Sitzungen der Untergruppen. Tübingen 1929, S. 110.

Elias, Norbert: Frühschriften. In: Ders.: Gesammelte Schriften. Hrsg. im Auftrag der Norbert Elias Stichting, Amsterdam. Von Reinhard Blomert, Heike Hammer, Johan Heilbron, Annette Treibel, Nico Wilterdink. Band 1. Bearbeitet von Reinhard Blomert. Amsterdam 2002.

Elias, Norbert: Kitschstil und Kitschzeitalter. In: Ders.: Frühschriften. Bearbeitet von Reinhard Blomert. Amsterdam 2002, S. 148 bis 163.

Elias, Norbert: Mozart. Zur Soziologie eines Genies. Hrsg. von Michael Schröter. Frankfurt am Main 1993.

Elias, Norbert: Notizen zum Lebenslauf. In: Ders.: Autobiographisches und Interviews. Bd. 17: Bearbeitet von Hans-Peter Waldhoff und Michael Fischer. Amsterdam 2005, S. 9–94.

Elias, Norbert: Was ist Soziologie? 11. Aufl. Weinheim und München 2009.

Endreß, Martin / Srubar, Ilja (Hrsg.): Karl Mannheims Analyse der Moderne. Mannheims erste Frankfurter Vorlesung von 1930. Jahrbuch für Soziologiegeschichte 1996, Wiesbaden 2000.

Erdl, Marc Fabian / Nassauer, Armin: Kippfigur. Zur Geschichte der deutschen Jazzrezeption und ihrer Mythen von Weimar bis heute. In: Traditionsanspruch und Traditionsbruch. Die deutsche Kunst und ihre diktatorischen Sachwalter. Kulturelle Moderne und bildungsbürgerliche Semantik II. Hrsg. von Georg Bollenbeck und Thomas la Presti. Wiesbaden 2002, S. 185–226, hier S. 188.

F

Fischer, Joachim: Kritische Theorie der Gesellschaft versus Philosophische Anthropologie der Moderne. Alternative Paradigmen aus dem 20. Jahrhundert: In: Mensch und Gesellschaft zwischen Natur und Geschichte: Zum Verhältnis von philosophischer Anthropologie und kritischer Theorie. Hrsg. von Roman Yos, Frank Müller, Sebastian Edinger und Thomas Ebke. Berlin 2016.

Fleck, Christian: Transatlantische Bereicherungen. Zur Erfindung der empirischen Sozialforschung. Frankfurt am Main 2007.

Freudenthal-Sallis, Margarete: Ich habe mein Land gefunden. Frankfurt am Main 1977.

Freund, Gisèle: Da hab' ich einfach 'ne Fünf riskiert. Interview mit Liselotte Steinbrügge. In: taz, 22. 12. 1990.

Freund, Gisèle: Gespräche mit Ruada Jamis. München, Paris, London 1993.

Freund, Gisèle: Memoiren des Auges. Frankfurt am Main 1977.

Freund, Gisèle: Norbert Elias als Lehrer. In: Human Figurations. Aufsätze für Norbert Elias. Amsterdam 1977, unpag.

Fromm, Erich: Arbeiter und Angestellte am Vorabend des Dritten Reiches. Eine sozialpsychologische Untersuchung. Bearbeitet und herausgegeben von Wolfgang Bonß. München 1983.

Fromm, Erich: Die Entwicklung des Christusdogmas. Eine psychoanalytische Studie zur sozialpsychologischen Funktion der Religion. Wien 1931.

Fromm, Erich: Die Furcht vor der Freiheit. Aus dem Englischen von Lieselotte und Ernst Mickel. München 1990.

Fromm, Erich: Sozialpsychologischer Teil. In: Studien über Autorität und Familie. Paris 1936, S. 77–135.

Fromm, Erich: Über Methode und Aufgabe einer analytischen Sozialpsychologie. In: Zeitschrift für Sozialforschung, Jg. 1, 1932, S. 28 bis 54.

Funk, Rainer: Die jüdischen Wurzeln: Das humanistische Denken Erich Fromms. International Erich Fromm Society. www.hagalil.com/judentum/feiertage/pessach/fromm/fromm-O.htm.

Funk, Rainer: Erich Fromms Wertschätzung des Chassidismus. In: Fromm Forum, 18/2014. Tübingen (Selbstverlag), S. 1–9.

G

Gadamer, Hans Georg: Philosophische Lehrjahre. Eine Rückschau. Frankfurt am Main 1995.

George, Stefan: Der siebente Ring. Gesamt-Ausgabe der Werke. Endgültige Fassung, Band 6/7. Berlin 1931, S. 188.

Goebbels, Joseph: Tagebücher, Band 2: 1930–1934. Hrsg. von Georg Reuth. München, Zürich 1992.

Gostmann, Peter / Koolwaay, Jens: »Das Tag war da: so stand der Stern«. C. H. Becker und die Frankfurter Soziologie der Zwischenkriegszeit. Zeitschrift für Ideengeschichte 5/3, 2011, S. 17–32.

Graf, Friedrich Wilhelm: »Old harmony«? Über einige Kontinuitätselemente in ›Paulus‹ Tillichs Theologie der ›Allversöhnung‹. In: Ders.: Der heilige Zeitgeist. Studien zur Ideengeschichte der protestantischen Theologie in der Weimarer Republik. Tübingen 2011, S. 343–380.

Graf, Friedrich Wilhelm: Paul Tillich im Exil. In: Paul Tillich im Exil. Hrsg. von Christian Danz und Werner Schüßler. Berlin, Boston 2017, S. 11–80.

Graf, Friedrich Wilhelm: Tillichs Durchbruch. In: Zeitschrift für Ideengeschichte, H. VIII / 2, Januar 2014. Hrsg. von Sonja Asal & Hedwig Schmidt-Glintze, S. 37–50.

Greffrath, Mathias: Die Hoffnung auf kleine Katastrophen. Gespräch mit Adolph Lowe. In: Ders.: Die Zerstörung einer Zukunft. Gespräche mit emigrierten Sozialwissenschaftlern. Reinbek bei Hamburg 1979, S. 145–195.

Greffrath, Mathias: Die hydraulische Gesellschaft und das Gespenst der asiatischen Restauration. In: Die Zerstörung einer Zukunft. Gespräche mit emigrierten Sozialwissenschaftlern. Aufgezeichnet von Mathias Greffrath. Reinbek bei Hamburg 1979, S. 299–346.

Greffrath, Mathias: »Wie im Märchenbuch: ganz allein …« Gespräch mit Hans Gerth. In: Ders.: Die Zerstörung einer Zukunft. Gespräche mit emigrierten Sozialwissenschaftlern. Reinbek bei Hamburg 1979, S. 59–95.

Groddeck, Georg: Das Buch vom Es. Psychoanalytische Briefe an eine Freundin. Hrsg. von Samuel Müller in Verbindung mit Wolfram Groddeck. Frankfurt am Main und Basel 2004.

Groddeck, Georg: Der Mensch als Symbol. Unmaßgebliche Meinungen über Sprache und Kunst. Hrsg. von Wolfgang Martynkewicz. Frankfurt am Main, Basel 2007.

Grossmann, Henryk: Das Akkumulations- und Zusammenbruchsgesetz des kapitalistischen Systems. Leipzig 1929.

Gruenberg, Louis: Der Jazz als Ausgangspunkt. In: Musikblätter des Anbruch, 7. Jg., Nr. 4, April-Heft, 1925, S. 196–199.

H

Hahn, Barbara: »Einfach Rahel Varnhagen. Eine Biographie«. Nachwort. In: Hannah Arendt: Rahel Varnhagen. Lebensgeschichte einer deutschen Jüdin. Hrsg. von Barbara Hahn. Unter Mitwirkung von Johanna Egger und Friederike Wein. Kritische Gesamtausgabe, Bd. 2, Göttingen 2021, S. 871–905.

Hammerstein, Notker: Kurt Riezler. Der Kurator und seine Universität. Frankfurt am Main 2019.

Harrasser, Karin: Subjektivierung als Intussuszeption. Mit Adorno und Chaplin auf einer Party in Malibu. In: Lars Friedrich, Karin Harrasser, Céline Kaiser (Hrsg.): Szenographien des Subjekts. Wiesbaden 2018, S. 155–166.

Haselberg, Peter von: Wiesengrund-Adorno. In: Adorno in Frankfurt. Hrsg. von Wolfram Schütte. Frankfurt am Main 2003, S. 123–134.

Heinrich, Klaus: Vorbemerkung zur Neuauflage. In: Paul Tillich: Die sozialistische Entscheidung. Berlin 1980, S. 7–10.

Herrschaft, Felicia / Lichtblau, Klaus (Hrsg.): Soziologie in Frankfurt. Eine Zwischenbilanz. Wiesbaden 2010.

Höfer, Hannes: Jazz als literarisches Symbol der (Unterhaltungs-) Kultur in der Weimarer Republik. In: The German Quarterly, Vol. 91, No. 4, Music and German Culture (Fall 2018), S. 447–459.

Honegger, Claudia: Jüdinnen in der frühen deutschsprachigen Soziologie. In: Lektüren und Brüche. Jüdische Frauen in Kultur, Politik und Wissenschaft. Hrsg. von Mechtild M. Jansen und Ingeborg Nordmann. Wiesbaden 1993. Hessische Landeszentrale für politische Bildung, S. 178–195.

Honegger, Claudia, Die ersten Soziologinnen in Frankfurt. In: Steinert, Heinz (1989): Die (mindestens) zwei Sozialwissenschaften in Frankfurt und ihre Geschichte. Frankfurt a. M.: StS-Sonderband 3, S. 88–99.

Honneth, Axel / Wellmer, Albrecht (Hrsg.): Die Frankfurter Schule und die Folgen. Referate eines Symposiums der Alexander von Humboldt-Stiftung vom 10.–15. Dezember 1984 in Ludwigsburg. Berlin, New York 1986.

Horkheimer, Max (Hrsg.): Studien über Autorität und Familie. Forschungsberichte aus dem Institut für Sozialforschung. Reprint der Erstausgabe, Paris 1936. Lüneburg 1987.

Horkheimer, Max: Autoritärer Staat. Die Juden und Europa. Vernunft und Selbsterhaltung. Aufsätze 1939–1941. Amsterdam 1967.

Horkheimer, Max: Autorität und Familie. In: Ders.: Kritische Theorie. Eine Dokumentation. Hrsg. von Alfred Schmidt. Band I und II. Frankfurt am Main 1977, S. 277–360.

Horkheimer, Max: Bemerkungen in Sachen der Habilitation Dr. Wiesengrund. In: Adorno. Eine Bildmonographie. Hrsg. vom Theodor W. Adorno Archiv. Frankfurt am Main 2003, S. 108–112.

Horkheimer, Max: Bemerkungen über Wissenschaft und Krise. In: Zeitschrift für Sozialforschung, Jg. 1, 1932, S. 1–7.

Horkheimer, Max: Bemerkungen zur philosophischen Anthropologie. In: Ders.: Kritische Theorie. Eine Dokumentation. Hrsg. von Alfred Schmidt. Band I und II. Frankfurt am Main 1977, S. 200 bis 227.

Horkheimer, Max: Briefwechsel 1913–1936. Gesammelte Schriften, Band 15. Hrsg. von Gunzelin Schmid Noerr. Frankfurt am Main 1995.

Horkheimer, Max: Das Schlimme erwarten und doch das Gute versuchen. Gespräch mit Gerhard Rein. In: Ders.: Gesammelte Schriften, Bd. 7: Vorträge und Aufzeichnungen 1949–1973. Hrsg. von Gunzelin Schmid Noerr. Frankfurt am Main 2014, S. 442 bis 479.

Horkheimer, Max: Die gegenwärtige Lage der Sozialphilosophie und die Aufgaben eines Instituts für Sozialforschung. In: Ders.: Sozialphilosophische Studien. Aufsätze, Reden und Vorträge 1930–1972. Hrsg. von Werner Brede. Frankfurt am Main 1981, S. 31–46.

Horkheimer, Max: Diskussionsprotokolle, Krise der Wissenschaft. In: Ders.: Gesammelte Schriften, Bd. 12: Nachgelassene Schriften 1931–1949. Hrsg. von Gunzelin Schmid Noerr. Frankfurt am Main 1985, S. 351–397.

Horkheimer, Max: Egoismus und Freiheitsbewegung. In: Ders.: Kritische Theorie. Eine Dokumentation. Hrsg. von Alfred Schmidt. Band I und II. Frankfurt am Main 1977, S. 385–465.

Horkheimer, Max: Ein neuer Ideologiebegriff? In: Ders.: Gesammelte Schriften, Bd. 2: Philosophische Frühschriften 1922–1932. Hrsg. von Gunzelin Schmid Noerr. Frankfurt am Main 1987, S. 271–294.

Horkheimer, Max: Erinnerungen an Paul Tillich. In: Werk und Wirken Paul Tillichs. Ein Gedenkbuch. Stuttgart 1967, S. 15–24.

Horkheimer, Max: Gesammelte Schriften, Bd. 15: Briefwechsel 1913–1936. Hrsg. von Gunzelin Schmid Noerr. Frankfurt am Main 1995.

Horkheimer: Hans Cornelius. Zu seinem 60. Geburtstag (1923). In: Ders.: Gesammelte Schriften, Bd. 2: Philosophische Frühschriften 1922–1932. Hrsg. von Gunzelin Schmid Noerr. Frankfurt am Main 2012, S. 149–153.

Horkheimer, Max: L'île heureuse. In: Ders.: Gesammelte Schriften, Bd. II: Nachgelassene Schriften: 1914–1931. Hrsg. von Gunzelin Schmid Noerr. Frankfurt am Main 1987, S. 289–328.

Horkheimer, Max: Materialismus und Moral. In: Ders.: Kritische Theorie. Eine Dokumentation. Hrsg. von Alfred Schmidt. 2 Bände. Frankfurt am Main 1977, Bd. 1, S. 71–109.

Horkheimer, Max: Max Scheler (1928). In: Ders.: Gesammelte Schriften, Bd. 11. Nachgelassene Schriften 1914–1931. Hrsg. von Gunzelin Schmid Noerr. Frankfurt am Main 1987, S. 145–157.

Horkheimer, Max: Philosophisches Tagebuch. In: Ders.: Gesammelte Schriften, Bd. 11: Nachgelassene Schriften 1914–1931. Hrsg. von Gunzelin Schmid Noerr. Frankfurt am Main 1987, S. 237 bis 261.

Horkheimer, Max: Vernunft und Selbsterhaltung (1942). In: Horkheimer / Adorno: Dialektik der Aufklärung. Gesammelte Schriften, Bd. 5. Hrsg. von Gunzelin Schmid Noerr. Frankfurt am Main 1982, S. 320–350.

Horkheimer, Max: Vier Tagebuchblätter (1915–1916). In: Ders.: Gesammelte Schriften, Bd. 1: ›Aus der Pubertät. Novellen und Tagebuchblätter‹ 1914–1918. Hrsg. von Alfred Schmidt. Frankfurt am Main 1988, S. 158–169.

Horkheimer, Max: Vorlesungen über die Philosophie der Gegenwart. In: Ders.: Gesammelte Schriften, Bd. 10: Nachgelassene Schriften 1914–1931. Hrsg. von Alfred Schmidt. Frankfurt am Main 1990, S. 167–333.

Horkheimer, Max: Vorwort. Zeitschrift für Sozialforschung, Jg. 1, 1932. Leipzig 1932, S. I–IV.

Horkheimer, Max: Vorwort: Studien über Autorität und Familie. Forschungsberichte aus dem Institut für Sozialforschung. Paris 1936, S. VII–XII.

I

Ilieva, Radostina: Soziologie und Lebensstil des Mannheim-Kreises in Frankfurt. In: Soziologie in Frankfurt: Eine Zwischenbilanz. Hrsg. von Felicia Herrschaft und Klaus Lichtblau. Wiesbaden 2010, S. 123–140.

Institut für Sozialforschung 1956: Kultur und Zivilisation. In: Soziologische Exkurse. Nach Vorträgen und Diskussionen (Frankfurter Beiträge zur Soziologie, Bd. 4). Hrsg. von Theodor W. Adorno und Walter Dirks. Frankfurt am Main 1956, S. 83 ff.

J

Jay, Martin: Adorno in Amerika. In: Keine Kritische Theorie ohne Amerika. Hannoversche Schriften. Bd. 1. Hrsg. von Detlev Claussen, Oskar Negt und Michael Werz. Frankfurt am Main 1999, S. 46–76.

Jay, Martin: Dialektische Phantasie. Die Geschichte der Frankfurter Schule und des Instituts für Sozialforschung 1923–1950. Aus dem Amerikanischen von Hanne Herkommer und Bodo von Greiff. Frankfurt am Main 1976.

Jeffries, Stuart: Grand Hotel Abgrund. Die Frankfurter Schule und ihre Zeit. Aus dem Englischen übersetzt von Susanne Held. Stuttgart 2019.

Jemnitz, Alexander: Der Jazz als Form und Inhalt. In: Musikblätter des Anbruch, 7. Jg., Nr. 4, April-Heft, 1925, S. 188–195.

Jitschin, Adrian: Das Leben des jungen Norbert Elias. Weinheim, Basel 2021.

Jonas, Hans: Erinnerungen. Nach Gesprächen mit Rachel Salamander. Vorwort von Rachel Salamander. Geleitwort von Lore Jonas. Hrsg. und mit einem Nachwort versehen von Christian Wiese. Frankfurt am Main und Leipzig 2003.

Jost, Ekkehard: Jazz in Deutschland. Von der Weimarer Republik zur Adenauer-Ära. In: That's Jazz. Der Sound des 20. Jahrhunderts. Hrsg. vom Institut Mathildenhöhe Darmstadt unter der Leitung von Klaus Wolbert. Frankfurt am Main 1990, S. 357 bis 378.

Jung, Thomas: Die Seinsgebundenheit des Denkens. Karl Mannheim und die Grundlegung einer Denksoziologie. Bielefeld 2007.

K

Kafka, Franz: Amerika (Das Naturtheater von Oklahoma). In: Franz Kafka: Sämtliche Werke. Mit einem Nachwort von Peter Höfle. Frankfurt am Main 2008, S. 205–223.

Kapferer, Norbert: Die Nazifizierung der Philosophie an der Universität Breslau 1933–1945. Münster 2001.

Karádi, Éva / Vezér, Erzsébet (Hrsg.): Georg Lukács, Karl Mannheim und der Sonntagskreis. Übersetzung aus dem Ungarischen von Albrecht Friedrich. Frankfurt am Main 1985.

Käsler, Dirk: Die frühe deutsche Soziologie 1909 bis 1934 und ihre Entstehungs-Milieus. Eine wissenschaftssoziologische Untersuchung. Opladen 1984.

Käsler, Dirk: Soziologische Abenteuer. Earle Edward Eubank besucht europäische Soziologen im Sommer 1934. Opladen 1985.

Kessler, Harry Graf: Das Tagebuch (1880–1937). Neunter Band: 1926–1937. Hrsg. von Sabine Gruber, Roland S. Kamzelek und Ulrich Ott. Stuttgart 2010.

Kettler, David / Meja, Volker / Stehr, Nico: Schattenseiten einer erfolgreichen Emigration: Karl Mannheim im englischen Exil. In: Fluchtpunkte des Exils und andere Themen. Exilforschung. Ein internationales Jahrbuch, Band 5. Hrsg. von Thomas Kleber, Wulf Köppe, Claus D. Krohn. München 1987, S. 170–195.

Kettler, David: Wie kam es zu Nina Rubinsteins Promotion? In: Nina Rubinstein: Die französische Emigration nach 1789. Ein Beitrag zur Soziologie der politischen Emigration. Hrsg. und eingeleitet von Dirk Raith mit Beiträgen von Hanna Papanek und David Kettler. Graz, Wien 2000.

Kierkegaard, Sören: Wiederholung. Ein Versuch in der experimentierenden Psychologie von Constantin Constantius. In: Ders.: Der Begriff der Angst. Philosophische Schriften 2. Übersetzung von Christoph Schrempf, Wolfgang Pfleiderer und H. Gottsched. Frankfurt am Main 2009.

Kimmich, Dorothee (Hrsg.): Charlie Chaplin. Eine Ikone der Moderne. Frankfurt am Main 2003, S. 7–25.

Kissler, Alexander: »Wo bin ich denn behaust?« Rudolf Borchardt und die Erfindung des Ichs. Göttingen 2003.

Klemperer, Victor: Ich will Zeugnis ablegen bis zum letzten. Tagebücher. Bd. 1: 1933–1941. Hrsg. von Walter Nowojski unter Mitarbeit von Hadwig Klemperer. Berlin 1996.

König, René: Über das vermeintliche Ende der deutschen Soziologie vor der Machtergreifung der Nationalsozialisten. In: Kölner Zeitschrift für Soziologie und Sozialpsychologie, Jg. 36, 1984, S. 1–42.

Koolwaay, Jens: Zwischen Profession und Experiment. Karl Mannheim in Frankfurt. In: Soziologie in Frankfurt: Eine Zwischenbilanz. Hrsg. von Felicia Herrschaft und Klaus Lichtblau. Wiesbaden 2010, S. 105–112.

Korn, Karl: Lange Lehrzeit. Ein deutsches Leben. München 1979.

Korte, Hermann: Über Norbert Elias. Das Werden eines Menschenwissenschaftlers. 3. Aufl. Berlin 2013.

Kracauer, Siegfried: Chaplin kommt an!. In: Ders.: Werke in neun Bänden. Bd. 6.2: Kleine Schriften zum Film 1928–1931. Hrsg. von Ingrid Belke. Frankfurt am Main 2004, S. 468–470.

Kracauer, Siegfried: Chaplin. In: Ders.: Werke in neun Bänden. Bd. 6.1: Kleine Schriften zum Film 1921–1927. Hrsg. von Ingrid Belke. Frankfurt am Main 2004, S. 269–270.

Kracauer, Siegfried: Die Bibel auf Deutsch. In: Ders.: Das Ornament der Masse. Mit einem Nachwort von Karsten Witte. Frankfurt am Main 1977, S. 173–186.

Kracauer, Siegfried: Ginster. Von ihm selbst geschrieben. Hrsg. von Inka Mülder-Bach. Unter Mitarbeit von Sabine Biebl. Frankfurt am Main 2004.

Kracauer, Siegfried: Lichter der Großstadt. In: Ders.: Werke in neun

Bänden. Bd. 6.2: Kleine Schriften zum Film 1928–1932. Hrsg. von Ingrid Belke. Frankfurt am Main 2004, S. 472–474.

Kracauer, Siegfried: Rund um den Reichstag. Frankfurter Zeitung vom 2. 3. 1933. In: Ders.: Werke in neun Bänden. Bd. 5.4: Essays, Feuilletons, Rezensionen 1932–1965. Hrsg. von Inka Mülder-Bach. Unter Mitarbeit von Sabine Biebl, Andrea Erwig, Vera Bachmann und Stephanie Manske. Frankfurt am Main 2011, S. 395 bis 406.

Kracauer, Siegfried: Totalitäre Propaganda. Herausgegeben und mit einem Nachwort von Bernd Stiegler. Unter Mitarbeit von Joachim Heck und Maren Neumann. Frankfurt am Main 2013.

Krenek, Ernst: Bemerkungen zur Rundfunkmusik. In: Zeitschrift für Sozialforschung. Hrsg. von Max Horkheimer, Jg. 7, 1938, S. 148–165.

Kroner, Richard, Nikolai von Bubnoff, Georg Mehlis, Sergius Hessen und Friedrich Steppuhn: Vom Messias. Kulturphilosophische Essays. Leipzig 1909.

L

Lazarsfeld, Paul F.: Eine Episode in der Geschichte der empirischen Sozialforschung. Erinnerungen. In: Talcott Parsons / Edward Shils / Paul F. Lazarsfeld: Soziologie – autobiographisch. Drei kritische Berichte zur Entwicklung einer Wissenschaft. Stuttgart 1975, S. 147–225.

Lehnert, Herbert: Bert Brecht und Thomas Mann im Streit über Deutschland. In: John M. Spalek und Joseph Strelka (Hrsg.): Deutsche Exilliteratur seit 1933, Bd. 1: Kalifornien, Teil 1. Bern und München 1976, S. 62–88.

Lepenies, Wolf: Die drei Kulturen. Soziologie zwischen Literatur und Wissenschaft. Frankfurt am Main 2006.

Linde, Gesche: »daß Leute, die den Kapitalismus stützen, von uns als Vertreter des Protestantismus im echten Sinn nicht angesprochen werden können«. Paul Tillich (1886–1965) und Erich Foerster (1865–1945) in Frankfurt am Main. In: Kritische Theologie. Paul Tillich in Frankfurt (1929–1933). Hrsg. von Gerhard Schreiber und Heiko Schulz. Berlin und Boston 2015, S. 13–132.

Lindner, Burkhardt: Habilitationsakte Benjamin. Über ein ›akademisches Trauerspiel‹ und über ein Vorkapitel der »Frankfurter Schule« (Horkheimer, Adorno). In: Ders. (Hrsg.): Walter Benjamin im Kontext. 2., erw. Aufl. Frankfurt am Main 1985, S. 324 bis 341.

Löwenthal, Leo: Mitmachen wollte ich nie. Ein autobiographisches Gespräch mit Helmut Dubiel. Frankfurt am Main 1980.

Lukács, Georg: Geschichte und Klassenbewußtsein. Studien über marxistische Dialektik. Darmstadt und Neuwied 1968.

[Lukács, Georg] Georg Lukács. Revolutionäres Denken. Eine Einführung in Leben und Werk. Hrsg. von Frank Benseler. Darmstadt und Neuwied 1984.

Lyon, James K. / Fuegi, John B.: Bertolt Brecht. In: Deutsche Exilliteratur seit 1933. Bd. I: Kalifornien, Teil 1. Hrsg. von John M. Spalek und Joseph Strelka. Bern und München 1976, S. 268 bis 298.

M

Mann, Thomas: Tagebücher 1940–1943. Hrsg. von Peter de Mendelssohn. Frankfurt am Main 1982, S. 293.

Mannheim, Karl: Allgemeine Soziologie. Mitschrift der Vorlesungen vom Sommersemester 1930. In: Karl Mannheim. Analysen der Moderne. Hrsg. von Martin Endreß und Ilja Srubar. Wiesbaden 2000, S. 41–123.

Mannheim, Karl: Die Bedeutung der Konkurrenz im Gebiete des Geistigen. In: Verhandlungen des 6. Deutschen Soziologentages vom 17. bis 19. September 1928 in Zürich: Vorträge und Diskussionen in der Hauptversammlung und in den Sitzungen der Untergruppen. Tübingen 1929, S. 35–83.

Mannheim, Karl: Die Gegenwartsaufgabe der Soziologie. Ihre Lehrgestalt. Tübingen 1932.

Mannheim, Karl: Heidelberger Briefe. In: Georg Lukács, Karl Mannheim und der Sonntagskreis. Hrsg. von Éva Karádi und Erzsébet Vezér. Frankfurt am Main 1988, S. 73–91.

Mannheim, Karl: Ideologie und Utopie. Mit einer Einleitung von Jürgen Kaube. Frankfurt am Main 1985.

Mannheim, Karl: Konservatismus. Ein Beitrag zur Soziologie des Wissens. Hrsg. von David Kettler, Volker Meja und Nico Stehr. Frankfurt am Main 1984.

Mannheim, Karl: Mensch und Gesellschaft im Zeitalter des Umbaus. Leiden 1935.

Mannheim, Karl: Selected Correspondence (1911–1946) of Karl Mannheim. Scientist, Philosopher, and Sociologist. Edited by Éva Gábor. Lewiston 2003.

Mannheim, Karl: Zur Problematik der Soziologie in Deutschland, In: Neue Schweizer Rundschau, H. 11, 1929, S. 820–829.

Marçuse, Herbert: Kampf gegen den Liberalismus in der totalitären Staatsauffassung. In: Zeitschrift für Sozialforschung, Jg. 3, 1934, S. 161–195.

Marcuse, Herbert: Mannheim, Karl: Mensch und Gesellschaft im

Zeitalter des Umbaus. In: Zeitschrift für Sozialforschung, Jg. 4, 1935, S. 269–271.

Marcuse, Herbert: Zur Wahrheitsproblematik der soziologischen Methode: Karl Mannheim, »Ideologie und Utopie«. In: Die Gesellschaft. Internationale Revue für Sozialismus und Politik 5 (1929), S. 356–369.

Marschall, Robert: Mit gläubigem Realismus in einer Kulturstadt. Paul Tillich in Dresden. In: Spurensuche. Lebens- und Denkwege Paul Tillichs. Hrsg. von Ilona Nord und Yorick Spiegel. Münster 2001, S. 121–140.

Matthiesen, Ulf (1989): Kontrastierungen / Kooperationen: Karl Mannheim in Frankfurt (1930–1933). In: Die (mindestens) zwei Sozialwissenschaften in Frankfurt und ihre Geschichte: Ein Symposium des Fachbereichs Gesellschaftswissenschaften aus Anlass des 75-Jahr-Jubiläums der J. W. Goethe-Universität Frankfurt: 11.–12. Dezember 1989. Hrsg. von Heinz Steinert. Frankfurt am Main 1990, S. 72–87.

Mautz, Kurt: Der Urfreund. Roman. Paderborn 1996.

Meja, Volker / Stehr, Nico (Hrsg.): Der Streit um die Wissenssoziologie, Frankfurt am Main 1981.

Mittelmeier, Martin: Freiheit und Finsternis. Wie die ›Dialektik der Aufklärung‹ zum Jahrhundertbuch wurde. München 2021.

Morgenstern, Soma: Alban Berg und seine Idole. Erinnerungen und Briefe. Berlin 1999.

Müller-Doohm, Stefan: Adorno. Eine Biographie. Frankfurt am Main 2003.

N

Nietzsche, Friedrich: Also sprach Zarathustra. Ein Buch für Alle und Keinen. Berliner Ausgabe 2013.

Noth, Ernst Erich: Erinnerungen eines Deutschen. Hamburg und Düsseldorf 1971.

O

Offe, Claus: Selbstbetrachtung aus der Ferne. Tocqueville, Weber und Adorno in den Vereinigten Staaten. Frankfurt am Main 2004.

P

Papcke, Sven: Weltferne Wissenschaft. Die deutsche Soziologie der Zwischenkriegszeit vor dem Problem des Faschismus / Nationalsozialismus. In: Ders. (Hrsg.): Ordnung und Theorie. Beiträge zur Geschichte der Soziologie in Deutschland. Darmstadt 1986, S 188.

Pauck, Marion und Wilhelm: Paul Tillich. Sein Leben und Denken. Band I: Leben. Stuttgart 1978.

Plass, Ulrich: Die Theorie des Zufrühkommens. Zeitlichkeit und Geschichtlichkeit in Theodor Adornos Jazz-Kritiken. In: Kulturkritik und das Populäre in der Musik. Hrsg. von Fernand Hörner. München, New York 2016, S. 193–226.

Pollock, Friedrich: Bemerkungen zur Wirtschaftskrise. In: Zeitschrift für Sozialforschung. Hrsg. von Max Horkheimer. Jg. 2, 1933, S. 321–354.

Pollock, Friedrich: Die gegenwärtige Lage des Kapitalismus und die Aussichten einer planwirtschaftlichen Neuordnung. In: Zeitschrift für Sozialforschung, Jg. 1, 1932, S. 8–27.

R

Radkau, Joachim: Der Emigrant als Warner und Renegat. Karl August Wittfogels Dämonisierung der »asiatischen Produktionsweise«. In: Karl August Wittfogel: Staatliches Konzentrationslager VII. DIZ-Schriften, Vol. 4, Bremen 1991, S. 279–290.

Raith, Dirk: Lebenserfahrung und historische Distanz. Nina Rubinstein (1908–1996) und ihr Beitrag zur Soziologie der Emigration. In: Newsletter, Nr. 19, Dezember 1999, Graz, S. 32–41.

Rendueles, César: Kanaillen-Kapitalismus. Eine literarische Reise durch die Geschichte der freien Marktwirtschaft. Aus dem Spanischen von Raul Zelik. Berlin 2018.

Rothe, Hans-Joachim: Zur Erinnerung an Karl Landauer. Materialien aus dem Sigmund-Freud-Institut, Nr. 4. Frankfurt am Main 1987.

Rubinstein, Nina: Die französische Emigration, insbesondere die Transformation ihrer Ideologie (1930). Mit Anmerkungen von Karl Mannheim. In: Archiv für die Geschichte der Soziologie in Österreich, Newsletter, Nr. 19, 28. Dezember 1999, S. 42–47.

Rutschky, Katharina (1986): Ein Stück deutscher Geschichte. In: Margarete Freudenthal: Gestaltwandel der städtischen, bürgerlichen und proletarischen Hauswirtschaft zwischen 1760 und 1910. Frankfurt am Main, Berlin 1986.

Rutschky, Katharina: Hören, Sehen, Glauben, Wissen. Über ein Entwicklungsproblem der Nachkriegszeit. In: Errungenschaften. Eine Kasuistik. Hrsg. von Michael Rutschky. Frankfurt am Main 1982.

S

Sahl, Hans: Das Exil im Exil. Frankfurt am Main 1990.

Sallis-Freudenthal, Margarete s. Freudenthal-Sallis, Margarete.

Sartre, Jean-Paul: Saint Genet, Komödiant und Märtyrer. Deutsch von Ursula Dörrenbächer. Reinbek bei Hamburg 1982.

Scheler, Max: Die Stellung des Menschen im Kosmos (1928). In: Ders.: Gesammelte Werke, Bd. 9: Späte Schriften. Hrsg. von Max Ferdinand Scheler und Manfred S. Frings. Bern und München 1979.

Scheler, Max: Mensch und Geschichte. In: Ders.: Philosophische Weltanschauung. Bonn 1929, S. 15–46.

Scheler, Max: Zur Idee des Menschen (1914). In: Ders.: Gesammelte Werke, Bd. 3: Vom Umsturz der Werte. Hrsg. von Max Ferdinand Scheler, Manfred S. Frings und Maria Scheler. Bern und München 1955, 2007.

Schivelbusch, Wolfgang: Intellektuellendämmerung. Zur Lage der Frankfurter Intelligenz in den zwanziger Jahren. Frankfurt am Main 1982.

Schmid Noerr, Gunzelin: Adornos Erschauern. Variationen über den Händedruck. In: Adorno-Portraits. Erinnerungen von Zeitgenossen. Hrsg. von Stefan Müller-Doohm. Frankfurt am Main 2007, S. 236–248.

Schmid Noerr, Gunzelin: Nachwort des Herausgebers. In: Max Horkheimer. Gesammelte Schriften, Bd. 5: Dialektik der Aufklärung und Schriften. 1940–1950. Frankfurt am Main 1987, S. 424–452.

Schmitt-Dorotic, Carl: Politische Romantik. Inktank Publishing 2019.

Schröter, Michael: Neue Details über die psychoanalytische Ausbildung von Erich Fromm (und Frieda Fromm-Reichmann). In: Fromm Forum, 19/2015, Tübingen (Selbstverlag), S. 1–7.

Schulze Wessel, Julia / Rensmann, Lars: Radikalisierung oder ›Verschwinden‹ der Judenfeindschaft? Arendts und Adornos Theorien zum modernen Antisemitismus. In: Arendt und Adorno. Hrsg. von Dirk Auer, Lars Rensmann und Julia Schulze Wessel. Frankfurt am Main 2003, S. 97–129.

Schüßler, Werner / Sturm, Erdmann: Paul Tillich: Leben – Werk – Wirkung. Darmstadt 2007.

Schweppenhäuser, Gerhard: Kritische Theorie. In: Handbuch Kulturphilosophie. Hrsg. von Ralf Konnermann. Stuttgart, Weimar 2012, S. 168–177.

Seglow, Ilse: Work at a research programme. In: Human Figurations. Essays for Norbert Elias. Hrsg. von Gleichmann, Peter / Goudsblom, Johan / Korte, Hermann. Amsterdam 1977, S. 16–22.

Seiber, Mátyás: Jazz als Erziehungsmittel. In: Melos. Zeitschrift für Musik, VII. Jg, 1928, S. 282–286.

Seiber, Mátyás: Jazz-Instrumente, Jazz-Klang und Neue Musik. In: Melos. Zeitschrift für Musik. IX. Jg., 1930, S. 112–126.

Sloterdijk, Peter: Kritik der zynischen Vernunft. Zweiter Band, Frankfurt am Main 1983.

Später, Jörg: Siegfried Kracauer. Eine Biographie. Berlin 2016.

Stahl, Andreas / Henkelmann, Katrin / Jäckel, Christian / Wünsch, Niklas / Zopes, Benedikt (Hrsg.): Konformistische Rebellen. Zur Aktualität des autoritären Charakters. Berlin 2020.

Stefan, Paul: Jazz? … In: Musikblätter des Anbruch, 7. Jg., Nr. 4, April-Heft 1925, S. 187.

Steinert, Heinz: Die Entdeckung der Kulturindustrie oder: Warum Professor Adorno Jazz-Musik nicht ausstehen konnte. Münster 2002.

Stern, Günther: Über die sogenannte ›Seinsverbundenheit‹ des Bewusstseins. Anlässlich Karl Mannheims *Ideologie und Utopie* (1930) In: Hannah Arendt / Günther Anders: Schreib doch mal *hard facts* über Dich. Briefe 1939 bis 1975. Texte und Dokumente. Hrsg von Kerstin Putz. München 2016, S. 148–167.

Stern, William: Psychologie der frühen Kindheit bis zum 6. Lebensjahr. Mit Benutzung ungedruckter Tagebücher von Clara Stern. Leipzig 1914.

Sternberger, Dolf: Ein Nachruf auf Paul Tillich. In: Frankfurter Allgemeine Zeitung, 25. Oktober 1965.

Sturm, Erdmann (Hrsg.): Paul Tillich und Max Horkheimer im Dialog. Drei bisher unveröffentlichte Texte (1942/45). In: Zeitschrift für neuere Theologiegeschichte, Bd. 1, Jg. 1, 1994, S. 287.

Sturm, Erdmann: Die Kapitalismuskritik Paul Tillichs und des Kairos-Kreises. In: Kapitalismuskritik im Christentum. Positionen und Diskurse in der Weimarer Republik und der frühen Bundesrepublik. Hrsg. von Matthias Casper, Karl Gabriel und Hans-Richard Reuter. Frankfurt am Main, New York 2016.

Sturm, Erdmann: Einleitung in Paul Tillichs sozialphilosophische und ethische Schriften. In: Paul Tillich: Writings in the social philosophy and ethics / Sozialphilosophische und ethische Schriften. Hrsg. von Erdmann Sturm. Paul Tillich: Hauptwerke, Bd. 3. Berlin, New York 1998, S. 1–15.

Sturm, Erdmann: Historische Einleitung. In: Paul Tillich. Frankfurter Vorlesungen (1930–1933). Hrsg. und mit einer historischen Einleitung versehen von Erdmann Sturm. Berlin, Boston 2013, S. XIX–XLVIII, S. XXXII (Wintersemester 1931/32).

Sturm, Erdmann: Tillichs New Yorker Vorlesungszyklus, ›Advanced Problems in Systematic Theology‹ (1936–1938). In: Paul Tillich im Exil. Hrsg. von Christian Danz und Werner Schüßler. Berlin und Boston 2017, S. 267–286.

Sturm, Erdmann: Tillichs religiöser Sozialismus im Rahmen seines theologischen und philosophischen Denkens. In: Religion und Politik. Hrsg. von Christian Danz, Werner Schüßler und Erdmann Sturm. Berlin 2009, S 15–34.

T

Taylor, Nathan J.: Unentwirrbar. Hermeneutik, Poetik und Charlie Chaplin bei Christian Kracht. In: Christian Krachts Ästhetik. Hrsg. von Susanne Komfort-Hein und Heinz Drügh. Berlin 2019, S. 241–260, hier 251.

Tillich, Hannah: Ich allein bin. Mein Leben. Mit einem Nachwort von Esther Röhr. Aus dem Amerikanischen übersetzt von Sieglinde Denzel und Susanne Naumann. Gütersloh 1993.

Tillich, Paul: Aspekte einer religiösen Analyse der Kultur. In: Ders.: Die religiöse Substanz der Kultur. Gesammelte Werke, Bd. IX. Hrsg. von Renate Albrecht. Stuttgart 1967, S. 101 f.

Tillich, Paul: Auf der Grenze. In: Ders.: Begegnungen. Paul Tillich über sich selbst und andere. Gesammelte Werke, Bd. XII. Hrsg. von Renate Albrecht. Stuttgart und Frankfurt am Main 1980, S. 13–57.

Tillich, Paul: Autobiographische Betrachtungen. In: Ders.: Begegnungen. Gesammelte Werke, Bd. XII. Hrsg. von Renate Albrecht. Stuttgart und Frankfurt am Main 1980, S. 58–77.

Tillich, Paul: Berliner Vorlesungen I (1919–1920). Ergänzungs- und Nachlassbände zu den Gesammelten Werken, Bd. XII. Hrsg. und mit einer historischen Einleitung versehen von Erdmann Sturm. Berlin und New York 2001.

Tillich, Paul: Briefwechsel und Streitschriften. Theologische, philosophische und politische Stellungnahmen und Gespräche. Ergänzungs- und Nachlassbände zu den Gesammelten Werken, Bd. VI. Hrsg. von Renate Albrecht und René Trautmann. Frankfurt am Main 1983.

Tillich, Paul: Das Dämonische. Ein Beitrag zur Sinndeutung der Geschichte. In: Ders.: Der Widerstreit von Raum und Zeit. Schriften zur Geschichtsphilosophie. Gesammelte Werke, Bd. VI. Hrsg. von Renate Albrecht. Stuttgart 1963, S. 42–71.

Tillich, Paul: Der junge Hegel und das Schicksal Deutschlands. In: Ders.: Begegnungen. Paul Tillich über sich selbst und andere. Gesammelte Werke, Bd. XII. Hrsg. von Renate Albrecht. Stuttgart und Frankfurt am Main 1980, S. 125–150.

Tillich, Paul: Der totale Staat und der Anspruch der Kirchen. In: Ders.: Die religiöse Deutung der Gegenwart. Schriften zur Zeitkritik. Gesammelte Werke, Bd. X. Hrsg. von Rente Albrecht. Stuttgart 1968, S. 121–145.

Tillich, Paul: Der Vorsitzende des »Council for a Democratic Germany« / Programm für ein demokratisches Deutschland. In: Ders.: Impressionen und Reflexionen. Ein Lebensbild in Aufsätzen, Reden und Stellungnahmen. Gesammelte Werke, Band XIII. Hrsg. von Renate Albrecht. Stuttgart 1972, S. 312–318.

Tillich, Paul: Die sozialistische Entscheidung. Berlin 1980.

Tillich, Paul: Ein Lebensbild in Dokumenten. Briefe, Tagebuch-Auszüge, Berichte. Ergänzungs- und Nachlassbände zu den Gesammelten Werken, Bd. V. Hrsg. von Renate Albrecht und Margot Hahl. Stuttgart 1980.

Tillich, Paul: Eine geschichtliche Diagnose: Eindrücke von einer Europareise (1936). In: Ders.: Impressionen und Reflexionen. Ein Lebensbild in Aufsätzen, Reden und Stellungnahmen. Gesammelte Werke, Bd. XIII. Hrsg. von Renate Albrecht. Stuttgart 1972, S. 238–248.

Tillich, Paul: Frankfurter Vorlesungen (1930–1933). Hrsg. und mit einer historischen Einleitung versehen von Erdmann Sturm. Berlin und Boston 2013.

Tillich, Paul: Gutachten über die Arbeit von Dr. Wiesengrund: Die Konstruktion des Ästhetischen bei Kierkegaard. In: Ders.: Religion, Kultur, Gesellschaft. Unveröffentlichte Texte aus der Deutschen Zeit (1908–1933). Zweiter Teil. Hrsg. von Erdmann Sturm. Berlin und New York 1999, S. 337–346.

Tillich, Paul: Ideologie und Utopie. Zum gleichnamigen Buch von Karl Mannheim. In: Ders.: Begegnungen. Gesammelte Werke, Bd. XII. Hrsg. von Renate Albrecht. Stuttgart und Frankfurt am Main 1980, S. 255–261.

Tillich, Paul: Kairos – Theonomie – Das Dämonische. Ein Brief zu Eduard Heimanns siebzigstem Geburtstag. In: Ders.: Begegnungen. Paul Tillich über sich selbst und andere. Gesammelte Werke, Bd. XII. Hrsg. von Renate Albrecht. Stuttgart und Frankfurt am Main 1980, S. 310–315, hier S. 312.

Tillich, Paul: Kairos II. Ideen zur Geisteslage der Gegenwart. In: Ders.: Der Widerstreit von Raum und Zeit. Schriften zur Geschichtsphilosophie. Gesammelte Werke, Bd. VI. Hrsg. von Renate Albrecht. Stuttgart 1963, S. 29–41.

Tillich, Paul: Mensch und Gesellschaft im religiösen Sozialismus. Mit einem Vorwort von Gert Hummel. In: Zum hundertsten Geburtstag von Eduard Heimann (1889–1967) und Paul Tillich (1886–1965). Hrsg. von August Rathmann. Hektographierte Blätter (Mönkeberg, Janar 1989).

Tillich, Paul: Philosophie und Schicksal. In: Ders.: Philosophie und Schicksal. Schriften zur Erkenntnislehre und Existenzphilosophie. Gesammelte Werke, Bd. IV. Hrsg. von Renate Albrecht. Stuttgart 1961, S. 23–35.

Tillich, Paul: Reisetagebuch. 11. April bis 19. September 1936. Tillich, Paul, 1886–1965, Papers, 1894–1974, bMS 649/88 (1–2), Andover-Harvard Theological Library, Harvard Divinity School,

Cambridge Mass. [My Travel Diary: Between Two Worlds. 1970].

Tillich, Paul: Religion, Kultur, Gesellschaft. Unveröffentlichte Texte aus der deutschen Zeit (1908–1933). Hrsg. von Erdmann Sturm, Teil 2. Gesammelte Werke. Ergänzungs- und Nachlassbände, XI, Berlin und New York 1999.

Tillich, Paul: Rezension: Goldstein. Der Aufbau des Organismus. In: Zeitschrift für Sozialforschung, Jg. 5, 1936, H. 1, S. 111–113.

Tillich, Paul: Sozialismus. In: Ders.: Christentum und soziale Gestaltung. Frühe Schriften zum Religiösen Sozialismus. Gesammelte Werke, Bd. II. Hrsg. von Renate Albrecht. Stuttgart 1962, S. 139 bis 150.

Tillich, Paul: Systematische Theologie III. Deutsche Übertragung: Renate Albrecht und Ingeborg Henel. Berlin und New York 1987.

Tillich, Paul: Systematische Theologie I–II. Hrsg. und eingeleitet von Christian Danz. 9. Aufl. Berlin und Boston 2017.

Tillich, Paul: Über die Idee einer Theologie der Kultur. In: Paul Tillich: Die religiöse Substanz der Kultur. Schriften zur Theologie der Kultur. Gesammelte Werke, Band IX. Hrsg. von Renate Albrecht. Stuttgart 1967, S. 13–31.

Tillich, Paul: Vorlesungen über Geschichtsphilosophie und Sozialpädagogik (Frankfurt am Main 1929/30). Ergänzungs- und Nachlassbände zu den Gesammelten Werken XV. Hrsg. von Erdmann Sturm mit einer historischen Einleitung. Berlin 2007.

Tillich, Paul: Entfremdung und Versöhnung im modernen Denken. In: Philosophie und Schicksal, Gesammelte Werke, Band IV. Hrsg. von Renate Albrecht. Stuttgart 1961, S. 183–200.

U

Ulmen, Gary L.: The Science of Society. Toward an Understanding oft the Life and Work of Karl August Wittfogel. Mouton 1978.

V

Viertel, Salka: Das unbelehrbare Herz. Erinnerungen an ein Leben mit Künstlern des 20. Jahrhunderts. Von der Autorin überarbeitete Übersetzung von Helmut Degner. Mit einem Nachwort von Michael Lentz. Frankfurt am Main 2011.

Vogt, Stefan: Die Sozialistische Entscheidung. Paul Tillich und die sozialdemokratische Junge Rechte in der Weimarer Republik: In: Religion und Politik. Hrsg. von Christian Danz, Werner Schüßler und Erdmann Sturm. Berlin 2009, S. 35–52.

W

Weber, Alfred: Diskussion über »Die Bedeutung der Konkurrenz im Gebiete des Geistigen«. In: Verhandlungen des 6. Deutschen Soziologentages vom 17. bis 19. September 1928 in Zürich: Vorträge und Diskussionen in der Hauptversammlung und in den Sitzungen der Untergruppen. Tübingen 1929, S. 89.

Werk und Wirken Paul Tillichs. Ein Gedenkbuch. Mit der letzten Rede von Paul Tillich und Beiträgen von Theodor W. Adorno, Ernst Bloch, Walther Braune u. a. Stuttgart 1967.

Wiegenstein, Roland H.: Nach über fünfzig Jahren. Fragmentarisches von der Festplatte eines nicht besonders erinnerungstüchtigen Kopfes. In: Wolfram Schütte (Hrsg.): Adorno in Frankfurt. Ein Kaleidoskop mit Bildern und Texten. Frankfurt am Main 2003, S. 192–195.

Wiggershaus, Rolf: Die Frankfurter Schule. Geschichte / Theoretische Entwicklung / Politische Bedeutung. München 1988.

Wiggershaus, Rolf: Max Horkheimer. Unternehmer in Sachen ›Kritische Theorie‹. Frankfurt am Main 2013.

Wilcock, Evelyn: Adorno, Jazz and Racism. In: Telos 107 (1996), S. 63–80, hier: S. 69.

Wojak, Irmtrud: Fritz Bauer 1903–1968. Eine Biographie. München 2009.

Y

Young-Bruehl, Elisabeth: Hannah Arendt. Leben, Werk und Zeit. Frankfurt am Main 1982.

Z

Ziege, Eva-Maria: Antisemitismus und Gesellschaftstheorie. Die Frankfurter Schule im amerikanischen Exil. Frankfurt am Main 2009.

Ziege, Eva-Maria: Die Kritik des ›Weiblichen‹ bei T. W. Adorno und die frühe Kritische Theorie. In: Die Philosophin. Forum für feministische Theorie und Philosophie, 15. Jg., H. 30, 2004, S. 129–140.

Ziege, Eva-Maria: Elemente des Antisemitismus. In: Max Horkheimer / Theodor W. Adorno: Dialektik der Aufklärung. Hrsg. von Gunnar Hindrichs. Berlin und Boston 2017, S. 81–96.

Zinfert, Maria: »Wenn man eine solche Frau hat, lässt sich auch in Berlin leben.« Lili Kracauer. Eine biographische Skizze. In: Kracauer. Fotoarchiv, Zürich 2014, S. 79–89.

Bildnachweis

1 Deutsches Paul-Tillich-Archiv, Universitätsbibliothek, Marburg
2 Archivzentrum der Universitätsbibliothek, Frankfurt am Main, Horkheimer-Nachlass
3 Archivzentrum der Universitätsbibliothek, Frankfurt am Main, Horkheimer-Nachlass
4 Archivzentrum der Universitätsbibliothek, Frankfurt am Main, Horkheimer-Nachlass
5 Archivzentrum der Universitätsbibliothek, Frankfurt am Main, Horkheimer-Nachlass
6 Deutsches Literaturarchiv, Marbach
7 Deutsches Literaturarchiv, Marbach
8 Deutsches Literaturarchiv, Marbach
9 Deutsches Literaturarchiv, Marbach
10 Theodor W. Adorno Archiv, Berlin
11 SZ Photo / Süddeutsche Zeitung Photo
12 Archivzentrum der Universitätsbibliothek, Frankfurt am Main, Horkheimer-Nachlass
13 Theodor W. Adorno Archiv, Berlin
14 Archivzentrum der Universitätsbibliothek, Frankfurt am Main, Horkheimer-Nachlass
15 Archiv für die Geschichte der Soziologie in Österreich, Graz
16 Archivzentrum der Universitätsbibliothek, Frankfurt am Main, Horkheimer-Nachlass
17 Deutsches Paul-Tillich-Archiv, Universitätsbibliothek, Marburg
18 Scherl / Süddeutsche Zeitung Photo
19 Theodor W. Adorno Archiv, Berlin
20 Theodor W. Adorno Archiv, Berlin
21 Münchner Stadtmuseum / Gunther Radloff
22 Theodor W. Adorno Archiv, Berlin

Dank

In erster Linie geht mein Dank an meine Lektorin Nele Holdack, sie hat dieses Projekt mitersonnen, stand auch in schwierigen Phasen zu der Geschichte und hat mit vielen Ideen, Kommentaren und Hinweisen zum Gelingen in besonderer Weise beigetragen. Mit meiner zuweilen chaotischen Arbeitsweise und Termingestaltung habe ich es ihr nicht immer leicht gemacht. Mein Dank gilt ferner zahlreichen Archiven, die bereitwillig – auch elektronisch – Dokumente und Bilder zur Verfügung gestellt haben: Andover-Harvard Theological Library, die den Tillich-Nachlass verwaltet, dem Archivzentrum der Universitätsbibliothek, Frankfurt am Main, wo der Nachlass Max Horkheimers betreut wird, namentlich geht mein Dank an Jens Tremmel vom Deutschen Literaturarchiv in Marbach und an Silke Geiring von der Bayerischen Staatsbibliothek in München, für die Bereitstellung von Bildern bedanke ich mich beim Theodor W. Adorno Archiv in Berlin, beim Paul-Tillich-Archiv in Marburg und beim Archiv für die Zeitgeschichte der Soziologie in Österreich, Institut für Soziologie der Karl-Franzens-Universität Graz.

Last, but not least geht ein Dank an meine Frau Monika, die wieder einmal eine Theoriegeschichte von mir ertragen musste und die so gerne etwas Schöneres von mir gelesen hätte. Das nächste Mal …